تمثُّلات قيم المواطنة والانتماء لدى الشباب القطري

تمثُّلات قيم المواطنة والانتماء لدى الشباب القطري

عبد الرحمن محمد الهاجري

دار جامعة حمد بن خليفة للنشر
HAMAD BIN KHALIFA UNIVERSITY PRESS

دار جامعة حمد بن خليفة للنشر
صندوق بريد 5825
الدوحة، دولة قطر

www.hbkupress.com

الطبعة العربية الأولى عام 2021

الترقيم الدولي: 9789927151965

تمت الطباعة في الدوحة-قطر.

مكتبة قطر الوطنية بيانات الفهرسة – أثناء – النشر (فان)

الهاجري، عبد الرحمن محمد، مؤلف.

تمثلات قيم المواطنة والانتماء لدى الشباب القطري / عبد الرحمن محمد الهاجري. - الطبعة العربية الأولى. - الدوحة، دولة قطر : دار جامعة حمد بن خليفة للنشر، 2021.

صفحة ؛ سم

تدمك 978-992-715-196-5

1. المواطنة -- قطر. 2. الشباب -- قطر. أ. العنوان.

DS247.Q38 H35 2021

320.54095363– dc23

20212807984x

الإهداء

لأنه في البدء كانت الكلمة...

لا أجد وأنا أحيِّي أهلي وأحبتي هدية أقدمها لهم أجمل من هذه الكلمات...

إلى روح الوالد الذي غُيِّب في الثرى وأنا طفل صغير يحاول فك الأبجدية وتعلم الهجاء...

إلى الوالدة حفظها الله خير سند لي في الحياة...

إلى رفيقة الدرب وعمود البيت ومصباحه...

إلى محزميَّ وسنديَّ محمد وفرهود...

إلى أميرتيَّ الصغيرتين موزة وفجر...

إلى كل شباب قطر...

المحتويات

القسم الثالث:

ترسيخ قيم الانتماء والمواطنة داخل المراكز الشبابية بدولة قطر:

المقدمـة

تشكِّل قضايا الشباب في راهنيتها العالمية والإقليمية والوطنية تحديًّا كبيرًا لدى صانعي القرار والباحثين على حدٍّ سواء، لما تمثله هذه الفئة من قوة ديمغرافية في سائر المجتمعات، وما تختزنه من إمكانات شتَّى، وما تطرحه من إشكالات كبرى. إن فئة الشباب التي تمثِّل استمرارية المجتمع، ليس بالضرورة أن تعيد إنتاج النظام الاجتماعي القائم، بل يمكن اعتبارها قوة حية تبحث عن التموقع داخل المجتمع عبر بناء هويتها وشخصيتها الاجتماعية، في مواجهة التحديات والرهانات المتداخلة على المستويات المحلية والوطنية والعالمية في وضعنا الراهن. وتُطرح مسألة تمكين الشباب من هذه الوظائف والأدوار بحدَّة، ليس عبر التنشئة الاجتماعية ومن خلال ضمان حقوق البقاء والنماء فحسب، بل أيضًا «عبر ما يقدمه المجتمع من فرص وفضاءات للممارسة الاجتماعية، ومجالات للمشاركة في بناء سياسات عامة تحمل إجابات حقيقية لقضايا الشباب وبمعية الشباب»[1].

مع أن التفكير في قضايا الشباب ومشكلاتهم واهتماماتهم ليس جديدًا، وكذلك محاولات إيجاد الحلول الملائمة لهم، إلا أن النصف الثاني من القرن العشرين شهد اهتمامًا ملحوظًا بهذه المسألة من قِبل العديد من المختصين من علماء الاجتماع والنفس والتربية والأنثروبولوجيا ورجالات الخدمة الاجتماعية والمهتمين بالقطاع الشبابي، «إلى الحد الذي أدَّى إلى ظهور ما يسمى بثقافة الشباب، كثقافة فرعية متميزة، والتي تشير إلى وجود فكر وقيم، واتجاهات وعادات خاصة بالشباب، تميزهم عن سائر الفئات الأخرى»[2]. تشكَّلت هذه الثقافة بالتوازي مع المتغيرات سريعة الوتائر التي يشهدها العصر الراهن، والناجمة عن الثورة العلمية والمعرفية والتقدم الهائل في وسائل المعلومات ووسائط الاتصال والتواصل الحديثة، وما واكب ذلك من

(1) الزين عبد الفتاح، الصحة والممارسات السوسيوثقافية: الوضعية والإشكاليات، المعهد الجامعي للبحث العلمي، جامعة محمد الخامس، الرباط، 2012، ص 77.

(2) المنجي الزيدي، ثقافة الشارع: دراسة سوسيوثقافية في مضامين ثقافة الشباب، مركز النشر الجامعي، تونس، 2007، ص 17.

«ظهور العولمة وما نجم عنها من تحديات معاصرة مثل التداعيات السلبية المتصلة بالإخلال بالحقوق والواجبات، وضعف الشعور بالانتماء، وضعف التمسك بالقيم الوطنية، وانتشار القيم الوافدة وغيرها من القيم التي أضعفت المواطنة»[1]. يضاف إلى ذلك التطوُّر التكنولوجي السريع الذي أتاح انتشار المعلومات والمعرفة، ليصبح من اليسير تقاسمها وتبادلها مع الآخرين على مستوى العالم؛ فقد أصبحت المدونات على شبكة الإنترنت مصدرًا للمعلومات والاتصالات، ما أدَّى في كثير من الأحيان إلى اختراق الخصوصية، والسعي إلى تشكيل ثقافة جديدة تعرف بالثقافة العالمية، والتحول إلى مواطَنة جديدة تعرف بالمواطنة العالمية، مقابل تقويض الثقافات الوطنية. هذا الأمر يجعل الحفاظ على الخصوصية الثقافية والتمسك بمبادئ وقيم المواطنة القومية، في ظل تلك المتغيرات المعاصرة، أمرًا في غاية الأهمية، ما يستدعي ضرورة تربية الأفراد على الضوابط والأخلاقيات التي تحميهم من الأخطار الثقافية وغيرها من الممارسات التي تهدِّد المواطنة. لذلك أصبحت التربية على المواطنة «من أكثر الموضوعات جدلًا وراهنية في مجال التربية المعاصرة، وذلك لمواجهة الاغتراب وعدم الشعور بالانتماء وضعف الإحساس بالهوية وتشجيع المسؤولية الاجتماعية وروح المبادرة وثقافة التطوُّع»[2].

تأتي أهمية تعزيز قيم الانتماء والمواطنة لدى الشباب، بوصفها عملية متواصلة لتعميق الإحساس بالواجب تجاه المجتمع، وتنمية الشعور بالانتماء للوطن والاعتزاز به، وغرس حبِّ النظام والاتجاهات الوطنية والأخوة والتفاهم والتعاون بين المواطنين والشعور بالاتحاد معهم، واحترام النظم والتعليمات، وتعريف الشباب بمؤسسات بلدهم وثوابته الحضارية، وبأن القيم لم تأت مصادفة بل هي ثمرة عمل دؤوب وكفاح مستمر، ولذا من واجبهم احترامها ومراعاتها؛ ولا تتحقق أهداف تعزيز مفهوم الوحدة الوطنية لدى الشباب بمجرد التخطيط لها وإدراجها في الوثائق الرسمية، إنما من خلال ترجمتها إلى إجراءات عملية قائمة بالأساس على تشريك الشباب وتمكينه[3].

---

(1) محمد طه عقل، القيم السلوكية لدى طلبة المرحلتين المتوسطة والثانوية في الدول الأعضاء بمكتب التربية العربي لدول الخليج، دراسة نظرية وميدانية، مكتب التربية العربي لدول الخليج، الرياض، 2006، ص 38.

(2) إلهام عبد الحميد فرج، المناهج الدراسية والوعي الاجتماعي والسياسي للمرأة في مصر، الإسكندرية، مركز الجزويت الثقافي، 2001، ص 17.

(3) للمزيد راجع: محمد بن خلفان الشيدي، التربية الوطنية في المناهج الدراسية بسلطنة عمان، ورقة عمل مقدمة إلى ورشة عمل المواطنة في المنهج المدرسي، مسقط، وزارة التربية والتعليم، 2004، ص 24.

انطلاقًا من كل تلك الاعتبارات، تُطرح العلاقة بين الشباب والمواطنة كإشكالية معرفية ومنهجية، وتتطلب من الباحث الاستناد إلى عدد من المقاربات، حتى يتمكن من ضبط محدِّداتها الباطنة والظاهرة، فهمًا وتفسيرًا؛ ومن خلال اعتماده على منهجية التقاطعات بين مختلف محدِّداتها السوسيولوجية والأنثربولوجية والفلسفية والتاريخية... وتبرز أهمية بناء هذه التقاطعات المعرفية، ضمن الواقع العربي الجديد، بالنظر إلى انكشاف حقائق عن وجود أزمة مواطنة في مجتمعاتنا العربية. ويبدو لنا أنَّ هذه الأزمة ذات محدِّدات أنثربولوجية وتاريخية وحضارية عميقة ومتداخلة إلى مستوى يتعذَّر معه الفصل بينها.

إن المواطنة باعتبارها ثقافة ومسارًا شاملًا في حركة البناء المجتمعي، لا يمكن أن تؤسِّسها القوانين أو البرامج الدراسية الرسمية ولا الوسائل الإعلامية وحدها، بل لا بدَّ أن تنخرط فيها مختلف المؤسسات الاجتماعية والمدنية والسياسية، انطلاقًا من العائلة مرورًا بالأحزاب والمنظمات والجمعيات، وصولًا إلى مختلف مؤسسات الدولة، حتى تتحوَّل إلى شكل من أشكال التمثُّل النفسي والاجتماعي لدى النشء، وتصير جزءًا ومكوِّنًا رئيسيًا للشخصية القاعدية لهؤلاء الشباب؛ فالمجتمعات الأوروبية عاشت، على امتداد قرون طويلة معارك سياسية واجتماعية واقتصادية وحقوقية من أجل هدم أسس المجتمع الإقطاعي أولًا، وبناء المواطنة الإيجابية تاليًا.

وفق هذا التصوُّر، من المفترض على المؤسسات الشبابية أن تولي التربية على قيم المواطنة اهتمامًا كبيرًا، بالإضافة إلى الأدوار المتعددة التي تضطلع بها باعتبارها مكمِّلًا للتربية التي يتلقاها الفرد داخل الأسرة وبقية المؤسسات التربوية؛ وكي تؤمن تدخلًا تنشيطيًا ناجحًا لا بدَّ لها من معرفة خصوصيات فئة الشباب وسمات أفرادها وميولهم، لفهم سلوكهم ووضع هذا السلوك في سياقه الاجتماعي والثقافي. ويلقى على عاتق تلك المؤسسات بعد ذلك، مسؤولية التخطيط لجملة من الأنشطة والبرامج تستجيب لاحتياجات الشباب، وإعدادهم للانخراط فيها، فهم فئة عمرية يتشارك أفرادها في كونهم يمرون عبر مؤسسات التنشئة الاجتماعية بمرحلة إعداد، أو يكونون بمرحلة انتظار للانخراط في الحياة الاجتماعية، أو في كونهم قد احتلوا حديثًا موقعًا فيها. وتضطلع هذه المؤسسات بدور مهم أيضًا، خصوصًا من خلال الإحاطة الاجتماعية والثقافية بالشباب وغرس مخزون من القيم في نفوسهم، لعل من أبرزها قيم الانتماء والمواطنة. إن ما يميِّز المراكز الشبابية عن غيرها من المؤسسات

الاجتماعية، كالمدرسة أو الجامعة أو مؤسسة العمل، أن الشباب يأتيها في الغالب طوعًا، مدفوعًا برغبة كبيرة في الاكتشاف والابتكار والمساهمة والانخراط والمشاركة. تساهم هذه الخصائص في خلق استعدادات التلقي وتسهيلها، فتساهم ممارسة الأنشطة في تطبيع الشخصية الشبابية، وتترك فيها أثرًا يمكن قياسه والإمساك به. وتمكن تلك المؤسسات الشباب من المشاركة في الحياة العامة مشاركة إيجابية، وتسهم في تعزيز مسؤولياتهم الاجتماعية وحسِّهم المدني، وفي تحديد مسؤولياتهم والتزاماتهم تجاه وطنهم، والتعامل مع الهيئات أو المؤسسات الرسمية بوعي وفهم، وتدفع إلى التفاعل إيجابيًا مع مشكلات البيئة المحلية والوطنية. كل ذلك يساعد الشباب على بلورة وعي كامل بمختلف المسؤوليات، فيعبرون عنها من خلال احترامهم للنظام الاجتماعي وللقانون، ومشاركتهم الفعَّالة في الحياة العامة. من هنا يُفترض على المراكز الشبابية أن تُعنى بإعداد الشباب من جميع النواحي، ليصيروا قادرين على تحمُّل مسؤولياتهم في مجالات الحياة كافة؛ فالشباب «داخل المؤسسات الشبابية يستفيدون من جملة الأنشطة والبرامج والخدمات حيث يتفاعلون مع بقية روَّاد هذه المؤسسات والإطار المسؤول داخلها، وبالتالي يتبادل الشباب أنواع السلوك الاجتماعي، وذلك في اتجاه زيادة تحفيزهم أو تمكينهم»[1].

تؤدي مراكز الشباب أدوارًا اجتماعية عديدة ووظائف مختلفة كثيرة، وهي بذلك تمثِّل فئة من المؤسسات الاجتماعية والتربوية. وتتكثَّف هذه الأدوار والوظائف مع الشباب المرتاد لتلك المراكز، فيتأثر سلوكهم بها، وتنطبع خياراتهم بما يتلقونه فيها من أفكار وآراء، وبما يمارسونه من أنشطة فنية ورياضية. ويضاف إلى ذلك احتكاك الأفراد فيما بينهم، ما يخلق تبادلًا للأفكار والأذواق، الأمر الذي ما يساهم في تكوين ميولهم وتوجهاتهم، وفي تأسيس مواقفهم وخياراتهم. وتعتبر المراكز الشبابية فضاءات مميزة لتناقل القيم بين الأفراد أيضًا، ولذلك تشترك تلك المؤسسات الفاعلة في صناعة الرأي والتوجهات، وفي تمتين الاستعدادات وتثبيت الميول ونقل القيم وتنميتها والإسهام في نشرها، ما يعطيها وزنًا مجتمعيًا كبيرًا.

يحاول هذا الكتاب التعرف على مدى إسهام الأنشطة والبرامج والفعاليات المقدمة داخل المراكز الشبابية في تعزيز قيم الانتماء والمواطنة لدى الشباب القطري، من وجهة

(1) للمزيد راجع: سعيد بن سعيد ناصر حمدان، دور الأسرة في تنمية قيمة المواطنة لدى الشباب في ظل تحديات العولمة، جامعة الإمام محمد بن سعود الإسلامية، المملكة العربية السعودية، 2008، ص 107.

نظر المنتسبين لتلك المراكز، وبالتقاطع مع آراء المشرفين والقائمين على خدمات رعاية الشباب وتأطيرهم؛ ويحدد كذلك المعوقات التي تحدُّ من ممارستهم لقيم المواطنة مثل المبادرة والمشاركة والمسؤولية المجتمعية والتطوُّع، فضلًا عن المقومات الفاعلة التي تعزز ممارستها على أرض الواقع.

تنبع أهمية الكتاب من أهمية الموضوع الذي يتناوله، على اعتبار أن قيم المواطنة تلعب دورًا محوريًا في تشكيل شخصية الفرد، وتوجيه سلوكه وممارساته نحو تحقيق المواطنة الصالحة. وتكتسب الدراسة أهمية خاصة من خلال التصوُّر العلمي الذي تطرحه، لتفعيل قيم المواطنة لدى الفاعلين في المجال الشبابي، مما يفيد القيادات الشبابية والقائمين على المراكز الشبابية ويدعم جهودهم الرامية إلى إصلاح أداء هذه المؤسسات وتطويره. وتتيح هذه الدراسة للمؤسسات التربوية والاجتماعية، لا سيما المراكز الشبابية، جملة من المقترحات والتوصيات العملية عن أفضل السبل التي ترسخ مفهوم المواطنة وتغرسه في نفوس روَّادها والمنتسبين إليها. كذلك تفيد الدراسة في كشف الغموض الذي يكتنف مفهوم المواطنة وتناولته عديد العلوم كالسياسة وعلم الاجتماع وعلم النفس والفلسفة، بهدف تأصيله من خلال تعزيز دور التربية على قيم المواطنة لدى الشباب. ولا بد للمواطنة والمشاركة والانتماء والمسؤولية المجتمعية بوصفها قيمًا ودوافع سلوك ومصادر اختيار، والحال هذه، أن تتأثر بمجموعة الطرائق التي تشتغل مراكز الشباب وفقها، وبمنظومة التسيير المعتمدة في إدارتها، وأن تصطبغ بما تحوي برامجها من مضامين. تبعًا لهذا يمكن لهذه القيم أن تستفيد أو تتأذى بحسب طبيعة الأنشطة ودرجة انخراط الشباب فيها؛ إذ يُعتبر التسيير والبرامج من محامل الشدِّ والجذب، فتقوي إيمان الشباب بتلك القيم أو تضعفه، لأن قيم الانتماء والمواطنة يمكنها أن تنتشر أو تتلاشى، ويمكن للشباب أن يتبناها بقوة أو أن يقاطعها، ما يعيد بقوة تأكيد الدور الذي تلعبه مراكز الشباب.

القسم الأول

إشكاليات الانتماء والمواطنة لدى الشباب القطري

الفصل الأول

في سوسيولوجيا الشباب: النشأة والتطور

1. التأصيل النظري والمعرفي للمسألة الشبابية

إن اعتماد المقاربة السوسيولوجية أو سوسيولوجيا الشباب في موضوعنا له ما يبرره منهجيًا من خلال الخلفية النظرية لهذه الدراسة، بهدف الإفادة من المقاربات المطروحة في تفكيك موضوع البحث وتشريح إشكاليات الانتماء وقيم المواطنة، عبر تحليل حضورها في برامج وأنشطة المراكز الشبابية؛ لأن فئة الشباب هي الفئة المستهدفة من هذه الأنشطة والبرامج، والمنوط بها إحداث التغيُّر الاجتماعي المنشود، من خلال تأصيل قيم الانتماء والمواطنة.

إن مقاربة المسألة الشبابية سوسيولوجيًا يساهم فعلًا في توصيف الحدود العلمية للموضوع المدروس، وكذا تباين محاور الانشغال الكبرى لسوسيولوجيا الشباب، مثلما يقود إلى تحديد آليات الدرس والتحليل الكفيلة بإنتاج مقاربة واعية للقضايا الشبابية. إن السؤال بخصوص الأدوار الاجتماعية للشباب يشكِّل جانبًا أساسيًا من موضوع سوسيولوجيا الشباب، ليس لأنه ينفتح على كثير من قضايا الشباب فقط، إنما لأنه يختزل الواقع العام الذي تعيش في كنفه فئة الشباب في مكان وزمان ما؛ وفضلًا عن ذلك، تؤسس سوسيولوجيا الشباب مشروعيتها من خلال اشتغالها على مقاربة قضايا الشباب، انطلاقًا من كشف علاقة هذه الفئة بالمؤسسة ومساءلتها، أيًا تكن تلك المؤسسة أسرية أو تعليمية أو سياسية أو ثقافية أو اقتصادية، وعلى اختلاف بنياتها وآلياتها. وبالتالي تتحدد الملامح الكبرى للمشروع المعرفي لسوسيولوجيا الشباب، والتي تتلخص في سؤال العلائق المؤسسية المفتوحة على كافة القضايا الشبابية، ما يقودنا إجرائيًا إلى الاشتغال في موضوع بحثنا على دور المراكز الشبابية كمؤسسات تربوية في ترسيخ وتنمية قيم الانتماء والمواطنة لدى الشباب. وفي

إطار توصيف حدود الموضوع الذي تتصدى له سوسيولوجيا الشباب، تقابلنا أسئلة أخرى مفتوحة تتعلق بالقيم والتمثُّلات وصراع الأجيال، مقابل منظور العلائق التي يدشِّنها الشباب مع المؤسسات والهيئات والبنيات والقيم المجتمعية المختلفة.

إن تشريح المسألة الشبابية يفضي بنا إلى الاعتراف بخطورة البعد العلائقي والمسؤولية عن كثير من الظواهر والقضايا التي تسِم جيل الشباب، لهذا السبب «صارت علاقة الشباب مع المؤسسات تشكِّل عنوانًا عريضًا لمشروع سوسيولوجي يفكِّك ويسائل الظواهر المختلفة»[1]. وإذا كان الاختلاف قائمًا بخصوص إيجاد تعريف موحد للشباب، تبعًا لاختلاف شروط الإنتاج الاجتماعية، فإن ما لا يمكن الاختلاف بصدده هو البعد العلائقي المؤسسي للظاهرة الشبابية، أيًا كانت أطرها المرجعية وظروفها الاجتماعية؛ فالمرور بالمؤسسات المجتمعية يعتبر شرطًا وجوديًا للشباب في مراحل عبوره الاجتماعي نحو سن الرشد. وبما أن مرحلة الشباب تعرف طرحًا بارزًا لأسئلة البحث عن الذات وتأكيد الحضور، في محاولة لسحب الاعتراف من مجتمع الكبار، فإن السؤال عن العلائق سيصير بدوره أكثر راهنية وحضورًا، أخذًا بالاعتبار الموقع الاجتماعي الذي يحتله الشباب في هذا المجتمع، مع ما يقتضي ذلك من تفاعل مؤسسي بصبغته العفوية أو القسرية. إن تحليل قضايا الشباب يكون غير ذي جدوى وفعالية بعيدًا عن الإطار الاجتماعي العام الذي تنخرط فيه هذه الفئة، ويكون بعيدًا عن المصداقية أيضًا، حين تُفكك هذه القضايا بمعزل عن إفرازات العلاقات المؤسسية التي يفرضها المرور الاجتماعي من فئة عمرية إلى أخرى. يعتبر الشباب «ظاهرة اجتماعية وتاريخية، تستمد جذورها الاجتماعية من الوضعية الانتقالية التي يعيشها الشباب فهي بالأساس ثقافية وليست طبيعية، وتتفاوت وتختلف من طبقة إلى أخرى»[2]، وحتى داخل المجتمع الواحد أيضًا، بحسب عالم الاجتماع «بيير بورديو». إن العلاقة بين الشباب تمر أساسًا عبر المدرسة (المؤسسة التربوية) والعائلة التي بواسطتها يؤطر المجتمع الشباب ويحدد لهم حقوقهم وواجباتهم، فعبرهما تتحقق اجتماعية الفرد، على حد تعبير عالم الاجتماع «إميل دوركهايم»، فعندما عجزت مؤسسة المدرسة على حل مشاغل الشباب

(1) عبد الله مجدي أحمد محمد، أزمة الشباب ومشاكله بين الواقع والطموح، رؤية سيكولوجية معاصرة، الإسكندرية، دار المعرفة الجامعية، 2013، ص 106.

(2) نفس المرجع، ص 56.

خلال فترات محددة من القرن السابق، برزت للوجود مؤسسات تربوية جديدة، من أبرزها الحركات الشبابية، لسدِّ هذا الفراغ[1].

تنبع الدعوة إلى تفعيل النقاش السوسيولوجي المتعلق بواقع الشباب ورهانات المركزية، من فهم سوسيولوجي خاص تأسس على ضرورة مقاربة مختلف التضاريس المجتمعية، وصولًا إلى احتواء معرفي لمختلف الظواهر الاجتماعية. وبحكم موقع الشباب الرمزي والمادي في جميع المجتمعات وإمكانات الفعل التغييري لديه، فإن سوسيولوجيا الشباب ستسمح بإبراز هذا الموقع ضد كل استراتيجيات التهميش والإقصاء التي تستهدفه، بطريقة واعية أو لا واعية، ودفعه نحو مدارات المشاركة والتمكين.

يواجه الشباب راهنًا جملة من التحديات والظواهر والحالات، التي تتطلب استنفار الآليات السوسيولوجية، طلبًا للفهم والتجاوز، وهذا ما جعل الدراسات السوسيولوجية العصرية بالأساس دراسات ديناميكية ومتعددة الاختصاصات، تدرس الواقع في حركيته وتفاعلاته الداخلية والخارجية، لتكون أكثر قربًا من قضايا المجتمع، وكي تؤكد الحاجة إلى معرفة تواكب إفرازات المعيش اليومي، وتنشد الفهم والتجاوز، ولا توجبها محدودية الاشتغال السوسيولوجي على المسألة الشبابية فقط، وإنما تحددها تفاعلات المشهد المجتمعي عمومًا، والتي لا يمكن مجاراتها ومقارنتها إلا بالإنصات لصوت السوسيولوجيا[2].

تقدم سوسيولوجيا الشباب «إجابات محتملة عن أسئلة وقضايا الشباب، كفئة عمرية اجتماعية تحتل مكانة بارزة في النسيج المجتمعي، سواء بالنظر إلى حضورها الكمي، أو اتصالًا بإشكالياتها المفتوحة على عوائق الإدماج والثقافة والعوائق المفترضة مع باقي مؤسسات وفئات المجتمع»[3]. لكن ما هي الرهانات الكبرى لسوسيولوجيا الشباب؟ ما هي أسئلتها المركزية؟ ما هي آليات اشتغالها وإمكانياتها المنهجية وحدودها المعرفية؟

تعد سوسيولوجيا الشباب «فرعًا قائمًا بذاته ضمن الحقل المعرفي لعلم الاجتماع الذي طوَّر ووسع إطاره النظري والمنهجي ليشمل عدة مجالات جديدة، منها الاتصال

---

(1) للمزيد راجع: منجي الزيدي، مقدمات لسوسيولوجيا الشباب، مجلة عالم الفكر، الكويت، يناير، 2002.

(2) للمزيد راجع: يوسف ميخائيل أسعد، الشباب والتوتر النفسي، القاهرة، دار غريب، 2001.

(3) فيليب جونز، النظريات الاجتماعية والممارسات البحثية، ترجمة محمد ياسر الخواجة، القاهرة، مصر العربية للنشر والتوزيع، 2010، ص 57.

والفن والثقافة والتربية»[1]، اعتمادًا على جملة من المقاربات والتجارب التاريخية والثقافية والرهانات الاجتماعية المرتبطة بآليات توزيع الأفراد في البنى الاجتماعية، وما عرفته هذه البنى من تطورات استجابة لجملة من التحديات.

1.1. جذور الاهتمام بالمسألة الشبابية

خلال تتبع مسارات بروز سوسيولوجيا الشباب وتطورها، نجد أن البدايات كانت في الولايات المتحدة الأمريكية، ومن أبرز المدارس الاجتماعية التي اهتمت بدراسة الشباب كانت مدرسة شيكاغو، وهي تيار بحثي أميركي ينطلق من مقولة اللانظام الاجتماعي من أجل فهم الانحراف الشبابي. وبداية من عام 1932 اهتم الباحثون في هذه المدرسة بتتبع المجموعات والزمر أو العصابات الشبابية بهدف الكشف عن السلوكيات الجديدة لدى تلك الفئة، من خلال الاعتماد على الملاحظة المباشرة، والملاحظة بالمشاركة في الميدان. وبيَّنت تلك الدراسات الميدانية أن الشباب هم الذين يقفون وراء التغيير الاجتماعي. واعتنت هذه المدرسة بالعلاقات ضمن الجيل الواحد وبين الأجيال. وانتهى الباحثون إلى تحديد مفهوم الشباب، في إطار العلاقة بين الأجيال. كذلك درسوا «الثقافة الشبابية»، ولاحظوا مدى قدرة المبادئ والقيم على إدماج الشباب (مفهوم الثقافة المهيمنة)، وكذلك إمكانية تحصيل معارف جديدة، والعيش ضمن ظروف أفضل عبر تطوير مجالات بحث وفروع معرفية مثل التغيُّر الاجتماعي أو إعادة الإنتاج الاجتماعي، بالاعتماد على مقاربات بحثية جديدة تراهن على التحولات المجتمعية والثقافية[2].

تضاعف الاهتمام بسوسيولوجيا الشباب في ألمانيا وبريطانيا وفرنسا، بعد انتهاء الحرب العالمية الثانية؛ ففي بريطانيا مثلًا، بدأ الاهتمام بهذا الفرع الجديد من علم الاجتماع مع بداية خمسينيات وستينيات القرن الماضي، من خلال دراسة شريحة الشباب العامل وأشكال الانحراف عند الشباب. ثم طوَّرت الجامعات البريطانية البحث في قضايا الشباب، وتركزَّت محاوره في المقام الأول على الشباب المنتمي إلى الطبقة العمالية التي تسكن الضواحي والأحياء الشعبية، وتعاني من البطالة، وتعيش على هامش النظام الثقافي للطبقة الوسطى. وتعتبر

(1) سعد الدين إبراهيم، التأمل في الآفاق المستقبلية في الوطن العربي: من إثبات الوجود إلى تحقيق الوعود نحو علم اجتماع عربي، بيروت، مركز دراسات الوحدة العربية، 1986، ص 346-347.

(2) للمزيد راجع: عبد الله مجدي أحمد محمد، مرجع سابق، ص 22.

الثقافة الشبابية «أداة للمقاومة، حيث نجد أن التمثلات الثقافية تحيلنا إلى التقسيم الطبقي، من خلال ثقافة مهيمنة وثقافة مهيمَن عليها»[1]. أما في فرنسا، فتعود بدايات الاهتمام بالمسألة الشبابية إلى النصف الثاني من الستينيات، حين بدأ النقاش يتركز على وجود الشباب بوصفهم مجموعة اجتماعية منسجمة. واعتبر بعض علماء الاجتماع في حينه أن الشباب يمثِّلون طبقة عمرية منسجمة، وذات ثقافة وشبكة من الرموز المشتركة. حصلت تلك النقاشات في ظرف اتسم بحدوث تطورات كبرى في المجتمع الفرنسي، الذي كان يتهيأ للانتقال من مجتمع صناعي معروف بالطبقات الاجتماعية، إلى مجتمع نتعرف عليه عبر الثقافة الجماهيرية. وبرز هذا التباين في أعمال وبحوث علماء الاجتماع، وظهر للعيان في المقولات التي أقرت تمديد فترة الشباب وعدم حصرها في فترة محددة بعينها، وبتجارب التنشئة والاندماج الاجتماعية[2].

تطور الحقل المعرفي والمنهجي لسوسيولوجيا الشباب، ليشمل مجالات أخرى مثل التربية والقانون واستراتيجيات التنمية، فارتبطت أغلب الدراسات السوسيولوجية التي أنجزت عن الشباب، بكل ما يمسّ هذه الفئة وما يحيط بها، وجرى تتبعها بطريقة ديناميكية، وتفكيك مختلف جوانبها بصبغة علمية وتحليلية مدروسة. إذ تعرف مرحلة الشباب تحولات مهمة تتعلق بالاهتمام المظهري النفسي والاجتماعي، فبعد أن تظهر في مرحلة الشباب بوادر الرجولة ولدى الفتاة «الشابة» بوادر أنوثتها، ينصرف كل منهما إلى الاهتمام بالعلاقات العاطفية التي تربطه بالآخر، وتصبح هذه العلاقة مركز اهتمام خاص في حياتهما؛ ويقوي هذه العلاقة الاهتمام بالجانب المظهري كوسيلة تعبيرية ورمزية في آن واحد، من خلال زيادة الاهتمام بملابسهما، مدفوعين بالرغبة في تأكيد الذات من خلال لفت النظر، ولهذا الغرض تظهر الفوضى كسلوك شبابي وتكون «عبارة عن التغيير الدائم في الشكل والذوق، فهي طبيعة في الإنسان حتى يكون مختلفًا عن غيره، هذا ما نجده عند جيل الشباب في الثورة على كل ما هو قديم»[3].

---

(1) عبد الرحيم العطري، سوسيولوجيا الحركات الاجتماعية، مجلة إضافات، عدد 13، بيروت، مركز دراسات الوحدة العربية،2011، ص 28.

(2) للمزيد راجع: جوان مارك ومارغريت ميد، سن الرشد في أمريكا، ترجمة سعيد محمد الأسعد، سلسلة علماء عباقرة، الرياض، مكتبة العبيكات، 2004، ص 72.

(3) للمزيد راجع: زينب عبد الحفيظ فرغلي، الاتجاهات الملبسية للشباب، القاهرة، دار الفكر العربي، 2002، ص 320.

تذكرنا هذه الصورة بظاهرة الرفد لدى الشباب تجاه المعايير والقيم والسلطة الممارسة من طرف الراشدين، والمرتبطة إلى حدٍّ ما بالظروف التاريخية والسياسية والاقتصادية والاجتماعية التي يمر بها المجتمع، والتي تفسَّر في ضوء النسق القيمي السائد أيضًا، إذ يُعد الشباب مصدرًا للتغيير الثقافي والاجتماعي. تجلَّى ذلك بعد انتفاضة عام 1968 في فرنسا، حين رفع الشباب على جدران جامعة السوربون شعارًا معناه أن : «الثورة البرجوازية ثورة قانونية والثورة البروليتارية ثورة اقتصادية، أما ثورتنا وغيرها من الحركات الاحتجاجية الشبابية التي اجتاحت العالم بعدها فهي ثورة ثقافية نفسية، ولم تأت لتؤكد أهمية الشباب في المجتمع فقط، إنما كانت بمثابة ناقوس خطر يحذر من تبعات إقصاء الشباب وإهدار طاقاتهم وإبعادهم من دوائر صنع القرار»[1].

قبل انتفاضة ستينيات القرن المنصرم لم يكن موضوع الشباب يحظى بفائق العناية السوسيولوجية، التي تجعله مدروسًا في إطار فرع تخصُّصي قائم الذات. وكانت قضايا الشباب تناقش سوسيولوجيًا وعلى هامش السوسيولوجيا باحتشام، وبعيدًا أحيانًا عن الدرس العلمي الصارم، الذي يسمح بإنجاز مقاربات واعية لكافة تفاصيل الظاهرة؛ وعليه كان موضوع الشباب يلوح كسؤال سوسيولوجي ضمن سوسيولوجيا الأسرة بدرجات عالية، في إطار الحديث عن العلاقات والأدوار الاجتماعية داخل الأسرة، «فإميل دوركهايم اعتبر الأسرة المعاصرة أكثر فردانية وافتقادًا لأفق الاندماج، متحدثًا عن مكانة الطفل فيها ودور التبادل الثقافي وذلك في كتابه الأسرة الزوجية»[2]، لكنه أغفل الحديث عن الشباب مثل غيره من رواد السوسيولوجيا، لتظل قضايا الشباب رغم حيويتهم ومطالبتهم بالاستقلالية على الهامش في الطرح العلمي، ما أفرز ندرة واضحة في الدراسات الشبابية قبل ثورة 1968. تمثَّلت هذه الثورة بردٍّ فعل شبابي ضد أساليب الوصاية والحجر وألوان الإقصاء والتهميش التي يجابه بها المجتمع مبادرات الشباب وطموحاتهم. وكانت مطالب التحرر والمشاركة والتعبير أكبر عناوين ثورة الطلاب، حين اندلعت ضد أنماط التعليم التقليدية، ورفضًا للسياسة الرأسمالية الماحقة لإرادة الفرد أيضًا. ففي فرنسا خرج الطلاب محتجين على النظام التعليمي التقليدي، في حين انتفض الشباب في الولايات المتحدة الأمريكية احتجاجًا على المشاركة في حرب فيتنام، لتنتقل الانتفاضة بعدئذ إلى دول المعسكر الشرقي سابقًا نقمة على

(1) سعد الدين إبراهيم، مرجع سابق، ص 346-347.

(2) عبد الكريم غريب، سوسيولوجيا التربية، الرباط، منشورات عالم التربية، 2000، ص 36-37.

الأنظمة الدكتاتورية وعلى فشل الاشتراكية التي بشَّرت بتكافؤ الفرص، لتتواصل آثار الانتفاضة في باقي دول العالم أملًا في التحرر من الاستعباد المؤسسي والمشاركة في صنع القرار. هذا كله جعل الاهتمام العلمي بجيل الشباب يتخذ منحى جديدًا، ووصل في النهاية إلى تأسيس سوسيولوجيا تخصصية تنفتح على قضايا الشباب وأسئلته. وهكذا يمكن القول بأن سوسيولوجيا الشباب نوع تخصصي شكل استجابة علمية لتطورات المسألة الشبابية، وانتقلت من مقاربة دواعي وأبعاد الثورة، مرورًا إلى مقارنة ظواهر أخرى أفرزتها الشروط المجتمعية المتواترة، ما أدى إلى اتساع الرقعة المعرفية لسوسيولوجيا الشباب. قس على هذا الحدث التاريخي أحداثًا أخرى، كتعبير الشباب عن سخطهم من النظام القائم في الدول الشيوعية بعد انهيار الاتحاد السوفياتي، والنزاعات بين السكان السود والنظام الحاكم في جنوب إفريقيا في فترة سيادة التمييز العنصري، وهذا إن دلَّ على شيء، فإنما يدلُّ على أن جيل الشباب يحاول التخلص من كافة الضغوط وألوان القهر المسلَّطة عليه، من أجل التأكيد على خاصيته كفاعل اجتماعي.

أما في العالم العربي، رغم المكانة التي تحتلها فئة الشباب في الهرم السكاني، وموقعها في استراتيجيات وخطط التنمية، بوصفها الشريحة الأكثر نشاطًا وحيوية، فإنها مع ذلك «لم تجد حظها من البحث والدرس من قبل المشتغلين في حقل علم الاجتماع»[1]. وتعدُّ البحوث التي اهتمت بالشباب في الأقطار العربية، نظريًا ومنهجيًا في العلوم الاجتماعية، قليلة، باستثناء بعض البيانات الإحصائية والتقارير الرسمية/ الحكومية، التي تفتقر للصرامة المنهجية والأكاديمية؛ حتى القليل من البحوث والدراسات التي أنجزت، جاءت كلها جزرًا منعزلة لا تربط بينها أرض واحدة، ولا يمهِّد السابق منها للاحق، ولا ينطلق الحديث فيها من النقطة التي انتهى عندها القديم، «فضاعت فرص الاستفادة من التجارب النظرية والمنهجية، وأهدرت فرص الاستمرارية والتراكم لنمو العلم وتطوره، وخلق أرضية صلبة يمكن أن يقوم عليها التطبيق»[2]. لذلك أكد عزت حجازي في كتابه «الشباب العربي ومشكلاته» أن أزمة الشباب العربي «أزمة ثقافية وأزمة مجتمع، وإنها أزمة مركبة ومعقدة ومتداخلة العناصر»[3].

---

(1) أحمد سالم الحمر، وضعية العلوم الاجتماعية في الوطن العربي بين أزمتي الواقع والفكر، مجلة الوحدة، العدد 5، بيروت، 1988، ص 8-9.

(2) عزت حجازي، الشباب العربي ومشكلاته، سلسلة عالم المعرفة، المجلس الوطني للثقافة ولفنون والآداب، الكويت، 1985، ص 218.

(3) نفس المرجع، ص 217.

وشدد بالخصوص على أن «المناخ الراهن لا يسمح بالبحث والنشر العلمي والأكاديمي»[1]. وأرجع هذه الوضعية إلى «طبيعة بنية المجتمعات العربية والمتسمة بتخلف نظام الإنتاج والعلاقات الاجتماعية وقصور أسلوب العمل فيها»[2].

تعرضت فئة الشباب في العقود الماضية إلى عدة متغيرات بصورة مكثفة ومتسارعة، على كافة المستويات والمجالات الثقافية والاجتماعية والمادية والتكنولوجية وغيرها، مما جعل لهذه المتغيرات أثرًا سلبيًا كبيرًا على فكر وسلوك هذه الفئة، وأدى إلى افتقادها لهويتها الثقافية، بل لانتماءاتها الوطنية أيضًا. من الملاحظ أن اهتمام الدول العربية عمومًا والدول الخليجية على وجه الخصوص، بالشباب وقضاياه «لم تكن على المستوى المطلوب، مما سبب لهم جملة من الصعوبات والمشكلات كالبطالة والتشتت الفكري والصراع القيمي، في الوقت الذي نجد فيه أن العديد من وسائل الإعلام الغربية خاصة بعد أحداث الحادي عشر من سبتمبر، دعت دول الخليج إلى الاهتمام بقضايا الشباب ودراسة أسباب مشكلاته وعلاجها»[3]. ويلاحظ أن هوَّة واسعة لا تزال قائمة بين الأدوار التي يقوم بها الشباب في البلدان المتقدمة وفي البلدان النامية، لأسباب منها:

- عدم توفر الخطط لدى الدول النامية، والبرامج الكافية لتأهيل وتنشئة وتربية الشباب تربية صحيحة في جميع المراحل التعليمية؛ وكل المؤشرات توضح مدى معاناة الشباب في هذه الدول، فهناك نجد الفروقات في الوضع الاجتماعي والاقتصادي وتوزيع الثروة وتكافؤ الفرص وانتشار البطالة وغيرها، مما أدى إلى الاغتراب والانحراف والنقمة على المجتمعات والحكومات[4].
- عدم توفر المناخ الاجتماعي الملائم لاحتضان وتفعيل قيم المواطنة لدى الشباب، نظرًا لعدم تحقيق مقوماتها من العدالة الاجتماعية، وانتشار الفساد بشتى صوره، والبطالة والقبلية والطائفية وازدواجية الولاء.

---

(1) نفس المرجع، ص 217.

(2) نفس المرجع، ص 217.

(3) راشد بن سعد الباز، أزمة الشباب الخليجي واستراتيجية المواجهة، منشورات أكاديمية نايف للعلوم الأمنية، الرياض، السعودية، 2004، ص 3- 4.

(4) علي بوعناقة، الشباب ومشكلاته الاجتماعية في المدن الحضرية، سلسلة أطروحات الدكتوراه، بيروت، مركز دراسات الوحدة العربية، 2007، ص 21.

- ضعف الضبط الأسري والتواصل بين الوالدين والأبناء، إذ «أصبحت العلاقة داخل بعض الأسر تتصف بالسطحية، فقد لا يعرف الوالدان بمشاكل الأبناء أو ما يدور في عقولهم وتوجهاتهم، وذلك بحجة انشغال الوالدين بأعمالهما خارج المنزل»[1].
- المشكلات والهموم المتعددة التي تواجه الشباب بصفة عامة والشباب العربي بصفة خاصة، في جميع المجالات الأسرية والاجتماعية والاقتصادية والثقافية والدينية، فضلًا عن «ازدواجية القيم والأخلاق بين التعليم والشعارات المرفوعة وبين الممارسة والتطبيق»[2].

ساهمت الخصوصيات الثقافية والاجتماعية والاقتصادية، التي تميز كل مجتمع عن غيره، في تباين وجهات النظر بين الباحثين من ناحية التحديد الكرونولوجي والمفهومي لمرحلة الشباب. ولعل ما أفرزته المقاربة البيولوجية في تعريفها للمفهوم هو ذلك الاختلاف والتنوع في التحديد الزمني لفترة الشباب، فالتقسيمات الكرونولوجية لا تتفق على تحديد سن معيَّن، سواء كانت هذه التقسيمات عربية أو غربية؛ فلكل مقاييسه حسب الاختصاص، إذ نجد أن «للقاضي مقاييس المسؤولية الجزائية، وللمربي مقاييس انتهاء مرحلة التعلم عند سن السادسة عشر»[3]. وباختلاف المقاييس والتخصصات يختلف التحديد بيولوجيًا وكرونولوجيًا، وبالتالي من الاعتباطي البحث عن مفهوم الشباب وفق مقاييس بيولوجية تجعل منه فترة بيوغرافية توحِّد بين البلوغ ونهاية النمو. هكذا إذن «ينزع عن الشباب أبعاده الاجتماعية ويغفل عن الفروقات في الأصول الاجتماعية»[4]. إلى جانب المقاربة العمرية هناك المقاربة البيولوجية النفسية التي تعتمد في تحديدها الواقعي لفئة الشباب على الملامح والتطورات الفيزيولوجية التي تبصم لحظة الانتقال من الطفولة إلى الشباب، ومنه إلى النضج أو الشيخوخة أيضًا. لذلك إن التعامل مع الظاهرة الشبابية من الوجهة العمرية ينطوي على كثير من اللبس والاختزال، بل يؤدي إلى إقصاء فئات عريضة من الشباب، وهذا ما يجعل

---

(1) راشد بن سعد الباز، مرجع سابق، ص 48.

(2) نايف مثيب السحيمي، العوامل المؤدية إلى التغرير بالشباب للوقوع في الجرائم الإرهابية، رسالة ماجستير غير منشورة، الرياض، جامعة نايف العربية للعلوم الأمنية، 2008، ص 66.

(3) Françoise Dolto, La cause des adolescents, Paris, 1988, p 14.

(4) Gérard Mauger, Jeunesse n'est-elle qu'un mot ? in La jeunesse d'aujourd'hui regard sur les 13-25 ans en France : notes et études documentaires, Paris, 1987, p 20.

توصيف مرحلة الشباب عملية محفوفة بالمنزلقات العلمية. ولهذا نتساءل ما هو الشباب أو من هم الشباب؟ هل هو مجرد كلمة كما ذهب إلى ذلك «بيير بورديو»؟ أم يؤشر على فئة عمرية اجتماعية لها من الخصائص ما يجعلها متميزة عن باقي فئات المجتمع، وتتضمن جانبًا من الاختلاف نوعًا ودرجةً؟

2.1. الطرح السوسيولوجي للمسألة الشبابية

جرى تناول ظاهرة الشباب بصورها المختلفة في الحقل السوسيولوجي، وبالنظر إلى الأدبيات المرجعية في هذا الحقل المعرفي، تعود بنا البدايات الأولى للاهتمام بفئة الشباب إلى النصف الثاني من القرن التاسع عشر مع الأفكار التي قدمها لنا «إيميل دوركهايم» في كتابه «السوسيولوجيا والتربية» حين يقول: «التربية هي التنشئة الاجتماعية الممنهجة لجيل الشباب»[1]. يمكن بفضل هذا التعريف أن نفتح الطريق الفعلي لسوسيولوجيا الشباب، حيث يبدأ الحديث عن الطفل كمرحلة عمرية متميزة باعتباره كائنًا غير اجتماعي ولم يسلك بعد الخطوط التي يمحوها الإكراه الاجتماعي المخزن، ولم يتمرن بعد على الإخضاع الضروري للقوانين المكتوبة وغير المكتوبة التي تسيِّر المجتمع، لكن التربية هي التي ستقوم بدورها وتمحو هذا الغطاء البيولوجي، وتجعل منه كائنًا اجتماعيًا، رغم التناقضات الخاصة به.

يبدو أن التناول السوسيولوجي لهذه الفئة بقي ضئيلًا بعد هذه المحاولة، مما أفسح المجال أمام هتمامات أخرى؛ فقد أحدثت الأنثروبولوجيا منعطفًا مهمًا من خلال إعادة النظر في بعض المقولات الخاصة بالمراهقة؛ ومن أبرز المساهمين في هذا المجال نجد «مارغريت ميد»، التي انطلقت من دراستها لبعض القبائل البدائية «المانوس» و«الساموا» في نهاية عشرينيات القرن الماضي، وانتهت إلى الإقرار بحداثة ظاهرة المراهقة في المجتمعات المعاصرة، وذلك عن طريق عقد المقارنات بين مشاكل المراهقين في المجتمع الأمريكي الذي يتميز بتعدد أنماط السلوك وتعارضها وكثرة الجماعات الدينية والوضع الاقتصادي المتقلب من جهة، وبين القبائل البدائية السالفة الذكر التي لم تعرف ظاهرة المراهقة من جهة أخرى، «نظرًا لبساطة المجتمع وسهولة المرور إلى سن الشباب وقلة البدائل أيضًا،

(1) توم بوتمور، تمهيد في علم الاجتماع، ترجمة محمد الجوهري، القاهرة، دار المعارف، 1980، ص 11-12.

والمساواة في معاملة الجنسين، والمعرفة المتاحة للجميع، والاستقلالية المتمثلة في عدم تبعية الأبناء للوالدين، وإمكانية الانصهار في إطار الجماعة»[1].

تؤكد الأنثروبولوجية «مارغريت ميد» في دراستها لقبائل «ساموا» أن «الاختلاف الحاصل في سلوك الشباب بحسب المجتمع الذي يعيشون فيه ووفق ثقافة ذلك المجتمع، تكاد أزمة المراهقة والشباب التي تلوح بقوة في المجتمع الرأسمالي لا تبين في تلك القبائل، نظرًا لبساطة هذا المجتمع وسهولة المرور فيه إلى سن الشباب»[2]. إن «الشباب في ساموا ليس هو الشباب في أمريكا وليس هو الشباب في العالم العربي، ويختلف عن شباب القرون الوسطى الذين كانوا يجدون أنفسهم مضطرين إلى الانقطاع عن العالم لخدمة الإله، ويختلفون عن شباب الهنود الذين يضطرون إلى قطع أصابعهم كقربان ديني»[3]. تتمثل خلاصة أبحاث مارغريت ميد في إعلان نتيجة مهمة مفادها أن مشكلة الشباب لا يمكن ردها إلى عامل داخلي، فهي نتيجة الاضطهاد من الخارج ومن مجموع القيم والعادات؛ فالأزمة ليست أزمة هوية تنشأ من عدم فهم الذات الجديدة، بل هي أزمة حضارية في جوهرها. وهكذا، إن السلوك الاجتماعي للشباب «يمكن أن يكون نتاجًا لتفاعل قواهم العضوية والمزاجية والوجدانية والعقلية مع مؤثرات البيئة والثقافة التي يعيشون فيها»[4]. ففي هذه المرحلة العمرية، من فترة الشباب، يتمازج الجانب السيكولوجي والفيزيولوجي مع البنية الاجتماعية والثقافية للمجتمعات المحلية.

مهما يكن من أمر، يُعتبر الأمريكيون السباقين في نقد النظرة الضيقة للمراهقة، حين بدأوا في تطوير النظرية التي تعتبر التنشئة الاجتماعية مرحلة لخلق التلاؤم المتدرج مع القيم والأدوار الاجتماعية، وذلك منذ بدايات أربعينيات القرن العشرين، حين برزت أفكار عالم الاجتماع الأمريكي «تالكوت بارسنز»، في مقالاته الأولى، التي خصَّصها لتحليل واقع الفئة الشبابية في الولايات المتحدة الأمريكية آنذاك، ويبدأ الحديث عنها بالقول: «باعتبارها ثقافة متميزة في مرحلة عمرية معينة، إنها ثقافة اللامسوؤلية، وخطها المتميز هو الأخذ، على سبيل

---

(1) مارك جوان ومارغريت ميد، مرجع سابق، ص 119.

(2) للمزيد راجع: مارك جوان ومارغريت ميد، سن الرشد في أمريكا، مرجع سابق، ص 76.

(3) نفس المرجع، ص 79.

(4) عمر محمد التومي الشيباني، الأسس النفسيه والتربوية لرعاية الشباب، بيروت، دار الثقافة، 1973، ص 105.

المثال لا الحصر، بكل ما هو جميل في طريقة العيش بالنسبة للجنسين، فالذكور يفضلون التفاخر الرياضي، في حين أن الإناث يفضلن المودة أو المظهر اللائق عل سلطة الجذب والإغواء»[1].

تبدو فئة الشباب بالنسبة لبارسنز نوعًا من الممارسة الاجتماعية الأكثر ترميزًا للواقع الاجتماعي، وتظهر مؤشراتها من خلال اللقاءات العاطفية التي تجمع الإناث بالذكور، فثقافة الشباب والتي هي بالفعل ثقافة المراهقين نجدها تتجاوز ثقافة الطفل المبنية أساسًا على السلطة المطلقة للوالدين، وفي الوقت نفسه لا تمثِّل ثقافة الراشدين لأنها تنغمس في قيم ومعايير مضادة للانضباط والمسؤولية التي يعرفها عالم الراشدين، مع اختلاف طفيف بين المراهقة والشباب يكمن في «أن المراهقين يبقون تحت التبعية والسلطة الأبوية النسبية (حماية الوالدين)، فهي أقرب إلى مرحلة الطفولة منها إلى مرحلة الرشد»[2]. أما الشباب فيرتبط بنوع من الاستقلالية الجزئية أكثر حين يحاول الحصول على سكن مستقل عن السكن العائلي، إلا أنه يبقى ممولًا في البداية من طرف الأسرة، قبل أن تعبر هذه الفئة إلى مرحلة الرشد. كان يجب الانتظار إلى غاية منتصف الخمسينيات من القرن العشرين، حين شرعت الأمم المتحدة، من خلال منظمة اليونيسكو، في إجراء دراسات سوسيولوجية عن الشباب في القطاع التربوي على وجه الخصوص؛ لكن القفزة الحقيقية في ميدان الدراسات الشبابية لم تبرز إلا بعد انتفاض هذه الشريحة الاجتماعية عام 1960 في الولايات المتحدة الأمريكية، وفي شهر مايو 1968 في فرنسا، ومن ثم في بلدان أخرى من العالم.

نسجل ابتداء من فترة الستينيات بروز أدبيات البحث الفرنسية وتألقها، والتي طرحت مقاربات سوسيولوجية مختلفة من بينها أعمال «موريس دوبيس» الذي يعتبر من أحد كبار المهتمين بسوسيولوجيا الشباب والمراهقة في المرحلة المعاصرة، فقد رأى أنه كثيرًا ما يجري الخلط بين مصطلحي الشباب والمراهقة، في حين أنهما لا يحملان المعنى نفسه؛ فالمراهقة ذات مدلول عام تعني مجموع التحولات الجسدية والسيكولوجية التي تحدث بين سنوات الطفولة والبلوغ، والحديث عن الحلم، يعني أننا نقصد الجانب العضوي لفئة

---

(1) بدر الأغبري، العولمة والتحديات التربوية في العالم العربي، مجلة التربية، وزارة التربية والتعليم، البحرين، العدد الأول، السنة الأولى، أكتوبر، 2000.

(2) جوان مارك ومارغريت ميد، مرجع سابق، ص 111.

المراهقين، لا سيما مع بداية ظهور الوظائف الجنسية، أما مرحلة الشباب فتعني الجانب العضوي الوظيفي ذاته، وتتجلى في الوصول إلى اكتمال النضج.

أما عالم الاجتماع الفرنسي «بيير بورديو» فقد بنى تحليله السوسيولوجي على رفض التعريف الذي يستند إلى التحديد العمري، ورأى أن الشباب مجرد كلمة «la jeunesse n'est qu'un mot»، وذهب إلى القول أن الحدود بين الأعمار أو الشرائح العمرية حدود اعتباطية «فنحن لا نعرف أين ينتهي الشباب وأين تبدأ الشيخوخة، مثل عدم تمكننا من تقدير أين ينتهي الفقر ليبدأ الثراء»[1]. هذا يعني من منظور «بيير بورديو» أن الفئات العمرية هي بالضرورة نتاجات اجتماعية تتطور عبر التاريخ، وتتخذ أشكالًا ومفاهيم ترتبط ارتباطًا وثيقًا بالأوضاع والحالات الاجتماعية. يتعاطى بورديو مع ثنائية «الشباب/ الكهولة» انطلاقًا من كونها علاقة عادية «فنحن دومًا شبابًا وكهولًا بالمقارنة مع طرف ثان»[2]. ويرى بورديو أن الهدف من التقسيمات أو التصنيفات على أساس العمر والجنس والطبقة، هو إعادة إنتاج النظام بطريقة يحافظ فيها الجميع على موقعه؛ فالشباب والكهولة ليست معطيات بقدر ما هي نتاج بناء مجتمعي، ليخلص إلى القول أن: «العلاقة بين العمر الاجتماعي والعمر البيولوجي هي عملية بالغة التعقيد». وللمزيد من فهم العلاقة بين الأجيال، يشترط بورديو ضرورة فهم خاصيات اشتغال الحقل الذي تنتمي إليه تلك الفئات، وإعطاء الشرعية العلمية لاستنتاجاته النظرية، التي تقول إن «الشباب مجرد كلمة»، والتي هي أيضًا نتاج اجتماعي يتحدد بشروط اجتماعية معينة. ويستند بورديو في ذلك إلى البحوث الاثنولوجية والأنثربولوجية، ومثلما أن لكل مجتمع قيمه وعقله الجمعي الذي يضبطه ويتحكم بأموره، كذلك له مفهومه الاجتماعي الخاص عن الشباب، وتحديدًا خصائص تلك الفئة وتحولاتها، بل إننا نجد داخل المجتمع الواحد أكثر من مفهوم للشباب، وكل ذلك في اتصال وثيق مع ما يعتمل داخل هذا المجتمع ويتفاعل فيه، والنتيجة في النهاية أن الشباب في كل مجتمع يختلف نوعًا ودرجة عن شباب مجتمع آخر. من هنا نصل إلى التأكيد أن فئة الشباب لها قضاياها وأسئلتها التي تتنوع بتنوع المجتمعات. ويرجع بورديو في نظريته عن الشباب إلى الأمثال الشعبية، وكذلك إلى فلسفة أفلاطون التي تعطي لكل فترة أو حقبة عمرية وصفًا خاصًا ومميزًا: المراهقة تكون عادة مقترنة بالعاطفة، في حين تتميز الكهولة بالواقعية.

---

(1) Pierre Bourdieu, Question de la sociologie, Paris, Minuit, 1984, p 143.

(2) Ibid, p143-154.

يجدر بنا أن نشير إلى أن فترة الشباب من وجهة نظر السوسيولوجيين تمثل «مرحلة جديدة من الحياة، وهي بمثابة العبور التدريجي من مرحلة إلى أخرى، الشيء الذي لم يكن ممكنًا في الماضي القريب، لأن عملية المرور من مرحلة الطفولة إلى الكهولة كانت تتم بصفة مباشرة».

لم تعد الإشكالية المطروحة في تعريف الشباب ديمغرافية فقط، وإنما أصبحت على علاقة قوية بما هو اجتماعي، إذ لا يمكن البحث في إشكالية هذا المفهوم بفصله عن محيطه الاجتماعي والثقافي والاقتصادي والسياسي الموجود ضمنه «لأنه لا يثير إشكالية التصنيفات الإحصائية فحسب، وإنما أيضًا التصنيفات السوسيولوجية التي ساهمت في إبراز ذلك الإشكال الاجتماعي الذي يختص به هذا المفهوم»[1]. وبذلك يصبح العمر «من جهة أولى اجتماعيًا يتماشى مع مجموع الوضعيات الاجتماعية التي يمر بها الفرد وتتغير بدورها حسب دورة الحياة، ومن جهة ثانية يمثل مقياسًا قيميًّا تتحدد من خلاله السلوكيات المنتظرة والمتوافقة مع الوضعيات التي مر بها الفرد طيلة دورة الحياة التي يعيشها»[2]. هذا ما يعطي المقاربة السوسيولوجية لمفهوم الشباب وجاهة نسبية مقارنة مع المقاربة العمرية السيكولوجية التي تشتغل تحديدًا على المراهقة واضطراباتها النفسية، ليبقى الشباب مجرد كلمة أو نتاج اجتماعي تتحدد بشروط مجتمعية معينة. ولعل هذه الصعوبة المفاهيمية التي تطبع مفهوم الشباب هي التي جعلت بعض الباحثين يتخلون عن هذا المفهوم لصالح مفهوم أكثر إجرائية من الناحية العلمية، ألا وهو مفهوم «المرور إلى سن الرشد»[3].

يمكن القول إن الشباب يبقى مجرد ظاهرة اجتماعية محددة سلفًا بشروط إنتاج وإعادة الإنتاج الاجتماعي في مجتمع معين؛ وباعتبار كونها ظاهرة أو معطى اجتماعيًا، فهي تشير إلى مرحلة عمريه تأتي بعد مرحلة الطفولة، وتلوح خلالها علامات النضج البيولوجي والنفسي والاجتماعي. والجدير بالذكر، أن كل تعريف اجتماعي للشباب يظل مرتبطًا بشروط إنتاجه الاجتماعية، فكل عقل جمعي ينتج شبابه، ويحدد احتمالات الارتقاء الاجتماعي إلى هذه الفئة أو السقوط منها، لكن يبقى لدرجة التعقيد المجتمعي الدور الحاسم في تحديد الارتقاء

(1) Olivier Galland, Qu'est ce que la jeunesse ?, Paris, INSEE, 2000, p 12.

(2) Olivier Galland, Sociologie de la jeunesse, L'entrée dans la vie, Op. cit, p 79.

(3) جوان مارك ومارغريت ميد، مرجع سابق، ص 81.

أو السقوط. حين نتناول هذا المفهوم «ينتابنا شعور مشترك من التداخل وعدم اليقين في مستوى المفاهيم وفي مستوى المراحل العمرية التي أصبح من الصعب تحديدها إحصائيًا»[1]. لقد «انتهى بعض السوسيولوجيين في بداية التسعينيات إلى تحديد عمري للشباب يتراوح ما بين 15 و25 عامًا، هذا التحديد الذي تم تبنيه كإطار فردي في السنة الدولية للشباب لعام 1985»[2]. ويقوم مفهوم الشباب على معطيات ديمغرافية إحصائية، فأن تكون شابًا يعني أن تنتمي إلى الفئات العمرية (15-25) أو (20-25) أو (25-30)، وهذا يخدم المصلحة الاجتماعية عند تحديد الهرمية السكانية من ناحية، لكنه لا يساعد من الناحية السوسيولوجية على فهم هذه المرحلة العمرية من المجتمع، لأن متغيّر العمر نفسه في هذه الفئة بالذات يصعب تحديده، والحقيقة الوحيدة التي يمكن تعميمها هو أن مرحلة الشباب هي مرحلة وسطية ومرحلة انتقالية ومرحلة مرور إلى الكهولة. لكن مقاييس الدخول لهذه المرحلة ومقاييس الخروج منها يصعب تحديدها، إذ يتنقل الفرد من مرحلة الشباب إلى مرحلة الكهولة بحسب ما تحدده المعطيات البيولوجية والديموغرافية لذلك، ولكن اجتماعيًا قد لا يتحول فعليًا «فقد يبلغ 24 عامًا أو يتجاوزها، ولكنه لم يندمج مهنيًا داخل المجتمع، أو ما زال مزاولًا لدراسته، وغيرها من الوضعيات التي تضطره إلى أن يكون غير مستقل بذاته عن العائلة، وبالتالي فإن التحديد الاجتماعي لهذه المرحلة إذا ما طابقناه بالتحديد الديموغرافي، فإن الشباب هنا لم يتجاوز بعد مرحلة المراهقة»[3].

انطلاقًا من ذلك، يقف المُعطى الديموغرافي عاجزًا أمام تحديد واضح لمفهوم الشباب «لأن تمطط هذه المرحلة والتأخر في الدخول إلى الحياة المهنية وبعدها إلى مرحلة التقاعد، قلب الموازين التي كانت تميّز المسيرة الحياتية الطبيعية»[4]، فأن تكون شابًا لا يعني دائمًا الأمر ذاته، وليس من المؤكد في أحيان كثيرة أن يعني ذلك شيئًا. فهذا المفهوم يبنى اجتماعيًا وحسب، وضعيات اجتماعية معينة ساهمت في تمطُّط تلك المرحلة، وذلك يعود لأسباب اقتصادية ولسياسات التشغيل المتبعة التي ساهمت في تأخر الدخول إلى مرحلة ما بعد

(1) C. Van de Velde, Devenir adulte, Sociologie comparée à la jeunesse en Europe, Paris, éd PUF, 2008, pp.110-111.

(2) Congrès Mondial sur la jeunesse, Rapport final, Paris, UNESCO, 1986, p 10-15.

(3) Olivier Galland, Qu'est ce que la jeunesse ? Op.cit, p 22.

(4) Xavier Caullier, Ages mobiles et générations incertains, Paris, Esprit, 1998, p 4.

الشباب «فالمؤشرات الطبيعية التي يمكن أن تدخل الشاب إلى مرحلة الكهولة أصبحت غير واضحة ومعقدة، وغير مفهومة في أبعاد كثيرة»[1].

إن البحث في مفهوم الشباب، من خلال مقاييس محددة بفترات عمرية أو مقاييس بيولوجية تجعل من الشباب فترة توجد بين البلوغ ونهاية النمو، أو مجرد مقاييس تركز على الخصائص النفسية فقط، والتي يفرزها ما يدرج على تسميته بـ«أزمة المراهقة»، وهو أمر يتصف بالارتجالية وعدم الموضوعية. هذه المداخل الضيقة تغفل عن مفهوم الشباب أبعاده الاجتماعية لأن هناك من يؤكد أن «مرحلة الشباب فترة تبدأ حين يحاول المجتمع تأهيل الشخص، كي يشغل مكانة ووضعية اجتماعية ويؤدي أدوارًا اجتماعية سواء داخل الأسرة أو خارجها، وتنتهي هذه المرحلة حين يستقر في شغل مكانته، ويؤدي الأدوار التي أُهِّل لها، ما يعني أنه أصبح جزءًا من النظام المستقر والثابت في المجتمع»[2]. ويتجه علم الاجتماع في تحديده لمرحلة الشباب «مع بداية محاولة المجتمع تأهيل الشباب لاحتلال مكانة اجتماعية وممارسة دوره في مسيرة البناء والتنمية. وتنتهي تلك الفترة بعد أن يكون الشاب قادرًا على تأدية دوره بشكل مقبول ضمن النظام الاجتماعي»[3]. لكن لا يمكن أن نعتبر أن الدور الاجتماعي (انتهاء الدراسة، الحصول على عمل، الاستقلال عن العائلة) المحدد الوحيد لمرحلة الشباب. في المقابل هناك تيار آخر من علماء الاجتماع ممن يعتبرون أن الدور الاجتماعي ليس وحده القادر على تحديد مفهوم الشباب، وحصره في إطار الدراسة والمدرسة والدخول إلى الوظيفة والاستقلال عن العائلة؛ فالفشل الدراسي والعجز عن تأمين العمل ومتطلبات الحياة، أفرزت لنا مجموعة من الشباب غير قادرة على أداء الدور بالشكل الذي يحدده النظام الاجتماعي لها، بالرغم من حصول أفرادها على شهادة العضوية الاجتماعية، إذ إن هناك من الدارسين من ينظر إلى فئة الشباب على أنها الفئة الأقل تماسكًا في المجتمع بسبب الإقصاء الاجتماعي الذي يعيشه الشباب من جراء أزمة التشغيل والتكوين، وهذا ما عبَّر عنه عالم الاجتماع «إدغار موران» بقوله أن «الشباب هو الحلقة الضعيفة». وفي نفس السياق اعتبر الباحث «إدريس بن سعيد» بأن الشباب هو: «طاقة خلاقة،

---

(1) Pierre Bourdieu, La jeunesse n'est qu'un mot ? In Questions en sociologie, Paris, Minuit, 1984, p 143.

(2) سعيد بن سعيد ناصر حمدان، مرجع سابق، ص 188-189.

(3) علي ليلة، مرجع سابق، ص 33-35.

وهدرها مغامرة كبيرة للمجتمع آنيًا ومستقبلًا»[1]. لذلك يقترح عالم الاجتماع «أوليفييه غالان» تعويض مفهوم الشباب بمفهوم «الانتقال إلى سن الرشد» أو «الدخول في الحياة»[2] في إحالة إلى فكرة مفادها أن الشباب هو زمن اجتماعي له خاصية انتقالية، وفترة من الحياة تعتبر عمومًا مرحلة انتقالية بين الطفولة وبين سن الرشد. وتعرِّف منظمة الأمم المتحدة مرحلة الشباب بأنها الفئة العمرية التي تتراوح بين 15 و24 عامًا. وإذا كان العمر هو الدالة التي تحدد سن الشباب فيما يتعلق بالتنمية الشبابية، فالمفروض ألا نعتبر الشباب فئة ديموغرافية متجانسة منفردة، بل مجموعات فرعية متعددة التنوع، وتشتمل على طيف واسع من المدارك والاتجاهات والقدرات.

عند الحديث عن امتداد مرحلة الشباب في مجتمعاتنا اليوم، من المهم أن نتحدث عن تأخر الانتقال إلى مرحلة الكهولة أيضًا، وعن ثقل الموازين بالنسبة إلى نموذج الحياة الاجتماعية التقليدي، فتلك المرحلة كانت تعني أساسًا الدخول في الحياة النشيطة، ونقصد هنا العمل ثم التقاعد. لكن الحراك الذي أصاب الحياة الاجتماعية والاقتصادية للأفراد قلب موازين المراحل والنموذج التقليدي، حتى أن العديد من الباحثين يتحدثون عن مرحلتين فقط في حياة الفرد، وهما العمل والتقاعد، وبالتالي «أصبح الحديث عن العمر والفئة العمرية غير مواكب لهذا الحراك الاجتماعي»[3]، الذي اشتدت فيه المطالبة بالاحتياجات وخلقت حالة من الفوضى، وآلت التغيرات بنتيجته إلى انفراط أهم العقود المعنوية القائمة بين الفرد والجماعة؛ فالفرد يحاول دائمًا أن يشبع حاجياته من خلال علاقته بالجماعة التي يشترك معها في الموروث الثقافي والمكتسبات الاقتصادية والسياسية.

لذلك إن أبرز ما يميز المقاربة الاجتماعية، أنها تهتم بمختلف العوامل المكونة للحقيقة الجماعية للشباب، وتعد المقاربة الأكثر وضوحًا ووجاهة في نظر الكثيرين، تلك التي تنطلق من أن لكل مجتمع قيمه وضوابطه الاجتماعية، والتي تنتج مفهومًا خاصًا للشباب باستفهاماته وقضاياه ومشاغله. بمعنى أن كل فكر مجتمعي ينتج شبابه، ولكل مجتمع شبابه المختلف عن شباب أي مجتمع آخر، مع التأكيد أن تعريف الشباب يقتضي أصلًا الارتباط بالأوضاع والظروف والأحداث والسياقات غير المتجانسة، ويرتبط فيها التعريف بما هو اقتصادي

(1) المنجي الزيدي، ثقافة الشارع: دراسة سوسيوثقافية في مضامين ثقافة الشباب، مرجع سابق، ص 18.

(2) Olivier Galland, «Sociologie de la jeunesse, l'entrée dans la vie», Op.cit, p 53.

(3) D. Ghorvert, Op.cit., p 38.

وسياسي وما تصوغه الدولة من خيارات سواء في التعليم أو في الصحة أو في الأمن الغذائي أو غير ذلك، وبما هو ثقافي مع تزايد حدّة الصراع بين الأجيال داخل المؤسسة الواحدة. بالتالي، إن دراسة المفهوم تقتضي الانتباه إلى التنوع والاختلاف الذي يجنبنا «نوعًا من اللغو الذي يجعلنا نحشر داخل المصطلح نفسه عدة عوالم اجتماعية، بدل حشر ما هو بيولوجي في العالم الاجتماعي المتسم بالتنوع والتعدد»[1]. ويختلف مفهوم الشباب من بلد إلى آخر ومن مجتمع إلى آخر، وذلك وفقًا للمتغيرات الثقافية والاجتماعية والاقتصادية.

انطلاقًا من كل تلك الاعتبارات، لم يحصر علماء الاجتماع كلمة الشباب ضمن مقاييس بيولوجية تتمثل في تحديد زمني لفترة الشباب، لأنه من الاعتباطي البحث عن مفهوم الشباب وفق مقاييس بيولوجية تجعل منه فترة توحّد بين البلوغ ونهاية النمو؛ فهناك من يرى أن الشباب هو انخراط الفرد في المجتمع ومحاولاته للاندماج فيه، لينتهي بعد ذلك إلى أن يحتل مكانة اجتماعية تجعله قادرًا على تأدية الدور المقبول ضمن النظام الاجتماعي. في المقابل، هناك تيار آخر من علماء الاجتماع ممن يعتبرون أن الدور الاجتماعي قادر وحده أن يحدد مفهوم الشباب، في إطار الدراسة والمدرسة والدخول إلى الوظيفة والاستقلال عن العائلة؛ إلا أن الفشل الدراسي والعجز عن تأمين العمل ومتطلبات الحياة، أفرزت مجموعة من الشباب غير القادر على أداء الدور بالشكل الذي يحدده النظام الاجتماعي بالرغم من حصوله على شهادة العضوية الاجتماعية. وينظر عدد من الباحثين إلى الشباب على أنهم فئة أقل تماسكًا داخل المجتمع بسبب الإقصاء الاجتماعي الذي يعيشونه، مُتأثرين بأزمة التشغيل والتكوين، لذلك «لا تعتبر فئة الشباب فئة متجانسة سوسيولوجيًا، فهي تشتمل على مجموعة من المتغيرات ذات التأثير في فئة الشباب وتحديد خصائصها، تتوزع بين مراهقين وشباب وبين ذكور وإناث حسب خصائصهم التعليمية وأوضاعهم الأسرية والهرم الطبقي والاجتماعي، بين طبقة عليا ووسطى وبين عاملين وعاطلين عن العمل، بين طلاب ومن أنهى تعليمه، وأنماط ثقافية نوعية للحياة بدوي / ريفي / حضري»[2].

أثار تعريف مفهوم الشباب جدالًا كبيرًا بين الباحثين في العلوم الاجتماعية، لذلك

---

(1) Pierre Bourdieu, Question de la sociologie, Op.cit, p 145.

(2) الأمم المتحدة، قرار الجمعية العامة A /RES /50 /81، برنامج العمل العالمي للشباب حتى عام 2000 وما بعدها.

يعد من أكثر المفاهيم صعوبة على مستوى الفهم والإدراك والضبط. وتتأتى هذه الإشكالية انعكاسًا لتعدُّد المقاربات وزوايا النظر حسب الاختصاص، في تحديد دلالات المفهوم، فعند ذكر هذا المفهوم يطرح عالم الاجتماع العديد من التساؤلات من قبيل: ما هو الشباب؟ كيف نعرِّفه ونضبط حدوده؟ متى يبدأ ومتى ينتهي؟ هل هو فئة عمرية أم شريحة اجتماعية أم هو حالة نفسية؟ هل هو طباع وطريقة في التفكير والسلوك؟ وتشكِّل محاولات الإجابة عن هذه الأسئلة مجالًا بحثيًا ثريًا. إن مرحلة الشباب تعدُّ من أهم المراحل التي يمر بها الفرد، من حيث التكوين النفسي والجسمي والعقلي والاجتماعي، وتكوين العادات والمهارات واكتساب القيم التي توجه سلوكه وتفاعله مع مجتمعه والبيئة التي يعيش فيها. إن أهمية مرحلة الشباب تكمن في أنها «فئة عمرية تتصف بالقدرة على التجديد والرغبة في العمل وتحمل المسؤولية، وتميل إلى التغيير الإيجابي من خلال تبنِّي كل جديد من أجل مسايرة السياق الاجتماعي والثقافي الذي تعرفه المجتمعات المتقدمة، وتسعى المجتمعات النامية إلى إدراكه»[1].

2. الشباب: إشكاليات المفهمة وخصائص المرحلة

إن أولى الإشكاليات التي تعترض العلوم الاجتماعية عند محاولة العلماء تحديد مفهوماتية الشباب، أي صياغة مفهوم الشباب هي الإشكالية الإبستيمولوجية. ذهب علماء النفس إلى اعتباره موضوعًا غير محدد في إطار دورة حياة فرد، إذ نجده متقوقعًا بين الطفولة وسن الرشد والشيخوخة، وغالبًا ترتبط تلك الدورة بصفات معينة منها القوة والنشاط والإرادة، كذلك تظهر بين طرفي نقيض، الإبداع وتقدير الذات من جهة، والانحراف بشتى صوره من جهة أخرى؛ أما بالنسبة لعلماء الديموغرافيا والإحصاء فانشغلوا بالتقسيم الكمِّي لأجزاء الحياة بحسب فئات السن، معنى ذلك أن مفهوم الشباب يدل على قسم من السكان معرَّف بالفئة العمرية (15-24 عامًا) على المستوى الدولي. هذا الاختزال للشباب ضمن فئة عمرية، أو في الطور الطبيعي بين الطفولة والكهولة سيفرغها حتمًا من محتواها الاجتماعي، لأن تبني هذه المقاييس يعتبر شكلًا اعتباطيًا، يختلف باختلاف الإشكاليات البحثية، مما يعني

(1) علي ليلة، الشباب في مجتمع متغيِّر، تأملات في ظواهر الإحياء والعنف، بيروت، مكتبة الحرية الحديثة، 1990، ص 21.

أن حدودها تبقى غير واضحة؛ فعلى سبيل المثال، هناك من يحدد فترة الشباب من بداية سن 13 عامًا حتى 21 عامًا، وهناك من يعتبر أنها تبدأ بعمر 14 عامًا، ويحدِّد فترتها الأولى بنهاية 18عامًا وفترتها المتأخرة بسن 27 عامًا. كذلك يرى بعض الباحثين أنها تبدأ بسن 15 عامًا وتنتهي بحدود 30 عامًا. أمام هذا التنوُّع في تحديد الفئة العمرية «حددت الأمم المتحدة في السنة الدولية للشباب عام 1985 فئة السن الخاصة بالشباب اصطلاحًا ما بين 15 و24 عامًا، وهي نفس الفئة التي تبناها البنك الدولي عام 2003»[1]. أما بالنسبة لرجال القانون فإنهم يركزون على خصائص القانون في تقطيع دورة الحياة المحدَّدة بالأغلبية الجزائية -19 عامًا- والأغلبية المدنية -18عامًا- التي تحوي ثنائية القاصر والكبير.

تظهر المقاربة البيولوجية من جهة أخرى، متميزة في تحديد فئة الشباب، واستنادًا إليها تبدأ هذه المرحلة عادة بعد تخطي مرحلة بلوغ الحلم أو اكتمال النضج الجنسي، ويحدث هذا عادة في سن الخامسة عشر أو قبلها بقليل، وتغطي مرحلة الشباب مدة عشر سنوات لتنتهي في سن الخامسة والعشرين أو ما حولها، و«يشير مصطلح بلوغ الحلم إلى الناحية الجنسية من النضج أو الارتقاء في اكتساب القدرة على القذف عند الذكر والحيض عند الأنثى، بالإضافة إلى الخصائص الجنسية الثانوية»[2]. إذا كان البلوغ أو الحلم حدًا فاصلاً تبدأ معه مرحلة الشباب، إلا أن اعتماده لا يعطي حلولًا موضوعية، لأنه غير دقيق ويختلف من شخص إلى آخر، وقد تتدخل عوامل وراثية أو مرضية متعلقة بالتغذية ونمط العيش لتؤثر في مراحل تكوُّنه. أما بالنسبة لعلماء الاقتصاد، فإن تعريفهم لفئة الشباب ارتبط غالبًا بسوق العمل أي «عندما بدأت بعض المشاكل تطرح نفسها في ما يخص التعطل وعوائق الاندماج المهني وتفسير السلوكيات غير المستقرة لهذه الشريحة تفسيرًا ماديًا»[3].

تعدَّدت تعريفات وتحديدات مفهوم الشباب، في إطار المنظومة الاجتماعية بالنظر إلى المتغيِّر والمتحوِّل لدى تلك الفئة، ولكن جل التعريفات تلتقي عند اعتبار أن فترة الشباب، في كل المجتمعات ووفقًا لأغلب المقاربات، هي فترة مرتبطة بالتنشئة والإعداد والتكوين،

---

(1) Mohamed Saib Musette, Regards, critiques sur les jeunes, in revue Cread, n° spéciale sur la santé en Algérie, 2004, p 24.

(2) عزت حجازي، الشباب العربي ومشكلاته، مرجع سابق، ص 35.

(3) يوسف ميخائيل أسعد، مرجع سابق، ص 82.

هي فترة تدريب على استيعاب الحياة الاجتماعية والثقافية والاقتصادية ومحاولة التأقلم معها، بقصد تحقيق الاندماج الاجتماعي. من هنا، يتصل النسق الذي ينظِّم مرحلة الشباب (بما أنه نسق تنشئة وتكوين) ببنية المجتمع الثقافية، وهي الإطار الأشمل الذي يحتوي على ما نسميه منظومة القيم، و«تأكيد اختلاف النظرة إلى الشباب من عصر إلى آخر، ومن مجتمع إلى مجتمع آخر. وبأن مفهوم الشباب ديناميكي متحوِّل، وليس ثابتًا وصالحًا لكل زمان ومكان»[1]. وتُجمع البحوث الاجتماعية وعلم الاجتماع في الأساس على أنه لا يوجد تعريف واحد ومحدد للشباب، بل هناك تعريفات متعددة، ولكل تعريف منها شرعيته الخاصة، ما يفترض وجوب التسلح بالشجاعة المنهجية على حدِّ تعبير «إميل دوركهايم»، وأن يكون الباحث مدركًا لأهمية المساهمة في تقديم تعريف ينسجم وموضوع بحثه، فالجرأة المنهجية شرط وجودي لإنتاج سوسيولوجيا نوعية تطمح إلى تحليل وفهم الظواهر الاجتماعية، وهي المحفِّز لتقديم إجابات محتملة عن أسئلة الشباب وقضاياهم بوصفهم فئة عمرية اجتماعية، تحتل مكانة بارزة في النسيج المجتمعي، سواء بالنظر إلى حضورها الكمي أو طبيعة مشكلاتها وخصوصية تلك المشكلات. وعلى الرغم من أن دلالات كلمة شباب تبدو بديهية وبسيطة، إلا أن «ضبطها وتحديد مفهومها هو أمر صعب في العلوم الاجتماعية»[2]، وكل محاولات التحديد هي إجرائية؛ وتركز علوم التربية على مراحل التنشئة، معتبرة أن الشباب مرحلة زمنية تتأثر بالتطور التقني والعلمي المتتابع، إذ صار التمكن من مهنة ما يتطلب وقتًا أطول، وصار الحصول على عمل يتأخر لعوامل عديدة، وبذلك تتجه مرحلة الشباب نحو التأخر في بدايتها ونهايتها واتساع مداها الزمني، ولذلك يلغي هذا العامل المتحرك روح المصطلح، ولا يقارب أي مفهوم مقترح.

1.2. في مفهوم الشباب

من خلال استقراء تراث العلوم الاجتماعية عامة والاطلاع عليه، في تناوله لموضوع الشباب، يمكننا الإقرار بأنه لا يوجد تعريف واحد للشباب، وهناك صعوبة في إيجاد تحديد

---

(1) للتوسع راجع:

Gilbert Krebs, La jeunesse et le sport : réalités et discours, in histoire du sport et de la jeunesse, Etudes réunies par Jean François TOURNADE, publication et l'institut d'Allemand d'Ansières, 2000.

(2) C.f. Galland Oliver, Sociologie de la jeunesse l'entrée dans la vie, Armand Colin, 1991, réédition en 2001.

واضح لهذا المفهوم، بل هناك عدم اتفاق على تعريف موحد شامل، وهذا يعود لأسباب كثيرة أهمها اختلاف الأهداف المنشودة من وضع التعريف، وتباين المفاهيم والأفكار العامة التي يقوم عليها التحليل السيكولوجي والاجتماعي بما يخدم تلك الأهداف. ويطرح مفهوم الشباب إشكالية علمية تواجه البحوث والدراسات التي تعنى بدراسة هذه الشريحة العمرية، وتأتي هذه الإشكالية انعكاسًا لتعدد المقاربات وزوايا النظر حسب الاختصاص في تحديد دلالات المفهوم؛ وكل محاولات التحديد هي إجرائية ولغايات منهجية، «فعلم النفس يحدد فترة الشباب وفق التطور السيكولوجي للفرد في ارتباطه بنموه الفسيولوجي، ويركز على مرحلة المراهقة؛ إذ يرى علماء النفس أن الشباب عبارة عن حالة نفسية تصاحب مرحلة عمرية معينة يتميَّز فيها الفرد بالحيوية والقدرة على التعلم والمرونة في العلاقات الإنسانية والقدرة على تحمل المسؤولية، ومن ثم ترتبط بداية مرحلة الشباب ونهايتها بنمو واكتمال البناء الدافعي للشباب»[1]. أما علوم التربية فتركز على مراحل التنشئة، في حين يعتمد علم الاجتماع على مقاييس الاندماج الاجتماعي، إذ تبدأ فترة الشباب حسب علماء الاجتماع حين يحاول المجتمع تأهيل الفرد ليحتل مكانة اجتماعية ويؤدي دورًا أو أدوارًا في بناء المجتمع، وتنتهي فترة الشباب حين يتمكن من احتلال مكانة اجتماعية ويبدأ في أداء أدواره في المجتمع، أي أن الشخصية الإنسانية تظل شابة طالما أنها لم تُعدُّ لأداء أدوارها الاجتماعية بعد. في المقابل، تركز العلوم الطبية على النمو العضلي والفسيولوجي عبر ربط نهاية مرحلة الشباب باكتمال نمو البناء العضوي والفيزيولوجي.

بُذلت محاولات متعددة لتحديد مفهوم واضح ومحدد لمعنى الشباب، إذ يختلف مفهوم الشباب من وسط اجتماعي إلى آخر ومن مرجعية ثقافية إلى أخرى؛ فهناك من ينظر إليه على أنه ظاهرة اجتماعية، وهناك من يرى أنه مجموعة من الظواهر الجسمية والعقلية والنفسية؛ فمفهوم الشباب هو مفهوم يستعصي على التفسير لأن لكل جهة وجهة نظر خاصة عن المفهوم، ونجد حرجًا معرفيًا في اختيار التعريف الأنسب والأدق. وظهر نتيجة هذا الاختلاف المتعلق بحدود المفهوم أكثر من اتجاه في التعامل معه، وذلك على النحو التالي:

- **الاتجاه الديمغرافي**: يرى أن الشباب مرحلة عمرية محددة، ونجد ضمن هذا الاتجاه من يؤكد أن الشباب هم الأفراد دون سن العشرين، وهناك من يحدد هذه

---

(1) عبد الخالق علام وآخرون، رعاية الشباب مهنة وفن، القاهرة، مكتبة القاهرة الحديثة، 1992، ص 15.

الشريحة بصورة أكثر دقة، فيذهب إلى أنهم الأفراد بين الخامسة عشر والخامسة والعشرين، وأحيانًا يمتد الحد الأخير حتى عمر الثلاثين. ونلاحظ أهمية المرحلة العمرية للشباب التي يكتسب من خلالها العديد من القدرات الفكرية والمعرفية ويبلغ مرحلة النضج، لذلك «تم تحديد مفهوم الشباب في إطار مرحلة عمرية معينة تقع بين الخامسة عشر وحتى الخامسة والعشرين لتشمل أفراد المجتمع من الجنسين، وهي المرحلة الزمنية التي تحدث فيها التغيرات الفيزيولوجية والجسمية والنفسية والاجتماعية حتى نصل بالفرد إلى مرحلة الاستقرار النسبي»[1]. اعتمدت الأمم المتحدة عام 1980 معيار العمر كمحدِّد لفترة الشباب بأنها الشريحة التي تمتد بين 15 و30 عامًا. والمعيار العمري مع بساطته ووضوحه، ومع تميزه بالواقعية، يصعب الاتفاق عليه بين سائر المجتمعات، ففي المجتمعات البدائية قد ترتبط بداية هذه المرحلة بمراسم طقوسية معينة لا علاقة لها بالسن غالبًا، وبالتالي لا تتضح معالم بدايتها أو نهايتها. أما في المجتمعات النامية والمتقدمة فتبرز معالم هذه المرحلة، وتشغل وضعًا متميزًا في بنية المجتمع، وتتسق مع نظمه الاجتماعية كالتعليم والأسرة والتشريع والعمل والترويح وغيرها. وتتسع فترة هذه المرحلة العمرية الزمنية بقصد تمكينها من اكتساب المعرفة والخبرات المناسبة التي تجعل الفرد قادرًا على مقابلة متطلبات النمو الاجتماعي والاقتصادي وممارسة مسؤولياته المجتمعية. رغم هذه الاختلافات فإن معظم الآراء اتفقت على تحديد مرحلة الشباب كمرحلة عمرية مداها عشر سنوات، تقع بين 15 و25 عامًا، وفي حدود عامين عند نقطة البدء والانتهاء. ويضاف إلى ذلك الاختلاف من جنس إلى آخر، ومن ثقافة إلى أخرى[2].

- **الاتجاه السيكولوجي**: يرى أن الشباب حالة اجتماعية ونفسية مصاحبة للإنسان، وتتميز بالحيوية والنشاط وترتبط بالقدرة على التعلم وبمرونة العلاقات الإنسانية وتحمل المسؤولية. هذا يعكس نظرة الإنسان للحياة، فبمقدار ما تستطيع الحياة

(1) أمل سلامة محمد غباري، الشباب وتنمية المجتمع من منظور الخدمة الاجتماعية، الإسكندرية، دار الوفاء للطباعة والنشر، 2010، ص 9.

(2) للمزيد راجع: أبو الحسن عبد الموجود، التنمية وحقوق الإنسان، نظرة اجتماعية، القاهرة، المكتب الجامعي الحديث، 2006، ص 250-251.

أن تولد فيه الرغبة في العمل والحياة يكون شابًا، وحين يخفق في ذلك يشعر باليأس والإحباط والرغبة في الهروب وهذه بدايات مرحلة الشيخوخة، وتحصل في مرحلة الشباب عمليات تغير وانتقاء في البناء الداخلي للشخصية وتكوين الذات، واتجاه القدرات العقلية للفرد نحو الاكتمال. بمعنى آخر وحسب رأي علماء النفس إن «مرحلة الشباب ترتبط باكتمال البناء الدافعي والانفعالي للفرد في ضوء استعداداته واحتياجاته الأساسية، واكتمال نمو كافة جوانب شخصيته الوجدانية والمزاجية والعقلية، بشكل يمكنه من التفاعل السوي مع الآخرين»[1]. لذلك يعرف الشباب على أنه فترة انتقالية يحصل خلالها التعديل، عن طريق عملية تقريب متتالية بين الطموحات الاجتماعية والمكانة المهنية. إذ يؤدي الشباب «أدوارًا معينة في بناء المجتمع بشكل ثابت، في الوقت الذي تكتمل فيه جوانب شخصيته الوجدانية والمزاجية والعقلية بصورة تمكنه من التفاعل الإيجابي والسوي مع الآخرين»[2].

- **الاتجاه البيولوجي (الفيزيولوجي)**: يركز في تحديده لمرحلة الشباب على اكتمال نمو البناء العضوي والوظيفي لجسم الإنسان سواء كان داخليًا أم خارجيًا. ويحدد المرحلة العمرية للشباب بين «16-30 عامًا على أنها فترة الأداء القصوى من النواحي الوظيفية للجسم والعقل»[3].

واستنادًا إلى التعريفات السابقة، يمكن دراسة الشباب باعتباره:

أ. مجموعة ذات خاصيات بيولوجية وسيكولوجية، تعبر عن فترة عمرية معينة بين الطفولة والكهولة.

ب. مجموعة من الإجراءات والتشريعات القانونية التي تطبق بالخصوص على هذه الفئة في الأفراد.

(1) محمد خواجة، الشباب العربي، دراسات في المجتمع العربي المعاصر، القاهرة، الأهالي للطباعة والنشر، د.ت، ص 100.

(2) C. Van de Velde, Op.cit, p 105.

(3) ماجد الزيود، الشباب والقيم في عالم متغير، الأردن، دار الشروق للنشر والتوزيع، 2006، ص 36.

ج. مجموعة من القيم والمبادئ ومن السلوكيات ومن أشكال وأنماط العيش التي «تتطور في إطار هذه الفئة أو ضمنها، خاصة في المجموعات التلقائية والمهمشة»[1].

د. مجموعة من التمثُّلات العقلية ومن الصور والخطابات التي تهم هذه الفئة من المجتمع، وهي «تمثُّلات تتناقلها وتروج لها وسائل الإعلام، وتعد قاسمًا مشتركًا بين أفراد هذه الفئة»[2].

تتفاوت كل تلك العناصر باختلاف الفضاء الاجتماعي -محل الدراسة- وإطاره الزمني/ التاريخي، وتكوُّن متغيراته، من قبل الإثنوغرافيين وعلماء الاجتماع، في حين ينكب المؤرخون على العناية بالتعقيب التاريخي، مع وجود تقاطع بين المبحثين، لفهم تحولات هذه الظواهر. وتتخطى كلمة الشباب مجرد تعريفها كفئة عمرية، فهي فئة لها خصائصها الاجتماعية والنفسية، وأظهر علم النفس أن الشباب هو المرحلة الأخيرة في عملية النمو النفسي والجنسي، ما يفسر أن الشباب على حد تعبير «سيغموند فرويد» اكتسب تحوُّلات عضوية مرتبطة بالبعد الجنسي، وحقق الجسم القدرة على القيام بالعملية التناسلية.

إن مرحلة الشباب هي مرحلة مهمة للغاية في دورة حياة الإنسان، ولها سمات تميزها عن المراحل الأخرى (الطفولة والبلوغ والشيخوخة)؛ فمن الناحية الاقتصادية، يكون الشباب في سن انتقالية وينتقل أفراد تلك الفئة من فئة مستهلكة للموارد إلى فئة منتجة للثروات، أي من عمر الإعالة الاقتصادية إلى عمر الإنتاج الاقتصادي. أما من ناحية تكوين الأسرة، فالشباب هم غالبًا في مرحلة التعرف على الشريك والزواج والإنجاب، وتأسيس الأسرة المستقلة، وغالبًا ما تكون مرحلة الشباب مرحلة تكوين الشخصية ومعرفة الذات. تتسم فترة الشباب بسمات خاصة تميزها عن غيرها، وتمنحها صورتها المتميزة، ويمكن تقسيمها إلى أربع مراحل:

مرحلة المراهقة: تمتد هذه المرحلة من سن 12 إلى 15 عامًا، وتمتاز بسرعة النمو وظهور صفات جنسية ثانوية، وما يصاحبها من تغيرات في إفراز الهرمونات الجنسية وباقي الهرمونات الأخرى، وما يترتب عنها من تغيرات أخرى في الجسم.

---

(1) محمد رضا شوقي، الشباب وأزمة الهوية، بيروت، دار الهاوي، 2003، ص 71.

(2) سيد صبحي، الشباب وأزمة التعبير، القاهرة، الدار المصرية اللبنانية، 2002، ص 152.

مرحلة البلوغ: تمتد هذه المرحلة العمرية بين 15 و18 عامًا، ويستمر النمو البدني خلالها، والوظائف الجنسية أيضًا. إنها فترة انتقال تتشابه في بعض مميزاتها مع مرحلة المراهقة، وفي بعضها الآخر مع خصائص الشخصية الناضجة، إذ تتميز بالتفاوت في درجات النمو بين الأفراد في النواحي الاجتماعية والنفسية والعقلية والبدنية، وبالنمو الجسمي السريع. أما من الناحية الاجتماعية، فيبدأ الشباب في اتخاذ قرارات مهمة وإظهار تحمل المسؤولية، ومحاولة الاعتماد على النفس، والاتجاه نحو الاستقلالية في الرأي. كذلك يبحث الشاب في هذه الفترة عن المثال الأعلى الذي قد يتجسد لديه في شخص أو فكرة، ويظهر في هذه الفترة الإحساس بالجماعة وأهمية الارتباط بها والسعي لاكتساب مكانة فيها.

مرحلة الشباب المبكر: هي المرحلة التي تشمل الفترة بين 18 و21 عامًا، ويأخذ النمو البدني اتجاهًا وظيفيًا خلالها، وتتجه التغيرات العاطفية نحو الاستقرار.

مرحلة الشباب البالغ: تمتد من عمر 21 إلى 29 عامًا، وهي «المرحلة التي يبلغ فيها النمو البدني قمته ويكتمل فيها النضج العقلي»[1]. إنها فترة مهمة في حياة الإنسان، يصل الفرد خلالها إلى درجة ملائمة من النضج النفسي والاجتماعي، وتتميز بازدياد قدرة الفرد على التحكم برغباته وعواطفه وانفعالاته؛ كذلك يستطيع الشاب أن يحقق التوازن بين مصالحه الشخصية والمصلحة العامة؛ ومن أهم المشكلات التي تواجه الشباب في هذه الفترة هي تلك المتعلقة بمحاولة التحرر من السلطة الأبوية والاستقلال عن الأسرة، وتظهر الميول لدى بعضهم نحو التدخين وتعاطي المخدرات والمسكرات؛ وقد يميل كثير من الشباب إلى التعامل مع مشكلات المجتمع، ويحاولون المشاركة في النهوض به، ويمارس بعضهم الهوايات التي تحتاج إلى أداء عال ومهارة يدوية. هذه الخصائص عمومًا ليست خصائص ثابتة، بل «مظاهر سائدة مشتركة يختلف الشباب في عمق الاتصاف بها تبعًا للفروق الفردية، وتبعًا لظروف التنشئة، وكذلك المتغيرات البيئية والاجتماعية، وذلك ما يجب أن يدركه العاملون مع الشباب في كل مجتمع»[2].

تعددت بالتوازي مع تلك التقسيمات التعاريف الصادرة عن المنظمات والهيئات الدولية للشباب؛ وتعرِّف الأمم المتحدة الشباب «بالأشخاص الذين تتراوح أعمارهم بين 15 و24

(1) عمر محمد التومي الشيباني، مرجع سابق، ص 35-36.

(2) أحمد كمال أحمد، الخدمة الاجتماعية والمجتمع، القاهرة، مكتبة القاهرة الحديثة، 1963، ص 103-104.

عامًا»[1]. واعتُمد هذا التعريف العملي لأسباب إحصائية، فالبيانات المتوفرة في البلدان تنطوي في معظم الحالات على توزيع السكان بحسب الفئات العمرية الخمسينية. لذا لا ينطوي هذا التعريف على أي تحيز ضد التعاريف الأخرى، التي قد تعتمدها البلدان الأعضاء في الأمم المتحدة، بناء على عدة عوامل اجتماعية وثقافية واقتصادية وسياسية ومؤسسية. وتستخدم العديد من كيانات الأمم المتحدة والهيئات والمنظمات الإقليمية تعريفات أخرى للشباب، تعترف بها الأمانة العامة للأمم المتحدة. ويوجز الجدول أدناه هذه الفوارق:

الجدول رقم 1

التحديد العمري للشباب بحسب المنظمات الدولية[2]

العمر	المنظمة
الشباب (15-24 عامًا)	الأمانة العامة للأمم المتحدة/ اليونيسكو/ منظمة العمل الدولية
الشباب (15-32 عامًا)	الأمم المتحدة (صندوق الشباب)
المراهقون (10-19 عامًا) اليافعون (10-24 عامًا) الشباب (15-24 عامًا)	يونيسف/ منظمة الصحة العالمية/ صندوق الأمم المتحدة للسكان
الطفل (دون 18 عامًا)	يونيسف/ اتفاقية حقوق الطفل
الشباب (15-35 عامًا)	ميثاق الشباب الإفريقي

تتخطى فترة الانتقال إلى مرحلة البلوغ والاستقلال الذاتي في العديد من بلدان العالم، الرابعة والعشرين من العمر وتمتد حتى عمر الثلاثين؛ ويحتاج الشخص خلالها إلى فرص تنمي قدراته، إما بسبب بيئات التشغيل التنافسية، أو من أجل النجاح في مركز قيادي أو وظيفة سياسية. ويرى بعضهم أنه يجب تخفيض حد العمر للشباب، آخذين في الاعتبار الحقائق الاجتماعية في العالم (مثلًا، يجب أن يشارك الشباب المدمنون على المخدرات أو

(1) استراتيجية برنامج الأمم المتحدة الإنمائي للمساواة بين الجنسين 2014-2017، «شباب مُمكَّن، مستقبل مُستدام»، برنامج الأمم المتحدة الإنمائي، نيويورك 2014.

(2) الأمم المتحدة، استراتيجية برنامج الأمم المتحدة الإنمائي للمساواة بين الجنسين، مرجع سابق.

الأمهات الصغيرات القاصرات في برامج الشباب من أجل إعادة إدماجهم في بيئات أفضل وأكثر أمانًا). لكن هناك آراء أخرى تفيد بأن فئة الشباب «يجب ألا تبدأ قبل سن18 عامًا، وهو سن الانتخاب في معظم البلدان»[1].

يُظهر هذا التنوع أن هناك طرائق مختلفة لتعريف الشباب، نظرًا للأولويات البرمجية والسياسية، والتي تتراوح ما بين التحديدات الديموغرافية والبيئية والنفسية والاجتماعية وعلم الاجتماع؛ وفي حين تتبنى معظم البلدان والمؤسسات تعريفًا قائمًا على العمر، تعتبر بلدان أخرى أن الشباب بنية اجتماعية وفترة انتقال إلى مرحلة البلوغ، لا تتزامن دومًا مع الانتقال البيئي والنفسي والاجتماعي.

تختلف الدول في تعريفها للشباب بحسب خصوصياتها الثقافية والاقتصادية والاجتماعية. وتعتمد بعض التعريفات المتداولة على اعتبارهم الأشخاص الذين لم يبلغوا سن الرشد القانوني بعد، والمرتبط بمنطق الوصاية عليهم، ويحتل مكانة بارزة في المجتمعات المعاصرة، إذ أصبحت مشكلات الشباب وقضاياه مثيرة للعديد من الانشغالات، وموجهة لكثير من الاهتمامات العلمية والثقافية والسياسية. لذلك يعيش الشباب وضعًا نوعيًا، فبعضهم على الأقل يعيشون منذ الآن قيم المستقبل لأنهم أكثر تطلعًا نحو التغيير، ولأن مجمل أهدافهم لم تتحقق بعد ويتطلعون إلى تحقيقها. «ورغم التسليم بوجود قيم مشتركة بين الشباب، إلا أن هناك تباينات قيمية بينهم تحدد سقوف تفضيلاتهم واختياراتهم القيمية أو ترفعها»[2]، والتي تتحدد بدورها بحسب أنماط توزيع الفرص الاجتماعية بينهم، مثل الموقع الطبقي للأسرة، وطبيعة الفضاء النوعي للمجتمع المحلي الذي يعيشون فيه. و«كل هذه الأمور تؤثر بشكل مباشر في طبيعة انتظاراتهم التي يعبرون من خلالها عن نمط الحياة الذي يتخذونه، عن طبيعتهم الاجتماعية ومواقفهم الحياتية من عديد الأمور المحيطة بمعيشهم اليومي»[3].

تتصف مرحلة الشباب بالعديد من الخصائص المهمة التي تميزها عن سنوات الطفولة المبكرة وعن المراحل التي تليها، مما يساعد على تفردها وتميزها، ونورد جملة هذه الخصائص في ما يلي:

---

(1) أحمد كمال محمد، مرجع سابق، ص 56.

(2) O. Galland, Les jeunes français ont- ils raison d’avoir peur?, Paris, Armand Colin, 2009, p 160.

(3) أمل سلامة محمد غباري، مرجع سابق، ص 99.

تمثل مرحلة الشباب فترة التحول الكبرى في حياة الإنسان من حالة طفولة والاعتماد على غيره، إلى حال الاعتماد على النفس واكتمال النمو الجنسي والعقلي والعاطفي؛ فمن الناحية الجسمية يقترب شكل الجسم ووظائفه من آخر درجات النضج، وتحدث تحولات واسعة وعميقة وسريعة في ملامح جسم الشاب، فتنمو العضلات والغدد ويكتسب الجسم قوة وحيوية، وتظهر الخصائص الجنسية. وتتجه القدرات العقلية للشاب نحو الاكتمال، وكذلك تبدأ الهوايات والميول الخاصة في الظهور، وينمو الانتباه والذاكرة والخيال فيتوقف الشاب عن تقبل الأفكار والمبادئ والقيم والأشياء التي يقدمها له الكبار على علاتها، ويفكر فيها ويناقشها مناقشة منطقية. وتتميز مرحلة الشباب «بالتوتر والقلق ويشوبها الكثير من المشكلات سواء بالنسبة للشاب أو أهله أو المجتمع، فبعد فترة طويلة نسبيًا من النمو الهادئ غير الملحوظ والاستقرار الانفعالي في مرحلة الطفولة، يصبح الفرد غير متزن وغير مستقر ولا يمكن التنبؤ باتجاهات تصرفاته، فهو غير قابل للانصياع، ومتمرد على طلبات الأسرة»[1]. ويترتب على كل ذلك وجود أزمة لدى الشباب والتي تكون أكثر حدة بالنسبة للذين ينضجون مبكرًا، لأن النمو الجسمي والجنسي قد لا يتوازى مع النمو العقلي والاجتماعي، بالإضافة إلى أن ذلك يدفعهم للابتعاد عن أترابهم ومحاولة الانتماء إلى جماعات الكبار، وتخلق هذه التحولات في نفوس الشباب انفعالات الخوف من الذات، مصحوبة بالقلق والتوتر وسهولة الاستثارة وتقلب الحالة المزاجية، وأخطر ما في مرحلة الشباب ما يعرف بـ«أزمة الهوية التي تنشأ من عدم قدرة الشاب على فهم ذاته وتقبلها»[2].

نستنتج من هذه التعريفات المتعددة والمقاربات المتنوعة تنوع وتعدد مفهوم الشباب، ولذلك يخطئ من يعتقد أن الشباب مرحلة من العمر تبدأ من سن معين وتنتهي عند سن معين، مثلما طرحته بعض المدارس؛ فالتعريف أوسع من ذلك بكثير، إنه مجموعة سمات نفسية وسلوكية تكسب الفرد صفة الشباب «كالقدرة الدائمة على التعلم والمرونة والحيوية والإنتاج والتفكير»[3].

---

(1) خليل الفاعوري، الشباب قضية ورعاية ودور، عمان، مديرية الوثائق والمكتبات الوطنية، 1985، ص 86.

(2) فرد ميلسون، الشباب في مجتمع متغير، ترجمة يحيى مرسي، دار الوفاء للنشر، الإسكندرية، 2007، ص 9-12.

(3) عبد الرحيم العطري، مرجع سابق، ص 110-111.

على اعتبار مختلف هذه الخصائص والسمات المميزة للشباب، طُرحت مجموعة من المقاربات المنهجية للتعاطي مع المسألة الشبابية راهنًا.

2.2. المقاربات المنهجية المعاصرة المتصلة بالشباب(1)

- **المقاربة الأولى: مرحلة الشباب في دورة حياة الإنسان**

ترى هذه المقاربة أن معارف الإنسان ومواقفه وسلوكياته تختلف بحسب دورة حياته، بدءًا بمرحلة الطفولة، ومرورًا بالمراهقة والبلوغ، ووصولًا إلى الشيخوخة. وتتكون مرحلة الشباب من أواخر سنوات المراهقة وأوائل سن البلوغ وتقوم على النمو الجسدي والذهني، ثم تتمحور مرحلة المراهقة حول البلوغ الجسدي والتغيرات الفيزيولوجية ومحاولة التأقلم معها، مما يخلق حالة نفسية تتميز بالنزعة نحو الاستقلالية والرفض، ثم تليها مرحلة البلوغ التي تتضمن في أولى سنواتها تكوين شخصية الفرد وبنائه لأسرته المستقلة، وأخيرًا مرحلة كبر السن التي تشهد تراجعًا للقدرات الجسدية وأحيانًا الذهنية، وعودة إلى مرحلة استهلاك الموارد عوضًا عن إنتاج الثروات. تعتمد هذه المقاربة في تحديدها للشباب على «الملامح والتطورات الفيزيولوجية التي ترافق المرء من الطفولة إلى الشباب، ونعني بذلك خصائص النمو الجسمي والانفعالي والعقلي والاجتماعي لمرحلة الشباب، والصفات الذاتية، والبيئة التي تحول دون إرضاء احتياجات هذه الفئة، وبالتالي تحول بينها وبين تحقيق التكيف النفسي السليم. وتنشأ جملة من المشاكل والتوترات النفسية عادة عن فشل الشباب في إرضاء حاجاتهم، وما يفرضه ذلك عليهم وعلى المجتمع الذي يعيشون فيه»(2).

- **المقاربة الثانية: الشباب ضمن فلسفة التنمية**

في إطار التعريف التقليدي للتنمية، لا يتم استهداف الشباب مباشرة كمشاركين في عملية التنمية وكمستفيدين من عوائدها، بل يدرجون ضمن خطط التنمية الشاملة أو القطاعي (أي قطاعات التعليم والصحة والعمل). ويتطور مفهوم التنمية والإقرار بأن الإنسان هو محور

(1) للمزيد راجع: الأمم المتحدة، تقرير السكان والتنمية، العدد الرابع، الشباب في منطقة الإسكوا، دراسة للواقع والآثار المترتبة على سياسات التنمية اللجنة الاقتصادية والاجتماعية لغربي آسيا الإسكوا، 29 نوفمبر 2009، ص 6.

(2) ماجد الزيود، مرجع سابق، ص 31.

التنمية البشرية وغايتها ووسيلتها. ثم صار التركيز على أهمية تحسين نوعية وجودة حياة الفرد في المجتمع، وبرزت أهمية الاستثمار في الشباب ضمن عملية التنمية، لذلك تشدد هذه المقاربة على «أهمية تمكين الشباب في مجالي التعليم والصحة والتشغيل، وإتاحة الفرص أمامهم للانخراط في القوى العاملة، والمشاركة في صنع القرار في الحياة العامة والحياة السياسية ضمن مدارات المشاركة والتمكين»[1].

- **المقاربة الثالثة: الشباب في سياق التحول الديموغرافي**

تعتمد هذه المقاربة على أسس وفرضيات التحليل الديموغرافي. وترى أن التحول الديموغرافي ينطوي على تحديات ورهانات الإعداد لها، وعلى فرصٍ ينبغي الاستفادة منها. فالتحول من معدلات المرتفعة للخصوبة والوفيات إلى معدلات منخفضة، يترافق مع تحول في الهيكل العمري للسكان، ويتخلله بروز فئة الشباب؛ وترتفع نسبة الشباب من مجموع السكان، ويؤدي تحول الهيكل العمري للسكان إلى انفتاح النافذة الديموغرافية، كونه ينطوي عمومًا على تدني نسبة الأطفال (من الولادة إلى 14 عامًا) وارتفاع نسبة السكان في سن العمل من 15 إلى 64 عامًا، والاستقرار أو الارتفاع البسيط في نسبة كبار السن (65 عامًا وأكثر). وتظهر الفرصة الديموغرافية حين تنمو فئة السكان في سن العمل بمعدل يتجاوز نمو فئة السكان المعالين (أي الأطفال وكبار السن)، مما يتيح مرحلة الادخار الشخصية والعامة. و«تقتضي الاستفادة من هذه الفرصة، انتهاج سياسات اقتصادية واجتماعية تعمل على تحويل الادخار إلى استثمارات تنموية»[2].

- **المقاربة الرابعة: مقاربة تاريخية تقترن بحجم السكان والموارد**

على الصعيد التاريخي، استمدت بعض بلدان أوروبا وآسيا تجاربها من رؤى نظرية بُنيت على فكرة أن النمو السريع للسكان يؤدي في نهاية الأمر إلى عدم كفاية الموارد المتاحة، وبالتالي إلى عجز الحكومات عند تلبية احتياجات الفئات الاجتماعية المشكِّلة للمجتمع ولا سيما فئة الشباب، الأمر الذي يدفع بعض أو كل هذه الفئة إلى افتعال المشاكل والعنف في إطار المطالبة الحقوقية. وتشير إحدى الباحثات في هذه المجال إلى أن ارتفاع مجموع

---

(1) باسل البستاني، جدلية نهج التنمية البشرية المستدامة، منابع التكوين وموانع التمكين، بيروت، مركز دراسات الوحدة العربية، 2009، ص 11-12.

(2) محمد السيد فهمي، مرجع سابق، ص 191.

الشباب إلى نسبة تتراوح بين 20٪ و30٪ من مجموع السكان، وسط سياق من الحرمان وعدم الإنصاف الاجتماعي والاقتصادي قد يجعلهم مصدرًا لعدم الاستقرار. في السياق ذاته، يذهب أحد الباحثين إلى أن «البلدان النامية التي يشكل فيها السكان الذين تتراوح أعمارهم بين 15 و29 عامًا نسبة 40٪ أو أكثر من مجموع البالغين بعمر 15 عامًا وما فوق، كانت في سبعينيات القرن الماضي عرضة لاندلاع التصادمات والصراعات مرتين أكثر من البلدان التي انخفضت فيها هذه النسبة إلى ما دون 40٪، وغالبية تلك البلدان التي تميزت بالبروز الشبابي هي بلدان نامية يصل فيها معدل البطالة إلى ثلاثة أو خمسة أضعاف معدل البطالة بين البالغين بشكل عام»[1].

- **المقاربة الخامسة: حقوق الشباب**

ترجع أهمية هذه المقاربة إلى أنها غيرت منهج التعامل والتعاطي مع الشباب على مستوى يكاد يكون كليًا، من كونهم مطبوعين بطابع معين من المشكلات، إلى كونهم مشكلة في حدِّ ذاتهم، على اعتبار أن أكثر مطالب هذه الفئة حقوقية، ما أدى إلى «إقرار حقهم في التعليم النوعي الراقي والعمل الخلاق المبدع والمشاركة السياسية وتكوين الأسرة»[2]. وتنبني هذه المقاربات على مجموعة من الإشكاليات منها ما يتعلق بمرجعية السياسات المعنية بالشباب: هل هي معايير المجتمع أم خبرة الشباب؟ ماذا لو حدث تضارب أو تناقض فيما بينهم مثلما هو الحال بالنسبة للسلوكيات الخطرة؟ ما هي المرجعيات التي تستند إليها الخطابات الموجهة للشباب؟ وكيف ينبغي لها أن تكون؟ أم أنها تنطلق مما هو كائن؟ ماذا لو حدث التباعد بين الممارسات والمعايير؟ والى أي حد يضيق تعريف الجماعات المستهدفة أو يتسع؟

من خلال تتبع حدود هذه المقاربة نجد بعض الدراسات والبحوث التي انطلقت منها، لكنها تناولت على الأغلب جوانب حقوقية متعلقة بالشباب منها الحقوق الإنجابية والصحية والتشغيل والبطالة. وبيَّنت المسوح الخاصة بالأسرة، أحد أبرز الأمثلة على استخدام هذه المقاربة، والتي استخدمت بدورها مجموعة من المتغيرات هي:

- الصحة الإنجابية والعادات الصحية.

---

(1) أبو الحسن عبد الموجود، مرجع سابق، ص 252.

(2) أحمد بيري الوحيشي، الأسرة والزواج، منشورات الجامعة المفتوحة، طرابلس، 1997، ص 26.

- تنظيم الأسرة.
- الزواج والخصوبة.
- الصحة الإنجابية والأمومة والأمراض.
- الكفاءة الذاتية وبناء المهارات المستقبلية.
- العلاقات والتواصل بين الأجيال.

في السياق ذاته، هناك دراسات اهتمت بالمراهقين والشباب في المنطقة العربية، وكان الهدف منها صياغة إطار يتناول الكيفية التي يمكن من خلالها إعداد برامج علمية تتعلق بالصحة الإنجابية للمراهقين؛ لذلك إن الطرح الأساسي لمثل هذه الدراسات هو معالجة قضايا الصحة الإنجابية على اعتبار أنها «متغير مهم في تنمية الشباب نفسيًا وصحيًا واجتماعيًا»[1]. ومن الأمثلة على تلك الدراسات ما قامت به إدارة السياسات السكانية والهجرة في الجامعة العربية، والتي انطلقت من عدد من القضايا النظرية، ومنها:

- مفهوم أشمل للصحة الإنجابية والصحة الجنسية والحقوق الإنجابية.
- تنظيم الأسرة.
- تشويه الأعضاء التناسلية وختان الإناث.
- قضايا الزواج والحمل غير المرغوب فيه والإجهاض والرضاعة والرعاية في فترة الحمل.
- الأمراض المنقولة جنسيًا.
- معلومات عامة عن الصحة الإنجابية ومكوناتها.

ما يمكن التأكيد عليه بخصوص هذه المقاربة هو مناقشة وتناول القضايا السابقة في علاقتها الجدلية بأوضاع أسرة المراهق، وخصائصها، ومستوياتها الاجتماعية والاقتصادية، وأماكن العيش الحضرية والريفية.

---

(1) أحمد بيري الوحيشي، مرجع سابق، ص 87-88.

- **المقاربة السادسة: التنمية البشرية**

انطلقت العديد من الدراسات التي تناولت موضوع الشباب، وإن كانت محدودة، من مفهوم التنمية البشرية الذي تبناه برنامج الأمم المتحدة عام 1990، وأدخل عليه بعض التعديلات والمنهجيات والمؤشرات وأنماط القياس، بما في ذلك تقرير التنمية الإنسانية العربية لعام 2002. ويمكن إبراز أبعاد مقاربة التنمية البشرية في المحاور التالية:

1. **محور التعليم**: انصب الاهتمام على موضوعات «الحق في التعليم، نوعية التعليم، مضمون العملية التعليمية، الترابط بين مخرجات التعليم، سوق العمل»[1].

2. **محور الصحة والصحة الإنجابية والثقافة الجنسية**: يرتكز الاهتمام هنا على مختلف الجوانب ذات العلاقة، ومنها المعلومات والسلوكيات والحاجة إلى الخدمات، وكذلك بعض الممارسات والعادات ذات البعدين الثقافي والاجتماعي (التمييز بين الجنسين، الزواج المبكر، ختان الإناث).

3. **محور السلوكيات الخطرة بين الشباب**: يتضمن العادات والسلوكيات بين الشباب كالتدخين واستهلاك الكحول وتعاطي المخدرات والعنف والجنوح وغير ذلك.

4. **محور العمل والنشاط الاقتصادي**: يتناول «معدلات النشاط الاقتصادي والبطالة بين الشباب، علاقة التعليم بسوق العمل، التعليم المهني، المشروعات المنتجة، برامج الإقراض، استخدام التكنولوجيا الحديثة في النشاط الاقتصادي للشباب»[2].

5. **محور الخيارات**: يركز على توسيع خيارات الشباب وفرصهم في المشاركة الاقتصادية والاجتماعية، وهو محور يقترب إلى حدٍّ واضح من تمكين الشباب.

من هذه المحاور انطلقت العديد من الدراسات في رصد واقع الشباب، من بينها المسح العربي لصحة الأسرة «الذي فصَّل في المؤشرات النوعية بصحة الأسرة والشباب والصحة الإنجابية بشكل خاص، وذلك بغية توفير قاعدة بيانات مساعدة على التدخل لتعديل بعض

---

(1) باسل البستاني، مرجع سابق، ص 44.

(2) فهمية شرف الدين، الواقع العربي وعوائق تكوين المجتمع المدني، مجلة المستقبل العربي، العدد 278، بيروت، مركز دراسات الوحدة العربية، أبريل، 2002.

السلوكيات الخطرة على الشباب في هذا المجال»[1]، بالإضافة إلى التقرير السنوي الصادر عن الأمم المتحدة حول الشباب الذي يتضمن المحاور آنفة الذكر، ويطرح عددًا من أبعاد حياة الشباب، وذلك في محاولة لتسجيل ما يعايشه وما يمر به هؤلاء في الوقت الحالي على المستوى العالمي من قضايا ومشكلات، وإيضاح السياسات التي ينبغي توفيرها لوضع الحلول للمشكلات المعاشة، ومساعدة الشباب على تجاوزها.

ما يمكن تسجيله بخصوص هذه المقاربة التي تشجع المنظمات الدولية اعتمادها، أنها ترتكز مباشرة على مؤشرات كمية، وتعطي الأولوية لموضوعات تقع ضمن نطاق المؤشرات السكانية ومؤشرات الصحة الإنجابية والسلوكيات المرتبطة بها، بالإضافة إلى المؤشرات الاجتماعية العامة التي تغطيها. ونسجل في هذه المقاربة أنها «لا تعتمد على إدخال وسائل بحث غير تقليدية كالاهتمام بالدراسات النوعية التي تقوم على مشاركة الشباب، إلى جانب الحد من توسيع مجال البحوث إلى جوانب غير تقليدية تطاول خيارات الشباب والتي يتضمنها مفهوم التنمية البشرية، إلى جانب وعي الشباب كموضوع بحث بقيمهم ونظرتهم إلى العالم وفرصهم في التعبير عن وضعياتهم»[2].

- **المقاربة السابعة: الصراع الثقافي**

أعيد الاهتمام بهذه المقاربة والتأكيد عليها في العقدين الأخيرين من القرن العشرين، خصوصًا مع انتشار نتائج العولمة وتبعاتها، وما ارتبط بها من ردود وتداعيات ثقافية، وزيادة الصدامات وأعمال العنف، ومردها كره الآخر وإبعاده والاحتكاك بين مواطني البلدان المستقبِلة للعمالة المهاجرة والعمال المهاجرين. واستدعت القضية تطور الدراسات الشبابية، وانتشارها، والتي انطلقت بالأساس من تصورات ومنظورات مركزية أوروبية وأمريكية، على اعتبار أن تلك البلدان هي الفاعل الرئيس والمركز المؤثر في تيار العولمة وعملياتها، وذلك لفهم ثقافات أو حالات اجتماعية أخرى، وعليه جرى الاهتمام «بدراسة الشباب والمراهقين في روسيا وأوروبا الشرقية عقب انهيار الاتحاد السوفياتي سابقًا، وكذلك دراسة خصائص الشباب المسلم في كل من أوروبا وأمريكا»[3].

---

(1) مضر خليل العمر، التركيب الاجتماعي للمدنية والجريمة، الأردن، دار الكندي، 2000، ص 11.

(2) باسل البستاني، مرجع سابق، ص 47.

(3) علي بوعناقة، مرجع سابق، ص 33-34.

من أهمِّ المنطلقات التي اعتمدت عليها هذه المقاربة، كان تأكيد وحدة الإنسان في خصائصه الأساسية من النواحي العقلية والنفسية والوجدانية والفيزيولوجية، والتقاطع والاشتراك بين جميع المجتمعات في أساسيات الهياكل المؤسسية وبعض الأدوار الرئيسية للأسرة والعائلة والمدرسة والجامعة على سبيل التخصيص. وتعتقد أن العولمة بآلياتها ونتائجها إطار أو سياق عام موحد لتطور المجتمعات، حتى وإن اختلف بعضها في الموقف والموقع من العولمة وفي ردود فعلها واتجاهها، غير أن «آليات العولمة وقواها قادرة على تجاوز واختراق الحدود القومية للمجتمعات والدول، يساعدها في ذلك الطفرة النوعية في تكنولوجيا الإعلام والاتصال، خاصة وسائل الإعلام الجماهيرية التي يمكن لها التأثير إلى حدٍّ خلق سلوكيات ومفاهيم عابرة للقوميات في أوساط المراهقين والشباب، الشيء الذي يجعل الإشكاليات المعاصرة للشباب عنصرًا داخليًا في المجتمعات بشكل عام»[1].

من خلال المنطلقين السابقين، نستنتج أن هدف مراكز التأثير والتصنيع في العالم يتمثل في توحيد ثقافات الشعوب وتنميطها وتنميط معارفها ونظامها القيمي وأنماطها السلوكية، لتتفاعل إيجابيًا مع الأهداف الاقتصادية للفاعلين الرئيسيين ومصالحهم في منظومة العولمة المتعددة الأبعاد والجوانب؛ واتساعًا لمحتوى هذه المقاربة طرحت قضايا المراهقة والشباب بوصفها موضوعات بحث ودراسة، على اعتبار أن الشباب والمراهقين الفئتان الاجتماعيتان الأكثر حساسية في المجتمع، وتزداد فاعلية مؤسساته مع تمكين هذه الفئة كي تواجه تحديات المستقبل واحتمالاته. تبعًا لذلك، تعتبر «مشكلات المراهقة والشباب على المستوى العالمي والإقليمي والوطني إشكالات تواجه العالم المعاصر، وتختلف عن الإشكالات المتعلقة بهذه الفئة في العقود الماضية، لانتقال العديد من المجتمعات من التقليد إلى الحداثة وما بعدها متمثِّلة في العولمة وتداعياتها»[2]. ما يمكن تسجيله بخصوص هذه المقاربة أنه بالرغم من أهميتها في فهم وتحليل التباينات والاختلافات الثقافية بين الشباب داخل دولهم وفي ما بين الدول كذلك، إلا أنها لم تعطِ البعد الثقافي في تحليل مشكلات الشباب أهمية بالغة، لا سيما في الدول والمجتمعات ذات التأثير النسبي في العولمة للمنظومة الثقافية، والتي

(1) عبد الله مجدي أحمد محمد، مرجع سابق، ص 36.

(2) ولند روبنسن، ثقافة العولمة القومية والعولمة والحداثة، القاهرة، المجلس الأعلى للثقافة، المشروع القومي للترجمة، العدد 13، 2000.

تمركزت حول الثقافة الأوروأمريكية، الأمر الذي يجعلها «مركزية النزعة وغير معبرة عن الشباب كقضية اجتماعية عالمية»[1].

نستنتج من تلك التعريفات المتعددة والمقاربات المتنوعة تنوع وتعدد مفهوم الشباب، ولذلك يخطئ من يعتقد أن الشباب مرحلة من العمر تبتدئ من سن معين وتنتهي عند سن معين. ورأت بعض المدارس أنه أوسع من ذلك بكثير، وبأنه «مجموعة سمات نفسية وسلوكية تكسب الفرد صفة الشباب كالقدرة الدائمة على التعلم والمرونة والحيوية والإنتاج والتفكير»[2].

إجمالًا تُعد مرحلة الشباب من المراحل المعقدة في حياة الإنسان، لذلك من المهم في اعتقادنا إعادة النظر في تفسيرها وتحديدها، بما يمكننا من فهم محدِّداتها ومتغيراتها والنواحي المؤثرة فيها، والتي تتشكل من خلالها قيم الشباب ومعتقداتهم، مع النضج في شخصياتهم واتجاهاتهم في الحياة التي تتأثَّر بدورها بظروف تطور المجتمع وقابلية هياكله ومؤشراته لاستيعاب الطاقات البشرية وطريقة إدماجهم. فالواقع الجديد فرض مقاييس متجددة ونظريات جديدة نابعة من طبيعة المحيط الاجتماعي الذي خلقت فيه، لأن مرحلة الشباب من المراحل العمرية ذات خصوصية مختلفة، وكي نتمكن من تعريفها «علينا أن نعود أولًا إلى المحيط الاجتماعي الذي تتبلور فيه النظرة العامة تجاه هذه المرحلة؛ فالعمر لم يعد متغيرًا تُفسر من خلاله الحالة السوسيوديموغرافية للأفراد فحسب، إنما متغيرًا يُعتمد لفهم تركيبة هوية الأفراد، فالهوية تحدد من خلالها جميع المواقف والقيم والآراء»[3]. ولم يعد مفهوم دورة الحياة مقياسًا يمكن أن يساعدنا على فهم خصوصيات هذه المرحلة، لأن تلك الأخيرة قد تجاوزت كل التفسيرات التقليدية وارتبطت بالسياق الاجتماعي العام، وبذلك فقد تجاوز هذا المفهوم عديد التحديدات ليرتبط كذلك بالمسار الاقتصادي للمجموعة الاجتماعية التي تنتمي إليها فئة الشباب، وبالتالي «علينا أن نطرح أيضًا مدى علاقتهم بالمتغيرات الحاصلة داخل المجتمع في معاييره وقيمه، وهل حقًا يمثلون المرآة المكبرة والمؤشر الأول للتحولات

---

(1) عبد العظيم حمادة، الاتجاهات المضادة للعولمة للعولمة نحن والعولمة من يربي الآخر، مجلة المعرفة، العدد، 46، الرياض، وزارة التربية والتعليم، مطابع العبيكان، 1999.

(2) عبد الرحيم العطري، مرجع سابق، ص 110-111.

(3) A. Stellinger, A. Wintrebert, F. De Singly, Etude-jeunesse face à leur avenir, Une Enquête Internationale, Paris, Fondation pour L'innovation politique, 2008, p 18.

النفسية والسياسية والثقافية والتغير الاجتماعي؟»[1]. ويعتبر «مصطفى حجازي» في مؤلفه «الإنسان المهدور» أن فئة الشباب هي «الكتلة الحرجة التي تحمل أهم فرص نماء المجتمع وصناعة مستقبله، كما أنهم في الآن نفسه عيِّنة تشكل التحدي الكبير في عملية تأطيرهم وإدماجهم في مسارات الحياة الاجتماعية والوطنية والإنتاجية النشيطة والمشاركة، وتشكل هذه الفئة العبء الذي تضيق به السلطات ذرعًا، وتخشاه أيما خشية، وفي الوقت نفسه هي فرصة حقيقية لإحداث الفارق وبناء المجتمعات»[2]، شريطة الإحاطة بها وتوظيف طاقاتها الإنتاجية خدمة للأوطان، وذلك من خلال تنمية جملة من القيم وعلى رأسها القيم المتصلة بالهوية الوطنية والانتماء والمواطنة.

(1) O. Galland, B. Roudet, Les jeunes Européens et leurs valeurs, Europe occidentale, Europe orientale, Paris, La Découverte, 2005, p 329.

(2) مصطفى حجازي، الإنسان المهدور: دراسة تحليلية نفسية اجتماعية، المركز الثقافي العربي، الدار البيضاء، الطبعة الثانية، 2006، ص 203.

الفصل الثاني

دور قيم الانتماء والمواطنة في التغير الاجتماعي

1. قيم الانتماء والمواطنة: الماهية والأهمية

أنتجت أطروحات الفكر في مختلف دول العالم العديد من الرؤى الفكرية حول مفهوم المواطنة ومبادئها وحقوقها وواجباتها. وتنوعت تلك الرؤى بتنوع مبادئ الفكر ونظريات السياسة، ومع تغير طبيعة العالم المعاصر، لجهة موازين القوى وسيطرة القطب الواحد وظهور التكتلات السياسية والاقتصادية وتنامي البنى الاجتماعية الحاضنة للفكر الليبرالي، وعبوره للحدود الجغرافية والسياسية عبر الجسور والقنوات التي مدَّتها تكنولوجيات الاتصال الحديثة. مع هذه التغيرات العامة، شهد مفهوم المواطنة تبدلًا واضحًا في مضمونه واستخداماته ودلالاته، والوعي الفردي بمبادئه وما يرتبط به من قيم وسلوكيات. وعلى رغم ما تنفرد به المواطنة وما يتداخل معها من مفاهيم الانتماء والخصوصية والمرجعية وآليات التشكيل والبناء والممارسة، إلا أنها شهدت تحديًا جديدًا يتمثل في عملية الانفتاح الثقافي، الذي تعددت آلياته ووسائله، لتخاطب الشباب عن بُعد وتقدم العديد من التفسيرات والتأويلات للأحداث الإقليمية والدولية، وتسلط الضوء على قضايا مجتمعية تمس جوهر هذا المفهوم، وتعرض إطارًا مفاهيميًا مغلقًا بشعارات تأخذ بالمشاعر، وتؤثر على مسارات التفكير، خصوصًا لدى فئة الشباب التي تتميز عن سائر الفئات العمرية بقابليتها للتطور والتغير وسط عالم تشتد فيه وتائر الاتصال وتتسارع. وقد أثار ذلك جدلًا في الأوساط السياسية والدينية والتربوية، بشأن مدى تأثر مفهوم المواطنة لدى الشباب بهذه الأفكار، ودور مؤسسات المجتمع في الحفاظ على البنية السليمة لوعي المواطن وممارسته للمواطنة.

بالرغم من هذه الأهمية لقيم المواطنة، إلا أنها لم تحظ بالاهتمام الكافي على مستوى العالم النامي عمومًا، وعلى مستوى العالم العربي خصوصًا، لجهة تفعيل قيمها لدى المواطنين لا سيما فئة الشباب؛ هذه الفئة التي تمثل الركن الحيوي في البناء الاجتماعي، لأي مجتمع

من المجتمعات على مرِّ العصور، إذ من الحكمة أن يفسح لهذه الفئة المجال لأداء دورها المهم في مسيرة التنمية الشاملة، وهذا الدور الفعال لن يتحقق إلا عندما يجد الشباب العناية الفائقة والاهتمام البالغ لحل مشكلاتهم وبحث همومهم وقضاياهم وإيجاد الحلول المناسبة لهم على مختلف المستويات، مع عدم إغفال مبدأ التكامل والتعاون ما بين حكمة الآباء وخبراتهم وطاقه لشباب وطموحهم، لأن توفر البيئة الملائمة للشباب سيكون بمثابة المحرك الرئيس لطاقاتهم الهائلة واستغلالها، بما يدفع مسيرة التطور والتنمية الشاملة حاضرًا ومستقبلًا. لذلك إن «أغلب الدول تبحث في كيفية إعداد أفرادها إعدادًا سليمًا على نحو يجعل منهم مواطنين قادرين على تحمل المسؤوليات والمشاركة في تطوير المجتمعات، في ظل ما يعرفه العالم من تغيرات، وهو ما يتطلب نوعًا من التربية يفي بمتطلبات تلك النوعية من المواطنين»[1]. لذلك تهدف هذه الدراسة إلى التعرف على مستوى قيم المواطنة لدى فئة الشباب ومدى إسهامها في تعزيز الانتماء، من خلال استجابات عينة الدراسة لبعض قيم المواطنة وهي المشاركة والمبادرة والتطوع والمسؤولية المجتمعية وحماية البيئة والاعتزاز بالانتماء للوطن. وكذلك التعرف على المعوقات التي تحد من ممارستهم لهذه القيم، والمقومات اللازمة لتفعيل ممارستها على أرض الواقع.

1.1. القيم: المفهوم والدلالات

شكلت القيم على مر العصور، المرجع والمحور الذي ينظم سلوك الأفراد والمجتمعات والدول على حد سواء، وطالما كانت «العامل المهم الذي يسهم في تماسك المجتمع والمحافظة على هويته واستقراره وتطوره، كونها مجموعة من المعتقدات والمبادئ التي تتسم بقدر من الاستمرار النسبي، والعمل كموجهات للإنسان نحو غايات لتحقيقها، أو أنماط سلوكية يختارها ويفضلها بديلًا عن غيرها[2]. لذا مهما اختلفت القيم باختلاف المذهب أو الطبقة في النسق الاجتماعي، فإن قيمًا معينة تظل ذات صبغة ملزمة اجتماعيًا لجميع الأعضاء. وتعد القيم من روافد وحدة وثقافة المجتمع، لأنها تعمل على إقامة نقاط التقاء متفق عليها من قبل جميع شرائح المجتمع على اختلاف أطيافها، من خلال «دورها في تمكين الأفراد من

(1) نمر فريحة، فعالية المدرسة في التربية على المواطنة، بيروت، شركة المطبوعات للنشر والتوزيع، 2002، ص 19.

(2) محمد عقل، مرجع سابق، ص 15.

إدراك الأمور من حولهم والتفاعل مع البيئة الاجتماعية المحيطة، ليتم على ضوء ذلك تحديد سلوكياتهم»[1]. لذلك فإن منظومة القيم التي يتبناها الفرد والمجتمع والدولة هي في حقيقتها المحرك الأساسي لأفكار وأفعال هذه الأطراف جميعها، وفضلًا عن ذلك فهي تمثِّل «المكوِّن الأساس لشخصية المجتمع والأمة والملهم الحقيقي لها والقوة الدافعة نحو المحافظة على البقاء والنمو والتطور»[2]. وحين تكون قيم المشاركة والتعاون مطبقة على أرض الواقع بين المواطن والدولة مثلًا، فإن ذلك سيسهم في «تعزيز كل ما من شأنه تحقيق الاستقرار والمواطنة بصورة لم تكن لتتحقق في حالة غياب هذا التفاعل وتلك المشاركة»[3]. إن ممارسة عدد من المظاهر السلوكية المختلفة تصبح قيمة ثقافية لدى المواطن، وسلوكًا حضاريًا عمليًا وتلقائيًا على أرض الواقع، ويكون الدافع لذلك حب الوطن والحرص على المساهمة في تحقيق التنمية الشاملة والحياة الكريمة لكافة أبنائه على أساس العدالة الاجتماعية وسيادة القانون.

تُعد القيم إجمالًا معيارًا محدِّدًا لاتجاهات وسلوك الأفراد والدول نحو تحقيق الأهداف الفردية أو الجماعية، فهي التي تحدِّد الأهداف والأدوار، وتضفي على النظام الاجتماعي صفة البقاء والاستقرار؛ ويتصف أصحاب القيم الاجتماعية الفاضلة بأنهم «أناس يميلون إلى حب المشاركة والتعاون مع الآخرين في حل مشكلاتهم»[4]. ومن ثم إن القيم في حقيقتها عبارة عن منتجات أو مخرجات اجتماعية لمدخلات متعددة مثل نوعية التنشئة الاجتماعية والعقيدة الدينية والعادات والتقاليد، فضلًا عن طبيعة الظروف الأخرى السياسية والاقتصادية والثقافية، وطبيعة التفاعل والتعاون الجماعي على مختلف المستويات والفئات داخل المجتمع. وتلعب هذه المدخلات دورًا مهمًا في تشكيل القيم والسلوك لدى الإنسان، فهي التي تحدد رغبات واهتمام الإنسان تجاه مصالحه الخاصة أو تجاه مجتمعه ووطنه، ثم يظهر أثرها إيجابًا أو سلبًا على ممارسة المواطن لقيم المواطنة تجاه وطنه، ومنها قيم التعاون والمشاركة في مختلف مجالات الحياة.

---

(1) نورهان حسن فهمي، القيم الدينية للشباب من منظور الخدمة الاجتماعية، القاهرة، المكتب الجامعي الحديث، 1999، ص 137.

(2) ماجد بن جعفر الغامدي، الإعلام والقيم، الرياض، مؤسسة خلوق للنشر، 2009، ص 25.

(3) داليا بهاء إسماعيل، الشباب والجمعيات الشبابية: المشاركة والدور والتوجهات، القاهرة، مركز المحروسة للنشر والخدمات الصحفية والمعلومات، 2011، ص 91.

(4) عبد العزيز أحمد الحمادي، التباين القيمي بين الآباء والبناء، الرياض، جامعة الملك سعود، 1999 ص7.

يُعد مفهوم القيم من المفاهيم المتعدة والمختلفة المعاني، ولعل مرد ذلك التعدد هو تنوع المجالات التي يستخدم فيها هذا المفهوم. فقد استخدمه علماء الاقتصاد والاجتماع والفلسفة وعلم النفس ورجال الدين والسياسة والفن وغيرهم؛ ومنهم من تعامل معها على أنها معتقدات، ومنهم من رأى أنها معايير أو أحكام تفضيلية تتضمن ما يجب على الناس أن يفعلوه. إلا أن هذه التعاريف تشترك في المضمون وهو أن القيمة تدل على كل شيء يحمل في ذاته نفعًا أو وزنًا أو ثمنًا، وتمثل مصطلحًا تجريديًا يطلق على الموضوعات التي يعدها الشخص مهمة. إنها جزء من التنظيم الذي يسيطر على سلوكنا، ويعكس حاجاتنا واهتماماتنا وأهدافنا، إضافة إلى أنها «تعكس النظام الاجتماعي والثقافي الذي نعيش فيه»[1].

حظيت دراسة القيم باهتمام الفلاسفة والمفكرين على مر العصور، وما زالت تلقى اهتمام الباحثين في مجالات عدة مثل: الفلسفة والسياسة والاقتصاد والتربية وعلم النفس والاجتماع، لذا تتجسد إشكالية مفهوم القيم بوجود تعريفات متعددة ورؤى متباينة، ما بين التحديد الضيق لمدلولها والتحديد الواسع لها، «فهناك من يتجه إلى التحديد الضيق للقيم على أنها مجرد اهتمامات أو رغبات غير ملزمة للأفراد والجماعات، في حين نجد في القطب الآخر تحديدًا واسعًا للقيم يرى بأنها معايير مرادفة للثقافة ككل»[2]. وينظر المفهوم الفلسفي إلى القيم كمقياس للخير والشر، والخطأ والصواب، فقد عرَّف القيمة بأنها «لفظ يطلق على كل ما هو جدير باهتمام المرء وعنايته، لاعتبارات سيكولوجية واقتصادية وأخلاقية وجمالية»[3]. والتعريف الاجتماعي للقيم يخلص إلى أنها «التفضيلات الإنسانية، فالقيم هي الحكم الذي يصدره الإنسان على شيء ما، مهتديًا بمجموعة من المبادئ والمعايير التي وضعها المجتمع الذي يعيش فيه، والذي يحدد المرغوب فيه وغير المرغوب به»[4]. وهي المعايير للسلوك بصبغة انفعالية اجتماعية تعبر عن اهتمام أو اختيار أو حكم يصدره

---

(1) عزت السيد أحمد، القيم بين التغير والتغيير: المفاهيم والخصائص والآليات، مجلة جامعة دمشق، المجلد 27، العدد 1 و2، 2011، ص 601-634.

(2) ضياء زاهر، القيم في العملية التربوية، سلسلة معالم تربوية، القاهرة، مؤسسة الخليج العربي، 1984، ص 10.

(3) جميل صليب، المعجم الفلسفي، مجلد 12، بيروت، دار الكتاب للنشر، 1982، ص 122.

(4) عبد الهادي الجوهري وآخرون، دراسات في التنمية الاجتماعية مدخل إسلامي، القاهرة، مكتبة نهضة الشرق، 1996، ص 52.

الإنسان تجاه شيء ما، مهتديًا بمجموعة من المبادئ والمعايير الذي وضعها المجتمع الذي يعيش فيه[1].

تتمثل مصادر القيم بشكل عام بجملة المعتقدات التي يتبناها الفرد، فضلًا عن تكوينه الثقافي والتاريخي والأعراف والتقاليد والعادات التي يتبناها المجتمع كمنظومة قيمية للجميع. تلك القيم هي «كل الصفات ذات الأهمية المتصلة بالنواحي السيكولوجية أو الاجتماعية والأخلاقية أو الجمالية، وتتصف بالصبغة الجماعية، وتعمل كموجهات للعقل والسلوك؛ فالقيم هنا عبارة عن معايير أو مقاييس تحدد المرغوب وغير المرغوب به من الأمور، والحسن والسيئ، والجميل والقبيح، وهي ليست معاييرًا وصفية فحسب، بل أحكامًا تقويمية»[2]. وتشير القيم إلى تقويم ثقافي لما يجب أن يكون، وهي مبادئ تنعكس في كل جوانب وأنماط حياة الناس، فتكوِّن نظرة الفرد لنفسه وللعالم من حوله على أساس القيم السائدة، ويحدث ذلك من دون وعي منه، لأنه تعلم كيف يفكر، وكيف يتصرف على أساس قيم سبق أن خضعت للتقويم بواسطة الثقافة السائدة في المجتمع، وذلك خلال نموه وتربيته داخل الأسرة والمدرسة والمؤسسات الدينية وغيرها من المؤسسات الأخرى[3]. في هذا الإطار يرى «جون ديوي»، أحد مؤسسي البراغماتية، أن «كلمة القيم تتضمن معنيين مختلفين، فهي من جهة تدل على موقف الاعتزاز بشيء على اعتبار أنه ثمين أو نفيس من أجل ذاته، فتقدير قيمة الشيء في هذا المعنى يفيد الاستحسان والاعتداد بالشيء، ولفظ 'قيمة' من جهة أخرى يعنى التقويم الذي هو عمل عقلي مميز قوامه المقارنة والحكم»[4].

يتضح من التعريف السابق أن الإنسان استعمل كلمة القيم وحددها بمعنى التثمين أو التقدير، الذي يفضى إلى التقييم والحكم على الأشياء، ويفسر معجم العلوم الاجتماعية هذا المعنى بأن كلمة قيمة «اسم هيئة من قام بالشيء بكذا، أي كان ثمنه المقابل له كذا»[5]،

---

(1) موسى الشرقاوي، وعي طلاب الجامعة ببعض قيم المواطنة، دراسة مِيدانية، مجلة دراسات في التعليم الجامعي، العدد 9، القاهرة، 2005، ص 123.

(2) عيسى محمد الأنصاري، مرجع سابق، ص 6.

(3) أمل سلامة محمد غباري، مرجع سابق، ص 22.

(4) زالف ن. وين، قاموس جون ديوي للتربية مختارات من مؤلفاته، ترجمة محمد على العريان، القاهرة: مكتبة الأنجلو المصرية، (د.ت)، ص 176.

(5) إبراهيم مدكور وآخرون، مرجع سابق، ص 473.

ثم استعملها الإنسان بمعنى القدر والمنزلة، ومن هنا نشأ المعنى الفلسفي لهذه الكلمة، فهو انتقال من دلالة مادية معروفة في علم الحساب وعلم الاقتصاد إلى دلالة معنوية تعبر عمَّا في الأشياء من خير أو جمال أو صواب. لذا تعرف القيم بأنها عبارة عن «الأحكام التي يصدرها الفرد بالتفضيل أو عدم التفضيل للموضوعات أو الأشياء، وذلك في ضوء تقييمه أو تقديره لهذه الموضوعات والأشياء، وتتم هذه العملية من خلال التفاعل بين الفرد بمعارفه وخبراته وبين ممثلي الإطار الحضاري الذي يعيش فيه، ويكتسب من خلاله هذه الخبرات والمعارف»[1]. ويتضح من هذا التعريف أن الأحكام التي يصدرها الفرد لتقييم المواقف والموضوعات والأشياء المختلفة تتوقف على ثقافة الفرد وخبراته الشخصية والمعايير الاجتماعية السائدة، وبهذا المعنى تعرف القيم بأنها «مجموعة من الأحكام المعيارية المتصلة بمضامين واقعية، يتشربها الفرد من خلال انفعاله وتفاعله مع المواقف والخبرات المختلفة، ويشترط أن تنال هذه الأحكام قبولًا من جماعة اجتماعية معينة حتى تتجسد في سياقات الفرد السلوكية أو اللفظية أو اتجاهاته واهتماماته»[2].

يذهب «أليكس أنغلز» في كتابه «ما هو علم الاجتماع؟» إلى أن «مفهوم القيمة ضمن الحقل السوسيولوجي يحتل نفس الدرجة التي يحتلها مفهوم النظام أو النسق الاجتماعي، حيث أن مختلف الجماعات والأفراد تتبع عددًا من أنماط السلوك بناء على جملة من التصورات القيمية المحددة التي تعمل كقوى اجتماعية في تشكيل اتجاهات الاختيار عند الأفراد، وهي التي توجه الفعل الاجتماعي نحو أهدافه الخاصة أو العامة»[3]. وترتبط القيم عند «إيميل دوركهايم» بفكرة العقل أي «أن يكون الفرد سيد نفسه ويتصرف بتعقل، لأن العقل هو ارتقاء بالمعرفة وضبط الحواس والغرائز قصد الاقتراب من قيمتي الحق والواجب»[4]، إذ إنها محددات لترسيم وجهة السلوك ولإمكانيات التفاعل، وتطبيع الإنسان على عناصر

(1) عبد اللطيف محمد خليفة، ارتقاء القيم دراسة نفسية، سلسلة عالم المعرفة، العدد 160، الكويت، المجلس الوطني للثقافة والفنون والآداب، 1992، ص 51.

(2) ضياء زاهر، القيم في العملية التربوية، سلسلة معالم تربوية، القاهرة، مؤسسة الخليج العربي، 1984، ص 24.

(3) أحمد بيومي محمد، القيم وموجهات السلوك الاجتماعي، الإسكندرية، دار المعرفة الجامعية، 2006، ص 78.

(4) عبد الكريم غريب، التربية على القيم: المراجعات والمقاربات، مجلة عالم التربية، منشورات عالم التربية، الدار البيضاء، المغرب، 2007، ص 45.

الحضارة. ويعتبر «أنتوني جيدنز» أنها «منظومة الأفكار التي تحدد ما هو مهم ومرغوب في المجتمع. وهذه الأفكار المجردة أو القيم تُضفي معنى محددًا أو تعطي مؤشرات إرشادية لتوجيه تفاعل البشر مع العالم الاجتماعي»(1). ونستنتج من ذلك أن القيم الاجتماعية هي عبارة عن معايير أخلاقية يلتزم بها الأفراد نحو المجتمع، وتظهر في سلوكهم وتفاعلاتهم اليومية مع مكونات المجتمع، وتشكل في نفس الوقت مصدرًا للأحكام والتفاصيل لمختلف القناعات ونواحي السلوك الاجتماعي.

تتميز القيم عمومًا «بالثبات والاستقرار وعدم القابلية للتغير إلى حد ما، لارتباطها بثوابت المجتمع الثقافية وبناء المجتمع ونظمه، وهي جوانب تتميز بالثبات والاستقرار وببطء التغير أو حتى ندرته، فالقيم هنا قد لا تفرض قوانين رسمية لتنفيذها، وإنما يكفي لبقائها إيمان الجماعة بها ورضاها عنها، فيصبح المجتمع قوة اجتماعية تحرس هذه القيم»(2). ومن ثم فإن القيم تلقائية، ليست من صنع فرد أو بضعة أفراد، وإنما يصنعها المجتمع، وتُكتسب من جيل لآخر، فبعضها مكتسب أو متجدِّد، والقيم بهذا المعنى لها صفة الموضوعية، مثلما هو الحال في الظواهر الاجتماعية الأخرى.

وتعتبر القيم إنسانية الأساس والتكوين، لذلك تتعدد وجهات النظر بشأنها، ويختلف التمسك بها من فرد إلى آخر ومن مجتمع إلى آخر؛ والقيم مبدأ مجرد وعام يحكم سلوك الإنسان، ويشعر أعضاء الجماعة نحوه بالارتباط الانفعالي القوي، ويوفر لهم مستوى للحكم على الأفعال والأهداف، لذلك تُعرَّف القيم بأنها «حكم يصدره الإنسان على شيء ما مهتديًا بمجموعة من المبادئ والمعايير»(3). وتعرَّف القيم بهرميتها بمعنى أنه «من الممكن أن تسود قيمة على أخرى أو مجموعة قيم على مجموعة قيم أخرى، وعندما يقوم شخص بتبني سلم معين للقيم فإنه يقوم في الوقت نفسه بترتيبها وفقًا للأهمية التي ينسبها إلى كل منها، وبذلك نحصل على سلسلة من القيم مرتبة بحسب أهميتها النسبية الخاصة بالشخص الذي حكم بعملية الترتيب، ولا يكون الترتيب المذكور بالضرورة معلنًا لكنه يظهر في الحياة الواقعية

(1) أنتوني جيدنز، مرجع سابق، 2005، ص 82.

(2) ماجد الزيود، مرجع سابق، ص 107.

(3) بشير صلاح الرشيدي وآخرون، الموسوعة العلمية للتربية، سلسلة الموسوعات العلمية، مؤسسة الكويت للتقدم العلمي، الكويت، 2004، ص 274.

بأشكال مختلفة عبر أنماط السلوك والمواقف والقيم الأخلاقية المتبعة عمليًا»[1]. ويتضح من المعنى السابق لهرمية القيم وجود ما يعرف بالمطلق والنسبي من القيم، إذ توجد عدة تيارات فكرية تفسر القيم وفق رؤيتها باعتبارها نسبية أو مطلقة، يمكن رصد أهمها فيما يلي:

- تيار يرى أن «القيم مطلقة لا يحدُّها زمان ولا مكان ولا ظروف ولا أحوال، ويمثل هذا التيار قديمًا أفلاطون في محاوراته، ويمثله حديثًا الميتافيزيقيون، الذين يردون القيم إلى عوامل أخرى يسمونها بالإرادة الميتافيزيقية أو الاستبصار الخَلقي»[2].
- تيار يرى أن «القيم نسبية متغيرة، تختلف من مكان إلى مكان ومن زمان إلى آخر، فليس هناك خيرية قصوى أو شرية مطلقة، بل هناك عدة مواقف وكل موقف لا يتشابه مع الموقف الآخر، ومن أنصار هذا التيار جماعة الوضعية المنطقية البراغماتية»[3].

يتضح مما تقدم أن القيم تُعرَّف بأنها محددات للسلوك الإنساني، فهي تشكل إطارًا مرجعيًا يحكم سلوك الفرد عند ممارسة نشاطه وأفعاله المختلفة، وتمثل في الوقت ذاته أحكامًا معيارية يستند إليها الفرد لإصدار حكمه على الموضوعات والأشياء وعلى سلوك الآخرين وأفعالهم؛ وتلعب القيم دورًا محوريًا في ضبط سلوك الأفراد، على اعتبار أنها توجه سلوكيات وممارسات الأفراد نحو المرغوب فيه اجتماعيًا، لذلك تُعد القيم أداة معنوية لتحقيق المواطنة الصالحة للأفراد داخل المجتمع.

2.1. في مفهوم الانتماء والمواطنة

يُعرَّف مفهوم الانتماء لغةً بمعنى «الانتساب وهو مأخوذ من النماء والزيادة والارتفاع، والعلو في المنزلة والسمو والانتساب. ويقال انتمى الإنسان فوق الوسادة أي ارتفع»[4]. وقد اتفق معه في نفس المعنى معجم لسان العرب الذي يرده إلى «الفعل نما والنماء بمعنى الزيادة

(1) سامي ذبيان وآخرون، قاموس المصطلحات السياسية والاقتصادية والاجتماعية، لندن، رياض الريس للكتب والنشر، 1990، ص 263.

(2) لطفي بركات أحمد، المعجم التربوي في الأصول الفكرية والثقافية، الرياض، دار للنشر والطباعة والإعلام، 1984، ص 173.

(3) نفس المرجع، نفس الصفحة.

(4) أبو الفضل جمال الدين ابن منظور، لسان العرب، بيروت، دار صادر، 1989، 451 / 13، مادة وطن.

وأنميته أي عزوته ونسبته، وانتمى إليه انتسب»[1]. ويقابل مصطلح Belong بمعنى «ينتمي أو يرتبط بعلاقة وثيقة ويتمتع بصفات اجتماعية معينة من أجل الاندماج في الجماعة»[2]. والانتماء في علم الاجتماع وحسب معجم مصطلحات العلوم الاجتماعية يعني «ارتباط الفرد بجماعة يسعى إلى أن تكون عادة جماعة قوية يتقمص شخصيتها ويوحد نفسه بها وهو مرتبط بالولاء لها»[3].

والانتماء اصطلاحًا هو شعور داخلي يجعل المواطن يعمل بحماس وإخلاص بهدف الارتقاء بوطنه وللدفاع عنه. إنه الإحساس تجاه أمر معين يبعث على الولاء له والشعور بالانتماء إليه، إذ يرى بعض الباحثين أن «الانتساب الحقيقي للدين والوطن فكرًا، وتجسد الجوارح فيه عملًا، والرغبة في تقمص عضوية ما من محبة الفرد لذلك واعتزازه بالانضمام إلى هذا الشيء. ويكون الانتماء للدين بالالتزام بتعليماته والثبات على منهجه، والانتماء للوطن يُجسد بالتضحية من أجل الشعب والأرض، تضحية نابعة من الشعور بحب ذلك الوطن وأهله»[4]. ومنهم من يرى أن الانتماء «حاجة من الحاجات المهمة التي تُشعر الفرد بالروابط المشتركة بينه وبين أفراد مجتمعه، وبتقوية شعوره بالانتماء للوطن وتوجيهه توجيهًا يجعله يفتخر بالانتماء، ويتفانى في حب وطنه ويضحي من أجله»[5]. كذلك يُعرَّف الانتماء إلى الوطن بأنه «السلوك المعبِّر عن امتثال الفرد للقيم الوطنية السائدة في مجتمعه كالاعتزاز بالرموز الوطنية، والالتزام بالقوانين والأنظمة السائدة، والمحافظة على ثروات الوطن وممتلكاته، وتشجيع المنتجات الوطنية، والتمسك بالعادات والتقاليد، والمشاركة في الأعمال التطوعية والمناسبات الوطنية، والاستعداد للتضحية دفاعًا عن الوطن»[6].

و«تعتبر الحاجة إلى الانتماء من ضمن الحاجات النفسية والاجتماعية والأنثربولوجية

---

(1) نفس المرجع، ص 1451.

(2) راجع: رمزي منير البعلبكي، المورد الأكبر، قاموس انكليزي/ عربي، بيروت، دار العلم للملايين، 2005، ص 133.

(3) راجع: أحمد زكي بدوي، معجم مصطلحات العلوم الاجتماعية، بيروت، مكتبة لبنان، 1982.

(4) إبراهيم ناصر، المواطنة، الأردن، دار مكتبة الرائد العلمية، 1993، ص 23.

(5) عبد الله بن ناجي آل مبارك، قراءة في مفهوم الانتماء الوطني، الرياض، مؤسسة اليمامة الصحفية، 2012، ص 23.

(6) محمد عطية أبو فودة، دور الإعلام التربوي في تدعيم قيم الانتماء الوطني لدى الطلبة الجامعيين في محافظات غزة، رسالة ماجستير، كلية التربية الإسلامية، غزة، 2007، ص 32.

لأي كائن بشري، لأن لها جانبان جانب فطري وجانب مكتسب، وهو حصيلة التفاعل بين ما هو مكتسب وما هو فطري، فالشعور بالانتماء إلى الوطن ينمي في الفرد شعورًا بالأمان والراحة والطمأنينة»[1]. وهذه الحاجة تدفع الفرد للتفاعل الإيجابي في إطار الجماعة، إذ إن ذلك «مصدر إشباع للعديد من الحاجات»[2]. يحتاج الإنسان منذ طفولته إلى الانتماء لأن ذلك يؤدي للنمو السليم والثقة بالنفس والشعور بالأمن. وتلعب مختلف مؤسسات التنشئة الاجتماعية وأولها الأسرة دورًا مؤثرًا وفاعلًا في بناء شخصية الطفل وتكاملها في هذا الاتجاه، ومن هنا تتضح أهمية الشعور بالانتماء سواء كان سياسيًا أم دينيًا أم وطنيًا أم ثقافيًا أم بيئيًا. وبناء على ذلك إن «تعميق قيم الانتماء وتأصيلها يتطلَّب جهدًا تربويًا يتناسب مع البيئة المحيطة بالفرد، والتي من خلالها يمكن إكساب الفرد القيم الإيجابية والاجتماعية التي توجه سلوكه نحو البذل والعطاء والتضحية من أجل الوطن والتمسك به»[3]. ثم إن قيمة الانتماء هي المحرك الحقيقي للمواطنة، وتتبلور النتيجة النهائية فيما يسمى «الوطنية»، فالانتماء هو الأساس الأول الذي يخوِّل الفرد المطالبة بحقوقه، ويدفعه إلى أداء واجباته ضمن إطار قيم المواطنة، وقيمة الولاء تدفع إلى بروز ما يسمى «الهوية الموحدة» التي تعبِّر عن رابطة معنوية بين الفرد ودوائر مجتمعه المختلفة.

إن الانتماء «شعور أو إحساس داخلي لدى الفرد يتركز على تلبية عدد من الحاجات والدوافع الاجتماعية والنفسية، نحو الارتباط بلغة المجتمع وثقافته ونظمه ومؤسساته المختلفة، باعتبار أن الفرد جزء من هذا المجتمع وعليه الالتزام بمعاييره وقوانينه عن اقتناع والدفاع عنه والمساهمة في حل مشكلاته»[4]. ويُعرَّف الانتماء بأنه «نزعة تدفع الفرد إلى الدخول في إطار اجتماعي وفكري معين بما يقتضي ذلك من التزام بمعايير وقواعد هذا الإطار، والعمل على نصرته والدفاع عنه في مقابل غيره من الأطر الاجتماعية والفكرية»[5]. يتولد

---

(1) عبد الله عبد التواب، دور كليات التربية في تأصيل الولاء الوطني، مجلة دراسات تربوية، المركز القومي للمناهج والبحث التربوي، القاهرة، مجلد 8، جزء 56، 1993، ص 116-121.

(2) بشير صلاح الرشيدي وآخرون، مرجع سابق، ص 117.

(3) عبد الله عبد التواب، مرجع سابق، ص 116-121.

(4) بشير صلاح الرشيدي وآخرون، مرجع سابق، ص 70.

(5) إسماعيل عبد الفتاح عبد الكافي، التعليم والهوية في العالم المعاصر مع التطبيق على مصر، دراسات استراتيجية، مركز الإمارات للدراسات والبحوث الاستراتيجية، أبو ظبي، العدد 66، 2001، ص 17.

الشعور بالانتماء لدى الفرد نتيجة ارتباطه بجماعة أو كيان أكبر مثل: الأسرة والقبيلة والقرية والحي والأمة وغيرها، ويصبح الفرد عضوًا في هذه الجماعة، ينتمي إليها ويستمد منها قيمه ومعاييره الاجتماعية. وتكون مشاركة الفرد على المستوى الاجتماعي إما مجرد الانتماء إلى الجماعة أو العمل الفعال داخلها، و«يمكن التمييز بين مستويين من المشاركة، والتي تحدد مستوى انتماء الأفراد، المستوى الأول يتمثل بالمشاركة في جماعة واحدة أو عدة جماعات، ويتحدد مستوى الانتماء عبر شكل وطبيعة ووتيرة الاحتكاك بين الشخص والجماعة التي ينتمي إليها؛ أما المستوى الثاني فيشمل علاقة الفرد مع المجتمع ككل بقطاعاته المختلفة، وتكون المشاركة تعبيرًا عن الانتماء الفعال للفرد في الحياة الاقتصادية والثقافية والمسؤوليات المدنية والسياسية»[1]. ويؤكد «إميل دوركهايم» أهمية المشاركة الاجتماعية للفرد، إذ يعتبرها مطلبًا أساسيًا من مطالب تحقيق الانتماء، ويرى أن وجود قيم وأفكار ومعتقدات ومعايير اجتماعية مشتركة بين أفراد المجتمع الواحد، لا تساعد الفرد في هذا المجتمع على فهم متطلبات مجتمعه فحسب، بل تزيد من شعوره بالانتماء لهذا المجتمع أيضًا، مما يدفعه إلى وضع هذه المتطلبات في مرتبة أعلى من حاجاته الشخصية، ويسعى جاهدًا إلى تحقيقها. وتعمل التربية حسب دوركهايم على «مساعدة الفرد على إدراك ذاته الاجتماعية لتفادي الصراع مع حاجاته الشخصية، وهذا ما يتحقق عن طريق التربية الخلقية بإدماج الفرد في منظومة القيم والمعتقدات الأساسية لمجتمعه، من خلال عملية التنشئة الاجتماعية»[2].

يتحدد نمط انتماء الفرد في ضوء التنشئة الاجتماعية، ويتخذ الانتماء شكلين أساسيين هما: الانتماء الشكلي أو السلبي، والانتماء الإيجابي أو الفعال، فالفرد المُنتمي سلبيًا، لديه مشكلات نفسية واجتماعية، تجعله غير قادر على التكيف الاجتماعي السوي، ويرفض التعاون مع الآخرين ولا يكترث بالقيم والمعايير الاجتماعية السائدة، ويسعى للحصول على الحقوق من دون الالتزام بالواجبات؛ في حين تتضح مظاهر الانتماء الفعال في توحد الفرد بوطنه، واندماجه فيه، والشعور بالاعتزاز والفخر به، ويكون ملتزمًا بقيمه ومعاييره الاجتماعية، وعلى وعي بمشكلات الوطن وقضاياه داخليًا وخارجيًا، ويسهم في تحقيق نمائه وتقدمه، والفرد الذي يمتلك انتماء إيجابيًا يكون أكثر إقبالًا على التعاون والمشاركة

---

(1) سامي ذبيان وآخرون، مرجع سابق، ص 415.

(2) السيد ياسين، الكونية والأصولية وما بعد الحداثة، القاهرة، وكالة الأهرام، 1998، ص 27.

مع الآخرين، وأكثر حرصًا على التمتع بحقوقه والوفاء بواجباته، بغية تحقيق أهدافه وإشباع رغباته المشروعة، وفي الوقت ذاته النهوض والارتقاء بمجتمعه. و«يرتبط بقيمة الانتماء قيم أخرى متداخلة معها ومحققة لها مثل الهوية الثقافية والولاء والوطنية»[1].

تكمن قيمة الأفراد والمجتمعات ومكانة الأمم والحضارات في مقدار ولائها وانتمائها لأصولها وثوابتها، ومن هنا تظهر أهمية الولاء الوطني باعتباره الأساس الأول الذي يخول الفرد المطالبة بحقوقه، ومن ثم تأدية واجباته ضمن إطار قيم المواطنة، «فأصبح لمفهوم الولاء أهمية كبرى، نظرًا لعلاقته بتطور المجتمع وتماسكه»[2]. لذا يُعد الولاء والانتماء «بمثابة القاعدة التي تتشكل عليها المواطنة، فالانتماء تعبير عن رابطة معنوية بين الفرد ودوائر مجتمعه المختلفة، كونها تقوم على أساس حاجة الفرد لتأكيد ذاته ضمن كيان أكبر يمنحه الأمن والحماية»[3]. لذلك يعتبر الانتماء من الاحتياجات المهمة التي تشعر الفرد بالرابط المشترك الذي يربطه بأرضه وبأبناء وطنه، وسيؤدي هذا الشعور إلى صقل توجهاته التي تتحول إلى توجهات تهدف إلى خدمة الوطن والمجتمع، والتفاني والتضحية من أجله، والمشاركة في إعماره، وسيشعره كل ذلك بقيمته الحياتية التي ستنمو مع الأيام والسنين. ومن قيم الانتماء للوطن المهمة، والتي يجب العمل بها وعدم التغاضي عنها، هي إبراز قيمة الوحدة الوطنية، وتحويلها لهدف يعمل الجميع على تحقيقه على أرض الواقع والمحافظة على استمراريته، فالوحدة الوطنية تعتبر من المسلمات في كل الأوطان والتي من شأنها تقوية المجتمعات والمحافظة على أمنها ورخائها.

إن الانتماء حاجة متأصلة في طبيعة النفس البشرية وحاجة جوهرية وضرورية في حياة الإنسان، كونه يسهم «في تعزيز قوة الوطن ويعمقها في نفوس المواطنين، من خلال تفعيل ممارسته كقيمة من منظومة قيم المواطنة الشاملة، لأن غياب التطبيق العملي سيحول موضوع

---

(1) نجلاء عبد الحميد راتب، الانتماء الاجتماعي للشباب المصري: دراسة سوسيولوجية في حقبة الانفتاح، القاهرة، مركز المحروسة للنشر، 1999، ص 59.

(2) عبد الرحمن شرف محمد، الولاء الوطني والمؤسسي، الإمارات العربية المتحدة، أكاديمية شرطة دبي، معهد التدريب، 2008، ص 15.

(3) عبد الودود مكروم، الإسهامات المتوقعة للتعليم الجامعي في تنمية قيم المواطنة، مجلة مستقبل التربية العربية، المركز العربي للتعليم والتنمية، القاهرة، جامعة المنصورة، مجلد 10، عدد 33، 2004، ص 61-65.

الانتماء الوطني إلى شعار للاستهلاك والمزايدات»[1]. «أما الولاء فهو شعور يتعلق بوجدان الفرد تجاه جماعة أو فكر ما، تأييدًا لها وطاعة وإخلاصًا وتضحية في سبيلها، فهو قلب الوطنية وجوهر الالتزام الذي بدوره يؤكد مدى وجود الانتماء»[2].

من هنا يتضح الفرق بين الولاء والانتماء، «فالولاء علاقة بين طرفين قد لا تجمعهما صلة دم أو لغة أو دين، فهي علاقة متغيرة بتغير أحد الطرفين أو بتغير ظروف الزمان والمكان، أما الانتماء فعكس ذلك تمامًا كانتماء الفرد لأسرته أو قبيلته أو وطنه، كون العلاقة في الانتماء علاقة فطرية ليست اختيارية، وهي دائمة»[3]. لذا تعد قيم الانتماء والولاء من القيم المهمة للمواطنة، ومن احتياجات الوطن المهمة، فإن لم يتوفر دافع الانتماء والولاء يصبح الفرد في حالة حياد عاطفي بالنسبة للآخرين أو المجتمع، ومعنى ذلك إما أن ينحصر اهتمامه بذاته، أو يصبح في حالة ركود عن أداء فعل إيجابي معين، وما يترتب على ذلك من آثار سلبية بصورة مباشرة أو غير مباشرة حيال تحمل مسؤولياته في تحقيق الأمن والاستقرار وسائر أهداف التنمية الشاملة للوطن.

يُعد الإحساس بالهوية جوهر الانتماء الذي هو مبدأ أو مقوم أساسي من مقومات المواطنة، ويُعرَّف مفهوم الهوية بأنه «مجموعة من السمات الثقافية التي تتصف بها مجموعة من الناس في فترة زمنية معينة، والتي تولد الإحساس لدى الأفراد بالانتماء إلى شعب معين والارتباط بوطن معين، والتعبير عن مشاعر الاعتزاز والافتخار بالشعب الذي ينتمي إليه هؤلاء الأفراد»[4]. ويتضح مما تقدم أن «الهوية الثقافية تعني الخصائص المشتركة بين أبناء المجتمع الواحد التي تعطي في مجملها الخصائص الذاتية المميزة لهذا المجتمع، وتتحقق الهوية وتظهر معالمها مع الانتماء الفعال للفرد، فالانتماء صفة أصيلة للهوية، ومطلب أساسي من متطلبات تحقيقها. ويتحقق الانتماء بصدق ولاء الفرد للمجتمع، فالولاء هو الشعور بالحب والتأييد والإخلاص والطاعة، والولاء يدعم الهوية الذاتية للفرد، وهو جوهر

---

(1) محمد محفوظ وآخرون، المواطنة والوحدة الوطنية في المملكة العربية السعودية، بيروت، مؤسسة الانتشار العربي، 2008، ص 156.

(2) لطيفة إبراهيم خضر، دور التعليم في تعزيز الانتماء، القاهرة، مكتبة عالم الكتب، 2000، ص 35.

(3) عبد الرحمن شرف محمد، مرجع سابق، ص 20.

(4) إسماعيل عبد الفتاح عبد الكافي، التعليم والهوية في العالم المعاصر مع التطبيق على مصر، مرجع سابق، ص 12.

الالتزام بالنظم والقوانين والمعايير الاجتماعية، ويدعو إلى تأييد الفرد لجماعته، التي يعتز بالانتساب إليها»[1]. فلفظ الولاء في مجمله يشير إلى الروابط والعواطف النفسية التي تربط الفرد بالمجتمع، ويدل على درجة الانتماء لدى الفرد، وعلى صدق الانتماء لدى الفرد أيضًا.

وفي ضوء ما تقدم، تتضح العلاقة بين المواطنة والانتماء، ويُعد الانتماء الفعال مطلبًا أساسيًا لتحقيق المواطنة، والمواطنة هي التعبير الاجتماعي عن عملية انتماء وعطاء الفرد لمجتمعه. والانتماء أحد قيم المواطنة التي لها دوافع نفسية وحاجات اجتماعية، لذا يميل الفرد بطبعه إلى التجمع أو الانتماء إلى جماعة، ويتلقى الدعم للانتماء مع مراحل نموه وتشكيل شخصيته من خلال التنشئة الاجتماعية عبر المؤسسات التربوية المختلفة. ويمكن الإقرار بأن المواطنة شديدة الارتباط بالانتماء، وعليه كان الانتماء مكوِّنًا رئيسيًا للمواطنة. ولكن المسألة ليست على درجة عالية من الوضوح في المنطقة العربية، أين طغت نزعة الانتماءات الأولية مثل القبيلة والعرش والطائفة. لذلك إن المواطنة بوصفها شعور بالانتماء إلى وطن، دولة وطنية راعية وحامية، دولة المواطنين بلا تمييز، دولة سيادة القانون الذي يوازي بين الحقوق والواجبات في إطار الصالح العام، دولة ملتزمة بموجبات المواطن في مقابل مواطن ملتزم بسيادة القانون، تعترضها صعوبات جمة في المنطقة العربية، ومن تبريرات ذلك أن «الدولة الوطنية العربية وجدت ولا تزال تجد صعوبة في كسب ولاء مواطنيها لعدة اعتبارات منها أنها نشأت أصلًا عن عملية التجزئة التي تعرض لها الوطن العربي بفعل المشروع الاستعماري الغربي؛ وتحت تأثير هذه النشأة الفوقية تولدت إشكالية الدولة العربية في المجتمع الذي تولت مسؤولية الحكم في إطاره؛ فأساس هذه الإشكالية، إنما يكمن في أن هذه الدولة لم تنشأ نتيجة نضوج العلاقات والبنى الاجتماعية وتطورها لتكون الدولة ثمرة عقد اجتماعي حقيقي»[2]، بالإضافة إلى أن التحديات الحضارية «أضحت تواجه الدولة القومية بسبب مؤثرات العولمة وسرعة انتشار فكرة المواطنة العالمية وتزايد وتيرة الاتصال بين مختلف أجزاء العالم بفعل تطور وسائل الاتصال»[3].

---

(1) محمود المداح، في الانتماء لمصر، القاهرة، دار أماكو للنشر، 2000، ص 163.

(2) للمزيد راجع: السيد ياسين، العولمة فرص ومخاطر، القاهرة، ميريت للنشر والمعلومات، 2000.

(3) سيف المعمري، تربية المواطنة توجهات وتجارب عالمية في إعداد المواطن الصالح، عمان، مكتبة الجيل الواعد، 2006، ص 91.

ظل مفهوم المواطنة من المفاهيم المُبْهمة مثله في ذلك مثل الديمقراطية والحرية، فمعاني هذه المفاهيم أو العبارات المستخدمة ليست ثابتة، في الزمان والمكان، وفي مستوى محاملها المعرفية والحقوقية والرمزية، وأسس اشتقاقاتها اللغوية أيضًا. لهذا نؤكد من البداية أننا نتناول موضوع المواطنة بحذر شديد، منطلقين من بُعد منهجي يقوم على التمييز بين «المواطنة» باعتبارها «مفهومًا معرفيًا وسوسيولوجيًا وقانونيًا، وبين المواطنة باعتبارها قيمة أخلاقية ومؤسساتية تتشكل من خلال الوقائع والممارسات اليومية، سياسيًا واجتماعيًا وثقافيًا»[1].

يتخذ مفهوم المواطنة عند التعريف والتوصيف معان متعددة، ويتغير معنى هذا المفهوم من ثقافة إلى أخرى ومن سياق إلى آخر. لكن يبقى السياق السوسيولوجي هو الأكثر تقاربًا في مختلف دلالات مفهوم المواطنة الأكثر اتصالًا بموضوع بحثنا. لذلك إن ربط مفردة المواطنة بميدان التربية والتكوين، والتنشئة المعرفية والاجتماعية، يجعلها موصولة بواحد من المسارات الفاعلة في عملية البحث عن كيفية توطينها وترسيخ مبادئها وأسسها. إن تعقُّد الموضوع وصعوبته يجعل الباحث ملزمًا بضرورة اختيار مجال المقاربة الذي يسمح له بالتفكير في مبحثه من زاوية محدَّدة. صحيح أن الإيحاء الأول والسريع الذي تحمله مفردة المواطنة يحيلنا إلى المستوى القانوني، ويرتبط بمفردات من قبيل الحق في المواطنة والحق السياسي وحقوق الإنسان، إلا أن للمفردات وإيحاءاتها، في مختلف مجالات الفكر والمعرفة، سياقات متعددة تمنحها الدلالة المراد إيصالها. وهي في موضوع بحثنا المتعلق بالمواطنة والتربية على قيمها، ومن خلال أنشطة المراكز الشبابية، تُحيلنا إلى البُعد التربوي الاجتماعي.

ليس هدفنا التوسع أو القيام ببحث مفصل في أبعاد المواطنة وفي سوسيولوجيتها أو في تاريخ نشأتها وتطورها، وإنما هدفنا هو الاكتفاء بالإشارة إليها، في حدود تُمكِّننا من فهم أبعادها، وربطها بأدوار المراكز الشبابية في تنمية قيم المواطنة لدى الشباب وبإشكالية الانتماء، ومدى تأثيرها في بناء فضاء تمكيني للشباب، إضافة إلى طبيعة العوائق التي تحول دون فاعليتها في المجتمع؛ فالتحدي الذي تواجهه المجتمعات العربية يكمن في مدى قدرتها

(1) سناء يوسف، تربية المواطنة في ضوء التحديات المعاصرة، دمشق، دار العلم والإيمان للنشر والتوزيع، 2011، ص 46.

على تحقيق تحوُّل نوعي وشامل لجميع المستويات في المجتمع حتى تصبح المواطنة «طريقة حياة وطريقة للحياة»[1]. ولعل الشباب أكثر الفئات الاجتماعية والشرائح العمرية المناط بعهدتهم مهام الاشتغال على توطين قيم المواطنة من خلال الممارسة، وجعلها ثقافة ذات أبعاد إجرائية متصلة باليومي والمعيش داخل المجتمعات العربية التي تتقاطع فيها التحديات متعدِّدة المشارب.

تُنسب المواطنة في اللغة العربية إلى الوطن، ويعني «محل الإقامة والمكان الذي يقيم فيه الإنسان»[2]. «الوطن هو المنزل الذي يُقيم فيه الإنسان ومحله، ويُقال وطُن البلد أي اتخذه وطنًا، وتوطُن البلد اتخاذه وطنًا أيضًا، وتوطَّنت نفسه على الأمر أي حملت عليه وأمن بها، ويُقال أوطن فلان أرض كذا أي اتخذها محلًا وسكنًا، وجمع وطن أوطان، والمَواطن جمع موطن»[3]. هذه الدلالة اللغوية المبنية على التشارك في العيش والإقامة في الوطن معناها ناقص ولا يرتكز إلا على البعد الجغرافي، وبحسب رأي الباحث في التاريخ الإسلامي لحضارات الشرق الأوسطية «برنارد لويس»، «لا توجد كلمة مواطن في اللغة العربية وإنما يوجد مصطلح مقابل لها يستخدم في كل معنى 'ابن البلد'، وهي كلمة خالية بدرجة كبيرة من أي مضامين لكلمة مواطن الإنكليزية التي تنحدر من أصول لاتينية وإغريقية بمعنى الفرد الذي يشارك في الشؤون المدنية، وسبب غياب هذه الكلمة يرجع إلى غياب فكرة المواطن المشارك، وفكرة المواطنة بوصفها عملية مشاركة لدى العرب سابقا»[4]. ويختلف تعريف المواطنة في أصلها اللغوي في اللغات الإنكليزية والفرنسية واليونانية واللاتينية والفارسية عن اللغة العربية، فقد أشارت كلمة المواطنة في هذه اللغات إلى الدولة المدينة بمفهومها التاريخي الذي تشكل مع نشأة المدن والدويلات اليونانية، وما رافقها من تنظير وتفكير فلسفي في أنطولوجيا المواطنة، كغاية ووسيلة للانتماء للمدينة الدولة، وشرط للحصول على جملة من الامتيازات.

---

(1) أحمد الديك، سوسيولوجيا الانتفاضة، الإعلام الموحد، غزة، منظمة التحرير الفلسطينية، الطبعة الأولى، 1990، ص 7.

(2) شريف فرج أمين، المواطنة ودورها في تكامل المجتمعات التعددية، القاهرة، دار الكتب التعددية، 2012، ص 28.

(3) أبو الفضل جمال الدين ابن منظور، مرجع سابق، مادة و ط ن.

(4) علي خليفة الكواري، المواطنة والديمقراطية في البلدان العربية، مركز دراسات الوحدة العربية، بيروت، لبنان، 2001، ص 55.

يتعدى المعنى الاصطلاحي المعاصر للمواطنة معناه اللغوي، ويتسع المعنى الاصطلاحي للعديد من المفاهيم والتعريفات؛ فتعريف المواطنة من وجهة نظر سياسية هي: صبغة للفرد الذي يتمتع بالحقوق ويلتزم بالواجبات التي يفرضها عليه انتماؤه إلى الوطن. وقد عرَّفت دائرة المعارف البريطانية المواطنة (citizenship) بأنها «العلاقة بين الأفراد والدولة ويحدِّدها قانون الدولة، بما تتضمنه تلك العلاقة من واجبات وحقوق متبادلة، تشمل مرتبة من الحرية مع ما يصاحبها من مسؤوليات»(1). كذلك تعني «المواطنة صفة المواطن التي تحدد حقوقه وواجباته الوطنية، ويعرف الفرد واجباته ويؤديها عن طريق التربية الوطنية، وتفترض المواطنة نوعًا من ولاء المواطن لبلاده وخدمتها في أوقات السلم والحرب والتعاون مع المواطنين والآخرين في تحقيق الأهداف القومية»(2). وقد يشمل مفهوم المواطنة المشاركة السياسية وحقوق الفرد وواجباته والوضع القانوني والوطنية والترابط الاجتماعي والقومية والجنسية.

اقترن مصطلح المواطنة في الموسوعة العربية العالمية بمعنى الانتماء إلى أمة أو وطن. وترى هذه الموسوعة أن المواطنة تُسبغ حقوقًا وواجبات على المواطنين، وتختلف حقوق المواطنة من دولة إلى أخرى، وتكفل دساتير دول كثيرة الحقوق الأساسية التي يطلق عليها الحقوق المدنية للمواطنين، وكذلك تختلف واجبات المواطنة من دولة إلى أخرى، لذا تفرض معظم الحكومات على مواطنيها دفع الضرائب والدفاع عن الوطن والامتثال للقانون. ويعتقد كثير من الناس أن «عليهم واجبات اختيارية لم ينص عليها القانون مثل الإلمام بالمشكلات العامة وحماية البيئة، وترتبط هذه الواجبات بحقوق المواطنة ارتباطًا وثيقًا»(3). وبناء على ذلك، يختلف اصطلاح المواطنة عن اصطلاح الوطنية، والذي يأتي بمعنى حب الوطن (patriotism)، وما يحتويه من مشاعر الحب، وما ينبثق عنه من استجابات عاطفية وارتباط بالوطن.

وفقًا للمقاربات السوسيولوجية، تتحدَّد المواطنة بأنها علاقة اجتماعية تقوم بين فرد طبيعي ومجتمع سياسي وتشكل دولة، ومن خلال هذه العلاقة يلتزم الطرف الأول أي

---

(1) نفس المرجع، نفس الصفحة.

(2) عبد الوهاب حفيظ، مشيرة الجزيري، التربية والمواطنة في العالم العربي، تونس، مركز الدراسات والبحوث الاقتصادية والاجتماعية، 2005، ص 100.

(3) أحمد مهدي الشويخان، الموسوعة العربية العالمية، مجلد 24، مؤسسة أعمال الموسوعة للنشر والتوزيع، الرياض، 1996، ص 311.

المواطن بالولاء، في حين يوفر له الطرف الثاني الحماية. وتحدد أنظمة الحكم القائمة إطار العلاقة بين المواطن والدولة. أما البعد الاجتماعي للمواطنة فيعني الكفاءة الاجتماعية في التعايش مع الآخرين والعمل معهم.

بناء على ما سبق، يمكن تعريف المواطنة بأنها شعور نفسي بالانتماء والولاء لعناصر الدولة، أي أفراد المجتمع وسلطات الدولة، ووفقًا للنظام الدولي المعاصر، يؤدي إلى إقرار حقوق للفرد مقابل تحمل الأخير المسؤوليات والواجبات تجاه دولته التي ينتمي إليها سواء في وقت السلم أو الحرب، وخضوعه للقوانين الصادرة عنها، ومنها المساواة والتعاون مع باقي أفراد المجتمع من المواطنين من خلال العمل المؤسسي والفردي، الرسمي والتطوعي، لتحقيق الأهداف المنشودة التي يصبو إليها الجميع من سلطات وأفراد، وتوحد من أجلها الجهود. إن المواطنة الواعية التي ينبغي للجميع العمل من أجل تكريسها، هي التي تجعل المواطن يعي أن له حقوق على الدولة لا يقبل التنازل عنها، مهما كانت الأسباب، وعليه مسؤوليات من واجبه السعي لتأديتها مهما كانت الصعوبات والإكراهات في وجه ذلك، انطلاقًا من أن «السلطة وجدت لخدمة الشعب، وينبغي أن تتصرف مع مختلف أفراده وفقًا لذلك، وإن الحاكم ليس إلا موظفًا ساميًا من موظفي الدولة، والتعامل معه يجب أن يكون من تلك الزاوية من دون أي اعتبارات أخرى»[1]. و«المواطنة الواعية هي التي تدفع إلى التعايش والانسجام والاندماج بين مختلف مكونات المجتمع والدولة، وذلك لا يلغي الاختلاف والتنوع والتعدد الثقافي في المجتمع الواحد، والطريق إلى ذلك ينبغي أن يتم عبر الحوار في مناخ من الحرية والمشاركة والتسامح وضمان سيادة قيم المساواة والعدل والإنصاف، عبر إصلاح شامل يستهدف كافة المؤسسات بغية تجديدها وعقلنتها، يصاحبه ترسيخ لثقافة المواطنة التي تتلازم فيها حقوق الإنسان بواجباته وبأجهزة حمايتهما من التجاوزات المنافية للقانون، وبغرس قيم المواطنة لدى الأجيال الصاعدة وتعميق الحس المدني لديها وتربيتها على ضرورة القيام بالواجب تجاه المجتمع والدولة، وتنمية الشعور بالانتماء للوطن والاعتزاز به، وأن الولاء ينبغي أن يكون للدولة وليس للقبيلة أو الطبقة أو الطائفة، وأهمية التمسك بالنظام واحترام القانون»[2].

---

(1) للمزيد راجع: سيف المعمري، المواطنة في دول الخليج وإشكالية العلاقة بين الحقوق والواجبات، مجلة آراء حول الخليج، عدد 67، الإمارات، مركز الخليج للأبحاث، 2006.

(2) إبراهيم ناصر، مرجع سابق، ص 11-12.

يتضح مما سبق أن المواطنة تتطلب المشاركة بإيجابية في كافة القضايا المجتمعية السياسية والاقتصادية والاجتماعية، من دون الإخلال بالحقوق والواجبات التي كفلها الدستور، بهدف النهوض بالمجتمع والاهتمام بالصالح العام، وتطبيق مبدأ المساواة والعدالة بين أفراد المجتمع، وذلك من منطق أن المواطنة «عملية تفاعل بين الأفراد في المجتمع الواحد، وتقوم على جذور ثقافية تنبثق من الولاء للوطن والتعاون بين أفراده، واحترام حق الغير وحريته»[1].

يُعد مفهوم المواطنة من المفاهيم التي تبلورت عبر تحولات تاريخية متتابعة منذ بداية المفهوم في الحضارة اليونانية والإغريقية، مرورًا بالعصور الوسطى وعصر النهضة والتنوير وحتى عصر الثورات الكبرى في العالم، التي أكدت جميعها حقوق الإنسان الأساسية وواجباته، وفقًا لمجموعة من المبادئ، ابتداءً من كتاب «السياسة» لأرسطو منذ 2500 سنة مضت. إن تطور هذا المفهوم يؤكد بصورة أساسية أهمية مشاركة المواطنين في الحياة العامة، وتحمل المسؤوليات الوطنية، التي تخدم الصالح العام. لعل هذا الأمر هو مضمون الفكر المعاصر حول الأسلوب الأمثل لضمان تحقيق علاقة ترابط وتعاون بصورة متوازنة بين الفرد ووطنه ومجتمعه، وذلك في أثناء ممارسته لأنشطته الحياتية. لذلك يرى علماء الاجتماع أن «المجتمع القوي هو الذي يقوم على العلاقة المتبادلة بين الدولة والمواطن على أساس من التضامن والتعاون والقيم المشتركة، وهذا يعني بأنه مجتمع غني بقيم المواطنة التي تؤدي إلى رقي الشعوب وازدهارها، فإن ضعفت هذه العلاقة تبرز الفردية والمصلحة الخاصة على حساب المصلحة العامة وتنتشر ظاهرة المادية المفرطة، وضعف الولاء والانتماء للوطن، ومن ثم تتقلص وتتراجع المواطنة الفعلية»[2]. إن الاعتراف بقيمة الديمقراطية وتجذيرها في الممارسة، لا يتوقف على مبدأ الاعتراف بها في النصوص الدستورية أو القانونية فقط، بل يقتضي استبطانها في عقول الناس وضمائرهم أيضًا، «لأن ثقافة المواطنة والديمقراطية لا يمكن أن تتشكل وتتطور إلا في مناخات ثقافة سياسية منفتحة ومتحررة، ثقافة متميزة بقيم العقلانية

(1) معوض جلال، أزمة المشاركة السياسية في الوطن العربي، مجلة المستقبل العربي، السنة السادسة، العدد 55، سبتمبر 1983.

(2) خالد عبد العزيز الشريدة، صناعة المواطنة في عالم متغير رؤية اجتماعية، ورقة بحث مقدمة للقاء قادة العمل التربوي في وزارة التربية والتعليم: الباحة، 2005، ص 2.

والمؤسساتية التي تشجع على المشاركة المدنية، وتولي الشباب أهمية قصوى في إدارة الشأن العام»[1].

في ضوء ما تقدم من عرض وتحليل لمفهوم كل من القيم والمواطنة، يمكن تحديد مفهوم قيم المواطنة إجرائيًا في الدراسة الحالية بأنها: الأطر المعيارية أو الموجهات السلوكية التي تؤثر إيجابيًا في تكوين شخصية الشباب، فتجعلهم ملتزمون أخلاقيًا وسلوكيًا، وعلى وعي بما تتضمنه المواطنة من حقوق وواجبات وغيرها من المقومات الأساسية للمواطنة الصالحة، بغية إعداد شباب يعتز بثقافته الوطنية ويمتلك ثقافة الولاء والانتماء لوطنه، ويؤمن بأن المواطنة هي:

- مجموعة المعارف والقيم التي يغرسها فريق العمل في المراكز الشبابية في نفوس الشباب، من خلال الأنشطة والبرامج، لتنمية قيمتي الولاء والانتماء لديهم.
- مجموعة الأنشطة والبرامج التي يقوم بها فريق العمل في المراكز الشبابية لتوجيه الشباب نحو المشاركة في قضايا ومشكلات البيئة.
- الجهود المهنية والعلمية التي يبذلها أعضاء فريق العمل في المراكز الشبابية، لتنمية قيمة المسؤولية الاجتماعية لدى لشباب، إذ إنهم الفئة الأكثر طموحًا في المجتمع، ما يعني أن عملية التغيير والتقدم لا تقف لديهم عند حد، فأي مجموعة اجتماعية تسعى للتغيير السياسي أو الاجتماعي يجب أن تضع في سلم أولوياتها استقطاب طاقات الشباب، وتوظيف هذه الطاقات باتجاه أهدافها المحددة، فنجد أن «الدول المتقدمة تعتمد على إسهام فئة الشباب من خلال استثمار قيمة المشاركة وروح المواطنة لديهم، فكان لهم الدور الكبير في تطور أوطانهم، والقضاء على حالات الفساد والاستبداد»[2].

إن الشباب في هذه المرحلة العمرية «على مفترق طرق من المفترض أن توصلهم إلى الاقتناع الذاتي بضرورة تحمل مسؤولية القيام بواجبات المواطنة، ومنها المشاركة الاجتماعية

(1) هند عروب، ثقافة المواطنة في بلاد الرعية: المجتمع المغربي نموذجًا، ضمن: السيادة والسلطة الآفاق الوطنية والحدود العالمية، مركز دراسات الوحدة العربية، بيروت، الطبعة الأولى نوفمبر2006، ص 175-186.

(2) سامح فوزي، المواطنة، القاهرة، مركز القاهرة لدراسات حقوق الإنسان، 2007، ص 48-50.

والتعاون والتكاتف الاجتماعي، وكذلك تهيئ بعضهم إلى شغل مكانة اجتماعية معينة، تفرض عليهم الإلمام بما يحدث في المجتمع والبيئة الثقافية المحيطة، وكل هذا يشكل عاملًا مهمًا في تحديد المسؤوليات بهدف تنمية قيم الانتماء والمواطنة»[1].

2. الانتماء والمواطنة في ظل التغير الاجتماعي

يُعد التغير الاجتماعي من أهم الصفات الملازمة للمجتمع الإنساني، ويمكن وصفه من منظور الفلسفة الاجتماعية بأنه الثابت الوحيد في حياة المجتمعات الإنسانية على تعددها واختلافها. والتغير الاجتماعي لا يمرُّ في مراحل حدوثه من دون أن يترك تأثيرات نتائجه على جميع المستويات وفي مختلف البناءات الاجتماعية، ويمكن أن يكون وقعه متباينًا ومختلفًا من مستوى إلى آخر ومن مرحلة إلى أخرى. والجدير بالذكر إن التغير الاجتماعي لا يحدث فجأة أو دفعة واحدة بل تظهر معالم بداياته وذروته على المستويين السلوكي والفكري للأفراد داخل المجتمع، وتختلف درجة استجابات الأفراد والمؤسسات باختلاف منظومة القيم والمعايير التي يتبناها الأفراد، وتتحدد بموجبها علاقاتهم الاجتماعية، أو تبنى على أساسها قواعد السلوك الفردي والجماعي. وامتدادًا لدرجات ومستويات التباين في استجابات الوحدات والأبنية الاجتماعية ومختلف الفئات التي يتشكل منها المجتمع، تتولد وتظهر مشكلات وإشكالات وظواهر تستدعي الوقوف عندها ملاحظةً وتشخيصًا وتدخلًا لمعالجتها»[2]. وفئة الشباب من الفئات الاجتماعية الأكثر تفاعلاً وتجاوبًا مع التغير الاجتماعي عند وقوعه عبر مختلف مراحلها، ما يجعلها عرضة للكثير من المشكلات، إما لكونها الفاعل الأكثر حضورًا في آليات التغير الاجتماعي خصوصًا في جوانبه الثقافية، وإما لكونها عاجزة عن مواجهة قوى التغير التي تؤثر سلبًا على كينونتها وأدائها لأدوارها الفعلية أو المتوقعة. لذلك يقودنا البحث في تأصيل وتجذير قيم الانتماء والمواطنة لدى الشباب ودوره في التغير الاجتماعي، إلى البحث في سوسيولوجيا التغيُّر الاجتماعي وفي أهمية التنشئة على قيم وأسس المواطنة الواجب تنميتها لدى الشباب.

(1) عبد الودود مكروم، مرجع سابق، ص 79.

(2) حنان محمد عبد المجيد، التغيير الاجتماعي في الفكر الإسلامي الحديث، فرجينيا الأمريكية، المعهد العالي للفكر الإسلامي، 2011، ص 17.

1.2. في سوسيولوجيا التغير الاجتماعي

إن دراسة التغير الاجتماعي لا تتوقف عند الجوانب الكمية أو المادية الملموسة، بل تتعدى ذلك إلى دراسة ما هو ثقافي وأخلاقي وإنساني. وما يمكن تسجيله بخصوص التغير الاجتماعي في العقود الثلاثة الأخيرة هو التسارع في مظاهره ومستجداته محليًا وإقليميًا ودوليًا. لذلك فإن دراسة التغير الاجتماعي لأي نسق في المجتمع، ينبغي أن ينطلق من دراسة الظواهر والتفاعلات الاجتماعية وتشخيص أسبابها ودوافعها ومضامينها ونتائجها. أي ينبغي على الباحث أن يفسر السلوكيات الاجتماعية، من خلال تفاعلها مع العوامل والقوى الموضوعية والذاتية التي تؤثر فيها، والتي تحدد مساراتها في اتجاهات معينة سواء بشكل ظرفي (وقتي) أو نهائي (دائم). وحسب ما هو معلوم، إن كل معرفة تُبنى وتتجدد بعناصر مشتقة من المعارف والنظريات السابقة، لذلك يدفعنا التعمق في مفهوم التغير الاجتماعي للعودة إلى الإرث السوسيولوجي والأنثروبولوجي الكلاسيكي والحديث و«الذي تبلورت في إطاره أبعاد هذا المفهوم حتى تحول إلى براديغم (نموذج فكري) لتحليل البنى والأنساق الاجتماعية في مجتمعاتنا المعاصرة»[1].

تعتبر دراسة ظاهرة التغير الاجتماعي من الإشكاليات والمجالات الأساسية التي شغلت اهتمام الباحثين في علم الاجتماع، منذ بدايات القرن الماضي، بل هناك من الباحثين من اعتبره «أساسًا لميلاد علم الاجتماع»[2]. فقد شكل البحث في مختلف التغيرات الاجتماعية التي حلَّت بالمجتمعات المعاصرة «منبع بروز وتطور الفكر السوسيولوجي، مما ساعد على ظهور وإنتاج تصورات ومقاربات نظرية وإمبريقية عديدة، تسعى كلها إلى فهم وتفسير حقيقة التغير الاجتماعي»[3]. واهتمت الأعمال الكلاسيكية بدراسة مظاهر التحول وعوامله التي تحدث في بُنى المجتمع الحديث ومؤسساته. وتم اعتماد مفهوم التغيير الاجتماعي كأداة تحليل لأنساق تطور المجتمعات الإنسانية. وكل تحليل سوسيولوجي للتغير في نسق القيم والمؤسسات، يعود إلى التساؤل الرئيسي بشأن قدرة الفاعلين على خلق أنماط

(1) دلال استيتية، التغير الاجتماعي والثقافي، عمان، الأردن، دار وائل للنشر، الطبعة الأولى، 2004.

(2) محمد أمين الزغبي، التغير الاجتماعي، بيروت، دار الطليعة للطباعة والنشر، 1982، ص 11.

(3) راجع بالخصوص: تالكوت بارسونز، النظريات الوظيفية للتغير، ضمن التغير الاجتماعي، مصادره ونماذجه ونتائجه، إعداد أميتاي أتزيوني، ترجمة: محمد أحمد حنونة، دمشق، منشورات وزارة الثقافة السورية، 1984.

وقواعد تفاعل جديدة، بل وعلاقات اجتماعية ومهنية جديدة داخل مختلف مؤسسات الدولة والمجتمع بشكل عام.

يشير مصطلح التغير من الناحية اللغوية إلى «التحول وينطوي على الاختلاف، ويقال غيَّرت الشيء أي جعلته على غير ما كان عليه، أو أصلح من شأنه أو بدَّله»[1]. ويحتوي التغير من الناحية اللغوية على معانٍ أخرى مترابطة: مثل «الاضطراب، والتجديد، والتبدل، والتطور، والتدرج، والانتقال والتحسُّن»[2]. أما في الدلالة الاصطلاحية، فنجد أن التغير يعني «عملًا أو فعلًا يتبدل بواسطته شيء دائم، أو يتبدل في واحدة أو في كثير من سماته، ويعني كذلك تحول شيء إلى آخر، أو إبدال شيء من شيء آخر»[3]. والتغير مسألة طبيعية، وحقيقة اجتماعية عامة تشهدها كل المجتمعات الإنسانية بجميع ظواهرها ووقائعها، إذ لا وجود لمجتمع ثابت ثباتًا كليًا أو مطلقًا، بحكم تفاعل مجموعة من المتغيرات داخل بنياته الأساسية. والتغير «لا يخضع لإرادة معينة، بل إنه نتيجة لتيارات وعوامل ثقافية واقتصادية وسياسية، يتداخل بعضها ببعض، ويؤثر بعضها في بعض»[4]. قد لا نجد صعوبة في تحديد مفهوم التغير الاجتماعي، باعتبار كثرة استعماله في مختلف أدبيات العلوم الاجتماعية، بقدر ما يكمن الإشكال في طابعه الإجرائي. بمعنى كيف يمكننا تفكيك هذا المفهوم السوسيولوجي الشامل ضمن حقل اجتماعي خصوصي؟

المعلوم أن كل تحليل للتغير الاجتماعي، مهما كان مصدره، يتوقف مفعوله على مدى قدرة الفاعلين الاجتماعيين على تشكيل قواعد وأنماط للعمل وللعلاقات الجديدة. ويصبح معنى التغير الاجتماعي وفق المقاربة السوسيولوجية «كيف يشكل الفاعلون الاجتماعيون نسقًا جديدًا للفعل داخل حقل اجتماعي معين، فهو الذي يساعد على تحديد معايير الشرعية والعقلانية التي يتبناها، والتي تسود ممارسات أفراده وتكويناته، والتي تشكل علاقاتهم

---

(1) مجمع اللغة العربية، المعجم الوسيط، مصدر سابق، ص. 692.

(2) فاطمة مسدالي، المجتمع القروي والتغير المرتبط بتدخل الدولة الزمامرة نموذجًا، الرباط، دار السلام للطباعة والنشر والتوزيع، 2005، ص 4.

(3) أندريه لالاند، موسوعة لالاند الفلسفية، تعريب خليل أحمد خليل، بيروت، منشورات عويدات، المجلد الأول، 1996، ص 167.

(4) إبراهيم مدكور، معجم العلوم الاجتماعية، القاهرة، الهيئة المصرية العامة للكتاب، 1975، ص 165.

وتفاعلاتهم ووعيهم وإدراكهم»[1]. أما أسباب هذا التغيُّر حسب عالم الاجتماع الفرنسي «ريمون بودون»[2] فتكمُن في مجموعة من الأسباب الداخلية في نظام اجتماعي معين أو أسباب خارجية أو الإثنين معًا.

إن التغير الاجتماعي في المقاربة السوسيولوجية يعني «كل تحول يقع في التنظيم الاجتماعي سواء في بنائه أو في وظائفه خلال فترة زمنية معينة. ويشمل ذلك كل تغيير يحصل في تركيبة المجتمع السكانية (الانخفاض/ التوزيع السكاني في المناطق/ التوزيع حسب الفئات العمرية...) أو في بنائه الطبقي ونمطه الاجتماعي أو في أنماط العلاقات الاجتماعية أو في القيم والمعايير التي تؤثر في سلوك الأفراد والتي تحدد مكانهم وأدوارهم، في مختلف التنظيمات الاجتماعية التي ينتمون إليها»[3]. في هذا الإطار يذهب عالم الاجتماع الإنكليزي «أنتوني جيدنز» إلى القول بأن «التغيُّر الاجتماعي هو تحول في البنى الأساسية للجماعة الاجتماعية أو المجتمع»، ويرى جيدنز أن «التغير الاجتماعي هو ظاهرة ملازمة على الدوام للحياة الاجتماعية»[4]. ولعل ما نفهمه من ذلك أن التغير ينطوي في عمقه على نوع من الاستمرارية، لأن التغير على مستوى الواقع الاجتماعي هو عملية مستمرة ومتجددة في آن واحد. هذا التغير «يطاول بصفة رئيسية البنيات الاجتماعية الأساسية التي يتشكل منها المجتمع، إذ يمكن ملاحظته في البناء الاجتماعي أو في العادات المعروفة أو في ‘معدات أو آلات’ لم تكن موجودة من قبل»[5]. ولعل ما يمكن أن نستشفه من هذا التعريف أنه يركز بالأساس على عنصر الاختلاف، وهو اختلاف في الأشياء والأدوار والعلاقات وفي العادات الاجتماعية... إلخ. وأي اختلاف يطرأ على هذه العناصر، على مرِّ الزمن يُعتبر في نظر هذا التعريف تغيرًا اجتماعيًا. والتغير الاجتماعي أيضًا هو كل «تغير يطرأ على البناء الاجتماعي في

---

(1) عبد الخالق مدبولي، الشرعية والعقلانية في التربية، دراسات نقدية في الفكر والممارسة، القاهرة، الدار المصرية اللبنانية، الطبعة الأولى، أكتوبر، 1999، ص 28.

(2) للمزيد راجع: ريمون بودون، المعجم النقدي لعلم الاجتماع، ترجمة سليم حداد، بيروت، المؤسسة الجامعية للدراسات والنشر والتوزيع، الطبعة الأولى، 1986، ص 169.

(3) أحمد بدوي، معجم مصطلحات العلوم الاجتماعية، مكتبة لبنان، بيروت، 1978، ص 19.

(4) أنتوني جيدنز، مرجع سابق، ص 743.

(5) حنان محمد عبد المجيد، مرجع سابق، ص 32.

الوظائف والقيم والأدوار الاجتماعية خلال فترة زمنية محددة، وقد يكون هذا التغيير إيجابيًا أي تقدمًا، وقد يكون سلبيًا أي تخلفًا»[1].

أجمعت مختلف المقاربات السوسيولوجية على أن التغير الاجتماعي يكون نتيجة سلسلة من المؤشرات الاجتماعية والنفسية والاقتصادية والثقافية والسياسية وحتى البيولوجية. وأن التغير الاجتماعي هو عبارة عن حركة دائمة، ويمكن أن يكون سريعًا (الثورة) أو بطيئًا (التقدم)، صاخبًا أو هادئًا، سلميًا أو عنيفًا، تلقائيًا أو إراديًا. وعندما يكون التغير مقصودًا أي مبرمجًا يصبح تغييرًا اجتماعيًا وليس تغيرًا اجتماعيًا، ويختلف باختلاف المجتمعات مكانًا وزمانًا طبقًا لاختلاف ثقافة المجتمع السائدة، واختلاف نظامه السياسي والاجتماعي والثقافي؛ بل يكون هناك في المجتمع الواحد مستويات في عملية التغير كون المجتمع يضم فئات مختلفة إضافة إلى اختلاف الثقافة بين الأفراد، وهذا يؤدي إلى تفاوت مضطرب في تقبل التغير الذي يحدث داخل المجتمع. هذا التغير يلاحظ من خلال الاختلاف في أي مجتمع بين الماضي والحاضر نتيجة متغيرات كثيرة مثل الثورة الصناعية وما رافقها من تأثيرات في الجوانب الاجتماعية ، والتي أثرت بدورها في القيم والعادات والتقاليد والعلاقات الاجتماعية، بل وحتى في الأوضاع الاقتصادية، سواء أكان على مستوى دخل الفرد أو الثقافة أو النظم السياسية، ونتيجة التقدم الحاصل في وسائل الاتصال الحضاري المختلفة، وسرعة الانتشار الثقافي، والهجرة السكانية وما صاحبها من تغير اجتماعي سواء أكان هذا التغير إيجابيًا أم سلبيًا، فإن «التغير الاجتماعي يحدث وفقًا لقوانين معينة وليس بصورة عشوائية»[2]. ولذلك مهما تباينت الآراء والطروحات بخصوص التغيُّر الاجتماعي سواء اعتبر مفهومًا معقدًا ومتشعب الأبعاد والمستويات وينم عن تباينات في مراحل نمو المجتمع وتطوره، أو اعتبر زوالًا تسلسليًا لمنظومة اجتماعية وقيمية ملازمة لها، والتوجه نحو منظومة أخرى أكثر ديناميكية وكفاءة في توجيه قدرات المجتمع الطبيعية والبشرية، إلا أنه يخلف آثارًا يقبلها بعض الناس ويرفضها بعضهم الآخر.

في ضوء نقاط التقاطع والمضامين المشتركة لمفهوم التغير الاجتماعي، حسب ما ورد في التعريفات سالفة الذكر، يمكن تقديم تعريف إجرائي للتغير الاجتماعي وفق ما تقتضيه

---

(1) نفس المرجع، نفس الصفحة.

(2) دلال استيتية، مرجع سابق، ص 22.

الدراسة الراهنة، ومضمونه أن التغير الاجتماعي يشير إلى مختلف مظاهر وأشكال التحول الكلية أو الجزئية التي طرأت على البناء الاجتماعي الثقافي للمجتمع، وحدثت عبر أو من خلال مجموعة من العمليات المتصلة عبر الزمن، وكانت لها نتائج على مختلف مستويات البناء الاجتماعي وكذلك على مستوى الفئات الاجتماعية المشكِّلة لهذا البناء الاجتماعي. إنه كل ما يطرأ من تحولات ظاهرة وجوهرية على البنيات والعلاقات والأدوار والتصورات والممارسات والعادات والقيم والمعايير التي يتكون منها النظام الاجتماعي، نتيجة تفاعل عدد من المؤثرات والعوامل الداخلية والخارجية. إنها تحولات يمكن ملاحظتها بصور مختلفة ومتنوعة، انطلاقًا من متغيرات اجتماعية وثقافية وسياسية واقتصادية وديموغرافية ومجالية محددة.

يقترن مفهوم التغير الاجتماعي في الدراسة الحالية بما عرفته قيم المواطنة والانتماء من تطورات، فقد يُنظر إلى مفهوم المواطنة باعتباره أفقًا يتجاوز الصبغة القانونية الحقوقية، ليشير إلى حركية اجتماعية هدفها تحرير الأفراد ودفعهم إلى العمل بفاعلية، للتمكن من تركيب تاريخهم، والمساهمة في بناء مجتمع ديمقراطي يضمن حقوقهم وحريتهم وكرامتهم. وفي هذا السياق، تقدم مساهمة «توماس مارشال» (1893-1981) نموذجًا نظريًا، يقترح نوعًا من التجاوز للمفهوم في صورته الأنوارية، وذلك انطلاقًا من مسعى يهدف إلى توسيع دلالته في ضوء متغيِّرات النصف الأول من القرن العشرين، بحكم أن كتابه المعنون، «المواطنة والطبقة الاجتماعية» (1950)، قدم «إسهامًا نظريًا مهمًا في تطور دلالة المفهوم»[1].

اعتبر مارشال أن المواطنة الجديدة تُعد بالضرورة مواطنة اجتماعية، لأنها ترتكز على ميراث القرن الثامن عشر المتمثل في الحقوق المدنية، وحرية الفرد أساسًا، مع مسعى جديد يروم المساهمة في الحد من غلوائها. وتستند مواقف «توماس مارشال» في موضوع مواجهة غلو المدافعين عن حرية الفرد بصورة مطلقة، إلى المكاسب السياسية والاجتماعية الجديدة للقرن التاسع عشر، وهي المكاسب التي بنت ورتبت ملامح مطلب الحق في المشاركة في الحكم والحق في المشاركة في القرار السياسي. بل إن النموذج المذكور لا يقف عند مكاسب القرن التاسع عشر ومطلع القرن العشرين، بل يعتبر أن جيل حقوق الإنسان الاجتماعي، المتمثل في الحقوق الاجتماعية، من قبيل الصحة والتعليم والثقافة، يُعَدُّ بدوره من بين

(1) محمد الهادي عفيفي، التربية والتغير الاجتماعي، القاهرة، مكتبة الأنجلو المصرية، 1975، ص 107-108.

الأسس الجديدة الموصولة اليوم بمفهوم المواطنة ودلالتها. ويترتب على كل ما سبق أن «منظور مارشال يبلور نموذجًا جديدًا يقر بجملة من المعطيات الاجتماعية والسياسية، التي تروم في نهاية التحليل ممارسة أشكال من تحويل وتوسيع دلالات المفهوم»[1].

ونستطيع اليوم انطلاقًا من جهود مارشال ومن أعمال باحثين آخرين، حاولوا بدورهم استيعاب جوانب من متغيرات عصرنا، والنظر إلى مفهوم المواطنة في ضوئها، أن نلاحظ التوجهات الهادفة إلى التقليل من الشحنة القانونية التي تحصر المفهوم في علاقة الفرد بالدولة، لتحوله إلى مفهوم لا يقتصر على المجال السياسي وحده، وإنما يستوعب مختلف قيم المجتمع المعاصر أيضًا، في كثير من تمظهراتها المجتمعية والمؤسساتية، ويتضمن الاتصال الوثيق بالتغيُّر الاجتماعي بما هو ذلك التحول الذي يطرأ على الأدوار الاجتماعية التي يقوم بها الأفراد، وكل ما يطرأ على النظم الاجتماعية وقواعد الضبط الاجتماعي التي يتضمنها البناء الاجتماعي في مدة معينة من الزمن، لهذا فإن «الأفراد يمارسون أدوارًا اجتماعية مختلفة عن تلك التي كانوا يمارسونها خلال حقبة أو مرحلة زمنية معينة أو محددة»[2].

اتجهت أبحاث «جون رولز» في موضوع العدالة، ودراسة «ويل كيملك»، في موضوع التعددية الثقافية إلى استيعاب مفهوم المواطنة في إطار التعدد الثقافي، إضافة إلى المناقشات التي تربط اليوم مفهوم المواطنة بالهوية والقيم والمساواة. وسمحت نتائج تلك الأبحاث مجتمعة بإغناء وتوسيع حقول المفهوم دلالته. كذلك ساهمت التطورات التي لحقت بالمجتمع المعاصر في الوقوف على جملة من المعطيات والخلاصات النظرية المطوِّرة لدلالته، والتي أصبح مفهوم المواطنة بمقتضاها يلح في صيغ تداوله الجديدة، بضرورة التقليل من البُعدين الإثني والديني من دون نفيهما، ويتطلع إلى منح الاعتبار الأول للرابطة المدنية، وذلك بالإعلاء من شأن القيم الصانعة لها، بهدف العمل على استيعاب الاختلافات العقائدية والإثنية، بالإضافة إلى أصناف الروابط الأخرى الصانعة لنسيج التجمعات البشرية، من قبيل الروابط الثقافية والعقائدية؛ فلا يمكن فصل المواطنة عن الديمقراطية وقيمها، فهي أساس المجتمع السياسي وأساس تكون المجتمع المدني. ويترتب على تشبع المجتمع بالمواطنة وقيمها، انتعاش الحس المدني والقيم المدنية، الأمر الذي يعزز قيم المساواة والتعاون والتشارك.

---

(1) نفس المرجع، ص 111.

(2) تهاني حسن، مرجع سابق، ص 259.

لذلك إن ثقافة المواطنة هي عبارة عن نسق مجتمعي، يوجه الفعل اليومي لإنجاز المهام والتفاعل أو التكيف مع المحيط الاجتماعي. وطرق التفاعل هي التي تشكل هوية الشعب الحقيقية، باعتبار أن هذه الثقافة تمثل مرجعًا لبناء المشروع المجتمعي في المستقبل. فمن خلال المعيش اليومي للمواطنين تتشكل العادات وتُضبط السلوكيات والأعراف (القوانين) الضمنية وغير المكتوبة التي تحدد المعاني والقيم، ويتناقلها أفراد المجتمع ويتصرفون جميعهم وفقًا لها. وثقافة المواطنة «تواجه تحديات أمام تطورها حتى تتطابق مع ما شهدته مجتمعات الغرب من عقلنة وفصل بين المجالات»[1]. لذلك إن «هذه الأبعاد الأنثربولوجية تمس السلوكيات والعلاقات والذاتيات الفردية والجماعية أيضًا»[2]. ويقترن التغيُّر الاجتماعي بمجموع الاختلافات والتبدلات التي تتبلور في النظام الاجتماعي، المتمثل في نسق التدرج الاجتماعي والمؤسسات الاجتماعية من خلال الأدوار والمكانات الاجتماعية عبر الزمن، غير أن «هذه الاختلافات والتبدلات الحادثة في النظام الاجتماعي لا تحدث في فراغ بل من خلال تأثير نوعين من القوى، قوى داخلية تفعل فعلها في تحريك أحد مكونات التدرج أو المؤسسات الاجتماعية، وقوى خارجية من خارج النظام الاجتماعي تفعل فعلها في تحريك وتبديل إحدى مكونات النظام الاجتماعي»[3].

2.2. علاقة التغير الاجتماعي بقيم الانتماء والمواطنة

تواجه منظومة قيم الانتماء والمواطنة في عصرنا الحاضر موجة عاتية من المتغيرات والتحديات غير المسبوقة، في جميع المجالات الاجتماعية والثقافية وغيرها على مستوى دول العالم النامي ومنها الدول العربية والخليجية بوجه خاص؛ من هذه التحديات «ما تعرضت له هذه الدول من غزو وتذويب ثقافي مقصود وغير مقصود، وما لذلك من تأثير سلبي في شتى مناحي الحياة: الثقافية والاقتصادية والسياسية والاجتماعية، مما أفقد هذه الدول القدرة على المقاومة»[4]. فقد أكدت عدد من الدراسات أن دول هذه المنطقة شهدت

---

(1) عبد اللطيف الهرماسي، استراتيجيات المواجهة الرمزية للحداثة الاستعمارية، مثال تونس والجزائر، من الثقافة والآخر، تونس، الدار العربية للكتاب، 2006، ص 166.

(2) Claude Dubar, La crise des identités ; l'interprétation d'une mutation, Paris, PUF, 2000, p 11.

(3) معن خليل العمر، مرجع سابق، ص 28.

(4) محمد عقل، مرجع سابق، ص 69.

في ظل مظاهر العولمة تغيرًا ماديًا واجتماعيًا وثقافيًا بدرجة غير متوازنة مع قيمه وإمكاناته. بالتوازي مع انتشار العولمة راجت مقولة المواطنة العالمية كنقيض لمفهوم المواطنة التي تنبني أصلًا على فكرة الانتماء لحيز جغرافي محدد ترعاه الدولة. وأصبحت مفردة المواطنة في صيغ تداولها الجديدة، والمتداولة على وجه الخصوص في الخطابات الليبرالية، والمستندة إلى بعض أوليات البعديْن الاجتماعي والعولمي، تُقرن بنعوت محددة، من قبيل المواطنة المتعولمة، والمواطنة النشطة، ومواطنة مجتمع الشبكات. وذلك يكشف أن التغيرات التي ما فتئت تصنعها المتغيرات الاقتصادية الموصولة بالطفرة التكنولوجية في مجال الاتصال والتواصل، تساهم بدورها في منح المفردات الجديدة المركبة دلالات جديدة. نحن نشير هنا، إلى بروز تسميات مركبة ومعينة لمظاهر التحول التي لحقت بمعنى المواطنة. ويتعلق الأمر بما يطلق عليه بعضهم اسم «المواطنة الكونية»[1].

تسهم مجموعة التغيرات الاقتصادية والاجتماعية والثقافية التي تطرأ على المجتمعات الحديثة في إحداث تحول داخل البناء الاجتماعي وبتأثير من وسائل الاتصال، ليتم تسريع حركة التغيُّر التي قد تترافق مع ظهور أشكال عديدة من الصراع الثقافي بين القديم والحديث، بالإضافة إلى «جملة من المتغيرات المعرفية المتصلة بتزايد سرعة إنتاج المعرفة ومراكمتها وظهور تخصصات وعلوم جديدة، وهو ما أدى إلى تداخل العلوم أو ما يعرف بالدراسات البينية، وقد ترافق ذلك مع سرعة تبادل المعلومات»[2]. أما على المستوى الاقتصادي فقد تم تحديد الأسواق وظهرت شركات عابرة للقارات وتدفقت الاستثمارات الخارجية، ما أنتج متغيرات سياسية متصلة بتحديد نطاق الدول وتحجيم أدوارها السياسية، ليحدث تغيرًا كبيرًا في مفهوم المواطنة، ويبرز «مفهوم المواطنة العالمية وما رافقها من تذويب للهويات المحلية على حساب الهويات الثقافية العالمية»[3]. إن المتغيرات المعاصرة كظاهرة العولمة وما صاحبها من تحديات غير مسبوقة اقترنت بصراع محتدم وسعي محموم إلى تذويب وتغييب قيم وثقافة الطرف الأضعف، بما يحقق مصالح الطرف الأقوى. «ولعل من أخطر

(1) للمزيد راجع: داليا بهاء محمد إسماعيل، مرجع سابق.

(2) عصام توفيق وآخرون، مدخل إلى دراسة المجتمع العربي، عمان، دار الفكر، الطبعة الأولى، 2008، ص 111.

(3) للمزيد راجع: فرانسيس فوكوياما، نهاية التاريخ وخاتمة البشر، ترجمة حسن أحمد أمين، القاهرة، مركز الأهرام للترجمة والنشر، 1993.

تأثيرات هذه الظواهر تأثيرها السلبي على البعد الثقافي للشعوب وقيمها من خلال «تشويه صورة القيم المحلية ووصفها بالتخلف والرجعية، وبعدم قدرتها على التجديد المتوازن، وإفقاد الأسرة لقيمتها باعتبارها مرجعية ضابطة للقيم والسلوك، فضلًا عن زعزعة قيم المواطنة كإضعاف الولاء والانتماء الوطني لدى المواطن تجاه وطنه»[1]. ويتضح الدور الأساسي الذي تلعبه القيم في توجيه ميول وطاقات المجتمعات والأمم، لا سيما حين توفر الدولة المناخ المناسب لهذه القيم وممارستها عمليًا، عندها تصبح القيم سلوكًا حضاريًا للمواطن تجاه وطنه ويمارسها بصورة تلقائية وبرقابة ذاتية، فتكون المصدر والموجه والقانون والمعيار والضابط المنظم لأفكار ومشاعر وجهود وطاقات وموارد الأفراد والمجتمعات والأمم عبر التاريخ. ومن الأمثلة الموضحة لدور القيم في بناء الأمم والشعوب، تجربة اليابان بعد الحرب العالمية الثانية التي بنت نهضتها على قيم المشاركة والحرية والعدالة وتكافؤ الفرص والشفافية والمرونة والطموح ودعم القيادات الصالحة، ومن المؤمل أن تلعب فئة الشباب دورًا بارزًا ورئيسًا في تحقيق ذلك.

تواجه قيم المواطنة والانتماء جملة من التحديات والمعوقات تتمثل أساسًا في انحسار قيمة حب الوطن خصوصًا لدى فئة الشباب، وأصبح الوطن بالنسبة لهم المكان الذي يحقّق لهم الرفاهية والثروة فقط، مع تراجع مكانة الرموز الوطنية في المخيلة الثقافية المحلية وإحلال الرموز العالمية محلها، فضلًا عن «تزايد نفوذ المنظمات غير الحكومية في القرارات والتشريعات الحكومية وتزايد الشعور بالمواطنة العالمية مع تراجع واضح للشعور بالمواطنة المحلية»[2] . وقد تعاظم تأثير هذه التحديات على المواطنة، في ظل ثورة المعلومات والتقدم السريع والمتلاحق لتكنولوجيا المعلومات والاتصال، التي حولت الكثير من المجتمعات التقليدية الأكثر قدرة على الحفاظ على هويتها الوطنية وخصوصيتها الثقافية، إلى مجتمعات مفتوحة تعرف بمسميات عديدة منها مجتمع المعلومات ومجتمع المعرفة؛ فالتطور التكنولوجي السريع مكّنها من لعب هذا الدور، من خلال الانتشار الواسع لشبكة الإنترنت، والتي أتاحت المعلومات والمعرفة، وصار من اليسير تقاسمها مع الآخرين على مستوى العالم، وما صاحب ذلك من آثار واضحة على اختراق الخصوصية، والسعي إلى

(1) محمد أحمد درويش، العولمة والمواطنة والانتماء الوطني، القاهرة، مكتبة عالم الكتب،2009، ص 13.

(2) ماجد الزيود، مرجع سابق، ص 22.

تشكيل ثقافة جديدة تعرف بـ «الثقافة العالمية والتحول إلى مواطنة جديدة تعرف بالمواطنة العالمية مقابل تقويض الثقافات الوطنية»[1]. هذا الأمر يجعل الحفاظ على الخصوصية الثقافية والتمسك بمبادئ وقيم المواطنة القومية، في ظل هذه المتغيرات المعاصرة، أمرًا في غاية الأهمية، ويدعو أيضًا إلى «ضرورة إعادة النظر في تربية الأفراد على قيم الانتماء والمواطنة ونبذ كل ما يهدِّدها»[2].

إن هذه المتغيرات المتسارعة التي يمر بها العالم، سواء على المستوى العالمي أو على المستوى المجتمعي المحلي، كان لها أثر كبير على نسيج العلاقات في المجتمع الحديث، وعلى عوامل الاستقرار والتنمية في جميع المجالات، مما يحتم على الدول مواجهة تلك التحديات باتخاذ كافة الوسائل والإجراءات اللازمة لمراجعة الوضع وتحديد الأسباب، ومن ثم اتخاذ الإجراءات العلاجية اللازمة، عبر مراجعة خططها الوطنية القائمة بما يتناسب مع الظروف، ومن خلال إعادة رسم السياسات والاستراتيجيات الوطنية بموضوعية وشفافية للاستفادة من النواحي الإيجابية للمتغيرات، وفي نفس الوقت تجنب آثارها السلبية على منظومة القيم في المجتمع، وفي مقدمتها قيم المواطنة والانتماء؛ فتلك القيم تمثل في الحقيقة دعامة جوهرية من دعائم التطور والتنمية، وهي عماد بقاء الأمم واستمرارها ورقيها وتطورها، بهدف المحافظة على منظومة القيم التي هي في حقيقتها منظومة وقائية من كافة مصادر الإخلال بالأخلاق والاستقرار العام. لذا حين توفر الدولة الرشيدة المناخ الملائم لممارسة منظومة القيم سيكون لها معنى سام لدى جميع أفراد وفئات المجتمع، وتصير الدافع للمواطنين كي يبرزوا سلوكهم الحضاري بما يخدم المصلحة العامة، فيترجمون هذه القيم على أرض الواقع في أعمالهم الحياتية المباشرة، أينما وجدوا، ومن مختلف فئاتهم، وفي المجالات المختلفة: الاقتصادية والثقافية والاجتماعية والأسرية وغيرها بهدف تحقيق الصالح العام أولًا، لأن «قيم المواطنة هي التي تحدد وتنظم العلاقات الاجتماعية وتحث على التعاون المتبادل بين أطراف المواطنة»[3].

---

(1) السيد ياسين، مرجع سابق، ص 101.

(2) للمزيد راجع، كمال التابعي، تغريب العالم الثالث، القاهرة، دار المعارف، 1993.

(3) بسام أبو حشيش، دور كليات التربية في تنمية قيم المواطنة لدى الطلبة المعلمين بمحافظة غزة، مجلة الأقصى، عدد 14، فلسطين، 2010، ص 65-67.

هكذا إذن تعتبر قيم المواطنة والانتماء تعبيرًا صريحًا عن فكرة اجتماعية وقانونية وسياسية ساهمت في تطور المجتمع الإنساني إلى حد كبير، إلى جانب الرقي بالدولة باتجاه ترسيخ المساواة والعدل والإنصاف والديمقراطية والشفافية، وبناء الشراكة وضمان الحقوق والواجبات. وعليه تترسخ أهمية تلك القيم لأنها تعمل على رفع الخلافات والاختلافات الواقعة بين مكونات المجتمع والدولة في سياق التدافع الحضاري، وتذهب إلى تدبيرها في إطار الحوار، بما يسمح بتقوية تماسك المجتمع، وتعلق المواطن بوطنه ودولته ودفعه إلى تطوير مجتمعه ووطنه. إن تفعيل حق المواطنة في المجتمع هو «الآلية الناجعة للحد من الفتن والصراعات الطائفية والعرقية في أي مجتمع ليُبنى على قاعدة المساواة»[1].

تحفظ قيم المواطنة للمواطن حقوقه المختلفة، وتوجب عليه واجبات تجاه دولته. وتؤدي إلى زيادة الثقة المتبادلة بين المواطن والدولة، والتي ينال الفرد فيها موقعه الاجتماعي ووظيفته عن طريق كفاءته وقدراته ونزاهته؛ فالمواطنة بوصفها مبدأ ومرجعية دستورية وسياسية لا تلغي عملية التدافع والتنافس في الفضاء الاجتماعي، بل تضمن المساواة والعدل والإنصاف بين المواطنين أمام القانون والمؤسسات، وأمام الوظيفة العمومية والمناصب في الدولة، وأمام المشاركة في المسؤوليات على قدم المساواة، وأمام توزيع الثروات العامة، وكذلك أمام الواجبات من دفع الضرائب وأداء الخدمة العسكرية والمحافظة على الوطن والدفاع عنه. فالمواطنة هي الحق الفردي لكل أبناء الوطن في المشاركة بتقرير مصير الوطن والتمتع بكل خيراته، فضلًا عن الاعتراف بالتنوع والتعدد العقدي والعرقي واللغوي والإيديولوجي والسياسي والثقافي والطائفي والاقتصادي والاجتماعي. وتعمل المواطنة على صون هذا التنوع والتعدد واحترامه مع توفير قنوات وممرات للمشاركة والتعاون والتكامل، من أجل إغناء وإثراء المضامين والمفردات المدنية والحضارية للمواطن والوطن معًا. والمواطنة إذن هي إطار يستوعب الجميع لأنه إطار يحافظ على حقوق الأقلية والأكثرية، في نطاق مفهوم المواطنة الجامعة. والمواطنة الحقيقية لا تتجاهل حقائق التركيبة الثقافية والاجتماعية والسياسية في الوطن، ولا تحدث تغييرًا في نسب مكوناتها ولا تمارس تزييفًا للواقع، وإنما تتعامل مع الواقع من منطلق حقائقه الثابتة، وتوفر البيئة الصحيحة والخصبة لتكوين ثقافة المواطنة، التي تتشكل من تفاعل ثقافات أبناء الوطن؛ وبذلك هي التعبير الطبيعي

---

(1) سناء يوسف، مرجع سابق، ص 23.

عن حالة التنوع والتعدد الموجودة في الوطن، وتحدد منظومة القيم والتمثُّلات والسلوك، وتحدد الإطار الاجتماعي المرجعي لممارسة الحقوق والواجبات والعلاقات بين الأفراد والجماعات والدولة. إنها بالتالي «ناظم سياسي ومجتمعي وأخلاقي وثقافي لفضاء الوطن بتجلياته المختلفة»[1]. وتمثل هذه المنظومة القيمية الأركان الحيوية التي يقوم عليها أي مجتمع، نظرًا لما تؤديه من دور فعال، ووظائف متعددة في ضبط السلوك وتوجيهه، بل وفي تطور ورقي المجتمعات واستقرارها في جميع المجالات. إذا نظرنا إلى المواطنة من زاوية سوسيوسياسية، «نجدها ذات تعريف جامع، سواء من منطلق فلسفي أو قيمي، خاصة من قبل المقاربات الكلاسيكية في العلوم السياسية، التي تنظر إلى المواطنة على أنها مكانة اجتماعية مقننة قانونيًا»[2]، فهي ليست مفهومًا سياسيًا خالصًا ولا معطى قانونيًا صرفًا. لكنها بالأساس وسيلة للاندماج الاجتماعي والاقتصادي، وآلية لتحسيس الأفراد والمجموعات بالعيش المشترك في المجتمع الواحد، وتعبر عن هذه الكينونة اجتماعيًا وثقافيًا وسياسيًا. وتعُد المواطنة في حقيقتها ومن خلال منظومة قيمها المتعددة، سلوكًا تطوعيًا حضاريًا يقوم به الفرد لصالح وطنه، أو المكان الذي يعيش فيه، ومعنى هذا أنها التزام عقدي وأخلاقي وحضاري، فالمواطنة «مبنية على قيم ومبادئ الإنسان السوي تجاه وطنه ومجتمعه، حيث تصبح المواطنة لديه عبارة عن سلوك شخصي وممارسة يومية»[3].

لذلك إن «مشكلاتها لن تحل بمجرد تحديث العلاقة بين المواطن والسلطة وضمان حقوقه المختلفة، لأن السلطة التي تعتبر أساس المجتمع ومصدر تنظيمه ليست سوى تعبير، بصورة أو بأخرى، عما يسود المجتمع من أفكار ومفاهيم»[4]. ولا تنحصر المواطنة في مجال ولا تحتكرها مؤسسة اجتماعية دون أخرى، بل هناك تكامل بين مختلف مؤسسات المجتمع المعنية بالتنشئة الاجتماعية، بدءًا بالعائلة مرورًا بالمدرسة وصولًا إلى المؤسسة الإعلامية والمؤسسات الاجتماعية المختلفة. هذه المؤسسات تمثل الوسائط الرئيسة لبناء شخصية

---

(1) موسى الشرقاوي، وعي طلاب الجامعة ببعض قيم المواطنة، دراسة ميدانية، مجلة دراسات في التعليم الجامعي، العدد 9، القاهرة، 2005، ص 116.

(2) سامي محمد نصار، مرجع سابق، ص 17-18.

(3) سناء يوسف، مرجع سابق، ص 67.

(4) كمال نجيب، المواطنة وثقافة المدرسة في المجتمع المصري، كراسات مركز الأبحاث الاقتصادية والاجتماعية، تونس، مركز الأبحاث الاقتصادية والاجتماعية، 2005، ص 28.

الإنسان، لأن «قيم المجتمع وأنماط السلوك فيه تنتقل إلى حد كبير من خلال العائلة وتتقوى بواسطتها»[1]. ويمثل الفضاء المدرسي آلية للتنشئة على قيم المشاركة والمبادرة والحوار، إذ من خلال البرامج التعليمية الرسمية والمراكز الشبابية وغيرها من الهياكل التطوعية والأطر المؤسساتية الأخرى يستبطن الفرد قيم التواصل ويتدرب على المشاركة وتحمل المسؤولية، التي تمثل القيم الرئيسة للمواطنة. وإذا أنشأت العائلة طفلها على قيم الطاعة العمياء المطلقة والامتثال والانغلاق على الذات، ستكون بذلك قد خلقت فيه نزعة الخوف والتهرب من تحمل المسؤولية ورفض المشاركة وعدم المبادرة. أما إذا أنشأته على مقومات المواطنة وقيمها المتمثلة في الحوار والتشارك وتجنب التعصب للرأي، سيكون قادرًا على تحمل المسؤولية، ويتصرف بكل ثقة بالنفس في تفاعله مع محيطه الأسري والاجتماعي الأوسع.

يمكن اعتبار المواطنة من وجهة النظر السوسيولوجية مجموعة من القيم السلوكية بالأساس، تتضمن التزامات أخلاقية واجتماعية من قبل الأفراد تجاه مجتمعاتهم، وهم مطالبون بالحفاظ على الصالح العام من جهة، وعلى الإسهام في رقي مجتمعاتهم وتحضرها في كافة المجالات من جهة أخرى. لذلك يوفر الاعتناء بتفعيل وظائف القيم لدى الإنسان من قبل الدول، المناخ المناسب لممارستها على أرض الواقع، وهذا أمر ضروري لحماية وصيانة منظومة القيم من الانحراف، وكي تؤدي وظائفها السامية سواء على مستوى الفرد أو المجتمعات والأمم. وتشكل قيم الانتماء والمواطنة المصدر الأساسي الذي يحفظ للدول والأمم قوتها ونقاءها وقدرتها على الاستمرار، فهي التي تحمي البنيان الاجتماعي للأمة في حالات الأخطار والأزمات، وهي القوة التي تحتضن مصادر التفوق العلمي والتوازن الاجتماعي، فتصبح هي «الأداة الرئيسة لتحقيق التقدم وحفظ المجتمعات من التحديات والأزمات»[2].

3.2. قيم الانتماء والمواطنة الواجب تنميتها لدى الشاب

حدد تقرير اللجنة الدولية للتربية للقرن الحادي والعشرين[3] مجموعة من القيم يرى أنها تشكل مكونات المواطنة، ويدعو إلى تيسير اكتساب الشباب لها وهي: الوعي بالحقوق

(1) هشام شرابي، مقدمات لدراسة المجتمع العربي، بيروت، دار الطليعة، 1991، ص 26.

(2) ماجد بن جعفر الغامدي، مرجع سابق، ص 29.

(3) نقلًا عن جاك ديلور، وآخرين، التعلم ذلك الكنز الكامن، تقرير اللجنة الدولية للتربية للقرن الحادي والعشرين، ترجمة جابر عبد الحميد جابر، القاهرة، دار النهضة العربية، 1998، ص 306.

الإنسانية، والمسؤولية الاجتماعية، وقيم الإنصاف الاجتماعي، والمشاركة السياسية، ومراعاة الفروق الثقافية والتعددية، والتسامح، وروح التطوع، وتقديم الرعاية والتعاون والابتكارية والتعبير عن الرأي، والالتزام بحماية البيئة. وحدد تقرير للاتحاد الأوروبي عددًا من قيم المواطنة التي ينبغي تنميتها لدى الشباب، من خلال إكسابهم المعارف أو المواقف أو تطوير مهاراتهم في المجالات التالية: الوعي بالمؤسسات الاجتماعية والسياسية والمدنية، احترام وصون البيئة، حل النزاعات، حقوق ومسؤوليات المواطنين، المشاركة في تطوير المجتمع المحلي، اكتساب مهارات التفكير النقدي والمستقل، المشاركة الإيجابية في الحياة المدرسية، مكافحة العنصرية وكراهية الأجانب، القدرة على المشاركة السياسية في المستقبل.

تشكل تلك الخصائص والقيم، في مجملها، مكونات المواطنة المسؤولة، والتي يتحتم تربية الفرد عليها ليصبح قادرًا على الاضطلاع بها وممارستها. وهناك قيم فرعية كثيرة ترتبط بتنمية بعض القيم الرئيسية للمواطنة وتتداخل معها. وتتحقق المواطنة في أبعادها المختلفة، التي يتعين على المراكز الشبابية تنميتها لدى روادها من الشباب، وهي قيم العدل والمساواة والحرية والالتزام والمسؤولية المجتمعية والحوار والمشاركة والحفاظ على البيئة.

- **العدل والمساواة**

العدل مطلب ضروري ينشده كل أفراد المجتمع، ويؤدي الالتزام به من قبل المجتمع ومؤسساته تجاه الأفراد إلى الإيجابية في الأداء والمشاركة الفاعلة، وإلى الترابط الاجتماعي القوي بين كل مكونات المجتمع. وتهيئ العدالة المدعومة بسلطة القانون الفرص الجيدة بين أفراد المجتمع، وتجعل المجتمع يعمل ككيان واحد قوي ومتماسك؛ فمن الأهمية أن يحرص المجتمع على توفير العدالة لكل أبنائه حتى يكونوا أكثر اطمئنانًا على حقوقهم وممتلكاتهم وأنفسهم. وتدفع العدالة بالمواطنين إلى احترام حقوق المواطنة في علاقاتهم المتبادلة أو مع مؤسسات المجتمع، وتعمق لديهم الشعور بالانتماء الوطني. إن العدل قيمة ضرورية في المواطنة لأنه بالعدل فقط يمكن تحقيق المساواة بين المواطنين في جميع جوانبها، و«العدل يضمن الحفاظ على الحقوق وأداء الواجبات من طرف المواطنين، وبوجود العدل يحس المواطنون بالمساواة وتكافؤ الفرص، وهو ما يحفز روح المواطنة لديهم»[1]. والعدل

(1) أماني غازي جرار، المواطنة العالمية، عمان، دار وائل للنشر والتوزيع، 2011، ص 42.

قيمة سامية دعت إليها جميع الأديان السماوية، وترتبط ارتباطًا وثيقًا بقيمة المساواة، «فلا تتحقق المساواة إلا بتحقيق العدل، ليكون الجميع أمام القانون سواء، وكلما اتسع نطاق تطبيقه، عمَّ الخير والأمن والاستقرار، وكلما انتشرت العدالة الاجتماعية، زاد انتماء الناس لوطنهم وحبهم له وإخلاصهم وتفانيهم في سبيل رفعته وحمايته والتضحية في سبيله في جميع الظروف والأوقات»[1]. وعليه فإن ركائز العدل عندما تتعمق في النفوس وتترجم في السلوك اليومي للإنسان على مختلف المستويات، ستترك الأثر العميق والفعال لنهوض الأوطان وتحقيق التنمية المستدامة في ظل مناخ يسوده الأمن والاستقرار والطمأنينة. في المقابل، يخلق تدني قيمة العدالة أو غيابها أو انحيازها مناخًا اجتماعيًا يجعل مشاركة المواطن واهتمامه بالمصلحة العامة وبشؤون وطنه ومجتمعه أمرًا ثانويًا لا يعنيه.

أما المساواة فتُعد مطلبًا أوليًا لأي فرد في أي مجتمع، ودعامة أساسية لتفعيل ثقافة المواطنة. والمساواة في ارتباطها بمفهوم المواطنة تعني المساواة في الحقوق والواجبات بين كافة المواطنين، وبهذا المعنى فإن المواطنة المتساوية هي المحدد الوحيد للعلاقات الاجتماعية بين الأفراد أو بينهم وبين الدولة، وبهذا تحيد الانتماءات الأخرى. والمجتمع الذي يطبق قاعدة المساواة بين مواطنين يضمن فعالية المشاركة والاستقرار. وتعتبر المساواة المحور الأساسي للكثير من النظريات الفلسفية رغم الاختلاف الواضح بين الثقافات والاتجاهات الفكرية حول مفهومها، وما المقصود منها تحديدًا، إلا أن كل ذلك لم يمنعها من أن تصبح اليوم تعبيرًا صريحًا عن الفضيلة، مثلها مثل العدالة والحب، فلا تجد أحدًا يعترض عليها. والمساواة قيمة أخلاقية سامية، وهذا ما عبر عنه «شارل مونتسكيو» في كتابه «روح الشرائع»: «ما أدعوه فضيلة في الجمهورية هو حب الوطن، أي حب المساواة، وليس هذا فضيلة خلقية، ولا فضيلة مسيحية، مطلقًا، بل فضيلة سياسية»[2]. ونرصد هنا درجة الربط العالية والصريحة بين المساواة وبين حب الوطن، إذ ينعكس غياب المساواة داخل أي مجتمع بتفشي الظلم، وهو الأمر الذي يؤدي إلى تراجع حب الوطن لدى أفراده، فالمساواة من جانبها الأخلاقي هي «النظر إلى الإنسان من حيث هو إنسان بوصفه مساويًا

---

(1) إسماعيل عبد الفتاح الكافي، مرجع سابق، ص 48.

(2) شارل مونتسكيو، روح الشرائع، ترجمة: عادل زعيتر، القاهرة، كلمات عربية للترجمة والنشر، الجزء الأول، 2012، ص 36.

لباقي البشر في الحق والكرامة»[1]. أما من الزاوية السياسية فهي المبدأ الذي يعترف لجميع أفراد المجتمع بحق الاشتراك في الحكم وبحق التعيين في الوظائف العامة وفقًا للشروط التي يحددها القانون دون تمييز بين طبقاتهم وثرواتهم، ويكونون أمام القانون سواء، لا يختلفون عن بعضهم بعضًا إلا بحسب كفاءتهم واستحقاقهم.

إن قيمة المساواة كأصل عام يتفرع عنها مجالات عديدة نذكر منها:

- المساواة أمام القانون: تعني أن جميع المواطنين متساوون أمام قوانين وشرائع الدولة، بصرف النظر عن اختلافاتهم العرقية والطائفية وغيرها.
- المساواة أمام المرافق العامة: تعني أن كافة المواطنين متساوون أمام ما تقدمه الدولة من خدمات كالتعليم والصحة وغيرها، وألا تبني الدولة سياساتها العامة وفق أطر جهوية أو قبلية.
- المساواة في تولي الوظائف العامة: كل مواطن يحق له تولي أي وظيفة حسب كفاءته ومؤهلاته، وذلك بناء على معايير محددة ومحايدة.
- المساواة أمام المنافع الاجتماعية: للمواطن حقوق محفوظة وعليه واجبات يدفعها للدولة نظير خدمات يتمتع بها كغيره من المواطنين.

- **الالتزام والمسؤولية المجتمعية**

يقصد بهذه القيم مدى خضوع جميع أطراف المواطنة (المواطن، المجتمع، الدولة) للقوانين وانصياعهم لها. هذا الخضوع ينتج عنه التزام منتظم أو ذاتي يهدف للقيام بالأعمال والمسؤوليات الملقاة على عاتق كل طرف من موقعه وأدائه لدوره على أكمل وجه، مما يشجع على تأصيل قيم المواطنة[2]. وحقيقة الالتزام تعني التمسك بالمعايير والقيم الاجتماعية السائدة في المجتمع، بصورة فاعلة تحقق المصلحة العامة، بهدف القيام بالأعمال والمهام والمسؤوليات الملقاة على عاتق كل طرف حسب موقعه ودوره، للوصول إلى تحقيق أهداف الجميع تحت مظلة مصلحة الوطن؛ فقيمة الالتزام تعني «التمسك بالمعايير والقيم

(1) مهران حمدي، مرجع سابق، ص 99.

(2) طارق عبد الرؤوف عامر، المواطنة والتربية الوطنية، اتجاهات عالمية وعربية، القاهرة، مؤسسة طيبة للنشر والتوزيع، 2011، ص 82.

الاجتماعية السائدة في المجتمع بصورة فاعلة وتحقق المصلحة العامة»[1]. ويشمل التزام المواطن بالأنظمة والقوانين احترام حريات الآخرين، والوفاء بما عليه من واجبات إزاء المجتمع والدولة. ويمثل الالتزام عقدًا اجتماعيًا بين المواطنين والدولة والمجتمع بهدف تحقيق المصلحة الخاصة، فضلًا عن الالتزام بالصالح العام، والحفاظ على البيئة، ومراعاة قواعد السلوك القويم ومقتضيات النظام العام والآداب في الداخل والخارج، والإسهام في بناء وتنمية الوطن والدفاع عنه، والتمثيل الجيد للدولة والمجتمع والمحافظة على سمعته في كل الظروف والأوقات في ظل المصلحة العامة للوطن، مما يشكل «عاملًا مهمًا من عوامل التطور وتحقيق الأمن والتنمية»[2].

أما الالتزام من جانب الدولة تجاه المواطن فيفترض «تأمين الأمن الداخلي والخارجي بمفهومه الشامل في جميع المجالات، ففي ظل الأمن تستطيع الأمم تحقيق أهدافها وطموحاتها، ومن دونه تحل الفوضى والتخلف وتفشل مشاريع التنمية والتطور والالتزام بتحقيق العدل والمساواة وسيادة القانون عند تطبيق القوانين والأنظمة، ويكون الحكم وفق المنهج الذي يرتضيه الشعب»[3]، والالتزام بضرورة إشباع الحاجات الأساسية للمواطنين وتأمين سائر الخدمات العامة والاجتماعية الأخرى التي تؤمن لهم الحياة المعيشية الكريمة، فضلًا عن «تأمين الحريات بأنواعها للمواطن، في جميع مجالات الحياة، كحرية العمل والسكن والتملك، وحرية الرأي وغيرها»[4]. ويكون الالتزام «باعتماد مبدأ تكافؤ الفرص في جميع مجالات أنشطة الدولة بصورة تحقق الصالح العام، وتعمل على رقي الوطن وتطوره»[5].

- **الحوار**

يُعد الحوار من القيم الحضارية والإنسانية الضرورية، والتي يتعين على الأفراد والمجتمعات ممارستها، للتعامل الإيجابي مع المتغيرات المعاصرة على المستويات

---

(1) محمد أحمد درويش، العولمة والمواطنة والانتماء الوطني، القاهرة، مكتبة عالم الكتب، 2009، ص 289.

(2) علي بن حسين موسى، مرجع سابق، ص 42.

(3) عبد الرحمن الزنيدي، مرجع سابق، ص 18.

(4) سليمان عبد الرحمن الحقيل، الوطنية ومتطلباتها في ضوء تعاليم الإسلام، الرياض، مطابع التقنية للأوفست، 1996، ص 153.

(5) منى مكرم عبيد، المواطنة، مفاهيم الأسس العلمية للمعرفة، القاهرة، المركز الدولي للدراسات المستقبلية والاستراتيجية، عدد 15، 2006، ص 17.

المحلية والإقليمية والعالمية، والإفادة من إيجابيات الحوار في تحقيق المواطنة الفعالة للفرد داخل المجتمع. ويعرَّف الحوار بأنه «نظام لغوي للتخاطب بين المتحاورين يتضمن خطابًا إعلاميًا ورسالة ذات مضمون وطني وقومي وإنساني»[1]. ويعرَّف بأنه «حديث بين طرفين أو أكثر حول قضية معينة، الهدف منها الوصول إلى الحقيقة، بعيدًا عن الخصومة والتعصب بل بطريقة علمية إقناعية، ولا يشترط فيها الحصول على نتائج فورية»[2]. ويعرَّف كذلك بأنه «عملية تتضمن تبادل الحديث بين الأطراف المتحاورة حول قضية معينة من أجل تبادل المعرفة والأفكار، ويغلب على هذه العملية الهدوء والبعد عن التعصب والخصومة، بإتباع أساليب تربوية وعلمية واجتماعية، مع استعداد كل طرف لقبول رأي الطرف الآخر»[3]. وينظر إلى الحوار على أنه «أحد القيم الاجتماعية اللازمة لتحقيق التوازن والتواصل داخل المجتمعات، فضلًا عن إقامة علاقات اجتماعية ناجحة بين الأفراد، من خلال احترام آراء الآخرين والاستماع الجيد لهم»[4].

يتضح من تلك التعريفات أن الحوار هو جوهر التفاعل بين الأفراد والجماعات من خلال تبادل الآراء والأفكار في المواقف الاجتماعية المختلفة، بغية استجلاء الحقيقة بطرق علمية قائمة على الدليل والبرهان، مع قبول الحقيقة بعيدًا عن التطرف في الفكر أو التعصب في الرأي، وبأن يبنى الحوار على العقل والأساليب العلمية في إطار تربوي واجتماعي، وبذلك يكون الحوار أحد قيم المواطنة التي تشبع حاجة إنسانية يتطلبها الاجتماع الإنساني. ويمكن تحديد أهمية الحوار في تحقيق المواطنة الصالحة للأفراد فيما يلي:

1. ينتج الحوار مرحلتين أساسيتين من مراحل التفاعل الاجتماعي هما: «مرحلة التقييم

---

(1) حسين جمعة، ثقافة الحوار مع الآخر، مجلة جامعة دمشق، المجلد 24، العددان الثالث والرابع، دمشق، 2008، ص 11.

(2) خالد محمد المغامسي، الحوار، آدابه وتطبيقاته في التربية الإسلامية، الرياض، مركز الملك عبد العزيز للحوار الوطني، 1425، ص 22.

(3) إبراهيم عبد الله العبيد، تعزيز ثقافة الحوار ومهاراته لدى طلاب المرحلة الثانوية الدواعي والمبررات والأسباب، رسالة دكتوراه منشورة، كلية التربية جامعة الملك سعود، الناشر مركز الملك عبد العزيز للحوار الوطني، الرياض، 2009، ص 42.

(4) منى صبحي الحديدي وجمال محمد الخطيب، التربية الوجدانية والاجتماعية لطلبة التعليم العام، دليل المعلم، الرياض، مكتب التربية العربي لدول الخليج، 2007، ص 12.

الاجتماعي، والتي تشمل أشكال من الحوار مثل طلب الرأي والتحليل والتعبير عن المشاعر والرغبات وإبداء الرأي. والمرحلة الثانية هي الضبط الاجتماعي، أي محاولات الأفراد للتأثير بعضهم ببعض، وتشمل طلب الاقتراحات والتوجيه، والطرق الممكنة التي تساعد على الوصول إلى أفضل الحلول، وهي مرحلة مهمة وفاصلة بالنسبة لفئة الشباب»[1].

2. يؤدى الحوار إلى «تنمية روح التعاون والعمل الجماعي، الذي يجمع كافة طاقات الأفراد وقدراتهم والتي تتفاوت في اتجاهاتها وآرائها الفكرية، بما يسهم في توجيه الرأي نحو الوسطية والبعد عن التطرف، فالحوار من الوسائل التي تعين على بناء الروح الجماعية»[2].

3. يعد الحوار أداة اتصال وتفاهم وتوافق، وتقريب للخلاف بين الرؤى والمشاعر والثقافات، فضلًا عن «إشاعة قبول الآخر والارتقاء بعواطف القبول الحسن نحو تجذير المحبة ونبذ الكراهية والتعصب، مما يؤدي إلى الانفتاح على الآخر في صميم مبدأ المواطنة المستندة إلى الحقوق والواجبات وإلى العدل والتكافؤ والكفاءة، لإنتاج ثقافة مشتركة أساسها الحوار الفعال»[3].

4. للحوار فوائد في حالات الاتفاق والاختلاف، «ففي حالة اتفاق المتحاورين في الرأي على القضية المثارة يكون هناك اطمئنان وثبات على الرأي، ويتأكد الفرد من صواب رأيه فيستفيد ويفيد غيره. أما الاختلاف المقبول فيبرز إيجابيات التعرف على جميع الاحتمالات الممكنة، وفي الاختلاف رياضة للأذهان وتلاقح للآراء، وفتح مجالات التفكير للوصول إلى سائر الافتراضات التي تستطيع العقول المختلفة الوصول إليها، مما يؤدى إلى تعدد الحلول للوصول إلى الحل المناسب»[4] .

---

(1) عبد الله الرشدان، علم اجتماع التربية، الأردن، دار الشروق للنشر والتوزيع، 2008، ص 170.

(2) محمد بن عبد الله الدويش، تربية الشباب، الأهداف والوسائل، الرياض، دار الوطن للنشر، 2002، ص 191.

(3) حسين جمعة، مرجع سابق، ص 15.

(4) طه جابر فياض العلواني، أدب الاختلاف في الإسلام، كتاب الأمة، سلسلة فصلية، تصدر عن رئاسة المحاكم الشرعية والشؤون الدينية في دولة قطر، جمادى الأولى، 1405، ص 27.

إن الالتزام بهذه الآداب يتطلب من مؤسسات التربية على قيم المواطنة ممثلة في المدارس والجامعات والمراكز الشبابية تطوير لغة الحوار لدى الأفراد من خلال تربيتهم عليها وعلى التمسك بها، وتزويدهم بالمعارف والاتجاهات والسلوكيات المحققة لها كي يألفوها، ويكتسبوا القدرة على إدارة الحوار وكيفية التعامل مع الرأي المخالف، وتقريب وجهات النظر وغيرها من متطلبات الحوار. بذلك يعد الحوار مطلبًا ضروريًا لتحقيق المواطنة، التي عمادها التفاعل والتآلف بين أفراد المجتمع، لا سيما الحوار الهادف البناء الذي يؤدى إلى التعاون والتماسك الاجتماعي وتصحيح الأفكار الخاطئة والمتطرفة، بما يحقق الأمن الفكري، وكلها متطلبات ضرورية للاستقرار ودعم الولاء والانتماء للمجتمع.

• المشاركة

من أبرز سمات المواطنة أن يكون المواطن مشاركًا في الأعمال المجتمعية، لا سيما في الأعمال التطوعية، فكل إسهام يخدم الوطن إذا تجسدت فيه قيم المشاركة والتعاون والتقاسم والمساهمة في تدبير شؤون المجتمع وإبداء الرأي والمبادرة، وكلها تهدف إلى تحقيق المنفعة للأوطان. تشمل المشاركة الوسائل المختلفة التي يمكن من خلالها أن يساهم المواطنون في خدمة الوطن والمساهمة في إدارة الشأن العام. وتعني المشاركة مختلف الوسائل التي تسمح للمواطنين بالمساهمة في قرارات جماعاتهم، وهي عملية المساهمة في الشأن العام، أو في اتخاذ القرار، أو في الأنشطة الاجتماعية والاقتصادية والثقافية والسياسية، والتي تظهر من خلال الفعل والعمل والتضامن والاندماج والانخراط والمساهمة. والمشاركة تعني ممارسة المواطن للمواطنة حقوقًا وواجبات، وهي سلوك تطوعي إرادي ومكتسب إيجابي واقعي وملموس. وتعتبر المشاركة «الترجمة العملية والمحسوسة للانتماء، إذ لا يقبل على المشاركة الطوعية والإرادية والفاعلة إلا من كان فخورًا بالانتساب إلى وطنه، ومقتنعًا بخياراته الكبرى، الأمر الذي لا يتحقق إلا بالمساهمة في وضعها»[1]. على هذا الأساس تمنح المشاركة المواطن حق التأثير في صناعة القرارات الكبرى، وحق تولي وتقلد الوظائف العامة. وعن طريق المشاركة الفاعلة والنشيطة في الحياة اليومية تغدو المواطنة سلوكًا يوميًا وممارسة عملية يكون الفضاء العام مجالًا لها بمكوناته الاجتماعية (الجمعيات

(1) وضحة السويدي، تنمية القيم الخاصة بمادة التربية القومية لدى تلميذات المرحلة الإعدادية بدولة قطر، الدوحة، دار الثقافة والنشر، 1983، ص 23.

والمنظمات) وبمكوناته السياسية (الأحزاب السياسية). ونتيجة لكل ذلك، إنها «مبدأ عام لا يرتبط بمناسبة معينة، وهي جهد بيداغوجي ونفسي وفعل مواطنة بامتياز، ذلك أن المشارك مواطن مقتنع بمبادئ سامية منها التعايش وحق الاختلاف وتقبل النقد والتفاعل مع الغير بغض النظر عن مرجعيته واقتناعاته الفكرية والسياسية»[1]. من هذا المنطلق كانت المشاركة حقًا تضمنه المواثيق الدولية، وفي مقدمتها الشرعة الدولية لحقوق الإنسان. فقد جاء في المادة 21 من الإعلان العالمي لحقوق الإنسان (10 ديسمبر 1948):

أ. لكل فرد الحق في الاشتراك في إدارة الشؤون العامة لبلاده إما مباشرة أو بواسطة ممثلين يختارون اختيارًا حرًا.

ب. لكل شخص نفس الحق الذي لغيره في تقلد الوظائف العامة في البلاد.

أما العهد الدولي الخاص بالحقوق المدنية والسياسية فقد نص في المادة 22 على أن:

أ. لكل فرد الحق في حرية المشاركة مع الآخرين بما في ذلك تشكيل النقابات العامة والانضمام إليها لحماية مصالحه.

ب. لا يجوز وضع القيود على ممارسة هذا الحق، بخلاف تلك المنصوص عنها في القانون في مجتمع ديمقراطي، بما يخص مصالح الأمن الوطني أو السلامة العامة أو النظام العام أو حماية الصحة العامة أو الأخلاق أو حماية حقوق الآخرين وحرياتهم. ولا تحول هذه المادة دون فرض القيود القانونية على أعضاء القوات المسلحة والشرطة في ممارسة هذا الحق.

هكذا إذن تعتبر المشاركة ركيزة أساسية من ركائز الديمقراطية وقيمة راسخة، وتمكننا من التمييز بين النظم السياسية الديمقراطية التي تقوم على أساس المواطنة، وبين النظم الاستبدادية التي تقوم على أساس الشمولية والتسلط. إنها حلقة الوصل بين الحقوق والواجبات، إذ إن المشاركة في اختيار الحكام حق للمواطن وواجب تمليه عليه صفة المواطنة التي يتمتع بها. وتلعب المشاركة دورًا بارزًا في حياة المواطنين كقيمة ثابتة وركيزة أساسية، فإذا كانت المواطنة هي التمتع بالحقوق وأداء الواجبات، فإن المشاركة هي الممارسة الفعلية لهذه الحقوق والواجبات، وتكاد لا تخلو حياة المواطنين اليوم في كل الدول الديمقراطية والتي

(1) نفس المرجع، ص 26.

تعرف ازدهارًا كبيرًا لتطبيقات المواطنة فيها من مظاهر المشاركة السياسية والاجتماعية والاقتصادية، فهي بذلك «وسيلة لتحقيق مواطنة الفرد داخل دولته وفي كنف النظام السياسي الذي ينتمي إليه»[1]. وينبغي الإشارة إلى أنه منذ إعلان السنة الدولية للشباب عام 1985، حددت الجمعية العامة مشاركة الشباب على أنها تشتمل على أربعة عناصر:

1. المشاركة الاقتصادية التي تتعلق بالعمل والتنمية.
2. المشاركة السياسية وبعمليات صنع القرار وتوزيع السلطة.
3. المشاركة الاجتماعية والمساهمة في مختلف مناحي الحياة.
4. المشاركة الثقافية التي تتعلق بالفنون والموسيقى والقيم العالمية.

وتمثل المشاركة أيضًا إحدى الاستراتيجيات الإنمائية، ويمكن اعتبارها عملية تتيح للجهات المعنية التأثير على المبادرات والموارد الإنمائية، والمشاركة في السيطرة عليها. وتستتبع المشاركة «توافر الشفافية والصراحة والمساهمة في القرارات العامة»[2].

تعتبر قيمة المشاركة السياسية واحدة من الأبعاد المهمة في تعزيز ثقافة المواطنة، وتسعى مؤسسات رعاية وتأطير الشباب إلى إدماجها بكثافة في أنشطتها وبرامجها. ومن خلال المشاركة السياسية يتمكن الفرد من المشاركة في تحقيق أهداف التنمية في مجتمعه. ولا يمكن تصور تنمية حقيقة فاعلة في المجتمع من دون مشاركة سياسية من قبل الأفراد، لأنهم المحرك الحقيقي لجوهر التنمية. ومن لوازم قيمة المشاركة السياسية للفرد في المجتمع ترسيخ قواعد العيش المشترك داخل الوطن بين كافة أطيافه، ونبذ التعصب والعنف بينهم، وتعميق قيم الحوار والمساواة بين أفراده. وتعمل المشاركة على الانتقال بهم من ثقافة الرعية إلى ثقافة المواطنة. وتجمل هند عروب الفروق بين هاتين الثقافتين في المعاني التي يشملها الجدول التالي[3]:

---

(1) ماجد بن جعفر الغامدي، مرجع سابق، ص 56.

(2) الأمم المتحدة، الجمعية العامة، الدورة السادسة والخمسون، التنمية الاجتماعية بما فيها المسائل ذات الصلة بالحالة الاجتماعية في العالم وبالشباب والمسنين والمعوقين والأسرة، تنفيذ برنامج العمل العالمي للشباب 2000 وما بعدها.

(3) هند عروب، ثقافة المواطنة في بلاد الرعية، بيروت، مركز دراسات الوحدة العربية، 2006، ص 185.

الجدول رقم 2:

المشاركة السياسية بين ثقافة الرعية وثقافة المواطنة

	ثقافة الرعية	ثقافة المواطنة
1	خضوع الفرد	مشاركة فعلية للفرد
2	ركود اجتماعي	دينامية اجتماعية
3	الشخصنة	التواصل والحوار
4	غياب الحريات والحقوق	توافر الحريات والحقوق
5	أنانية المصالح	توحيد المصالح
6	غياب كلي لرقابة المحكوم على الحاكم	حضور الرقابة للمحكوم على الحاكم
7	تنافر وقهر	تماسك وتضامن اجتماعي

- **المحافظة على البيئة**

أضحى الاهتمام بالبيئة وقضاياها من الموضوعات الرئيسة والمهمة في المجالات السياسية والتربوية، ويعكسها زخم المؤتمرات والمعاهدات والاتفاقيات الدولية التي تعنى بالحفاظ على البيئة. وأصبحت المواطنة البيئية (Environnemental Citzenship) من «قيم المواطنة المستحدثة التي وردت في كثير من التقارير الدولية والعربية مثل: تقرير اللجنة الدولية للتربية للقرن الحادي والعشرين»[1]. وأكد التقرير ضرورة الالتزام بحماية البيئة ضمن مجموعة القيم التي يرى أنها تشكل مكونات المواطنة، كذلك حدد التقرير الاستراتيجي العربي (2005) صيغًا جديدة للمواطنة، منها المواطنة البيئية التي تعزز الاهتمام بقضايا وشؤون البيئة. ووردت قيم المواطنة البيئية في تقرير للاتحاد الأوروبي لعام 2012، وورد فيه أن الحفاظ على البيئة من القيم التي تعكس اهتمام الفرد بالمشاركة في الشأن العام من خلال ارتباطه بالبيئة، ومن ثم دمج الفرد بمستقبل بيئته ومجتمعه. وتكمن أهمية التربية على المواطنة البيئية في استعدادات الفرد للمشاركة في حماية البيئة والمحافظة عليها، ومواجهة المشكلات والقضايا البيئة، واتخاذ القرارات المناسبة لحلها على اعتبار

---

(1) جاك ديلور وآخرون، التعلم ذلك الكنز الكامن، تقرير اللجنة الدولية للتربية للقرن الحادي والعشرين، ترجمة جابر عبد الحميد جابر، القاهرة، دار النهضة العربية، 1998، ص 306.

أن «المواطنة الفعالة تتضمن قدرة الفرد على المشاركة في اتخاذ القرارات ذات الصلة بالحفاظ على البيئة»[1].

ومن مظاهر الاهتمام بالمواطنة البيئية تركيز الحديث أخيرًا لدى شعوب وحكومات العالم، وبشكل مكثَّف، على قضايا البيئة وشؤونها وضرورة تنمية الحس البيئي. وصارت دراسة التغير البيئي من الاهتمامات التي تلقى رواجًا واسعًا في العلوم الاجتماعية والإنسانية، وهذا تعبير واضح عن وجود مشكلة تتضخم مع الوقت بين الإنسان والمكان أو بين الإنسان والبيئة. ويقصد بالبيئة في المفهوم العام «الوسط أو المجال المكاني الذي يعيش فيه الإنسان يتأثر به ويؤثر فيه»[2]. ولخص إعلان ستوكهولم مفهوم البيئة بأنها «كل ما يحيط بالإنسان يؤثر فيه ويتأثر به»[3]. ويركز علماء النفس في تعريفهم للبيئة على المصادر الداخلية للمتغيرات، وكل ما يثير سلوك الفرد والجماعة، في حين «تتناول الدراسات الاجتماعية في دراستها للبيئة الظروف الخارجة عن الفرد، والتي تتمثل بالعوامل الاجتماعية والثقافية والمادية»[4]. وتشير بعض الدراسات البيئية[5] إلى أن للبيئة عدة أقسام هي:

- البيئة الطبيعية، وتشمل كافة الظواهر الطبيعية.
- البيئة الاجتماعية، ويقصد بها مجمل العلاقات بين أفراد المجتمع وأنماط المعيشة والنظم الاجتماعية.
- البيئة النفسية، وتشمل كل ما يثير سلوك الفرد والجماعة ويؤثر فيه.
- البيئة الجمالية، وتعني كافة مظاهر الجمال في البيئة المحيطة.
- البيئة الثقافية، وتعني المناخ العلمي السائد في المجتمع ويتمثل عادة بالندوات والمؤتمرات ووسائل الإعلام المختلفة.

---

(1) عبد الملك طه الرفاعي، التربية العلمية وتحقيق المواطنة البيئية، ضمن أعمال المؤتمر العلمي الحادي عشر التربية وحقوق الإنسان، مصر، طنطا، كلية التربية جامعة طنطا، مايو، 2007، المجلد الأول، ص 249.

(2) زين عبد المقصود، قضايا بيئية معاصرة، الإسكندرية، منشأة المعارف، 2000، ص 11.

(3) للمزيد راجع: أحمد حسين اللقاني، فارعة حسن محمد، التربية البيئية واجب ومسؤولية، القاهرة، عالم الكتب، 1999.

(4) محمد عاطف غيث، قاموس علم الاجتماع، القاهرة، دار المعرفة الجامعية، 1990، ص 35.

(5) للمزيد راجع: أحمد عبد الجواد، التربية البيئية، سلسلة دائرة المعارف البيئيه، القاهرة، الدار العربية للنشر والتوزيع، 1995، ص 17.

يمكن الإقرار بأن الحفاظ على البيئة يُعنى بتوجيه سلوك الأفراد نحو صيانة البيئة وتنميتها، بالحفاظ على مكوناتها من التلوث والتدهور، ومن خلال الحفاظ على المحيط الحيوي للإنسان، مما ينعكس إيجابيًا على صحة الأفراد وتقدم المجتمع. إن «المحافظة على البيئة هي عملية بناء وتنمية اتجاهات ومفاهيم وقيم وسلوكيات بينية لدى الأفراد، بما ينعكس إيجابًا على حماية البيئة والمحافظة عليها وتحقيق نوع من العلاقات المتوازنة التي تحقق الأمان البيئي»[1]. من جهة أخرى، إن تعزيز القيم والجانب الأخلاقي للأفراد للمحافظة على البيئة غاية في الأهمية، إذ يتحول الفرد إلى مدافع عن موارد البيئة والعناية بها، ويدرك أهمية دوره في مواجهة مشكلاتها وسبل استغلال الموارد الطبيعية في البيئة، مع إدراك المشكلات البيئية واقتراح أنسب الأساليب لمواجهتها. إن المحافظة على البيئة هي نتيجة طبيعية للوعي الإيجابي، وبذلك يتأكد دور الأنشطة الشبابية في نجاح التعلم البيئي والمحافظة على البيئة، عبر تصميم برامج حرة تسمح بالمشاركة الفاعلة في التعرف على البيئة وجمع البيانات عنها وتدريب الشباب على دراسة مشكلاتها وتطبيق معارفهم عليها؛ ومن ثم «تكوين قيم واتجاهات إيجابية نحو البيئة وتحمل المسؤولية الأخلاقية نحو قضاياها»[2]. وتتحدث بعض الدراسات[3] عما أسمته بالقيم البيئية التي تتجه نحو احترام البيئة وتقدير المحافظة على مواردها، وترسم عددًا من الأهداف التي ترتكز عليها تلك القيم ومنها: تعزيز تفاعل الفرد مع بيئته والمحافظة عليها، وتنمية الاتجاهات الإيجابية نحو دور الكائنات الحية في التوازن البيئي، وتنمية الإحساس بأهمية العمل الجماعي في حماية البيئة واستثمار مواردها، وتقدير جهود المجتمع ومنظماته في حماية البيئة وتنميتها.

تُعد منظومة هذه القيم من أهم مقومات المواطنة في الدولة الرشيدة، ومن سمات المجتمعات المتطورة ومصدرًا للسلوك الحضاري، كونها المعيار المحدد للحقوق والواجبات، بل هي المحرك الرئيس للوصول إلى ترجمة المواطنة على أرض الواقع،

---

(1) زين عبد المقصود، مرجع سابق، ص 14.

(2) R Yerkes, Yerkes, & K. Haras, Outdoor Education and Environmental Responsibility, ERIC, ED414112, 2002, p 43.

(3) للمزيد راجع: هدى بابطين، مستوى الوعي ببعض المخاطر البيئية لدى طالبات كلية التربية للأقسام العلمية بمدينتي مكة المكرمة وجدة، رسالة ماجستير غير منشورة، مكة المكرمة، كلية التربية بمكة المكرمة، 2002، ص 23.

ومن ثم إن «تطور المجتمع واستقراره يتوقف على مدى ممارسة قيم المواطنة الكاملة من قبل جميع شرائح وفئات المجتمع»[1]. وتتضح أهمية القيم وما تقوم به من وظائف سامية في حياة الأمم والشعوب والأفراد جليًا، حين تتوفر لها المقومات والظروف الملائمة التي تسهم في تأصيلها وتعميقها، ومن ثم ممارستها على أرض الواقع وألا تكون مجرد شعار يرفع. وتجدر الإشارة إلى أن «تحقيق ذلك يتوقف على عاملين رئيسيين: قدرة الحكومة الرشيدة على مد جسور الثقة بينها وبين الجماهير في جميع المجالات المختلفة، في مناخ يسوده الأمن والاستقرار والتطور، وطبيعة القيم والمبادئ الاجتماعية التي تقوم عليها حياة الأفراد وعلاقاتهم المتبادلة وعلاقتهم بالدولة وأجهزتها المختلفة»[2].

إن المواطنة كفكرة تهدف أساسًا إلى تعزيز الانتماء ونبذ كل أشكال الإقصاء والتهميش، مع التعلق بقيم التسامح والتعايش المشترك. هذه القيم النبيلة وسيادة عقلية المشاركة ونبذ التواكل والانخراط الطوعي في الحياة العامة تزيد من تعلق المواطن ببلده، وتعطيه شحنة عالية من الوطنية تدفعه للحرص على المساهمة في تنمية البلاد ودفعها نحو الرقي والرخاء. ولتحقيق هذه القيم لا بد من الإعداد الفعال والناجع للفاعلين في المجال الشبابي، الذين يمكنهم غرس هذه القيم وتنميتها لدى الشباب، من خلال القيام بأدوار أكثر فاعلية بمختلف المؤسسات الشبابية. وتبقى هذه التصورات بحاجة ماسة إلى استراتيجيات وسياسات شبابية تكون جزءًا من السياسات العامة للدول، وتستجيب لمختلف التحديات والمشكلات التي تواجه الشباب، لذلك يُعد تشخيص الحاجيات والمشكلات ورصد الانتظارات مرحلة رئيسية وتأسيسية من مراحل إعداد السياسات الشبابية، وتحديد أبرز مضامينها واتجاهاتها، لأنها نابعة من الاعتراف المزدوج بمشكلات واحتياجات الشباب، وبقدرة الشباب في الوقت نفسه، على مواجهة التحديات والانخراط في مسيرة التنمية كشريك استراتيجي فاعل.

(1) كمال دسوقي، الاجتماع ودراسة المجتمع، القاهرة، مكتبة الأنجلو المصرية ،2000، ص 11.

(2) منير المرسي سرحان، في اجتماعات التربية، القاهرة، مكتبة الأنجلو المصرية،2002، ص 115.

القسم الثاني

الشباب القطري: التحديات الراهنة والسياسات الشبابية المنشودة

في العشريات الأخيرة من القرن العشرين، تضاعف اهتمام مختلف فروع الدراسات الإنسانية والعلوم الاجتماعية، بدراسة أوضاع الشباب واتجاهاتهم وقيمهم ودورهم في المجتمع. ويكاد هذا الاهتمام أن يكون عالميًا، إذ أصبح مفهوم الشباب يحظى بالعناية والتحليل في المجتمعات المتقدمة والنامية على حد سواء، على الرغم من اختلاف الأطر التي تُعالج قضايا الشباب وتباين أدوارهم وتنوع المشكلات التي تعترضهم، في مختلف السياقات الاجتماعية والاقتصادية والسياسية التي تدرس الظواهر المتصلة بالشباب؛ قد يكون السبب الرئيسي لمثل هذا الاهتمام بقضايا الشباب راجع أساسًا إلى ما تمثله هذه الفئة من قوة داخل المجتمع، وما يطرحه التعامل معها من تحديات وفرص في آن واحد. لذلك، إن مسألة تلبية احتياجات الشباب ودراسة الظروف التي تواجههم ليست ضرورية فحسب، بل تكتسي أهمية استراتيجية لمستقبل العالمين العربي والإسلامي.

في الوقت الذي تواجه فيه هذه الدول تحديات مختلفة، في سعيها المتواصل لتحقيق التنمية والنمو والاستدامة، يعتبر موضوع الشباب الخيط الذي يربطها جميعها، بغض النظر عن وضعها الجغرافي أو الاقتصادي. ومع مطلع الألفية الجديدة برز الشباب كفئة اجتماعية لها وزنها في ساحة السياسات العامة في الدول العربية الإسلامية. هذا التطور يعد أمرًا إيجابيًا ومشجعًا، ويدفع بالتنمية للأمام سعيًا للاعتراف بالدور الفعال للشباب في رسم مستقبل مجتمعاتهم. لكن حتى وقت قريب، لا تزال هناك نظرة إلى الشباب في العديد من هذه الدول ترى أنهم مجرد مصدر للقلق. على سبيل المثال، يعتبر بعضها أن تزايد أعداد الشباب بمثابة قنبلة ديمغرافية موقوتة لا بد من إعداد مقدرات هائلة للاستجابة لحاجياتهم الأساسية في التعليم والصحة والغذاء، أو ينظر بعضها الآخر إليهم بأنهم ضحايا معرضون للوقوع فريسة للإيديولوجيات السياسية المتطرفة، فضلًا عن الخوض في السلوكيات المنحرفة، من العمل الإجرامي إلى التحلُّل الثقافي ثم إلى تعاطي المحدرات. ومع ذلك «يقدم الشباب العربي

الإسلامي صورة مغايرة»[1]. فرغم كل المشكلات التي يعانون منها فإنهم «يظلون الأقدر على تحقيق التغيير الاجتماعي والثقافي المنشود لبناء المستقبل»[2].

---

(1) تقرير حول وضع الشباب في الدول الأعضاء في منظمة التعاون الإسلامي، تقرير 2017، الصادر بتكليف من الدورة الثالثة للمؤتمر الإسلامي لوزراء الشباب والرياضة، مركز الأبحاث الإحصائية والاقتصادية والاجتماعية والتدريب للدول الإسلامية، أنقرة، 2018، ص 211.

(2) يوسف ميخائيل أسعد، مرجع سابق، ص 52.

الفصل الأول

حاجات الشباب القطري ومشكلاته

إن الحديث عن قضايا الشباب ومشكلاتهم متشعب ومتصل بالسياق الاجتماعي والسياسي والاقتصادي القائم، فالشباب جزء لا يتجزأ من التركيبة الاجتماعية لأي مجتمع من المجتمعات البشرية، بالتالي فإن الحديث عن قضايا الشباب ومشكلاتهم هو حديث عن قضايا المجتمع برمته، ولا سيما أن مشكلاتهم هي بالنتيجة جزء من مشكلات المجتمع ككل. على هذا الأساس، إن التفكير بأي حل أو مشروع حل لمشكلات الشباب لن يُكتب له النجاح إذا لم يأخذ بعين الاعتبار الظروف المجتمعية المحيطة بهذه الفئة، لا سيما أن الشباب بحكم نسبتهم العددية الكبيرة وحيويتهم وقدراتهم، خير من يؤثر ويتأثر بما يدور في المجتمع من أحداث سلبًا وإيجابًا. إذ إن وضعية الشباب في التركيبة الاجتماعية وإمكاناتهم ومشكلاتهم تختلف من فترة زمنية إلى أخرى، ومن ثقافة إلى أخرى، ومن مجتمع إلى آخر، وقد تختلف داخل المجتمع الواحد في فترة زمنية واحدة. لذلك يُنظر إلى الشباب في كثير من دول العالم، على أنهم مؤشر بارز، يميز قدرة الدولة والمجتمع على توجيه المستقبل وتوظيف الحاضر، للتمكن من رصد احتمالات الواقع والاستعداد لمواجهة تحديات المستقبل المنظور، و«تعدُّ رعاية الشباب عملية استثمارية على المدى البعيد، فعلى قدر ما نعطي الشباب ونرعاهم ونعِدُّهم الإعداد السليم، بقدر ما يعود هذا العطاء سخيًا على شكل خبرات بشرية، أصبحت بحق هي ثروة العصر وعدة الأمة في حاضرها ومستقبلها لمواجهة التحديات الداخلية والخارجية، بهمة وعزم لا يلين في عالم سريع التغير»[1].

هكذا إذن يمثل الشباب موردًا بشريًا مهمًا في سائر المجتمعات، باعتبارهم الدعامة الاقتصادية والاجتماعية والسياسية والثقافية لكل مشاريع واستراتيجيات التنمية. واستطاعت

(1) الأحمد وآخرون، مرجع سابق، ص 13.

الدول التي اعتمدت على الاستفادة من طاقاتها الشابة الضخمة أن تشكل قوة إيجابية في تنمية مجتمعاتها، وأن تكون في مصاف الدول المتقدمة والمتطورة. والصورة معكوسة بالنسبة للدول التي أهملت الاستثمار في شبابها، وجعلت هذا الإمكان البشري معطلًا ومنتجًا للإشكاليات الاجتماعية والاقتصادية والسياسية وعدم الاستقرار. إن إسهام الشباب وتحميلهم المسؤولية يأتي في تصميم المستقبل، ويبقى الخيار الصحيح لتذليل الصعاب والتوجه نحو مسار التنمية الفاعلة والمنتجة.

لقد أصبح العمل الشبابي واحدًا من أهم الاتجاهات الرئيسة التي بدأت تشق طريقها في غالبية البلدان في المجتمعات المتقدمة أو في المجتمعات التي تمارس أطوار التنمية، وتستهدف بناء الشخصية الشبابية، وإكسابها المهارات، وتأهيلها لضمان تكيفها السليم مع المستجدات، فالشباب «ذخيرة كل مجتمع ومصدر قوته وثروته الحقيقية، فإن أحسن التفاعل والتعامل معه، كان ذلك من مقومات الأمن والاستقرار والتطور في المجتمع، أما إن تُرِك وأهمل بل أحيانًا هُمش، تتنازعه التيارات المختلفة، ويصبح مصدر تهديد لأمن المجتمع واستقراره، وهنا يفقد المجتمع أهم مصادر طاقاته وحمايته الرئيسة»[1].

مع النمو الاقتصادي السريع في قطر، وتزايد حضورها على المسرح العالمي، استثمرت الدولة الغنية بمصادر الطاقة إيراداتها المرتفعة من تصدير النفط والغاز، في مشروعات البنية التحتية في العقد الأول من القرن الحادي والعشرين. وكان من نتيجة المشروعات العملاقة العديدة تدفق عدد كبير من العمال الوافدين وأغلبهم من الشباب. «حصل تدفق أكثر من مليون شخص بين سنوات 2004 و2010، وخلال هذه المدة زاد عدد السكان من 0.7 مليون نسمة فقط إلى 1.7 مليون نسمة. وكانت إحدى النتائج أن الشباب القطري أصبح أقلية بين إجمالي السكان، وكذلك في نظام التعليم وقوة العمل»[2].

أصبح من الضروري تحفيز الشباب القطري ليلعبوا أدوارًا رئيسة في جميع مجالات التنمية الاقتصادية والاجتماعية. وسوف يحتاج هؤلاء الشباب إلى الإرشاد والدعم المستمرين لتحديد فرص ومجالات انخراطهم في أثناء اكتسابهم للخبرة التي يحصلون عليها بالمشاركة

---

(1) نورهان حسن فهمي، مرجع سابق، ص 241.

(2) استراتيجية التنمية الوطنية، تقرير التنمية البشرية الثالث لدولة قطر، منشورات الأمانة العامة للتخطيط التنموي، الدوحة، يناير، 2012، ص 17.

الفاعلة في الاقتصاد والمجتمع. و«ستحتاج الشابات إلى التشجيع والتفهم في أثناء محاولتهن التوفيق بين المسؤوليات المنزلية وزيادة مشاركتهن في الأنشطة الاجتماعية والسياسية والاقتصادية»[1]. لذلك عملت الدولة على إتاحة وتحقيق الحاجيات الأساسية وعلى رأسها التعليم والصحة. فمن بين الأهداف التنموية لرؤية قطر الوطنية 2030 برزت نتيجتان للتنمية البشرية تتعلقان بمشاركة الشباب في التنمية: شعور قوي بالانتماء والمواطنة، وتمكين الشباب من تشكيل غدهم عبر تعزيز مشاركتهم ووضع استراتيجية تركز على هذه الفئة على صعيد الخبرات والأفكار والحاجات وتطلعات المجتمع القطري.

وفَّر تقدم قطر الاقتصادي والاجتماعي جملة من الخيارات الواسعة والإمكانيات الكبيرة التي غيرت قِيَم الشباب وثقافتهم. والتحدي الرئيس للشباب القطريين يتمثل بالتوفيق بين القيم والأعراف التقليدية والحديثة. ورغم المكاسب الاقتصادية والاجتماعية السريعة، حافظت قطر بدرجة كبيرة على ثقافتها وقيمها التقليدية، حيث تلعب الأسرة دورًا مركزيًا في الحياة القطرية؛ إذ يترعرع الشباب القطري في أسر كبيرة الحجم ذات روابط قرابة ممتدة تتأثر بدرجة كبيرة بالنفوذ القبلي والثقافة التقليدية، وذلك بالرغم مما تتعرض له حياة الأسرة من تغير كبير، وتحديدًا مع انخراط النساء في الأنشطة الاقتصادية والسياسية والاجتماعية.

تطمح رؤية قطر الوطنية 2030 إلى بناء مجتمع آمن ومستقر، وتلتزم بخلق مستقبل مزدهر للبلاد ونابض بالحياة. ومن منظور التنمية الاجتماعية، فإن «تحقيق هذه الرؤية يبدأ بتعزيز الأسر وبضمان الحماية لجميع المواطنين في منازلهم وفي وظائفهم وفي مجتمعاتهم المحلية. والخطوة التالية هي تأمين الامتياز طويل الأمد لما هو أبعد من الضرورات الأساسية الأسرية والمالية، وذلك بتعزيز رفاه الأفراد الجسدي والعاطفي والذهني، لا سيما الشباب منهم»[2]. وتُقر استراتيجية التنمية الوطنية 2011 - 2016 بضرورة بناء رأسمال بشري وتعزيز أحوال الأفراد الجسدية والعاطفية والذهنية، لا سيما الشباب منهم، الذين سيكونون المبادرين والقوة الدافعة في التنمية الوطنية. وتعطي أولوية قصوى لبناء رأسمال بشري يتمتع بالمعرفة والمهارات، من أجل بناء اقتصاد متنوع وتنافسي كوسيلة للتحول الاجتماعي والاقتصادي.

---

(1) Dias, J., and J. Mc Dermott, Institutions, Education, and Development: The Role of Entrepreneurs, Journal of Development Economics, n 80, 2006, p 299-328.

(2) استراتيجية التنمية الوطنية لدولة قطر، مرجع سابق، ص 19.

ويؤمن اتساق هذه الأهداف الاقتصادية مع الأولوية الاجتماعية في الحفاظ على قيم الهوية الوطنية، زيادة وتنوعًا كبيرين في مشاركة الشباب القطريين في قوة العمل. وانسجامًا مع رؤية قطر الوطنية 2030 واستراتيجية التنمية الوطنية 2011 - 2016 فإن تقرير التنمية البشرية الثالث لدولة قطر يركز على موضوع توسيع قدرات الشباب القطري. ويحدد التقرير فرص التنمية البشرية الرئيسة والتحديات التي تواجه الشباب القطري. ويركز على الشباب في بيئة سريعة التغيُر وعلى تعليمهم وتوظيفهم وصحتهم ورفاههم، تمامًا مثل تركيزه على تمكينهم ومشاركتهم المدنية. وفيما يتناول التقرير في بعض أجزائه مجمل الشباب في قطر، فإن التركيز الأساسي ينصب على الشباب القطري، فمعظم الشباب غير القطريين هم من العمالة الوافدة المؤقتة، غير أن التوصيات الخاصة بالسياسات لها أثر إيجابي على الشباب القطري وغير القطري.

لمعرفة استعدادات الشباب ومدى انخراطهم في العمل المجتمعي سواء أكان نشاطًا اجتماعيًا أو سياسيًا أو تنمويًا، فإن المطلوب هو الإحاطة بواقع الشباب، ومعرفة احتياجاته الأساسية، والعمل على تلبيتها أو أخذها بعين الاعتبار لدى صياغة الخطط والبرامج، باعتبارها متطلبات ضرورية يجب إدراكها من قبل المعنيين. مع الإشارة إلى أن مفهوم الحاجات مفهوم نسبي يختلف من مجتمع إلى آخر تبعًا لطبيعة وخصوصيات المجتمع، ومستوى تطوره الاجتماعي والاقتصادي. وترتبط احتياجات الشباب بخصائص المرحلة العمرية والأوضاع الاجتماعية، التي يعيشونها والتي تجعل لهم طبيعة خاصة، وكي يؤدي الشباب الدور المطلوب منهم وجب أن نتفهم تلك الاحتياجات ونوفر لهم سبل إشباعها. ويتفق المختصون في العمل مع الشباب على عدد من الحاجات باعتبارها حاجات عامة تنطبق على جميع فئات الشباب. ومن أبرز هذه الحاجات الأساسية «التعليم والتدريب الذي عادة ما يمتد على فترة عمرية طويلة لدى الشباب»[1].

1. التعليم والتدريب

يهدف نظام التعليم والتدريب القطري إلى إعداد الشباب للنجاح في عالم من المتطلبات المتزايدة المعقدة، كي يشكل قاطرة للتحول الاجتماعي والاقتصادي. ويقدم «الفرص للشباب

(1) باسل البستاني، مرجع سابق، ص 82.

القطري ليحققوا طاقتهم الفكرية، ويطوروا قدراتهم ويسعوا وراء طموحاتهم ومصالحهم»[1]. حاول هذا النظام الناشئ أن يُحفز القطريين لاستخدام معارفهم ومهاراتهم لتحسين المجتمع، بتشجيع التفكير التحليلي الناقد والإبداع والتجديد في عالم تختفي فيه الحدود وعابر للثقافات، و«سعيًا إلى تحقيق مستويات تعليمية عالمية، وظفت قطر استثمارات ضخمة في سبيل تحديث نظامها التعليمي برمته»[2]. والآن، هناك فرص عديدة أمام الشباب القطري، والكثير من المدخلات التعليمية ذات الجودة العالية وهو ما بوأها «مراتب متقدمة في تصنيف الدول في مجالات جودة التعليم»[3]. وكل ذلك استجابة لطموحات دولة قطر في مجال تنويع الاقتصاد بالتركيز على بناء رأس المال البشري الوطني، لخلق قوة عمل أكثر إنتاجًا ومهارة ودافعية.

تؤكد استراتيجية التنمية الوطنية 2011 - 2016 على برامج الارتقاء برأس المال البشري من خلال تشجيع الوصول إلى التعليم العالي، وعبر سلسلة من المهارات اللازمة للاستخدام الفعال لتقنيات المعلومات الحديثة. تُسهم استراتيجية التنمية الوطنية 2011 - 2016 في تحقيق أهداف رؤية قطر الوطنية 2030 من خلال العمل على تأمين:

- نظام تعليم على مستوى عالمي يجهز المواطنين لتحقيق تطلعاتهم ولتلبية حاجات المجتمع القطري.
- شبكة تواصل وطنية من برامج التعليم النظامي وغير النظامي تجهز الشباب القطري بالمهارات والدافعية للإسهام في تقدم المجتمع.
- مؤسسات تعليمية متطورة جدًا ومستقلة وذاتية الإدارة، وتتحمل المسؤولية، وتخضع للمساءلة، وتعمل بموجب توجيهات مركزية محددة.
- نظام فعال لتمويل البحث العلمي بمشاركة القطاعين العام والخاص، ويُدار بالتعاون

---

(1) تقرير التنمية البشرية الثالث لدولة قطر، تعزيز قدرات الشباب القطري، الدوحة، منشورات الأمانة العامة للتخطيط التنموي، 2012، ص 12.

(2) استراتيجية التنمية الوطنية لدولة قطر، مرجع سابق، ص 22.

(3) E. Al Ansari, Key Issues and challenges Related to Qatari Youth Employment in the Labor Market, Background paper for Qatar Human Development Report: Expanding Capacities of Qatar Youth Doha: Qatar General Secretariat for Development Planning and United Nations Development Programme, 2011.

مع منظمات دولية مختصة ومراكز بحث دولية رائدة. بالإضافة إلى دور دولي مهم في النشاطين الثقافي والفكري وفي البحث العلمي أيضًا.

الملاحظ أن الشباب القطريين يلتحقون بالتعليم بأعداد كبيرة، غير أن الأداء التعليمي للقطريين، من خلال ما تبينه نتائج الاختبارات، لا يتقدم بخطى متوازية مع الزيادة الكمية، على الرغم من مبادرات التطوير التي بدأت منذ عقد واحد. إذ يتسرب الكثير من البنين من نظام التعليم بعد إنهاء مرحلة التعليم الأساسي، ويعدُّ فشل هؤلاء الطلاب في اكتساب المؤهلات المطلوبة عائقًا يمنع توظيفهم في مراكز المسؤولية، ويعيق مشاركتهم الفاعلة في قوة العمل؛ ويتفاقم هذا الوضع مع تراجع الالتحاق بتخصصات تعتبر غاية في الأهمية لتنمية الاقتصاد القطري وتشمل العلوم والرياضيات والتكنولوجيا. ولوحظ عدم قدرة بعض الملتحقين بالدراسة الجامعية النظامية على إتمام دراستهم للحصول على شهادة جامعية، ويضاف إلى هذا أن «بعض الخريجين غير مهيئين بالقدر الكافي للمشاركة في قوة العمل بسبب ضعف الطلب على مؤهلاتهم»[1].

يتوجه غالبية الشباب القطري في دراسته الجامعية نحو التخصصات النظرية كالحقوق والآداب والاقتصاد وإدارة الأعمال؛ ورغم احتياج الدولة إلى تلك التخصصات إلا أنها في تحركها التنموي المتسارع تحتاج أكثر إلى التخصصات العلمية التطبيقية والمهنية كالهندسة بمختلف أنواعها وعلوم التكنولوجيا. وتعكس المؤشرات تحديًا مهمًا يتمثل في النسب المتدنية لالتحاق الشباب الذكور بالتعليم الجامعي واكتفائهم بإكمال المرحلة الثانوية لدخول مجال العمل «حيث بلغت في سنة 2010 نسبة الالتحاق بالتعليم العالي 50٪ بالنسبة للإناث، مقابل 27٪ بالنسبة للذكور، ما يشير إلى تدني مستويات الأداء في المرحلة الثانوية وضعف العوامل المحفزة للذكور الشباب للالتحاق بالجامعة»[2]، ويتسبب ذلك في إحداث انحراف في إحصائيات البطالة بالإضافة إلى إحداث ضغوط غير مبررة على الدولة لتوظيف أولئك الشباب رغم عدم اتساق مؤهلاتهم مع احتياجات سوق العمل، و«يؤدي اتساع الفجوة بين

(1) تقرير التنمية البشرية الثالث لدولة قطر، مرجع سابق، ص 75-76.

(2) Hassan Al Ibrahim, Educational opportunities and Incentives Available to Qatari Youth, Background paper for Qatar, 2011 Human Development Report Expanding Capacities of Qatari Youth Doha: Qatar General Secretariat for Development Planning and United Nations Development Programme.

الذكور والإناث في أعداد الملتحقين بالتعليم الجامعي إلى الاختلال في تحقيق الاستفادة القصوى من الخريجين عبر توظيفهم في الأماكن المناسبة وفق مؤهلاتهم واحتياجات الدولة، بالإضافة إلى التسبب في خلق بطالة بين الخريجات لعدم إمكانية توظيفهن نتيجة محدودية الطاقة الاستيعابية في سوق العمل»[1].

رغم الزخم التنموي المتسارع إلا أن التعليم المهني يبقى محدود القدرة على تزويد سوق العمل بما يحتاجه من الفنيين والمهنيين، إذ لا يزال عدد المدارس المهنية والتقنية غير متناسب واحتياجات الدولة. أما بالنسبة لما دون مستوى التعليم العالي، فيرتبط الأداء التعليمي القطري بجودة توفير التعليم وبدافعية الطلبة. وهنالك ضرورة لتوظيف معلمين مؤهلين جيدًا يستطيعون إلهام الشباب للاستفادة من فرص التعليم المميزة المتاحة لهم، إضافة إلى ضرورة تحفيز المعلمين ومنحهم فرصًا لمتابعة تطورهم المهني كذلك. ومع ازدياد مظاهر التعقيد في نظام التعليم والتدريب في قطر يومًا بعد يوم، أصبح مطلوبًا إنشاء نظام معلومات تربوية شامل لتسهيل عملية اتخاذ القرار على جميع المستويات، وكذلك لأغراض التخطيط والرقابة والأبحاث. إن رؤية قطر الوطنية 2030 واستراتيجية التنمية الوطنية 2011 - 2016 تهدف خصوصًا إلى تحويل قطر إلى اقتصاد متقدِّم ومُتنوع مبني على المعرفة. وإن ارتفاع مستويات الدخل والتوسع الاقتصادي المتواصل ساهما في تحقيق مكتسبات مذهلة في التنمية البشرية. وكان الشباب «من أبرز المستفيدين من خلال حصولهم على صحة أفضل وتعليم أحسن وبمقدرة شرائية مرتفعة»[2].

إن إحدى الوظائف الأساسية لنظام التعليم هي إعداد الشباب إعدادًا كافيًا للعمل، وهم بحاجة لاكتساب المعرفة والمهارات التي تمكنهم من التنافس الفاعل في سوق العمل، واكتساب الدافعية والثقة بالنفس، اللتين تتيحان الاستفادة الكاملة من الفرص المهيأة لهم. وتتطلب الإدارة الفاعلة لهذا الانتقال إلى حياة العمل سياسة ملائمة وبيئة مؤسسية. وبخلاف العديد من دول المنطقة، تتوفر في قطر فرص عمل وافية وجذابة للشباب، إذ تشجع رؤية قطر الوطنية 2030 على زيادة مشاركة القطريين في قوة العمل وتنويعها. غير أن «عدد القطريين المتخرجين من نظام التعليم ويتراوح بين 3000 إلى 3500 سنويًا، غير كاف حاليًا لتلبية

(1) Hassan Al Ibrahim, Qatari, Strategies and Policies towards Youth Employment, Op. cit, pp 22-23.

(2) Ibid, p 28.

احتياجات الاقتصاد السريع النمو، فهنالك نقص في تمثيل القطريين في القطاع الخاص بما في ذلك المناصب المهنية والإدارية العليا»[1].

2. الشباب والعمل

إن الطابع الفريد لسكان قطر يؤثر بقوة في الطريقة التي تظهر فيها برامج التنمية ومشروعاتها، إذ تهيمن العمالة الوافدة على قوة العمل في قطر، الأمر الذي يؤثر بشكل خاص على الشباب القطري حينما يدخلون عالم العمل ويشاركون فيه. على مدى العقدين السابقين لعام 2010، وتحديدًا منذ عام 2005، «ازداد عدد سكان قطر بمعدل غير مسبوق، من 421.000 نسمة سنة 1990 إلى 614.000 نسمة بحلول سنة 2000، ثم وصل إلى حوالي 1.700.000 نسمة بحلول سنة 2010، أي أنه تضاعف أربع مرات في عشرين سنة»[2]. ويعزى معظم هذا النمو إلى تدفق العمال الذكور غير المهرة في غالبيتهم والمهاجرين من جنوب آسيا وجنوب شرق آسيا ومن الشرق الأوسط نتيجة نمو الاقتصاد القطري الاستثنائي. ومع التدفق الغزير للعمال الوافدين، «تغيرت تركيبة السكان في قطر بحسب الجنسيات تغييرًا كبيرًا، مع انخفاض نسبة القطريين من 28٪ سنة 1990 إلى 27٪ سنة 2000 ثم إلى 16٪ سنة 2010 وصولًا إلى 12.7٪ سنة 2018»[3] .

وفر الاقتصاد القطري السريع النمو فرص توظيف جذابة للشباب، فازداد العنصر الشاب في قوة العمل في قطر بعد ازدياد عدد سكانها من 323 ألفًا إلى 1.28 مليون عامل بين الأعوام 2001 و2011. ونما عنصر الشباب في قوة العمل من 34 ألف شخص عام 2001 إلى 177ألف شخص عام 2011، لكن الغالبية العظمى من هؤلاء من غير القطريين. ويعتبر الجهاز الحكومي في قطر هو الموظف الأول للشباب القطري من الجنسين، ويشكّلون حوالي 26٪ من مجموع المواطنين العاملين في مختلف القطاعات و35٪ من مجموع القطريين العاملين في المجال الحكومي حيث يعمل أغلبهم في قطاعات الصحة والتعليم والعمل الاجتماعي والوساطة المالية. ويلاحظ ضعف إقبال الشباب القطريين على العمل في القطاع الخاص إذ

(1) تقرير التنمية البشرية الثالث لدولة قطر، مرجع سابق، ص 17.

(2) نفس المرجع، ص 15.

(3) نفس المرجع، ص 16.

وصلت نسبة مشاركتهم إلى أقل من 1٪ من إجمالي العاملين في القطاع الخاص، ويتضح ذلك في الجدول التالي:

الجدول رقم 3:

توزع الشباب القطريين على قطاعات العمل الرئيسية[1]

القطاع/ الجنسية	قطريون/ ذكور	قطريون/ إناث	غير قطريين/ ذكور	غير قطريين/ إناث
حكومي	19.163	10.136	18.970	9.199
مختلط	1.962	916	6.649	1959
خاص	2.114	1.549	399.274	39.657
المجموع	23.239	12.601	424.893	50.815
	35.840		475.708	

يبرز الجدول أن القطاع الخاص في قطر يلعب حاليًا دورًا محدودًا في الاقتصاد، ولكن له دور كبير في التوظيف، إذ يستخدم القطاع الخاص غالبية قوة العمل، ولكنه يوظف أقلية صغيرة من القطريين تبلغ نسبتها 8٪ فقط، مقارنة بنسبة 20٪ المستهدفة بحلول عام 2020. ويعمل حوالي٪87 من القطريين في القطاع العام، وهم موزعون على النحو التالي: 71٪ منهم في الإدارات الحكومية، و16٪ في شركات ومؤسسات تمتلكها الحكومة، ويعود ذلك إلى أن الأجور في القطاع العام أعلى عمومًا، وظروف العمل أفضل وكذلك المزايا الاجتماعية، لهذا من غير المفاجئ أن يسعى أغلب الشباب القطريين للعمل في القطاع العام. أما بالنسبة للقطريات وعلى الرغم من الزيادة الكبيرة في مشاركتهن في قوة العمل، فإن تمثيلهن في القطاع الخاص لا يزال هامشيًا. ويرجع ذلك إلى أن التوظيف في القطاع العام متجذر في التقاليد العائلية لدرجة أن غالبية الشباب القطري نادرًا ما يعطون اعتبارًا جديًا لخيارات أخرى. لذلك يجب معالجة التباينات بين القطاعين الخاص والعام لجهة الرواتب وظروف الخدمة، خصوصًا لأن «الشباب القطريين المنتقلين إلى عالم العمل لا يدركون غالبًا الفرص المتاحة لهم، وكيف يبحثون عن وظيفة، وكيف

(1) استراتيجية قطاع الإثراء الثقافي والتميز الرياضي، مرجع سابق، ص 39.

يحصلون على الإرشاد المهني، ومعظمهم غير مهيأ للمشاركة في قوة العمل، ويفتقر إلى المهارات المناسبة»[1].

رغم أن البطالة في قطر متدنية بشكل استثنائي حاليًا، فما زالت تمثل مشكلة رئيسية تواجه الباحثين عن وظيفة للمرة الأولى، إذ إن الانتقال إلى سوق العمل له انعكاسات مهمة على تنمية الشباب، لذلك من المهم تقييم أنواع السياسات التي تساعد الشباب بأفضل ما يمكن لتسهيل هذا الانتقال. وهنالك مدخل مفيد لصوغ حلول لهذه المعضلة من خلال توفير معلومات عن طرائق البحث عن وظيفة، وعن مدى قدرة الوسطاء في سوق العمل ودورهم الرئيس في جمع العاطلين عن العمل بأصحاب الأعمال لا سيما أن «الغالبية العظمى من القطريين يفضلون البحث عن وظيفة على أن يعملوا في مهن حرة»[2].

إن تلبية احتياجات التنويع الاقتصادي تتطلب تحسين الحوافز المقدمة للشباب القطري للعمل في القطاع الخاص، وكذلك تأسيس ثقافة ريادة الأعمال في أوساطهم. وتبقى الإصلاحات الشاملة لسوق العمل القطرية مسألة أساسية لتحقيق أهداف وطموحات رؤية قطر الوطنية 2030 للشباب القطري، و«تضع استراتيجية التنمية الوطنية 2018 - 2022 برامج لتدعم أهداف التنمية البشرية القطرية في تنويع مشاركة القطريين في قوة العمل وزيادتها، والمشاركة المستهدفة لقوة العمل الوافدة»[3]. وتقترح استراتيجية التنمية الوطنية سلسلة من التدخلات تهدف إلى تشجيع أعلى مستوى من تنمية رأس المال البشري، وتؤمن كفاءة أفضل في سوق العمل، ويركز جانب كبير منها على قضايا توظيف الشباب، بالإضافة إلى العمل على استثمار التكنولوجيا الحديثة في عملية التنمية، مع الحد من مخاطر تكنولوجيا المعلومات على الشباب. لذلك يعمل المجلس الأعلى للاتصالات وتكنولوجيا المعلومات في قطر على تخصيص موارد كبيرة لحماية الأطفال الذين يستخدمون الإنترنت، بهدف اكتشاف السبل الفعالة في استخدام التكنولوجيا كمحفِّز للتغيير والإبداع في المدارس.

(1) S. Al Matawis, Key Issues, Challenges and opportunities Confronting Qatari Youth Today, Background paper for Qatar Human Development Report, Expanding Capacities of Qatari Youth Doha, Qatar General Secretariat for Development Planning and United Nations Development Programme, 2011.

(2) Hassan Al Ibrahim, Qatari Strategies and Policies towards Youth Employment, Op.cit, p 82.

(3) تقرير التنمية البشرية الثالث لدولة قطر، مرجع سابق، ص 77.

في أوائل عام 2011، أجرى المجلس دراسة شاملة حول كيفية تأثير تكنولوجيا المعلومات على حياة الشباب القطري وطموحاتهم، تهدف إلى تطوير إطار عمل لقياس أثر تكنولوجيا الاتصالات والمعلومات على الشباب. و«وفرت الدراسة التي اعتمدت على عينة من 1000 شاب قطري من عمر 15 إلى 29 عامًا معلومات أساسية لقياس مقارن للأثر الاقتصادي الاجتماعي لتقنية الاتصالات والمعلومات على الشباب، وطرحت مقترحات عملية في كيفية تشكيل تكنولوجيا الاتصالات والمعلومات لشخصية الشباب عبر علاقتهم بأقرانهم، وطرق تسخير طاقة تقنية الاتصالات والمعلومات في مساعدة الشباب على تحقيق كامل طاقتهم الكامنة»[1].

تشير الإحصائيات إلى أن ما يزيد على 90٪ من الشباب القطري، يستخدمون الحاسوب والإنترنت مقارنة بثلثين فقط من الراشدين، ورغم ذلك لا ينتج نظام التعليم العالي في قطر العدد المطلوب من الخريجين في تخصصات العلوم والتكنولوجيا بغرض التوظيف المنتج في اقتصاد المعرفة، مقارنة بالبلدان المعيارية الرئيسة حيث اقتصاد المعرفة أكثر تطورًا، فعلى سبيل المثال «تخرّج فنلندا 80٪ من الطلبة بتخصصات اقتصاد المعرفة، بينما تخرج قطر 10٪ بهذه التخصصات فقط»[2]، ويبدو أن هناك ثلاثة عوامل رئيسة تسهم في هذه الفجوة:

- الطلبة لا يعون تمامًا أهمية دراسة موضوعات اقتصاد المعرفة، وليس لديهم الاطلاع الكافي على الفرص المهنية المتوفرة لهم كخريجين في تخصصات مرتبطة باقتصاد المعرفة.
- الطلبة ليسوا مُحفزين للالتحاق بتخصصات اقتصاد المعرفة، لأن منافع متابعة تخصصات أخرى وفرص التوظيف تبدو لهم أكبر.
- غياب ثقافة المبادرة وبعث المشاريع في التخصصات المتصلة باقتصاد المعرفة.

---

(1) للمزيد راجع:

United Nations Development Programme (UNDP) and National Secretariat for Development Planning, Qatar's Third National Human Development Report: Expanding the Capacities of Qatari Youth, January 2012.

(2) استراتيجية قطاع الإثراء الثقافي والتميز الرياضي، مرجع سابق، ص 41.

في ضوء النسبة الصغيرة من القطريين في قوة العمل مقارنة بالمقيمين الأجانب، تتوقع الدولة زيادة مشاركة القطريين في قوة العمل بعد أن أدركت أن نقص فرص التدريب المهني والفني للشباب القطريين، وقلة توجههم أكاديميًا، أمر يحد من زيادة مشاركة القطريين الفعالة في قوة العمل. وردًا على هذا التحدي، تقترح استراتيجية التنمية الوطنية 2018 - 2022 برنامج ارتقاء بمهارات القطريين يشمل تدريب القادة، ويُصمم ويُنفذ أساسًا من خلال المؤسسات العامة والخاصة. ويشمل هذا البرنامج:

- رفع مستوى المهارات في القطاع العام، لضمان توافر مؤسسات وإدارة أفضل للبلد.
- تحسين المهارات في القطاع الخاص، لتعزيز دور أكثر تنويعًا للقطريين في الاقتصاد.
- توسيع مجال الحصول على تدريب مهني لتحسين مهارات الداخلين الجدد إلى سوق العمل على اختلاف مستويات تعليمهم، وكذلك للفئات الأقل حظًا.
- توفير مهارات قيادية أقوى في القطاعين العام والخاص.

3. الشباب والصحة

تشير الدراسات حول الحالة الصحية في المجتمع القطري إلى تفشي الأمراض المزمنة (ارتفاع ضغط الدم ومرض السكري) ويعزى السبب الأساسي إلى «نمط الحياة المتسم بنظام تغذية غير صحي وخمول عن ممارسة الرياضة والنشاط البدني رغم الاستثمارات التي حققتها الدولة في هذا المجال»[1]. وتشير الإحصائيات الحيوية الصادرة عن وزارة التخطيط التنموي والإحصاء لسنة 2014 أن «نسبة وفيات فئة الشباب لم تتجاوز 6٪ من إجمالي وفيات القطريين، ويشكل ذلك انعكاسًا للجهود المبذولة في الحفاظ على صحة الطفولة في الدولة»[2]. لكن الشباب القطري، وفقًا لعدد من الدراسات، ظل يعاني من عدد من المشاكل الصحية من أبرز أسبابها البدانة، إذ تشير الدراسات التي أجريت على طلبة المدارس الثانوية من القطريين إلى مستويات خطيرة من زيادة الوزن والبدانة، ولا سيما بين

---

(1) P., Kawar Hossain, B. , and M. E Nahas, obesity and Diabetes in the Developing World, A Growing Challenge. New England, Journal of Medicine, n° 356, 2007, pp 213-215.

(2) تقرير حول وضع الشباب في الدول الأعضاء في منظمة التعاون الإسلامي، مرجع سابق، ص 47.

طلبة المدارس الثانوية، إذ تصل النسبة إلى 45٪. ويرجع ذلك إلى العادات غير الصحية في الأكل وضعف ممارسة التمارين البدنية، وفي حال اكتسابهما في مرحلة مبكرة من الحياة، يؤديان إلى أمراض مزمنة مثل أمراض الشرايين والقلب والسكر والسرطان في مرحلة لاحقة. يشير المسح الوطني سنة 2012 أن معدل انتشار مرض السكري بين القطريين بلغ 18٪، أي أعلى بكثير من المعدل العالمي المُقدّر بحوالي 5٪، وأعلى بكثير من المعدل لدى غير القطريين الذي يقل عن 7٪.

وأظهر مسح طُبِّق في المدارس، أن انتشار الوزن الزائد والبدانة في قطر بين اليافعين كان الأعلى في فئة العمر من 15 إلى 18 عامًا مسجلًا 46.2٪. وسجلت دراسة مماثلة أجريت على 1017 طالبًا قطريًا «مستويات عالية جدًا من البدانة لدى الشباب، أي بما يزيد على 45٪ سُجِّلوا بدناء و18٪ صُنِّفوا مرضى بدانة»[1]. تعود هذه المشاكل المتصلة بالبدانة إلى أنماط الحياة غير الصحية والسلوكيات الخطرة، وهي العوامل الرئيسة الحاسمة في سوء الصحة لدى الشباب القطري. ومثل الحال في معظم المجتمعات المترفة، هناك انتشار للوزن الزائد والبدانة بنسبة عاليه في صفوف الشباب القطري، والناشئان عن الأكل الزائد والنقص في التمرين البدني. واستنادًا للبيانات الصادرة عن جهاز الإحصاء القطري عام 2012 حول الشباب الذين يمارسون نشاطات رياضية تشير الأرقام إلى أن «16٪ فقط من الشباب يمارسون أنشطة رياضية منتظمة وهي نسبة دون المعدل العالمي البالغ 47٪ بحسب السن، فإن عدد الشباب المشاركين تراجع من 2308 عام 2007 إلى 1476 عام 2009»[2] .

أوضحت نتائج بحث أجراه المجلس الأعلى للصحة سنة 2012 بين الشباب القطريين في الفئة العمرية (18-29 عامًا) إلى أن « 25.6٪ من هؤلاء الشباب يعانون من زيادة الوزن. وقد بلغت نسبة الذين يعانون من زيادة الوزن 29.1٪ من الذكور و22٪ من الإناث، بينما بلغت نسبة من يعانون من السمنة 30.2٪ من الذكور و22.6٪من الإناث، وانعكاسًا لذلك توضح نتائج المسح نفسه أن 20.4٪ من الشباب القطري في الفئة العمرية ذاتها يعانون من ارتفاع ضغط الدم، وتتفاوت النسب بين 14.5٪ بين الذكور و25.9٪ بين الإناث. وأوضحت النتائج أن 7.8٪ من الشباب يعانون من السكري ويطاول 7.4٪ بين الذكور و8.2٪ بين الإناث،

(1) P., Kawar Hossain, B. , and M. E Nahas, Op.cit, p 214.

(2) استراتيجية قطاع الإثراء الثقافي والتميز الرياضي، مرجع سابق، ص 40-41.

وبالنسبة لارتفاع مستوى الكولسترول أشارت الأرقام إلى انتشاره بنسبة 10.2٪ بين الشباب القطري إذ تصل النسبة إلى 6.9٪ بين الذكور و14٪ بين الإناث»[1].

وفقًا لدراسة أجرتها مؤسسة حمد الطبية تبلغ نسبة المدخنين في قطر «37٪ من السكان من العمر 15 سنة وما فوق، وبلغت نسبة الرجال من عدد المدخنين 95٪، في حين أظهرت دراسة أخرى أن 15٪ من طلاب وطالبات المدارس من المدخنين من الصف السابع وما فوق، ومن الفئة العمرية التي تبدأ من 12 عامًا»[2]. وتعد هذه النسبة عالية بالمقارنة بدول أخرى على الرغم من جهود وزارة الصحة العامة للحد من تلك الظاهرة. ويلقى على عاتق الجهات الأخرى ومن بينها وزارة الثقافة والرياضة الدور في التوعية بمخاطر التدخين. ويشكل التدخين بين الشباب ظاهرة اجتماعية مرافقة لارتفاع مستوى الدخل، ومن التحديات الواجب التصدي لها، وتشير الإحصائيات إلى أن «نسبة مدخني التبغ تصل إلى 14.3٪ بين الذكور و2.1٪ بين الإناث في فئة الشباب من القطريين والمقيمين، بينما تصل نسبة مدخني السجائر إلى 12.9٪ بين الذكور و0.8٪ بين الإناث، ويشكل مدخنو الشيشة 4.1٪ من الذكور و1.4٪ من الإناث»[3]. من هذا المنطلق، ومن واقع هذه الأرقام يمكن اعتبار زيادة الوزن والسمنة من مهددات مستقبل دولة قطر، وتتطلب التدخل والمعالجة الفورية. لذلك من المتوقع أن يؤدي توفير الثقافة الصحية إلى تغيير سلوك الشباب ويشجع على تبني أساليب حياة صحية، إذ إن إرساء سلوكيات صحية في مرحلتي الطفولة والشباب أسهل وأكثر فاعلية من محاولة تغيير السلوكيات غير الصحية في مرحلة النضج، وهذا يسهم بتحقيق تنمية بشرية أرقى.

بالإضافة إلى المشاكل الصحية المتصلة بنمط الحياة، تعد الحوادث المرورية المسبب الأول لوفيات الشباب في قطر، إذ بلغت نسبة الشباب 64٪ من جملة الوفيات الناجمة عن الحوادث المرورية. إن «معدل الوفيات المرتفع بين الشباب الناتج عن حوادث السير قد أصبح وباءً صامتًا وسلوكًا محفوفًا بالمخاطر، والقيادة غير المسؤولة من قبل الشباب لم يتم

---

(1) P. Kawar Hossain, B. and M. E Nahas, Op.cit, p 215.

(2) استراتيجية قطاع الإثراء الثقافي والتميز الرياضي، مرجع سابق، ص 40.

(3) نفس المرجع، نفس الصفحة.

بعد ردعها بقوانين السلامة السابقة ولا بحملات التوعية»[1]. وينبغي على قطاعات الثقافة والرياضة والشباب الاضطلاع بدورها في تطبيق الاستراتيجية من خلال إعداد برامج توعوية مناسبة تستهدف الشباب من رواد المراكز الشبابية والنوادي الرياضية والثقافية. ويظهر تقرير التنمية البشرية الوطنية الرابع لدولة قطر الصادر عام 2012 أن تعاطي المخدرات أصبح مشكلة صحية عامة تؤثر على الشباب في كل المجتمعات، ولا يعرف عنها إلا القليل في قطر من ناحية أعداد المتعاطين وجنسياتهم وأعمارهم والمواد التي يتعاطونها. إلا أن هناك جهود مقدرة من كل من وزارة الداخلية واللجنة الدائمة لشؤون المخدرات والمسكرات تعمل على رفع وعي الشباب بمخاطر التعاطي والإدمان، وتجتهد بعض منظمات المجتمع المدني بدورها لمساعدة الشباب في معالجة الإدمان.

أدت الاستثمارات الكبيرة في الرعاية الصحية إلى انخفاض معدلات المرض والوفيات في مرحلة الطفولة، أما التحدي الحالي فهو العمل على تشجيع وتعزيز أساليب الحياة الصحية، والتقليل من السلوك الذي ينطوي على مخاطر بين اليافعين والشباب. لذلك إن تحسين الوضع الصحي وتخفيف مخاطر انتشار الأمراض والوفيات في جميع الأعمار هي أهداف رئيسة للتنمية الوطنية. وقد يرفع الاستثمار في الصحة مستوى الرفاه العام للسكان، ويدعم إنتاجية قوة العمل المحسّنة، ويعزز التماسك الاجتماعي. وتستثمر قطر بكثافة في نظام رعاية صحية على مستوى عالمي مقدور الكلفة، ويسهُل على جميع السكان الاستفادة منه. وقد انخفضت معظم حالات الأمراض المعدية إلى مستويات متدنية جدًا، وتراجعت معدلات الوفيات لدى حديثي الولادة والأجنَّة والأطفال الرضّع. ومع أن هذه المعدلات لم تصل بعد إلى المستويات التي حققتها البلدان المتقدمة، فإن «المشاكل الصحية الرئيسة التي تصيب القطريين هي تلك المتعلقة بالقلب وأمراض التنفس والسكري وأنواع السرطان المرتبطة بالشيخوخة أو نمط الحياة»[2].

فضلًا عن تلك المشكلات المتصلة بنظام التعليم والتدريب والصحة، طرحت العولمة وما رافقها من تغير اجتماعي على الشباب القطري تحديات غير مسبوقة.

(1) للمزيد راجع: الاستراتيجية الوطنية للسلامة المرورية، الدوحة، منشورات ورارة الداخلية، 2018.

(2) تقرير منظمة الصحة العالمية لمنطقة أسيا والشرق الأوسط، 2011.

4. العولمة وأثر التغير الاجتماعي على الشباب القطري

في العالم العربي الإسلامي، كان الشباب أكثر القطاعات تضررًا من عمليات العولمة، والحقيقة أن الشباب المعاصر، أو ما يسمى بجيل الألفية، أصبح الجيل الأكثر ارتباطًا عالميًا، كون الشباب ولدوا في عصر العولمة والحقبة الرقمية. ومع ذلك، فإن فهم التوجهات الثقافية للشباب وآثار العولمة على هذه التوجهات يلعب دورًا جوهريًا في إثراء الجهود الرامية إلى تنمية الشباب.

خلق انفتاح قطر المتزايد على الاقتصاد العالمي وعلى المؤثرات الثقافية العالمية تحديات فريدة النوع، ففي العقد الأخير شهدت قطر تحديثًا مثيرًا، فالثروة جلبت معها تطورًا سريعًا أدى إلى تضاعف عدد السكان أربع مرات، مثلما ازداد الطلب على العمل في جميع القطاعات، بالإضافة إلى خروج النساء القطريات عن دورهن التقليدي كربات بيوت وأمهات كي ينخرطن في التنمية الوطنية أكثر. هذا الواقع جعل التوازن بين التقاليد الموروثة ومتطلبات التحديث مسألة في غاية التشابك والتعقيد، فبينما صار الشباب القطري في وضعٍ يؤهله للإفادة القصوى من النمو الاقتصادي للبلاد، فإن التغيير الاقتصادي والاجتماعي من الديناميات المتغيِّرة في نمط الحياة، ويطرح تحديات عديدة.

يشكل التغيير الاجتماعي والاقتصادي القطري المتسارع والحفاظ على قيم قطر التقليدية وثقافتها القوية، تحديات خاصة للشباب الذين يمرُّون بهذه المرحلة الانتقالية. وقد تكثفت هذه التحديات بواسطة عمليات العولمة مع انتقال المعلومات والأفكار بسرعة أكبر. ومن الآثار السلبية الناجمة عن العولمة سيادة وانتشار النزعة الأنانية المتطرفة والفردانية كأسلوب حياة، وعدم الاهتمام بالمصلحة العامة، وعدم الاستعداد للعطاء والانجاز. وفسَّرت بعض الدراسات تراجع شعور الشباب بالانتماء إلى «حملات الغزو الثقافي المباشرة وغير المباشرة، التي تعرض ويتعرض لها الشباب في المنطقة العربية والإسلامية والتي جعلت هؤلاء يقفون محاصرين بين معطيات التراث العربي الإسلامي من جهة، والثقافة الأوروأمريكية من جهة ثانية. وقد أثَّرت هذه الظروف في الشباب من خلال جمعهم بين تياري الثقافة العربية والثقافة الغربية، ومثل هذا الجمع بين التيارين رضهم للكثير من المشكلات والتحديات»[1]. وفي

(1) عزت حجازي، الشباب العربي ومشكلاته، مرجع سابق، ص 269.

خضم الظروف الصعبة التي يعيشون فيها، لا تكون حركة الشباب في حالة فراغ حضاري أو من دون رهان أو تحد، بل «تتم في مواجهة حضارات أجنبية مؤثرة وفاعلة، تمارس من خلال قواها ومفاعليها وأدواتها ضغوطًا من جهة، وتقدم نماذج تغري على تباينها من جهة ثانية، بسبب تزايد انتشار العولمة التي تعتبر سمة مميزة للمجتمع الحديث كونها عملية يتدفق فيها رأس المال والسلع والخدمات والأفكار دون قيود، وهو ما أثر على كل العالم وخاصة فئة الشباب»[1].

لقد أدى الانفتاح الإعلامي الكبير على وسائل الاتصال الحديثة، إلى التأثير بشكل ملفت للانتباه على فكر وأسلوب حياة الشباب، وهو أمر يستحق الدراسة. أصبح الشباب يستهلك هذه المواد الإعلامية التي تسوق قيمًا ثقافية معينة مثلما تسوق السلع والمنتجات المادية، ما أدى إلى ظهور أنماط ثقافية واستهلاكية جديدة أمام الشباب يتناقض الكثير منها مع الموروث الثقافي والاجتماعي للمجتمع. لكن اللوم لا يقع على الشباب وحده، بل يتقاسم المجتمع بكامله مسؤولية ظهور هذه الأنماط، إذ يجد الشباب نفسه أمام تحدٍ حقيقي فهو محاصر بين ثقافتين على درجة من التناقض، مما يولد لديه صراعًا نفسيًا واضطرابًا على مستوى البناء الشخصي. وتؤدي الصراعات والميولات والرغبات المتعارضة والمتناقضة حتمًا إلى حالة نفسية تحمل درجة من الألم والقلق على المستوى الفردي، وهنا لا يختلف الباحثون في الواقع الاجتماعي على أن استمرار هاتين الثقافتين المتعارضتين يشكل خطرًا على المجتمعات وموروثها الثقافي والديني، و«هذا التعارض مثَّل أو ما زال يمثِّل أرضية خصبة لظهور واستمرار الغلو والتطرف الديني وما ينجر عنه من إرهاب»[2]. بالإضافة إلى ذلك طرحت ظرفية الرفاهية المفرطة التي يعيشها الشباب القطري تحدٍّ جديد يتصل بمشكلات الوقت الحر وترشيده، واتخذت مشكلة الوقت الحر بعدًا عالميًا في السنوات الأخيرة، نظرًا لتقاطع المجتمعات في هذا الأمر بوصفها مشكلة إنسانية عامة أو مشكلة جيلية تمس فئة الشباب وتؤثر على سيرورة حياتهم. ويظهر الدليل على ذلك بما ورد في مقترحات العمل الخاصة بأولويات برنامج العمل العالمي للشباب في المقترح الثاني «الشباب في المجتمع

(1) الحسن محمد الحسن، تأثير الغزو الثقافي على الشباب العربي، الرياض، أكاديمية نايف للعلوم الأمنية، 1998، ص 52.

(2) عبد الرحمن محمد العيسوي، جنوح الشباب المعاصر ومشكلاته، بيروت، منشورات الحلبي الحقوقية، 1994، ص 44.

المدني» في بنده الثاني المتعلق بأوقات الفراغ[1] حول الاعتراف بأهمية أنشطة شغل أوقات الفراغ لدى الشباب كجزء لا يتجزأ من سياسات وبرامج الشباب، وذلك بهدف توفير أنشطة تشغل أوقات الفراغ واعتبارها عناصر مكملة للعملية التعليمية. يضاف إلى ذلك إدراج أنشطة شغل أوقات الفراغ ضمن عناصر التخطيط الحضري والتنمية الريفية، وتشجيع وسائل الإعلام على تعزيز فهم الشباب ووعيهم بكافة جوانب التكامل الاجتماعي، وغرس سلوك التسامح ونبذ العنف بينهم[2].

المعلوم أن الوقت الحر لدى الفرد هو الوقت الذي تنتفي فيه القيود النظامية والمؤسساتية، لكن هذا الوقت يقتضي التأطير، وإلَّا تحول إلى معيق يقف في وجه الإبداع الشبابي، ومشكلة تنطلق منها مشكلات أخرى لا سيما الجرائم على أنواعها والانحرافات على اختلافها. وضياع وقت الشباب في هذه المرحلة العمرية يُحدِثُ خللًا في تكوينهم وبنائهم العقلي والمهني والنفسي والاجتماعي، لأن فترة الشباب، بحسب ما أكدته مختلف المجالات المعرفية، هي فترة إعداد واكتساب للخبرات والمعارف والمعلومات والتكوين العلمي والخلقي والمهني والاجتماعي. وإن «عدم استغلالها عقلانيًا يؤخر الشاب عن الوصول إلى حالة النضج والرجولة، والمقصود بحالة النضج الجسمية والروحية والعقلية والنفسية والاجتماعية والخلقية، مع الاستقلال الاقتصادي والوصول إلى الشخصية المستقلة المعتمدة على ذاتها»[3].

إن مشكلة الفراغ واحدة من المشكلات الرئيسية التي يواجهها الشباب، وما يزيد من تأثيراتها السلبية هو توجه نسبة كبيرة من هؤلاء نحو قضاء أوقات فراغهم في استخدام التكنولوجيا الحديثة على حساب المجالات التي تعتبر على درجة عالية من الأهمية والفعالية، سواء من الناحية البدنية أو الصحية أو الثقافية. الملاحظ أن عدد مستخدمي شبكة الإنترنت من الشباب في قطر في تزايد مستمر، ومع انتشاره في البيوت ومختلف الأماكن لزم الأمر على الباحثين النظر إلى هذه القضية نظرة موضوعية وبحث جوانبها الإنجابية والسلبية، كون

---

(1) للمزيد راجع: أيمن زهري، ديموغرافية الشباب العربي، الأوضاع الحالية والاتجاهات المستقبلية، ورقة مقدمة لاجتماع الخبراء حول تعزيز الإنصاف الاجتماعي، إدماج قضايا الشباب في عملية التخطيط للتنمية، اللجنة الاقتصادية والاجتماعية لغرب أسيا، الإسكوا، أبو ظبي، 2009، ص 8.

(2) برنامج العمل العالمي للشباب، البند الثاني من محور الشباب في المجتمع المدني، مرجع سابق.

(3) عبد الرحمن العيسوي، سيكولوجية الإدمان وعلاجه، الإسكندرية، دار المعرفة الجامعية، 1994، ص 18-19.

المشكلة أصبحت تطرح نفسها على الساحة العالمية وليس العربية والإسلامية فقط، ووصل الأمر إلى تسميتها إدمان الإنترنت، وحسب دراسة قامت بها إحدى الباحثات الأمريكيات فإن « 16٪ من مستعملي الإنترنت في العالم في عداد المدمنين»[1].

في السياق ذاته، تؤكد دراسة حديثة حول الآثار السلبية لاستخدام تكنولوجيا المعلومات والإنترنت على جيل الشباب في المجتمعات المستهلكة للتكنولوجيا، أن هناك مشكلة إدمان حقيقية يواجهها شباب مجتمعاتنا وتؤثر سلبًا على العديد من جوانب حياته. ودلت نتائج الدراسة على «الارتفاع المستمر لمستخدمي الإنترنت ومدمنيها، ويدل هذا الارتفاع لموضوع الإدمان على أثر سلبي نفسي كأنه اعتراف لمستخدمي تكنولوجيا المعلومات والإنترنت على وجود مشكلة ملازمة لها رغم الحاجة الملحة إليها» [2].

إن الاستخدام المكثف للتكنولوجيا الحديثة ووسائلها من قبل الشباب قد يؤدي إلى تجاوز مشكلة الإدمان، نحو تعريضهم لمشكلات بسبب سوء استخدام الوسائل التكنولوجية من جهة والجهل بمخاطر الاستخدام السلبي لها على المستويين الشخصي والاجتماعي، «فالمشاكل الصحية للاستخدام المفرط للإنترنت والهاتف النقال أصبحت في تزايد مستمر بالإضافة إلى المشكلات العلائقية، أي التي تمس منظومة شبكة العلاقات الاجتماعية من خلال القذف أو التشهير بخصوصيات الأفراد والأسر على السواء على مواقع التواصل الاجتماعي وغيرها»[3]. في الوقت الذي توفرت فيه وسائل التكنولوجيا الحديثة، فإنها تفضي إلى الإدمان على التكنولوجيا، الذي يعد حالة من التعلق السلوكي بالوسائل التكنولوجية عوضًا عن التعامل مع اهتمامات الحياة اليومية و«قد يؤدي الإفراط في استخدام وسائل التكنولوجيا الحديثة إلى ما يشبه السلوك المرتبط بإدمان المخدرات أو الكحوليات»[4]. ليس هناك في الدول العربية الإسلامية إلا القدر القليل من الدراسات التي تتناول موضوع إدمان الشباب على التكنولوجيا. على سبيل المثال، كشفت دراسة أن الشباب في دولة الإمارات العربية المتحدة يقضون ما متوسطه 9.9 ساعات يوميًا على

---

(1) مجدي أحمد محمد عبد الله، أزمة الشباب بين الواقع والطموح: رؤية سيكولوجية معاصرة، الإسكندرية، دار المعرفة الجامعية، 2013، ص 163.

(2) تقرير حول وضع الشباب في الدول الأعضاء في منظمة التعاون الإسلامي، مرجع سابق، ص 45-46.

(3) نفس المرجع، نفس الصفحات.

(4) الزين عبد الفتاح، مرجع سابق، ص 107-108.

وسائل التكنولوجيا، وفي قطر يبلغ المتوسط 8.2 ساعات يوميًا وهو ما يفوق عدد ساعات نومهم. ويكمن التحدي الذي تفرضه وسائل التكنولوجيا الحديثة على دولة قطر اليوم أن تؤمن استخدامًا مسؤولًا ومثمرًا لهذه الوسائط. ويمكن لهذا الأمر أن يتحقق من خلال ضمان إنشاء شراكات فعالة بين المؤسسات التعليمية والآباء والشباب، مما يؤدي إلى اكتساب الشباب عادات صحية تتعلق باستخدامهم للتكنولوجيا. فمن شأن إذكاء الوعي في المجتمع بخصوص القضايا التي تهدد صحة الشباب أن يزيد من فاعلية السياسات، وبالتالي يكون من المجدي تنظيم حملات توعية عامة واسعة النطاق. وفيما يتعلق بتعزيز الاستخدام المسؤول للتكنولوجيا في أوساط الشباب، يتحتم رفع مستوى التعاون بين المؤسسات الوطنية المختلفة؛ فعلى سبيل المثال، «قد يتعين على وزارة التعليم أن تعمل عن كثب مع وزارة الصحة عند إدراج مواضيع حول الآثار السلبية لإدمان التكنولوجيا في المناهج الدراسية»[1]. ولمشكلة استثمار أوقات الفراغ لدى الشباب العديد من الأسباب والمبررات أهمها:

- قصور تربية الناشئة بما يرتبط بالأساليب المتنوعة والمفيدة لاستثمار الوقت الحر سواء في هوايات مفضلة أو في أعمال تدرُّ دخلًا إضافيًا، أو ممارسة رياضة من الرياضات المفيدة للجسم والعقل معًا، أو المشاركة في الأعمال التطوعية والخيرية، أو التردد إلى المتاحف والمكتبات.
- ضعف الدور الأسري في تنمية وعي الشباب باستغلال أوقات الفراغ في أعمال مفيدة مثل ممارسة الرياضة، وتعلم اللغات الأجنبية، والانضمام إلى النوادي الثقافية والرياضية، وتركيزهم على أدوات التسلية كمتابعة القنوات التلفزيونية وألعاب الفيديو وإدمان الإنترنت. وامتدادًا لمسببات أزمة الفراغ عند الشباب قد تنتشر بينهم ممارسات خاطئة لاستغلال أو لاستثمار وقت الفراغ منها: مخالطة رفقاء السوء والتورط معهم في السلوكيات المنحرفة كتعاطي المسكرات والمخدرات والإدمان عليها، والتورط في عمليات العنف والسرقة والتخريب، واستهلاك مواد إعلامية منحرفة تتضمن محتويات تتنافى والقيم المجتمعية.

(1) ماهر أبو المعاطي علي، الخدمة الاجتماعية في مجال رعاية الشباب، القاهرة، مكتبة زهراء الشرق، 2003، ص 37.

ومن بين الآثار الاجتماعية لإدمان الإنترنت ظهور أنماط اجتماعية تتميز بالعزلة وضعف التفاعل الاجتماعي، وإضعاف قدرة الفرد على القيام بدوره الاجتماعي، وظهور الصلات (الزوج، الابن، الصديق) الافتراضية لتتعمق الفجوة أكثر وتتسع المسافة بين أفراد الأسرة وخصوصًا بين الوالدين والأبناء. أما فيما يتعلق بالناحية النفسية فقد أكدت الدراسات العديدة أن «مدمن الحاسوب والإنترنت يشعر بالذنب والتقصير في أداء واجباته وبالإحباط عند الانتقال من العالم الافتراضي إلى العالم الحقيقي، والإحساس بالوحدة كنتيجة للبعد عن البيئة الاجتماعية، مما ينعكس أو يؤثر على تراجع وانخفاض الأداء العام للشخص المدمن على الحاسوب والإنترنت»[1]. ومن بين الآثار السلبية لإدمان الإنترنت:

- المشاكل الصحية المختلفة كاضطرابات النمو والتوتر والقلق وضعف البصر مع مرور الوقت.
- المشاكل الأسرية، كاضطراب العلاقات الأسرية لدى مدمن الإنترنت نتيجة قضائه أوقات طويلة مع الإنترنت، وإهمال الواجبات الأسرية.
- المشاكل الأكاديمية، إذ أكدت إحدى الدراسات الأمريكية أن استخدام الطلاب للإنترنت لا يحسن من أدائهم الأكاديمي بسبب انعدام النظام في المعلومات على الإنترنت، إضافة إلى عدم وجود علاقة مباشرة بين المعلومات المتوفرة عبر الإنترنت ومناهج الجامعات، إلى جانب أن الكثير من الطلاب «يستخدمون الإنترنت لأغراض غير دراسية كالبحث في مواقع لا صلة لها بدراستهم والتواصل عبر مواقع التواصل الاجتماعي أو استخدام ألعاب الإنترنت»[2].
- المشاكل المهنية، نتيجة توفر الاتصال عبر شبكة الإنترنت في أماكن العمل، فينشغل الموظفون بالإبحار عبرها متناسين مهامهم الرئيسية، مما يؤثر سلبًا على أدائهم. ومن الحلول لهذه المشكلة لجوء بعض رؤساء العمل إلى مراقبة أجهزة الكمبيوتر للمستخدمين للتأكد من استخدام الشبكة لأغراض مهنية فقط.

تلك الممارسات وغيرها تعكس الاتجاهات السلبية التي تتكون لدى الشباب تجاه

---

(1) الزين عبد الفتاح، مرجع سابق، ص 47.

(2) سعدي أحمد محمد عبد الله، مرجع سابق، ص 61.

قضاياهم وقضايا مجتمعاتهم الأساسية، و«في سياق ذلك تتسع بؤرة الشك وعدم التوافق بين ما تلقوه وما يحملونه من قيم ومبادئ، وما يقومون به من سلوكيات وأفعال منحرفة، مما يعرضهم لمشاكل نفسية أكثر تعقيدًا، هي الصراع النفسي الذي يؤدي بدوره إلى الإحباط واللامبالاة بقضايا المجتمع»[1]. من ثم لا يمكن تناول مشكلة الإدمان دون تحليلها من المنظور السوسيولوجي، لأن مشكلة الإدمان ترتبط من وجهة النظر السوسيولوجية بالمعايير الاجتماعية والقيم، وهي مظهر أو شكل من أشكال التكيف عبر الانسحاب غير المتوافق مع المعايير والقيم السائدة في المجتمع؛ فالأفراد غير المتكيفين يمكن أن نحكم عليهم بأنهم في المجتمع وليسوا فيه، ومن الناحية الاجتماعية لا يشتركون في الإطار العام لمنظومة القيم في المجتمع. وغالبًا ما يفسر الإدمان من الوجهة السوسيولوجية البحتة على أنه «محصلة ضغوط المجتمع الذي يعيش فيه الفرد كالفقر والإحباطات والقوى المدمرة، التي تعمل على إظهار دوافع عدم الرضا لدى الشباب والأسر المفككة والفراغ الخالي من الأهداف[2].

إن معظم هذه التفاسير يعتمد بالأساس على حقيقة راسخة في العلوم الاجتماعية معناها أن الفرد هو نتاج للظروف الاجتماعية والاقتصادية التي يولد وينشأ فيها، فمن غير المعقول وجود شخص بمعزل عن المجتمع الذي يعيش فيه، أو وجود فرد ما يمكنه بناء قدراته وأفكاره وخصائصه الشخصية الكلية بمعزل عن تأثيرات المجتمع، فالإنسان نتاج تاريخ اجتماعي وتشكيلات اجتماعية، وإن نحت الظروف الاجتماعية للأفراد ودراستها يساعد ويمكِّن من فهم تصرفاتهم. وتأتي العوامل الاجتماعية المساعدة على ظهور السلوك الشاذ والاضطراب على مستوى الشخصية، ومن هذه العوامل نجد:

- البيئة الاجتماعية.
- العامل الحضاري والثقافي.
- اضطرابات ومشكلات التنشئة الاجتماعية.

---

(1) أحمد موسى، الشباب بين التهميش والتشخيص، رؤية إنسانية، القاهرة، المكتبة العصرية المنصورة، 2009، ص 52.

(2) فاروق سيد عبد السلام، سيكولوجية الإدمان، القاهرة، دار الفكر العربي،1997، ص 36.

أكدت الدراسات عمومًا أن الإدمان النفسي على الحاسوب والإنترنت هو حالة باثولوجيه تنطوي على أعراض المرض والاكتئاب، وتتخللها العديد من الأفكار غير العقلانية التي تستوجب العلاج النفسي. وقد حددت الدراسات مجموعة من العوامل المساعدة على تنمية الحاجة إلى الإرشاد والعلاج النفسي لمدمن الإنترنت منها:

- معززات سلوكية مرتبطة بالإدمان مثل جو الاستخدام ومحتويات المكان عند الاستخدام، كالكرسي الذي يجلس عليه، والفأرة، ولوحة المفاتيح، والشاشة، والأصوات التي يخرجها الحاسوب وغيرها، مما يعطي لهذه العناصر أهمية خاصة كمعزز للاستخدام.
- اعتماد الشخص المدمن على الدعم الاجتماعي المقدم من طرف الأفراد الموجودين على الشبكة.
- استمرار زيادة حدة بعض الخصائص المرضية المرتبطة بالاعتمادية، كالقلق والتوتر والاكتئاب.
- تكوين معتقدات خاصة حول الاستخدام غير العقلاني للحاسوب والإنترنت، مما يضمن الاستمرارية والاعتمادية التامة.

فضلًا عن المشكلات المتصلة بسوء استخدام وسائل الاتصال الحديثة يعاني الشباب القطري من عدد من المشكلات الاجتماعية التي تزداد حدتها بالتوازي مع التغيرات في نمط الحياة وما عرفه المجتمع من تطورات اجتماعية وثقافية مستحدثة. ومن أبرز هذه المشاكل ما تعرفه الأسرة القطرية من ارتفاع حاد في معدل العنوسة بين القطريات وزيادة معدلات الطلاق، إذ يعتبر ضمان استمرارية الأسرة المتماسكة والأسر كبيرة الحجم من الأمور البالغة الأهمية في المجتمع القطري. ووفق إحصائيات وزارة التخطيط التنموي والإحصاء فإن نسبة 49.5٪ من حالات الطلاق في قطر تقع في المرحلة العمرية بين 20 و29 عامًا، وعلى الرغم من جهود مركز الاستشارات العائلية ومؤسسات المجتمع المدني ووزارة الأوقاف في الحد من تلك الظواهر إلا أنها لا تزال تسجل نسبًا مرتفعة. فقد أوضحت الإحصائيات أن «ما يزيد عن 60٪ من حالات الطلاق قد وقعت بعد أقل من 5 سنوات من الزواج، و31٪ قبل أن يكتمل الزواج. وقد زادت نسبة طلاق القطريين من 17.4 حالة عام 1995 إلى 18.2

حالة عام 2010 لكل 1000 شخص متزوج»[1]، وذلك على الرغم من وجود العديد من البرامج الموجهة لخفض هذه النسبة ومعالجة الآثار المترتبة عليها. وعلى الرغم من أهمية دور تلك البرامج في تعزيز المنظور التوعوي بثقافة الزواج، وتوعية الشباب بحقوق الزوجة وواجباتها، بالإضافة إلى ترسيخ مفهوم أهمية هذه العلاقة المقدسة في المجتمع، فإنها تحتاج للتدعيم والتكثيف والمراجعة. وقد اقترحت استراتيجية التنمية الوطنية الأولى برنامجًا حكوميًا لتقوية روابط الزواج، للحد من الطلاق ودعم المطلقين، إذ تقدم هذه البرامج النصح والإرشاد قبل الزواج، وتعمل على توسيع عدد الخدمات النفسية والإرشادية للأزواج الذين يواجهون الانفصال، وتأمين شبكة أمان اجتماعية للمطلقين ولا سيما للنساء، مع تنامي الميل نحو الطلاق. غير أن تلك البرامج لم تحقق النتائج المرجوة، «الأمر الذي يجب أخذه في الاعتبار في الاستراتيجيات القادمة، حيث يمكن أن يكون لقطاع الثقافة والرياضة والشباب دورًا في التوعية وتوفير الرعاية والدعم الضروريْن للشباب وهم يتنقلون في مراحل حياتهم بين التعليم والعمل وتكوين الأسر ثم المواطنة»[2]، لا سيما دعم مسألة المشاركة في الحياة العامة باعتبارها تجسد رؤية قطر 2030 الهادفة إلى تمكين الشباب أكثر.

5. مشاركة الشباب في الحياة العامة: أفق التمكين

رغم التطور المتاح للمجتمع القطري، ورغم رهان استراتيجيات التنمية الوطنية ورؤية قطر 2030 على الشباب، فإن مشاركة الشباب في الحياة العامة تظل محدودة. على سبيل المثال، لم تتجاوز مشاركة الشباب في انتخابات عام 2015 ما نسبته حوالي 11٪ من مجموع من لهم الحق بالتصويت، الأمر الذي يشير إلى ضعف مشاركة الشباب في الانتخابات، ومع ذلك لوحظت زيادة أعداد المرشحين من فئة الشباب قياسًا بالدورات السابقة.

وتنسحب نفس الملاحظة على العمل التطوعي، الذي بدأ العمل به بدولة قطر «مع صدور أول قانون ينظم إنشاء الجمعيات الخيرية عام 1974 وتأسيس أول جمعية تطوعية عام 1976 وهي 'الجمعية القطرية لرعاية وتأهيل المعاقين' ثم 'جمعية الهلال الأحمر القطري'

(1) للمزيد راجع: استراتيجية قطاع الإثراء الثقافي والتميز الرياضي، مرجع سابق، ص 42 – 43.

(2) للمزيد راجع: أحمد عبد الفتاح ناجي، تصورات شباب الجامعة حول حقوق وواجبات المواطنة، المؤتمر العلمي الخامس عشر، كلية الخدمة الاجتماعية، جامعة الفيوم، 2004، ص 310.

عام 1978 و'قطر الخيرية' عام 1980. ووصل عددها الآن إلى أكثر من 20 جمعية ومؤسسة اجتماعية وخيرية وأهلية تطوعية، وتوجت هذه المسيرة بصدور قانون الجمعيات الخاصة الذي مد لمرحلة جديدة من العمل الاجتماعي»[1]. وإدراكًا من الدولة لأهمية منظمات المجتمع المدني في الدفع بمسيرة التنمية خطوات إلى الامام، شهد العمل التطوعي في فترة انعقاد دورة الألعاب الآسيوية الدوحة 2006 نقلة نوعية في هذا المجال، من خلال المشاركة في تنظيم هذه الدورة التي ضمت أكثر من 30 ألف متطوع من قطر. وشكل المتطوعون وبشهادة الجميع قصة النجاح الحقيقة لدورة الألعاب. وقد أنشئت أخيرًا شبكة شارك في تأسيسها كل من «صلتك» و«دار الإنماء الاجتماعي»، و«أيادي الخير نحو آسيا» و«مركز قطر التطوعي» لتكون حلقة وصل بين المتطوعين ومن هم بحاجة إليهم، تحت مسمى شبكة «تم»، بهدف تمكين الشباب من العثور على فرص للعمل التطوعي، وتمكن المؤسسات من الإعلان عن تلك الفرص.

بالتوازي مع ذلك، تسعى وزارة الثقافة والرياضة إلى دعم الشباب وتوجيههم واستثمار ميولهم، من أجل تطوير الشخصية الوطنية المتكاملة والمتمتعة باللياقة البدنية والمتعاملة مع التحديات بإيجابية، لضمان مشاركتهم بشكل فعال وإيجابي في تنمية الذات والمجتمع. وتنتهج الوزارة نهجًا غير تقليدي يركز على الشباب كشركاء أساسيين وفاعلين في الارتقاء بالعمل الشبابي والرياضي في الدولة. وتُعد المراكز الشبابية التابعة للوزارة إحدى أهم الأدوات التي تستخدمها لتحقيق ذلك. والمراكز الشبابية هي «المؤسسات ذات النفع العام، وتقدم أنشطة وبرامج هادفة متنوعة للشباب (ثقافية، اجتماعية، رياضية، علمية) بهدف تنمية الجوانب المختلفة للشخصية والعمل على إكسابهم المهارات، التي تكفل قيامهم بدور فاعل وإيجابي في تنمية ذواتهم ومجتمعهم وتحمل المسؤولية في إطار القانون والسياسة العامة للدولة»[2]. وتهدف المراكز الشبابية إلى استقطاب كافة الشباب من الفئات العمرية المستهدفة ضمن استراتيجية الوزارة، مهما اختلفت ميولهم وهوياتهم وقدراتهم بل حتى مستوياتهم التعليمية؛ فمن أهداف المراكز الشبابية إعداد برامج وأنشطة تناسب الجميع، ويجد فيها كافة الشباب ضالتهم، انطلاقًا من استراتيجية الوزارة، التي جاء على رأس أولويتها

(1) تقرير التنمية البشرية الثالث لدولة قطر، مرجع سابق، ص 107 - 108.

(2) استراتيجية قطاع الإثراء الثقافي والتميز الرياضي، مرجع سابق، ص 44.

تمكين الشباب وتزويدهم بالمهارات الثقافية والاجتماعية والفنية المختلفة، وتدريبهم على أساليب القيادة وممارسة المسؤوليات. وتشير الإحصاءات إلى أنه على الرغم من حدوث تطور إيجابي في أعداد الشباب القطري المشارك في الأنشطة التي تنظمها المراكز الشبابية إلا أنه ما يزال هناك حاجة للمزيد من الجهد لزيادة أعداد الممارسين للأنشطة بتلك المراكز، من خلال دراسة احتياجات الشباب والتعرف على أهم الأنشطة الجاذبة لهم، وزيادة مستوى التواصل بين الشباب والمراكز الشبابية. يهدف ذلك إلى مواجهة ضعف مشاركة الشباب في الشأن العام رغم ارتفاع نسبة الشباب في التركيبة السكانية في الدولة بصفة عامة والسكان القطريين بصفة خاصة. وتبقى مشاركة الشباب القطري في الشأن العام وشؤون مجتمعه دون المستوى المرجو، وقد يعزى ذلك في الأساس إلى غياب استراتيجية وطنية طويلة المدى، يتم التعرف من خلالها على توجهات واحتياجات وتطلعات الشباب، وتعمل على تعزيز دورهم في الحراك التنموي الذي تشهده البلاد. وينبغي التأكيد هنا أن تعبير الشباب والمشاركة يعني في حقيقة الأمر أهمية امتلاك الشباب الحق والوسائل والقدرات للمساهمة في صنع القرار؛ والمشاركة هنا بمفهومها الأوسع من الأسرة إلى المدرسة والجامعة.

يتضح عمومًا أن مشاركة الشباب في الحياة بصفة عامة ليست بالشكل المأمول به، ويجب العمل على زيادة نسبتها من خلال السعي إلى جذبهم للمشاركة، وتوعيتهم بأهمية مشاركتهم ومدى انعكاس تلك المشاركة على حياتهم ومستقبل وطنهم. ويحتاج الشباب إلى بيئة تمكنهم وتشجعهم على المشاركة في تنميتهم الذاتية وفي تنمية بلدهم. إن إعطاء الفرص للشباب يجعلهم قادرين على المساهمة الفاعلة في صنع القرار للصالح العام، لا سيما أن الشباب هم مصدر قوة لمجتمعاتهم. ويجب إنشاء مسارات تضمن دمجهم ومشاركتهم في أوجه التنمية، وذلك من خلال تطوير مهارات المشاركة والقيادة في المدرسة، حيث تستطيع الخبرات التعلُّمية أن تدمج مهارات التعامل والتفاعل، ومفاهيم خدمة المجتمع، والمعرفة المكتسبة في الصفوف، والتفكير الناقد، لتعزيز الفهم. ويجب «توفير فرص كثيرة للشباب للمشاركة ليس في القطاع العام فقط، ولكن من خلال شراكات القطاع الخاص التي تشجع التكيف مع السوق، وتبني القدرة على القيادة، وتعزز مشاريع الشباب الاقتصادية وريادة الأعمال»[1].

---

(1) F.Eid, Entrepreneurial finance for job creation in the Arab world: strategy elements urgent as ever, Strategic Change, n° 20, 2011.pp 1-16

وتبرز إجمالًا خمس توصيات عريضة من التحليل التفصيلي للتحديات والفرص التي تواجه الشباب القطري، المرتبطة ببرامج ومشاريع استراتيجية التنمية الوطنية 2018-2022 ذات العلاقة:

- تطوير إطار سياسة شاملة متكاملة يضمن إيجاد معابر للشباب نحو أدوار للمشاركة ذات معنى في جميع نواحي المجتمع.
- توسيع مجال الحوافز والفرص للشباب كي يحافظوا على الخبرة التعلمية في مجالات متقدمة من المعرفة والمهارات والتواصل، تلبي متطلبات سوق العمل، وتضيف قيمة على المستويات الشخصية والمجتمعية والوطنية.
- تعزيز الإجراءات لزيادة مشاركة الشباب في سوق العمل وتنوعها، على أن تشمل إعادة دمج الشباب الذين لا يشاركون بكامل طاقاتهم.
- مراجعة السياسات التي تساهم في تحسين الصحة والرفاه وتعزيزها، بتشجيع العناية بالنفس والإجراءات الوقائية، من خلال الحدّ من السلوك المغامر وأنماط الحياة المدمرة بين الشباب.
- ضمان مساهمة التشريعات والأنظمة بخلق بيئة ممكنة بمشاركة الشباب الفعالة في عمليات التنمية.

تبقى هذه التصورات العملية بحاجة ماسة إلى استراتيجيات وسياسات شبابية تكون جزءًا من السياسات العامة للدول، وتستجيب لمختلف التحديات والمشكلات التي تواجه الشباب. لذلك يعد تشخيص الحاجيات والمشكلات ورصد الانتظارات مرحلة رئيسية وتأسيسية من مراحل إعداد السياسات الشبابية وتحديد أبرز مضامينها واتجاهاتها، لأنها نابعة من الاعتراف المزدوج بمشكلات واحتياجات الشباب، وفي ذات الوقت بقدرتهم على مواجهة التحديات والانخراط في مسيرة التنمية كشريك استراتيجي فاعل.

الفصل الثاني

دور السياسات الشبابية في الاستجابة لحاجات الشباب

1. السياسات الشبابية في العالم

إن الهدف من صياغة السياسات الوطنية للشباب هو الاعتراف بوجود احتياجات معينة للشباب، بالإضافة إلى الاعتراف الرسمي بقدرتهم على المساهمة المتميزة والفريدة في التنمية الشاملة داخل مجتمعاتهم. وتوفر السياسات الشبابية «فرصة لتقرير الأولويات الملائمة والأهداف والاستراتيجيات، فضلًا عن منح الفرصة للتعبير عن مشاغل الشباب ومشاكلهم وطموحاتهم وإمكانيتهم، والقيود والعوائق التي تعترضهم، وتوفر إطارًا لعمل جميع المؤسسات الحكومية وغير الحكومية والوكالات والمنظمات المهتمة باحتياجات ومصالح الشباب، الشيء الذي يساعد على معالجة اهتمامات وحاجيات الشباب من منظور متعدد التخصصات، ويهيئ الفرصة للاضطلاع بأنشطة متكاملة وشاملة في مجال السياسات»[1].

يتعين على السياسات الوطنية أن تحدد بوضوح موقع الشباب ودورهم في المجتمع ومسؤولية المجتمع تجاههم حاضرًا ومستقبلًا، استنادًا إلى رؤية الشباب، وأن تأخذ بالاعتبار احتياجاتهم ومشاكلهم وطموحاتهم على أساس متكامل ومتوازن، بما يدعم تساوي الفرص بين الجنسين، مع تشجيع توفير الخدمات وإنشاء الأرضية المناسبة للإيفاء باحتياجات وطموحات الشباب، بمشاركة منهم ولأجلهم ومعهم، لتحسين أوضاعهم وتشجيعهم على المساهمة بنشاط في كافة الأنشطة الاقتصادية والاجتماعية، وفي عمليات اتخاذ القرار لتعزيز تأثيرهم في التنمية الوطنية والتعاون الدولي. وتستهدف الاستراتيجية الوطنية في دولة قطر توفير فرص النمو المتكامل والنهوض بالمستويات الثقافية والاجتماعية والرياضية للنشء والشباب، من خلال الاهتمام بالأنشطة المختلفة وتنظيم واستثمار الوقت الحر بما فيه خدمة للفرد والمجتمع، مع التأكيد على أن هذه الأنشطة تمثل عملية تربوية شاملة تتطلب

---

(1) الأمم المتحدة، تقرير السكان والتنمية، مرجع سابق، ص 7.

تعاون كافة الأجهزة المعنية، وهي الأسرة والمؤسسات التعليمية ووسائل الإعلام والاتصال والمؤسسات الثقافية ومختلف مؤسسات المجتمع المدني.

1.1. السياسات العمومية والسياسات الشبابية

تعتبر السياسة الشبابية جزءًا من السياسات العمومية التي تنعكس على مختلف مسارات التنمية ومقدرات المجتمعات، لذلك ربط الباحثون من علماء السياسة والإدارة العامة والاجتماع مفهوم السياسة العامة بقضايا الشؤون المجتمعية ومجالاتها، التي تتمثَّل بالمطالب والقضايا؛ كل ذلك فضلًا عن اختلاف آرائهم حول تعريف «المجال العام»(Public Realm)، إذ وصف الفيلسوف الأمريكي «جون دوي» هذا المجال بالقول: «الأنشطة تصبح عامة، حين تتولد عنها نتائج يتعدى تأثيرها نطاق الأفراد والجماعات المرتبطين فيها بصورة مباشرة»[1]. ولأن مفهوم السياسة العامة لا يزال يخضع لحد الساعة، لمحاولات ضبط من قبل الباحثين، نقدم بعض التعاريف في هذا المجال، حسب المنطلقات التي تمثل توجهات أصحابها من الباحثين والداعين لها.

1.1.1. في السياسات العمومية

تعني السياسة العامة من منظور ممارسة القوة (Power) «القوة التي يحظى بها شخص ما للتأثير على الأفراد والجماعات والقرارات، بشكل يميزه عن غيره، نتيجة امتلاكه لواحد أو أكثر من مصادر القوة المعروفة مثل الإكراه، المال، المنصب، الخبرة، الشخصية» [2]. أما السياسة العامة من منظور الحكومة فالمقصود بها أن تقوم الأخيرة برسم السياسات العامة واتخاذ القرارات وتنفيذها. وقد تم وضع العديد من التعاريف للسياسة العامة ضمن هذا المنظور، فعرَّفها «توماس داي» بأنها: «تقدير أو اختيار حكومي للفعل أو عدم الفعل، إذ هي توضيح لماهية أفكار الحكومة، وعملية لضبط الصراع في المجتمع، فهي عملية تضبط السلوك وبيروقراطيات التنظيم وتوزيع المنافع وتحصيل الضرائب وغير ذلك»[3]. ويرى «كارل فردريك» أن السياسة العامة هي «برنامج عمل مقترح لشخص أو جماعة أو

---

(1) نقلًا عن فهمي خليفة الهداوي، السياسة العامة: منظور كلي في البنية والتحليل، عمان، دار المسيرة،2001، ص 31.

(2) نفس المرجع، نفس الصفحة.

(3) عامر الكبيسي، صنع السياسات العامة، عمان، دار المسيرة، 1999، ص 15.

حكومة في نطاق بيئة محددة، لتوضيح الفرص المستهدفة والمحددات المراد تجاوزها، سعيًا للوصول إلى هدف أو لتحقيق غرض مقصود»[1]. يعني هذا أن السياسات العامة ليست تلقائية بل عملية هادفة ومقصودة، لذلك يعرِّفها «جيمس أندرسون» بأنها «برنامج عمل هادف يعقبه أداء فردي أو جماعي في التصدي لمشكلة أو لمواجهة قضية أو موضوع»[2]، أي أنها تطور من طرف الأجهزة الحكومية من خلال أدائها لمسؤولياتها، علمًا أن بعض القوى غير الرسمية تؤثر في رسم بعض السياسات وتطورها.

إن السياسات العامة إجمالًا هي «تلك المنظومة الفاعلة والمستقلة والمتغيرة والمتكيفة والتابعة التي تتفاعل مع محيطها ومع المتغيرات ذات العلاقة، من خلال استجابتها الحيوية (فكرًا وفعلًا (بالشكل الذي يعبِّر عن نشاط مؤسسات الحكومة الرسمية وسلطاتها المنعكسة في البيئة الاجتماعية المحيطة بها بمختلف مجالاتها، عبر الأهداف والبرامج والسلوكيات المنتظمة، في حل القضايا ومواجهة المشكلات القائمة المستقبلية، والتحسب لكل ما ينعكس عنها، وتحديد الوسائل والموارد البشرية والفنية والمعنوية اللازمة وتهيئتها كمنطلقات نظامية مهمة لأغراض التنفيذ والممارسة التطبيقية ومتابعتها ورقابتها وتطوريها وتقويمها، بما يجسد تحقيقًا ملموسًا للمصلحة العامة المشتركة، المطلوبة في المجتمع»[3]. ونظرًا لاختلاف الأفكار والاتجاهات التي يقوم عليها كل تعريف، يصعب إعطاء تعريف إجرائي للسياسات العامة، لا سيما أن «المفاهيم الحديثة للسياسات العامة ارتبطت بوجود أكثر من جماعة فاعلة في صنع السياسات العامة، والتي تتغير بتغير مواضيع السياسات العامة من فترة لأخرى، وتحكمها مبادئ الشفافية والدقة العلمية لتحقيق المصلحة العامة»[4]. وما يمكن إجماله أن السياسة العامة تمثِّل برنامج عمل هادف أو سلسلة من القرارات تتخذها الحكومة أو هيئة معينة، تتعلق بمجال معين كالتعليم والصحة والبيئة والسكن، أو بمقاربة النوع الاجتماعي مثل النساء أو فئة اجتماعية ديمغرافية داخل المجتمع مثلًا، وكذلك الأمر بالنسبة للشباب

---

(1) نفس المرجع، نفس الصفحة.

(2) تامر كامل محمد الخزرجي، النظم السياسية الحديثة والسياسات العامة، عمان، دار مجدلاوي، 2004، ص 28.

(3) عامر الكبيسي، مرجع سابق، ص 15.

(4) محمد شلبي، المنهجية في التحليل السياسي: المفاهيم، المناهج والأدوات، الجزائر، دار الهومة، 2007، ص 22-27.

والطفولة والمسنين وذوي الاحتياجات الخاصة... وغيرها، وتهدف إلى معالجة القضايا والمشاكل المجتمعية الآنية والمستقبلية. لذلك تحتل السياسات الشبابية مكانة مخصوصة ضمن السياسات العامة لأنها تشتغل على مستقبل المجتمعات وتحديات التنمية المستقبلية ممثلة بالشباب جيل المستقبل. يضاف إلى ذلك أن بناء السياسات العمومية تعود بالفائدة على الشباب والمجتمع ينبغي أن ينطلق من إرادة جماعية وبإشراك حقيقي للشباب بمختلف التركيبات، لأنهم ليسوا فئة متجانسة بل تتعدد المشاكل التي تعترضهم وتتعدد احتياجاتهم، وبالتالي ينبغي العمل على خلق استراتيجيات أو سياسات وطنية للشباب تكون إطارًا وخريطة طريق للسياسات العامة، وتقدم حلولًا نوعية لقضايا الشباب في مستويات متعددة. إن الدولة «التي تجعل من ضمن أولوياتها بناء وتطوير استراتيجية وطنية لشبابها لا شك أنها تسير ضمن خطة منهجية شاملة متكاملة لرعاية الشباب وتنميتهم»[1].

إن إقرار سياسة عمومية للشباب، فضلًا عن كونه يعدُّ تعبيرًا عن إرادة سياسة تعترف للشباب بوضع اعتباري خاص، وتترجم ذلك بقوانين وآليات وإجراءات تخدم تحقيق ذلك الهدف، فإنه يستوجب أيضًا توافر المعلومات والدراسات المتعددة والتخصصات في مجال الشباب. من هنا لا بد من وجود جسر بين مجال البحث العلمي والهيئات الحكومية وغير الحكومية المعنية بالشباب، بالإضافة إلى التفكير في تجاوز اختزال الشباب في تصنيف قطاعي أحادي مثل الشباب والرياضة، لأن الشباب معني بكافة القطاعات في التعليم والتشغيل والثقافة والسكن وطنيًا ومحليًا. ولكن لن يتحقق النجاح لهذه السياسات ما لم تقر تلك الهيئات المختلفة مبدأ وجوب مشاركة الشباب واستشارتهم القبلية في بلورة السياسات العمومية المتعلقة بهم سواء عبر جمعيات ومنظمات الشباب المحلية الوطنية أو عبر صيغ أخرى تحظى بالمصداقية. يضاف إلى ذلك وضع الآليات القانونية والتنظيمية اللازمة لخلق إطار يمكِّن الشباب من التعبير عن آراءهم وحاجياتهم وسبل مساهمتهم في وضع البرامج التي تعنيهم، من أجل ضمان ديمومة المشاركة الشبابية، على اعتبار أن «تطلعات الشباب وحاجياتهم ليست معطيات ثابتة وغير موحدة، وتختلف من جيل لآخر ومن وسط إلى آخر»[2]. لذلك لا بد من دعم المواكبة

(1) تقرير حول تقييم السياسات العمومية ذات الصلة بالشباب، الوسيط من أجل الديمقراطية وحقوق الانسان، الرباط، 4 مايو 2010.

(2) عامر الكبيسي، مرجع سابق، ص 87.

المستمرة للبحث العلمي لهذه التحولات، واستثمار ذلك في توجيه السياسة العمومية في هذا المجال. ومن المفيد إحداث مؤسسات علمية تُعنى بهذا الموضوع إلى جانب تشجيع المؤسسات الجامعية على إنتاج بحوث في هذا الجانب وتوفير المعلومات المحيَّنة التي تساعد على التشخيص الصحيح وبلورة المخططات الناجعة، لمعالجة مشكلة الشباب والاستجابة لتطلعاتهم، فضلًا عن «إقرار تشريعات خاصة تؤمن حقوق الشباب وتجسّد اعتراف الدولة والمجتمع بالوضع الاعتباري الخاص للشباب»[1]. كل ذلك من دون إغفال ضرورة تأهيل جمعيات ومنظمات الشباب عبر دعم قدراتها وتحديث طرق عملها، في أفق انبثاق حركة شبابية منظمة ومؤثرة في القرارات، وجعل عملها أكثر قربًا من اهتمامات الشباب، واعتماد قدر كبير من المرونة والقدرة على التكيف في وضع البرامج الموجهة للشباب، مع مراعاة تنوع اهتمامات وخصوصيات هذه الفئة وميوله أفرادها وتعبيراتهم الثقافية والفنية والرياضية.

أخيرًا لا بد من توفير آليات متابعة وتقويم ومساءلة للسياسات العامة سواء على المستوى المؤسساتي أو على مستوى الأدوار الموكلة لهيئات المجتمع المدني، ولذلك من الضروري تفعيل دور الهيئات الاستشارية بما يخص مراقبة عمل الحكومة في هذا المجال والمساهمة أيضًا في وضع التشريعات اللازمة لتثبيت حقوق الشباب. ولا شك أن المجتمع المدني مطالب بدوره بإعمال آليات المتابعة والتقويم والترافع سواء عبر إعداد تقارير دورية تستعرض المنجز من التزامات الفاعلين، وترصد التعثرات وتقترح البدائل الممكنة، أو من خلال الأدوار التي يمكن أن يلعبها الإعلام العمومي والخاص لفائدة الشباب، والعمل على وضع السياسة الوطنية للشباب والسياسات العمومية ذات الصلة بالشباب، وفق مقاربة جهوية «تراعي خصوصيات الجهات وإمكاناتها لتحقيق نتائج ملموسة تتسم بالقرب، وتفتح مجالًا أوسع للحلول بطابعها المحلي وتجعل من الشباب إمكانًا مهمًا داخل الجهات»[2].

2.1.1. في تعريف السياسات الشبابية

تعبر السياسات الوطنية للشباب عن التزام المجتمع بمواطنيه، وهي بمثابة الإعلان عن رؤية وطنية مشتركة تحدد احتياجات الشباب وأولوياتهم، وتوفر أساسًا لتوزيع الموارد اللازمة

(1) للمزيد راجع: أحمد المسارب وآخرون، جيل الشباب في الوطن العربي ووسائل المشاركة غير التقليدية من المجال الافتراضي إلى الثورة، بيروت، مركز دراسات الوحدة العربية، 2013.

(2) محمد قاسم القربوتي، رسم وتقييم وتحليل السياسة العامة، الكويت، 2006، ص 11-12.

لتلبية احتياجاتهم توزيعًا عادلًا، وفق مقاربة واقعية لها دلالاتها المتمثلة في إشراك الشباب في عمليات صنع القرار في بلادهم من خلال مشاركتهم النشطة في وضع هذه السياسة وتنفيذها. والسياسة الوطنية للشباب هي عبارة عن نصوص تصدر عن جهات حكومية رسمية، بالتعاون مع منظمات الشباب غير الحكومية، وتتضمن التوجهات العامة للدولة بخصوص الشباب، وهي بمثابة إعلان للأولويات والتزام بها. تلك السياسات «تحدد جملة من التدخلات والتدابير، المباشرة أو غير المباشرة، الرامية إلى تحقيق الأهداف الكمية أو النوعية التي تم إقرارها على الصعيد الوطني. وتؤدي السياسات الوطنية للشباب بالمحصلة النهائية إلى تمكين وإدماج الشباب وإشراكهم في الحياة الاقتصادية والاجتماعية والسياسية العامة للدولة»[1]. تعبِّر السياسة الوطنية للشباب عن مدى التزام الحكومة بقضايا الشباب، نساءً ورجالًا، بأن تكفل لهم العيش الكريم وتلبي احتياجاتهم، وتوفر الفرص لتحقيق طموحاتهم كمواطنين ذوي حقوق وواجبات، و«يتفاوت نطاق ونسبة استهداف السياسة لفئة الشباب بحسب مستوى الالتزام المنوط بعدة عوامل، أهمها الإرادة السياسية»[2].

تتألف السياسة الوطنية للشباب من عدد من المكونات الرئيسية أهمها: رؤية استراتيجية تعوِّل على مشاركة الشباب في جميع مراحل إعدادها، وتعريف دقيق للفئات الشبابية وتصنيفها؛ وعلى السياسة الوطنية للشباب أن تحدد دور الشباب في المجتمع، وأن تعرف حقوقهم وواجباتهم تجاه هذا المجتمع، ومن جهة أخرى، عليها أن ترسم الخطوط العريضة لواجبات المجتمع تجاه الشباب. يجب على السياسة الوطنية للشباب أن تتطرق لحاجات الشباب والشابات وطموحاتهم ضمن إطار مندمج، وذلك من خلال البنى والخدمات المناسبة. وعلى هذه السياسة أن «تؤمن مشاركة الشباب في عملية صنع القرارات في جميع النواحي الحياتية»[3].

تستند السياسات الوطنية للشباب على أرقام وإحصائيات موثقة في كل القطاعات التي تؤثر في الشباب، وتتطلب توافر الإرادة السياسة من ناحية، والقناعة المجتمعية من ناحية

---

(1) مشروع القانون الدولي للشباب، الدراسة المسحية للتشريعات الدولية في مجال الشباب، الاتحاد الكشفي للبرلمانيين العرب بالتعاون مع البرنامج البرلماني بجامعة القاهرة، وبدعم من برنامج الأمم المتحدة الإنمائي، 2012.

(2) محمد قاسم القريوتي، مرجع سابق، ص 37.

(3) تقرير حول تقييم السياسات العمومية ذات الصلة بالشباب، مرجع سابق.

أخرى، بأهمية الشباب في تحقيق التنمية وصناعة المستقبل. وأهم عناصرها: وجود أهداف محددة للسياسة، واستراتيجيات وبرامج ومشاريع وأنشطة وخطوات ملموسة، ومجموعة مستهدفة يحددها تقييم الاحتياجات والبحوث المسحية، ووكالات مسؤولة عن الأنشطة يكون باستطاعتها التواصل مع الشباب، وأطراف وشخصيات داعمة للسياسة، وإطار زمني محدد، ومصادر للموارد المالية والبشرية، ومؤشرات لمدى تأثير السياسة، ومعايير لقياس التقدم والنجاح.

تركز معظم البحوث التي تناولت بالدراسة السياسات الشبابية الناجحة على أهمية التنسيق والتكامل بين البرامج المختلفة الموجهة للشباب. فقد أثبتت السياسات والبرامج ذات التوجه القطاعي، والتي يغيب فيها التكامل والتنسيق، فشلها في تحقيق ما يطمح إليه الشباب. في هذا الإطار تبقى تجربة السياسة الوطنية للشباب في السويد، التي لها تاريخ طويل مع سياسات الشباب ويعود إلى أكثر من خمسين سنة مضت، تجربة جديرة بالتأمل. فالسويد توفر إطارًا وطنيًا متماسكًا من أجل الشباب. وتتميز السياسة السويدية للشباب بدرجة كبيرة من التنسيق والتكامل، سواء بين القطاعات المختلفة المتدخلة بالشباب، أو مع تخطيط السياسة الوطنية. وتتولى «أكثر من عشر وزارات مسؤولية تحقيق أهداف سياسة الشباب المقررة، ولكل قطاع يسهم في السياسة الوطنية للشباب مؤشراته لقياس تدخلاته من منظور الشباب»[1].

هناك ضرورة لأن تكون السياسات المعنية بالشباب أكثر تركيزًا على الشباب مع إشراكهم في وضعها، لأنهم أبرز المنتفعين منها، وقد تكون قدرتهم على التعبير عن آرائهم وسيلة ثمينة لضمان نجاعة الخدمات المقدمة لهم، وبالتالي بلوغ أهداف السياسة الوطنية للشباب. وينبغي على الحكومات أن تكون منفتحة لإجراء مشاورات مع الشباب، والحصول على تغذية مرتدة من الشباب في تصميم وتنفيذ السياسات التي تؤثر عليهم. على سبيل المثال، تعترف معظم البلدان الأوروبية بالشباب والهيئات الممثِّلة لهم كفاعلين وشركاء على قدم المساواة مع الحكومات في تنفيذ السياسات الوطنية للشباب، وهذا النظام معروف باسم الإدارة المشتركة. وقد طورت مجموعة من الدول نماذج مختلفة من هذا القبيل، وتبرز تجربة

(1) رنا مارسيل خلف، السياسة الوطنية للشباب: أمثلة عن الخيارات السياسية في إطار برنامج العمل العالمي للشباب، ترجمة عبد الله الفاضل، نيويورك، منشورات الأمم المتحدة، 2013.

«أصوات الشباب» في البرازيل المتميِّزة في إشراك الشباب في صياغة وتتبع السياسات الوطنية للشباب. وساهمت استراتيجية «أصوات الشباب»، وهي حوار واسع النطاق حول قضايا الشباب في البرازيل يشمل ممثلين عن الحكومة البرازيلية والأحزاب السياسية ومنظمات المجتمع المدني وعدد مهم من الشباب، في وضع سياسات سليمة لشباب هذا البلد، مثل برنامج «الفرصة الثانية»، وأتاحت «أصوات الشباب» للزعماء الشباب فرصة المشاركة في المجلس الوطني للشباب. ومن هنا إن نجاح مبدأ المشاركة يتم من خلال «إحداث أجهزة استشارية تمثيلية للشباب، ذات إمكانيات وموارد مادية وبشرية مهمة، تشارك في اتخاذ القرارات بشأن قضايا وسياسات الشباب، كما هو الشأن بالنسبة للمجلس الوطني السويدي لشؤون الشباب والمجلس الوطني للشباب بالبرازيل»[1].

إن نجاح السياسات الوطنية للشباب رهين وضع آليات حقيقية لرصد وتقييم التقدم الذي حققته هذه السياسات اعتمادًا على مؤشرات محددة، وتتيح هذه الآليات لمختلف الفاعلين معلومات كافية عن الممارسات الجيدة والدروس المستفادة، وذلك بغية تحسين وتطوير سياسات الشباب. وتتباين غايات السياسة الشبابية من بلد إلى آخر، وتشمل بعض هذه الغايات ما يلي[2]:

1. توفير إطار عمل وطني ومجموعة من الأولويات، لتطوير السياسات والبرامج الموجهة للشباب.
2. ترسيخ منظور شمولي لاحتياجات الشباب وطموحاتهم، وتقييم تلك الاحتياجات والطموحات يشمل كافة القطاعات.
3. تشجيع المواطنة والخدمة العامة بين الشباب لتحقيق أهداف التنمية المستدامة.
4. خلق أهداف وطنية للشباب وللحكومة وللمنظمات غير الحكومية وللقطاع الخاص فيما يتعلق بالسياسة الشبابية.
5. إحداث التوازنات والتخفيف من الإقصاء الاجتماعي، والعمل على استيعاب ديناميكية الشباب بشكل إيجابي.

---

(1) للمزيد راجع، نفس المرجع.

(2) للمزيد راجع: مشروع القانون الدولي للشباب، الدراسة المسحية للتشريعات الدولية في مجال الشباب، مرجع سابق.

6. تغيير نوعية الدعم الموفر للشباب من دعم عشوائي وآني إلى دعم مخطط ومبرمج.

7. تغيير سياق التوجه العام نحو موضوع الشباب بالتحول من الإهمال إلى التفعيل، ومن اعتباره مصدرًا للمشاكل إلى اعتباره موردًا بشريًا، ومن التشكيك بقدراته إلى الثقة بقابليته.

وقد حددت السياسة الوطنية للشباب التابعة لمجلس شباب أوروبا المبادئ التالية لوضع السياسات الوطنية للشباب[1] ومن أهمها:

- وضع قانون خاص بالشباب يضمن مشاركة المنظمات غير الحكومية في اتخاذ القرارات الاستراتيجية المتعلقة بالشباب، ويضمن نجاعة التدخلات الحكومية لصالح الشباب.
- دعم وتفعيل سياسات إعلام الشباب.
- إخبار الشباب بالإمكانيات المتاحة لهم، وضمان التواصل بين جميع الفاعلين في السياسات الموجهة لهم، وتأمين شفافية السياسات الخاصة بالشباب.
- دعم الأبحاث المتعلقة بقضايا الشباب عبر تحديد القضايا الأساسية المرتبطة برفاهيتهم بشكل منتظم، والتعريف بالممارسات الفضلى لمعالجة تلك القضايا، وبالدور الذي يمكن للمنظمات غير الحكومية الشبابية أن تضطلع به.
- دعم الإبداع من خلال تحفيز الحلول المبدعة والخلاقة لمشاكل الشباب.

وتعبِّر السياسات الشبابية عن الإرادة السياسية في ترقية وتطوير الحياة الشبابية وفي تفعيل مشاركة الشباب في مختلف مناحي الحياة. إن هذه السياسات «تتأسس على دراسة وتحليل مستفيض لمختلف أوجه العمل الشبابي، ومعالجة مستمرة للبرامج والأنشطة والخدمات الموجهة للشباب وضبط الاستراتيجيات والخطط المقترحة للتنفيذ»[2]. وتنشغل السياسات

---

(1) للمزيد راجع:

F. Y. Denstad, (Ed.), Youth policy manual: how to develop a national youth strategy, Council of Europe, 2009.

(2) للمزيد راجع: استراتيجية برنامج الأمم المتحدة الإنمائي، المساواة بين الجنسين، 2014-2017، مرجع سابق.

الشبابية بتفعيل الإجراءات والصيغ الكفيلة بتوحيد وتظافر الجهود، ومعاضدة المبادرات الهادفة إلى تفعيل مشاركة الشباب في التنمية الوطنية، وذلك نظرًا للدور الريادي والهام للشباب الذي أثبت فاعليته خصوصًا في تغيير موازين السلطة؛ بهذا تفطنت الدولة لهذه الفئة وأعطتها أهمية كبرى لا سيما في منحها جملة من الامتيازات، وبالتالي أولت الدولة اهتمامًا كبيرًا بهذه الفئة وأصبحت هدفها الأساسي.

إن وضع سياسة شبابية يعني الالتزام الجاد إزاء الشباب واستيعابهم اليومي على نطاق واسع في بنى وأنشطة التنمية الاجتماعية. ويقتضي ذلك تعاونًا مستمرًا وملتزمًا بين الشباب والراشدين على جميع المستويات، من خلال الاعتراف بالشباب كشركاء متساويين ومهمين. ويستهدف ذلك «مساعدتهم على أداء أدوارهم بصورة فعالة وعلى شغل المناصب الملائمة لهم في المجتمع»[1]. وتقوم اليونيسكو بإشراك الشباب من الذكور والإناث في مختلف أنشطتها حول العالم. وإن اعتماد إشراك الشباب في تدبير الشأن العام والمحلي، يعتبر في غاية الأهمية في صناعة السياسات العامة، لأن «مجال الديمقراطية والمواطنة يعتمد بالأساس على الاستثمار في الشباب في سن مبكرة من خلال إشراكهم»[2]. وكلما تحركت الدولة والمجتمع نحو الشباب كلما انخرط الشباب داخل المؤسسات، وهذا يتطلب «حكامة جديدة للشأن الشبابي، قوامها معرفة عميقة لقضايا الشباب والاستماع إليهم، والاستثمار فيهم، وإشراكهم في العملية التنموية، وتنظيمهم مؤسسيًا حول الاختيارات الكبرى للمجتمع، وذلك في أفق تحويلهم إلى نخب المستقبل»[3]. وفرض الواقع الذي يعيشه الشباب في هذا العصر والتحديات والمشكلات التي تواجهه، مطالبة الأمم المتحدة بقيام تحالف دولي للاهتمام بالشباب، يقوم على المرتكزات الثلاثة التالية:

1. الاعتراف بالشباب كمصدر قوة للتنمية الشاملة.

---

(1) منظمة الأمم المتحدة للتربية والعلوم والثقافة www.unesco.org

(2) مقاربة الأمم المتحدة برنامج العمل العالمي للشباب حتى سنة 2000 وما بعدها، مرجع سابق.

(3) إدريس الكراوي، الشباب، الهوية، والقيم في العالم العربي، لقاء علمي نظمته كلية دبي للإدارة الحكومية، والجامعة الأمريكية في بيروت، ومعهد عصام فارس للسياسة العمومية والعلاقات الدولية، ومنظمة الأمم المتحدة للطفولة، يوم 8 فبراير 2010.

2. فهم الشباب باعتبارهم مجموعة متنوعة لها احتياجات مختلفة، حسب الجنس والموقع ومستوى التنمية في البلدان التي يعيشون فيها.

3. الدعوة إلى تفعيل سياسة توفير العمل المناسب بصورة شاملة للشباب، للاستفادة القصوى من قدراتهم في جميع المجالات[1].

تعبر هذه المرتكزات الاستراتيجية عن وعي عميق بالأهمية التي يوليها العالم للمسألة الشبابية، نظرًا لأهمية الشباب في مواجهة التحديات ودوره كفاعل رئيسي في التنمية.

2.1. المسألة الشبابية في العالم

1.2.1. جذور الاهتمام بقضايا الشباب في العالم

بدأ الانشغال الدولي بقضايا الشباب وبضرورة وضع سياسات وطنية وتدابير إجرائية من قبل الحكومات للتصدي بقدر أكبر من الفعالية للمشاكل التي يعاني منها الشباب، في مختلف بقاع العالم ومشاركتهم في المجتمع، منذ عام 1965. وأقرت الجمعية العامة للأمم المتحدة بأن الاهتمام بالمبادئ وبالمثل العليا وبطاقات الشباب من النساء والرجال، ضرورة حيوية لتحقيق غايات وأهداف المجتمع. وتم التنصيص بذلك للمرة الأولى في عام 1965، حين صادقت الدول الأعضاء على إعلان الأمم المتحدة بشأن تعزيز قيم السلام والاحترام المتبادل والتفاهم بين الشعوب في أوساط الشباب. وناشدت من خلاله الحكومات والمنظمات غير الحكومية لاتخاذ التدابير اللازمة والسياسات الضرورية لتنشئة الشباب على روح السلم والعدالة والحرية والمساواة والاحترام المتبادل والتفاهم، باعتبار هذه القيم من أهم الضمانات الكفيلة بتحقيق أمانيهم في السعادة وتأمين مستقبلهم. وصدر هذا الإعلان في سياق الحرب الباردة، ما جعله أقرب إلى إعلان أخلاقي للنوايا، ولكنه يظل حدثًا فارقًا في التاريخ الدولي لحقوق وسياسات الشباب.

خلال الأعوام العشرة التي تلت الإعلان (1965-1975)، جرى التركيز على ثلاثة مواضيع أساسية بالنسبة للشباب وهي المشاركة والتنمية والسلم. فقد أعلنت الجمعية العامة في عام 1985 السنة الدولية للشباب: وشدد المجتمع الدولي في ذلك العام على أهمية عدالة التوزيع والمشاركة الشعبية ونوعية الحياة بالنسبة إلى فئة الشباب. وخلال العام ذاته أيضًا، أصدرت

(1) للمزيد راجع: الأمم المتحدة، التقرير الدولي عن الشباب في العالم، نيويورك، 2003، ص 75.

الجمعية العامة المبادئ التوجيهية المتعلقة بالمواصلات والتخطيط والمتابعة المناسبة في ميدان الشباب منذ عام 1990، ليبرز اهتمام الأمم المتحدة المتزايد بقضايا الشباب بإدراجها ضمن مؤتمراتها العالمية، ثم تخصيصها ببرنامج عمل عالمي للشباب. ففي عام 1995، أقرت الجمعية العامة للأمم المتحدة برنامج العمل العالمي للشباب حتى عام 2000 وما بعدها، الذي «يوفر إطارًا للسياسة العامة ومبادئ توجيهية عملية للعمل على المستوى المحلي وكذلك الدعم الدولي لتحسين حالة الشباب»[1].

يتضمن برنامج العمل العالمي للشباب مقترحات عملية حتى عام 2000 وما بعدها، غايتها تحقيق أهداف السنة الدولية للشباب وتهيئة الظروف والآليات التي تؤدي إلى زيادة تحسين رفاه الشباب ومعيشتهم. ويعتبر البرنامج المذكور بنفس القيمة التاريخية لإعلان 1965، كونه يعبر عن العناية التي أصبح المجتمع الدولي يوليها لقضايا الشباب، لكن هذه المرة بعيدًا عن الالتزامات المجردة والعمومية، وإنما ببرامج متناسقة ومدققة، تنسجم مع الحجم الذي أصبحت تحتله قضية الشباب كقضية قائمة بذاتها. وبالتالي يمكن اعتبار هذا البرنامج «مرجعية دولية مهمة في وضع السياسات والاستراتيجيات الوطنية في مجال الشباب»[2].

يؤكد هذا البرنامج أن الشباب يمثلون موردًا بشريًا رئيسيًا للتنمية، ومن العوامل المؤثرة في التغيير الاجتماعي والتنمية الاقتصادية والابتكار التكنولوجي. ويرى أن المشاكل التي تواجه الشباب فضلًا عن رؤاهم وآمالهم، هي عنصر أساسي في التحديات التي تواجه مجتمعات اليوم والأجيال المقبلة على السواء واحتمالات المستقبل المرتقب للمجتمعات والأجيال. ولذلك تبرز الحاجة الشديدة إلى قوة دفع جديدة لتصميم السياسات والبرامج المتعلقة بالشباب وتنفيذها على جميع المستويات. وستؤثر الطرق التي ستعالج بها السياسات التحديات والإمكانيات الخاصة بالشباب على الظروف الاجتماعية والاقتصادية الحالية ورفاه الأجيال المقبلة ومعيشتها. وقد ركز هذا البرنامج على عشرة مجالات اعتبرها ذات أولوية وهي: «التعليم، والعمالة، والجوع والفقر، والصحة، والبيئة، والمخدرات، وجنوح الأحداث، وأنشطة شغل وقت الفراغ، والفتيات والشابات، وأخيرًا المشاركة الكاملة والفعالة للشباب في حياة المجتمع وفي اتخاذ القرارات»[3].

---

(1) الأمم المتحدة، التقرير الدولي عن الشباب في العالم، مرجع سابق، 111.

(2) عامر الكبيسي، مرجع سابق، ص 32.

(3) الأمم المتحدة، تقرير السكان والتنمية، مرجع سابق، ص 112.

إلى جانب برنامج العمل العالمي للشباب حتى سنة 2000 وما بعدها، نجد مجموعة من القرارات والمواثيق والإعلانات التي تعد سندًا دوليًا قانونيًا وداعمًا لمشاركة الشباب أهمها:

- الإعلان العالمي لحقوق الإنسان عام 1948، إذ تتيح المادة 21 من الإعلان العالمي لحقوق الإنسان المساواة في المشاركة لتدبير الشأن العام وجاء فيها: «لكل فرد الحق في الاشتراك في إدارة الشؤون العامة لبلاده إما مباشرة وإما بواسطة ممثلين يُختارون اختيارًا حرًا»[1].
- قرار تضافر العمل على المستويين الوطني والدولي لتلبية حاجات الشباب وتطلعاتهم وتشجيع مشاركتهم في الإنماء القومي والدولي.

السياسات والبرامج المتعلقة بالشباب: الشباب في الاقتصاد العالمي (2000 - 2007)

- إعلان لشبونة أغسطس 1998.
- إعلان براغ عام 1998.
- إعلان الأمم المتحدة بشأن الألفية 2000.
- إعلان داكار عام 2000.
- إعلان الدار البيضاء عام 2003.
- تقرير الشباب في العالم الصادر عن الأمين العام للأمم المتحدة عام 2005.
- الإعلان العربي لتمكين الشباب سنة 2006.
- تقرير البنك الدولي حول التنمية في العالم: التنمية والأجيال الجديدة عام 2007.

فضلًا عن ذلك، صدرت في العقد الأخير قرارات عن الجمعية العامة للأمم المتحدة تدعو إلى تنفيذ برنامج العمل العالمي للشباب، وأهمها قرار الجمعية العامة للأمم المتحدة الصادر في 18 يناير 2008 تحت عنوان «السياسات والبرامج المتصلة بالشباب»، وتدعو فيه الدول الأعضاء وجميع هيئات الأمم المتحدة والوكالات المتخصصة والمنظمات غير الحكومية المعنية ولا سيما منظمات الشباب، إلى بذل كل الجهود الممكنة لتنفيذ برنامج العمل العالمي للشباب، الرامي إلى وضع سياسات للشباب شاملة لعدة قطاعات، عن

---

(1) قرارات الدورة الخمسين للجمعية العامة للأمم المتحدة /http://www.un.org

طريق إدماج منظور شبابي في جميع عمليات التخطيط وصنع القرار ذات الصلة بالشباب. بعد ذلك، ونتيجة بروز تحديات جديدة أمام الشباب، قررت الجمعية العامة للأمم المتحدة اعتماد «ملحق لبرنامج العمل العالمي للشباب لعام 2003 وما بعده»، يستعرض الشواغل الخمسة الجديدة، التي نشأت منذ إقرار برنامج العمل العالمي للشباب وهي: «العولمة، وتكنولوجيا المعلومات والاتصالات، وفيروس نقص المناعة المكتسبة الايدز، والشباب ومنع الصراعات، والعلاقات ما بين الأجيال»[1]. وفي عام 2008 وبموجب تقرير الأمين العام، تلقى العمل العالمي للشباب دفعة قوية من المجتمع الدولي ونقلة نوعية جعلت منه أجندة عملية للشباب، وذلك من خلال تحديد أهداف كمية وغايات قياسية، يمكن رصدها وتقويمها على مدى زمني يمتد من خمس إلى عشر سنوات. وأوصت الجمعية العامة للأمم المتحدة بأن «تعمل كافة الدول الأعضاء وهيئات الأمم المتحدة، والوكالات المتخصصة، واللجان الإقليمية، والمنظمات الحكومية والدولية والمنظمات غير الحكومية المعنية، وخصوصًا منظمات الشباب، على تشجيع تطوير سياسات تستهدف الشباب، وعلى إدماج هذه السياسات في خطط التنمية الوطنية واتخاذ ما يلزم لتمويل هذه السياسات»[2]، وذلك عبر القرارات التالية:

- القرار 24 الصادر في 3 / فبراير 2010.
- القرار 62 الصادر في 5 / فبراير 2008.
- القرار 58 الصادر في 22 / ديسمبر 2003.
- القرار 67 الصادر في 18 / ديسمبر 2002.
- القرار 52 الصادر في 19 / ديسمبر 2001.
- القرار 54 الصادر في 17 / ديسمبر 1999.
- القرار 50 الصادر في 14 / ديسمبر 1995.

هكذا تعددت القرارات الداعمة لمبدأ ادماج السياسات الشبابية في خدمة خطط التنمية الوطنية. ومن أبرز ما جاء في قرار الجمعية العامة لسنة 2009 تأكيده أن تنفيذ برنامج العمل

(1) الأمم المتحدة، تقرير السكان والتنمية، مرجع سابق، ص 92.

(2) قرارات الدورة الخمسين للجمعية العامة للأمم المتحدة /http://www.un.org

العالمي للشباب وتحقيق الأهداف الإنمائية للألفية، يتطلب مشاركة الشباب والمنظمات التي يقودها الشباب مشاركة كاملة وفعلية في صنع القرار داخل المجتمع. وفي السنوات الأخيرة، كان هناك اعتراف متزايد بضرورة وضع الشباب في صميم جدول أعمال التنمية، والتعامل معهم كشركاء على قدم المساواة في عملية صنع القرار، والعمل على جميع المستويات على تكريس المواطنة كمدخل للمشاركة، وتعليم الشباب في سن مبكرة قواعد الديمقراطية من أجل ممارستها، باعتبارها دعامة لأجيال الحاضر والمستقبل، الأمر الذي يتطلب «مرافقتهم وتربيتهم ليتحولوا إلى مواطنين لهم المعلومات الكافية والضرورية للتفكير بما هو منتظر منهم، لكي يقبلوا عليه بمسؤولية وبوعي بحقوقهم وواجباتهم»[1].

2.2.1. برنامج العمل العالمي للشباب: الخصائص والمبادئ

عبرت مجموعة كبيرة من الدول الأعضاء في الأمم المتحدة عن استعدادها للعمل على تحقيق مقاصد ميثاق الأمم المتحدة ومبادئه، ومن بينها رفع مستويات المعيشة، والعمالة الكاملة، وتهيئة البيئة الملائمة لتحقيق تقدم الشباب وتنميتهم. في هذا السياق، سنحاول التركيز على برنامج العمل العالمي للشباب، باعتباره وثيقة للعمل الدولي في مجال الشباب الهادف إلى تعزيز الشروط والآليات التي تشجع على تحسين رفاههم ومستوى معيشتهم، ويوفر إطارًا لسياسة عامة، ومبادئ توجيهية عملية لتحسين حالة الشباب والاستجابة لتطلعاتهم.

لقد شكل برنامج العمل العالمي للشباب، مبادرة غير مسبوقة من جانب المجتمع الدولي، لجهة الاعتراف بقيمة الشباب كمورد بشري وعامل أساسي للتغيير والتنمية الاقتصادية والاجتماعية. ووُضع برنامج العمل استنادًا إلى «صكوك دولية حديثة منها إعلان ريو بشأن البيئة والتنمية الذي اعتمده مؤتمر الأمم المتحدة المعني بالبيئة والتنمية، وإعلان وبرنامج عمل فيينا، اللذان اعتمدهما المؤتمر العالمي لحقوق الإنسان، وبرنامج العمل الذي اعتمده المؤتمر الدولي للسكان والتنمية، وإعلان كوبنهاغن بشأن التنمية الاجتماعية، ومنهاج العمل الذي اعتمده المؤتمر العالمي الرابع المعني بالمرأة، وأخيرًا إعلان الألفية الثالثة للتنمية»[2].

(1) سيد صبحي، مرجع سابق، ص 212.

(2) للمزيد راجع: استراتيجية برنامج الأمم المتحدة الإنمائي للمساواة بين الجنسين 2014-2017، شباب متمكن، مستقبل مستدام، برنامج الأمم المتحدة الإنمائي، نيويورك، 2017.

رغم أن صكوك وبرامج العمل الدولية تسهم إسهامًا مهمًا في عملية صوغ وتنفيذ سياسات وطنية[1]، إلا أنها لا تعترف بأن الشباب هم فئة متميزة من السكان، لها احتياجاتها وقدراتها المتباينة والمختلفة عن إجمالي السكان، بل تفترض ضمنًا أن الشباب قد يستفيد من عوائد التنمية، فمناهج التنمية وإن كانت توفر مبادئ توجيهية لتقييم التقدم المحرز نحو تحقيق الغايات العامة، ضمن إطار الأولويات التي حددتها تلك الوثائق، إلا أنها لم تطور مؤشرات مرجعية فعلية في شكل غايات معينة، وأهداف محددة زمنيًا، يمكن لها أن تساعد في وضع أو صياغة أجندات لتنمية الشباب، وتوفر فرصًا أفضل لتقييم التقدم المحرز في صياغة وتنفيد سياسات وطنية للشباب هادفة، وتؤثر تأثيرًا مباشرًا في تنمية الشباب.

تتميز مقاربة برنامج العمل العالمي للشباب عن المقاربات التقليدية الواردة في الإقرار بأن السكان هم مجموعات بشرية غير متجانسة، وأن احتياجاتهم وأدوارهم في عملية التنمية تختلف باختلاف المرحلة العمرية في دورة حياة الإنسان. وفي ما يلي المبادئ الأساسية التي يقوم عليها برنامج العمل العالمي للشباب[2]:

- أهمية الاستثمار في الشباب لما له من مردود إيجابي اقتصادي يؤدي إلى كسر حلقة الفقر المتوارث بين الأجيال، واجتماعي يتمثل بتحقيق الإنصاف الاجتماعي، وسياسي ينعكس في خيار الحداثة وعصرنة المجتمع للأجيال الحالية والمستقبلية. وكانت الأمم المتحدة أول من روَّج للدور الايجابي للشباب في عملية التنمية، فالشباب هم مدخل أساسي وفرصة تنموية في تحقيق الهبَّة الديمغرافية.
- ضرورة ارتكاز مقاربة الشباب على أساس الحقوق والواجبات، بمختلف مبادئها ومنطلقاتها العامة والنوعية في المجالات الاجتماعية والاقتصادية والسياسية والمدنية، وهو ما يرتكز على منظومة حقوق الإنسان أولًا.

---

(1) الأمم المتحدة، قضايا السياسة العامة في منطقة الإسكوا، السياسات الوطنية للشباب في إطار برنامج العمل العالمي للشباب، المجلس الاقتصادي والاجتماعي اللجنة الاقتصادية والاجتماعية لغربي آسيا الإسكوا، الدورة السادسة والعشرون، مايو 2010.

(2) للمزيد راجع: بتول شكوري، الاستجابة لبرنامج العمل العالمي للشباب وصياغة السياسات الوطنية للشباب، ورشة عمل تعزيز القدرات الوطنية ومنهجية توثيق الإنجازات، الإسكوا، بيروت، 2008.

- ضرورة أن يتشارك كل المعنيين بالتنمية وبقضايا الشباب: الحكومة والقطاع الخاص ومنظمات المجتمع المدني والمنظمات الإقليمية والدولية، أولًا: لدعم هذه الحقوق وترسيخها، وثانيًا: اعتماد هذه الحقوق كمعايير أساسية في تقييم السياسات الوطنية للشباب.
- الإيمان بأن الشباب فاعل ومشارك أصيل في كل ما يُعنى به ويقدم له من سياسات وبرامج ومشروعات.
- عدم التمييز بين أي من فئات الشباب ولأي سبب من الأسباب، ديني أو عرقي أو ثقافي أو طبقي أو حسب النوع الاجتماعي.

ما يمكن استخلاصه انطلاقًا من هذه المبادئ، أن المدخل الفعلي لتجسيدها عمليًا يعتمد بالأساس على المقاربة التشاركية بكل مستوياتها وأنماطها، لأنها حق أصيل من حقوق الشباب باعتبارهم صانعي التغييرات الاجتماعية الرئيسية والمستفيدين منها وضحاياها أيضًا في جميع أنحاء العالم، ولا سيما في البلدان التي تمر بمراحل إنمائية مختلفة. وفي ظل أوضاع اجتماعية اقتصادية صعبة، يتطلعون إلى المشاركة التامة في حياة المجتمع، في مختلف المجموعات والمؤسسات الحكومية ومنظمات المجتمع المدني، بدءًا بالأسرة والمؤسسة التعليمية مرورًا بمؤسسات العمل ومنظمات المجتمع المدني للتصدي لمشكلات الفقر والتعليم والعولمة والبيئة، بالإضافة إلى المشاركة في صنع القرارات ومواجهة المشاكل الصحية تحقيقًا لرفاهة الشباب واستجابة لحاجياتهم الملحة وهو ما يبينه الرسم البياني التالي[1]:

(1) الأمم المتحدة، اللجنة الاقتصادية والاجتماعية آسيا، الإسكوا، الشباب في منطقة الإسكوا، دراسة للواقع والآثار المترتبة على سياسة التنمية، تقرير السكان والتنمية، العدد الرابع، 2009.

الرسم البياني رقم 1

أولويات برنامج العمل العالمي للشباب حتى سنة 2000 وما بعدها

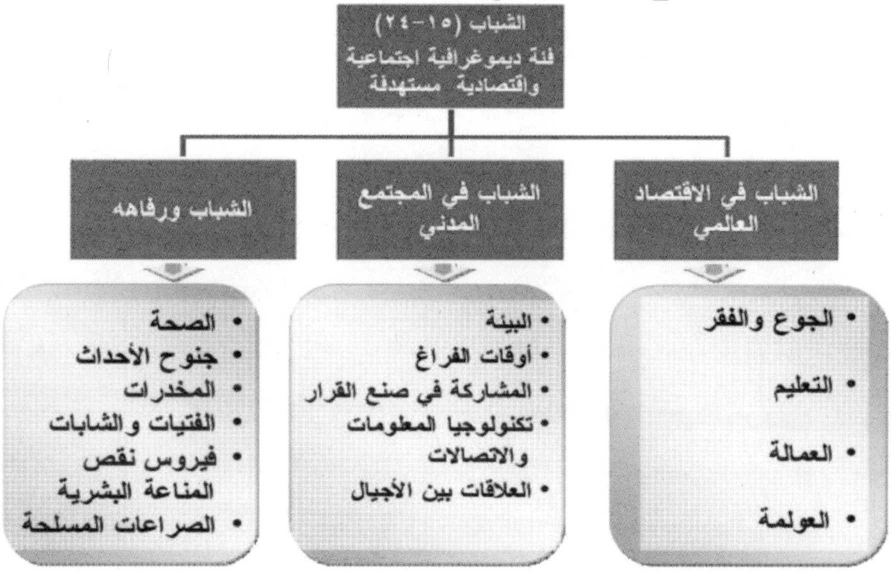

يشخِّص برنامج العمل العالمي للشباب التحديات التي تواجه الشباب، ويقدم مقترحات للعمل وتدابير إجرائية يجب اتخاذها بشكل متكامل في كل مجال من هذه المجالات ذات الأولوية. ويسعى برنامج العمل العالمي للشباب إلى «مساعدة الحكومات للاستجابة لطموحات وحاجات الشباب من خلال العمل على هذه الأولويات في تحقيق مستقبل أفضل للجميع»[1].

يقودنا طرح هذه الأولويات إلى الاشتغال على الاستراتيجية الوطنية لدولة قطر في مجال الشباب، كآلية لمواجهة مشكلات الشباب القطري وزيادة تمكينه داخل فضاءات المجتمع، انسجامًا مع رؤية قطر 2030 وخطط واستراتيجيات التنمية الوطنية 2018-2022 للدولة.

---

(1) أقر الأمين العام للأمم المتحدة في تقريره المقدم إلى الجمعية العامة للأمم المتحدة في الدورة الثانية والستين، مجموعة متماسكة من المؤشرات الخاصة بالشباب تم بموجبها تفعيل البرنامج عمليًا، وارتبط تنفيذه بمجموعة من الأهداف والمؤشرات القياسية التي تقيس وتقيم التقدم المحرز نحو تحقيق الأهداف المتعلقة، برصد تقدم الشباب. والإطار الزمني الذي اختير لتحقيق الغايات والأهداف المقترحة هو بين العامين 2005 و2015.

2. الاستراتيجية الشبابية في دولة قطر

تؤكد معظم الأدبيات ومختلف التقارير الدولية التي تناولت موضوع الشباب على ضرورة الاستثمار في الشباب الذين يشكلون أغلبية السكان خصوصًا في البلدان النامية، من خلال نهج سياسات وطنية وقطاعية تكون جزءًا من السياسات العمومية للدولة. وعادة ما يقصد بالسياسة الوطنية للشباب «إعلان الدولة عن التزامها بقضايا الشباب من خلال وضع خطة أو استراتيجية تحدد بوضوح مكانة ودور الشباب في المجتمع، وتتضمن رؤية متكاملة لكل الخطوات التي تنوي الدولة اتخاذها من أجل تحسين ظروف الشباب الحياتية»[1]. وكونها متعددة القطاعات فهي تتطلب تنسيقًا وتكاملًا بين برامج مختلف الوزارات والهيئات والمنظمات بشكل أفقي. ويظل العامل الأهم في إنجاح السياسة هو تشريك الشباب في مختلف مراحل إعدادها، عبر طرح هذه السياسة على الشباب ثم على المنظمات والتجمعات الشبابية المختلفة والأحزاب السياسية والجمعيات المدنية ذات الصلة بالنشاط الشبابي، لتتولى فيما بعد إعداد الصياغة النهائية للوثيقة، على أن تقوم كل الوزارات المعنية بتحويل الأهداف والاستراتيجيات الواردة فيها إلى خطط عمل وبرامج تنفيذية بالمشاركة مع المجتمع المدني والقطاع الخاص، باعتبارهما شريكين أساسيين في عمليات التنمية الشبابية، وذلك بالتنسيق مع الإدارة المشرفة على قطاع الشباب التي من المفترض أن تقوم بمراجعة هذه السياسة أو الاستراتيجية كل ثلاث سنوات. وتسعى السياسات الوطنية للشباب إلى إدماج المكون الشبابي في كافة السياسات العامة ذات الصلة، وتمكين الشباب اقتصاديًا واجتماعيًا وسياسيًا وتوسيع مشاركتهم في الحياة العامة، وتنمية قيم الولاء والانتماء لديهم، وتفعيل دور الفتاة والقضاء على صور التمييز ضدها، وتحسين مستوى الخدمات التي تقدم للشباب مع تسهيل حصولهم عليها، وتحقيق أكبر قدر من اللامركزية في تقديم الخدمات الشبابية، ومساندة القطاع الخاص والمجتمع المدني على المشاركة في تحقيق التنمية الشبابية.

يشير تقرير الإسكوا الصادر عام 2009، إلى أن «معظم الدول العربية الإسلامية التي طورت استراتيجيات وطنية للشباب تعاني من نقص أو غياب البيانات الإحصائية المفصلة

(1) جامعة الدول العربية، قضايا الشباب العربي (الحالة المعرفية للمنتج البحثي حول الشباب العربي)، التقرير السنوي لسنة 2005، حول قضايا الشباب، العدد الأول، 2005.

حول الشباب»[1]. وقد أثر هذا النقص في الإحصاءات سلبًا على دراسة حاجات الفئات المهمشة والضعيفة ضمن الشباب، مثل «الشباب ذوي الاحتياجات الخاصة، أو الشباب في المناطق الريفية، أو الشباب المتسربين من المدارس، أو الشباب العاطلين عن العمل»[2]. والجدير بالذكر، أن «السياسات المتصلة بالشباب في هذه الدول غالبًا ما تفتقر إلى بعض التفاصيل الجوهرية مثل قضايا النوع الاجتماعي والفروقات المناطقية والاختلافات بحسب مستوى الدخل»[3] .لذلك يفترض وضع سياسة للشباب متعددة الأبعاد للحد من الحواجز المعرقلة لإشراكهم وتسهيل إسهاماتهم في المجتمع ووضع سياسات وطنية تركز على مشاركتهم في جل القطاعات كالتعليم والتشغيل والتنمية، وذلك من أجل تلبية احتياجاتهم بقدر أكبر من الكفاءة. ويجب تشريك الكفاءات وأصحاب المصلحة من الشباب، ولا سيما الهيئات التمثيلية للشباب بوصفهم شركاء في اتخاذ القرارات، على غرار ما شهدته دول العالم في السنوات الأخيرة من تحولات وتغيرات أثرت في بنية الاختيارات الحكومية والتوجهات الاقتصادية والاجتماعية والثقافية والسياسية، الأمر الذي دفع بالدول إلى مراجعة اختياراتها خاصة فيما يتعلق بقطاع الشباب. وتطرق بعض الباحثين إلى مفهوم «الدولة العاجزة عن التصرف في هياكلها الاجتماعية»[4]، وما قد ينجر عنها من أشكال جديدة لتهميش الفئة الشبابية. في هذا السياق، حاولت قطر وضع رؤية وطنية تهدف إلى التحول بحلول عام 2030 إلى دولة متقدمة قادرة على تحقيق التنمية المستدامة، وتأمين استمرار العيش الكريم لشعبها وخصوصًا فئة الشباب عبر:

- دعم التحديث مع المحافظة على التقاليد.
- الاستجابة لاحتياجات الجيل الحالي واحتياجات الأجيال القادمة.
- اعتماد سياسات النمو المستهدف والتوسع غير المنضبط.
- تحفيز مسار التنمية وترشيد حجم العمالة الوافدة المستهدفة ونوعيتها.
- الاستثمار في التنمية الاقتصادية والاجتماعية وحماية البيئة.

---

(1) أحمد محمد موسى، مرجع سابق، ص 69.

(2) اللجنة الاقتصادية والاجتماعية لغرب آسيا، الإسكوا، الشباب في منطقة الإسكوا، دراسة للواقع والآثار المترتبة على سياسة التنمية، تقرير السكان والتنمية، مرجع سابق.

(3) بتول شكوري، مرجع سابق، ص 77.

(4) جامعة الدول العربية، قضايا الشباب العربي، مرجع سابق.

ويؤكد تقرير التنمية البشرية لدولة قطر 2018 -2022 أن الشباب هم مورد بشري رئيس للتنمية، وعناصر فاعلة في التغيير الاجتماعي الإيجابي. إن «توظيف حماسهم وإبداعهم مع الدعم من الإبداع التكنولوجي، سيساهم بدرجة كبيرة في تحقيق الأهداف الإنمائية لدولة قطر»[1].

1.2. الاستراتيجية الوطنية للشباب بدولة قطر: المرتكزات والغايات

تركز الرؤية الوطنية 2030 لدولة قطر على نقاط أساسية أهمها أن فئة الشباب هي هدف التنمية ووسيلتها، وأن هذه الفئة عنصر أساسي من عناصر التغيير والتطور الاقتصادي والاجتماعي والسياسي، وتؤسس «للوجهة التي سيعتمدها البلد، والدعم العملي الذي ينوي توفيره لشبابه وشاباته. وتنطوي هذه الرؤية على استعراض حالة الشباب وتحليل أوضاعهم. وتشكل إطارًا جامعًا لانخراط الشباب في الحياة المجتمعية والوطنية. وتتبلور هذه الرؤى والمفاهيم في تمكين الشباب وإشراكهم في عملية بناء الدولة وفي صنع القرار، من خلال دعم الجهود الرامية إلى تعزيز قدراتهم ومهاراتهم وتحسين الفرص المتاحة أمامهم»[2].

يحتاج الشباب إلى بيئة مُمكَّنة تشجعهم على المشاركة في تنميتهم الذاتية وفي تنمية بلدهم، وإعطائهم الفرصة بجعلهم قادرين على المساهمة الفاعلة في صنع القرار للصالح العام. والشباب مصدر قوة لمجتمعاتهم ويجب إنشاء مسارات تضمن دمجهم ومشاركتهم في جميع أوجه التنمية. إن مشاركة الشباب في المجتمع «إحدى المحاور الأساسية لبرنامج العمل العالمي للشباب، وشرط جوهري لتطوير المجتمع وتنميته المستدامة»[3]. في الوقت عينه، تعتبر المشاركة هدف من أهداف تحقيق العدالة الاجتماعية الشاملة. في هذا الإطار يركز النهج الذي تتبعه قطر على ضرورة «دعم مبدأ مشاركة الشباب على جميع المستويات وبكل الأشكال، باعتبار المشاركة حق من حقوقهم وشرط أساسي في تفعيل مبادئ وشروط

---

(1) للمزيد راجع: تقرير التنمية البشرية لدولة قطر، 2018-2022، منشورات وزارة الثقافة والرياضة، الدوحة، 2018.

(2) للمزيد راجع: سونيا نوكس، تقرير تقني حول القضايا والأولويات والسياسات المتعلقة بالشباب في بعض الدول العربية، منشورات الإسكوا، اللجنة الاقتصادية والاجتماعية لغربي أسيا، 2015.

(3) اللجنة الاقتصادية والاجتماعية لغربي آسيا، المشاركة في السياسات العامة، مشروع القانون الدولي للشباب بالدول العربية والتشريعات المتعلقة بحقوق الشباب وواجباتهم، 2005، ص 13.

المواطنة. وكذلك توفير فرص المشاركة في مختلف المؤسسات والهيئات الحكومية وغير الحكومية والمجتمع المدني، بدءًا من الأسرة والمؤسسة التعليمية وصولًا إلى مؤسسات العمل العامة والخاصة، مما يعود على الجميع، شبابًا كانوا أو مؤسسات، بالمنفعة والقيمة الإضافية. بالإضافة إلى ذلك، تقوم الاستراتيجيات المتبعة على ضمان مشاركة كل أصحاب الشأن المعنيين بالتنمية وقضايا الشباب تحقيقًا للتنمية المستدامة. لذلك حين يكتمل التصور النهائي للسياسة الوطنية للشباب ينبغي دمجها في صلب السياسات العامة، واعتمادها في صيغتها الرسمية من طرف جميع مؤسسات الدولة، بحيث تكون السياسة الوطنية للشباب جزءًا من سياسات الحكومة القطاعية الأخرى، وأن تنسق معها وتدمجها في خطة مندمجة وطنية»[1]، على أن تكون احتياجات الشباب ومطامحهم جزءًا لا يتجزأ من التخطيط الوطني وصنع السياسات تحت مسؤولية قطاع الشباب بشكل مستقل. لذلك لا بد من تخصيص سياسات تعنى بالشباب وتولي لهم الأهمية القصوى وتهدف بالأساس إلى دعم الجهود وتمكين الشباب وتنسيق الجهود الوطنية للعمل معهم. إن السياسة العامة للشباب يجب أن تصاغ بحوار وطني شبابي جامع يأخذ بعين الاعتبار رسم الخطوط العريضة لما ترنو الدولة لتحقيقه من نهضة شبابية شاملة. ومن الضروري أن تأتي السياسة الوطنية للشباب كتتويج عبر قطاعي ينسق ما بين الاستراتيجيات الموجودة في مختلف القطاعات، ويسلط الضوء على الاستثمار في الشباب في كافة البرامج الوطنية الأخرى، إذ إن الشأن الشبابي لا يمكن أن تضطلع به جهة واحدة، فالحاجة لتنسيق الجهود المختلفة بقالب واحد يضمن تناسق العمل. وتمكن السياسة الشبابية من «معالجة القضايا الشبابية عبر تضافر جهود الدولة ومؤسسات المجتمع المدني، وذلك من أجل تطوير المشهد الشبابي وتمكين الشباب من المشاركة»[2].

هكذا إذن أضحت المقاربة الشبابية حاضرة ضمن الرهانات الاستراتيجية للدولة القطرية عبر عدد من الوزارات على رأسها وزارة الثقافة والرياضة والمؤسسات العمومية بالتعاون مع المنظمات الدولية والمنظمات غير الحكومية والجمعيات، بمجهودات متعددة وبإمكانيات مختلفة. وقد عملت وزارة الثقافة والرياضة على أخذ مبادرة التفكير في توحيد رؤية العمل

---

(1) الأمم المتحدة المجلس الاقتصادي والاجتماعي اللجنة الاقتصادية والاجتماعية لغربي آسيا الإسكوا، الدورة السادسة والعشرون، 20 مايو 2010.

(2) تقرير التنمية البشرية الثالث لدولة قطر، إدماج الشباب في عملية التنمية، الدوحة، منشورات الأمانة العامة للتخطيط التنموي، 2012.

مع الشباب ولأجل الشباب، باعتماد استراتيجية وطنية مدمجة للشباب وكفيلة بمعالجة كافة الاختلالات التي تعيشها هذه الشريحة، وتكون قادرة على إيجاد حلول متقدمة لقضايا متعددة ومتشابكة ومرتبطة بالشأن الشبابي القطري، تناغمًا مع الدستور القطري الذي ينص في المادة 22 على أن الدولة ترعى النشء وتصونه من أسباب الفساد وتحميه من الاستغلال وتقيه شر الإهمال البدني والعقلي والروحي، وتوفر له الظروف المناسبة لتنمية ملكاته في شتى المجالات على هدى من التربية السليمة[1].

بما أن هذه الاستراتيجية تعني الشباب، وهي استشراف للمستقبل، فقد تم اعتماد أسلوب إشراكهم في صناعة خريطة طريق لهذه الاستراتيجية الوطنية، مع الحرص على المشاركة الواسعة لكافة الفرقاء المعنيين بالتنمية في تصميمها، فتوضح رؤيتهم، إلى جانب عرض التعريفات الأساسية والفرعية لمصطلح «الشباب»، بالإضافة إلى تحديد قائمة بالأولويات تتناول أوضاع الشباب حسب رؤيتهم، وفقًا للأولويات الخمس عشرة الواردة في برنامج العمل العالمي للشباب، مع تحديد «الأهداف والغايات التي تسعى السياسة إلى تحقيقها، في ضوء الأولويات المحددة وفي إطار احتساب دقيق للتكاليف التي تغطي كافة قطاعات الشباب»[2]. ويضاف إلى ذلك «إعادة هيكلة المؤسسات وإصلاح البنى المؤسسية لتسهيل التخاطب والتنسيق بين صانعي السياسات وبين الفعاليات الوطنية والمحلية، وإنشاء الآليات التي تشجع على إشراك المجتمع المحلي والإصغاء إلى آراء ممثليه»[3].

وفضلًا عن دعم تعزيز فئة الشباب باعتبارها عنصر تغيير في المجتمع وثروة قيِّمة وشريك فعال، لا بد من تحفيز الاستثمار في الشباب من أجل ضمان استمرارية توفر الموارد والمعلومات والفرص التي تمكنهم من إدراك قدراتهم، لأن الشباب هم مورد بشري رئيس للتنمية، وهم عناصر فاعلة في التغيير الاجتماعي الإيجابي. إن توظيف مُثلهم وحماسهم سيساهم بدرجة كبيرة في تحقيق الأهداف الإنمائية لدولة قطر. ولكن توسيع الخيارات والفرص وبناء رأس المال البشري المطلوب لتقدم البلد نحو مجتمع متنوع مبني على المعرفة، سيتطلب تركيزًا وتنسيقًا أكبر واستثمارًا للموارد في الشباب القطري. ويتطلب

(1) دستور دولة قطر، المادة 22.

(2) استراتيجية قطاع الإثراء الثقافي والتميز الرياضي، 2018-2022، مرجع سابق، ص 48.

(3) تقرير التنمية البشرية الثالث لدولة قطر، مرجع سابق، ص 6.

أيضًا تنسيق استراتيجية وطنية للشباب تشمل كافة القطاعات وتتضمن شراكة بين منظمات الشباب غير الحكومية، والقطاعات الحكومية والجماعات المحلية، والقطاع الخاص والإعلام. ويضاف إلى ما سبق، تشجيع إنشاء مجلس وطني للشباب يتولى تنفيذ السياسة الوطنية للشباب على مستوى الوطني، مصحوبة بخطوات عمل وأهداف ومجموعات مستهدفة، ومحددة بجدولة زمنية مرحلية، وبخطط على صعيد الموارد، لأن دولة قطر بحاجة إلى وزارة أو جهاز مكرس لرعاية شؤون الشباب وتعميمها. هذا الجهاز يستطيع «تنسيق السياسة الوطنية لتنمية الشباب المتسقة مع برنامج الأمم المتحدة العالمي يعمل من أجل الشباب وفق استراتيجية التنمية الوطنية القطرية 2018-2022، ليكون مسؤولًا عن تنفيذ برامج تنمية الشباب»[1]. يأتي ذلك تجسيدًا لاستراتيجية الوزارة المعنية بالشباب، الهادفة لإنتاج مجتمع ينعم بعقول واعية وأجسام سليمة، وتمثل نقطة انطلاق لجهد وطني يسعى إلى تمكين الشباب وإطلاق استثمار قدراتهم وتحقيق تطلعاتهم. وتتضمن هذه الاستراتيجية العمل على تفعيل مشاركة الشباب في المجتمع والحياة العامة، عبر مجموعة من المبادرات والبرامج الرامية إلى بناء قدراتهم وتطوير مهاراتهم الفكرية والقيادية، بهدف تحقيق منظومة ثقافية ورياضية شبابية فاعلة وخلاقة تدعم المجتمع في حراكه نحو التقدم مع حفاظه على ثوابته وقيمه. يكون ذلك عبر إنشاء استراتيجية شبابية متكاملة ومندمجة تواكب التقدم الاقتصادي والتطور الاجتماعي والإشعاع الدولي الذي حققته دولة قطر، وتعزز دعائم تماسك المجتمع القطري وتُنمي قدراته على مواجهة التحديات الداخلية والخارجية اجتماعيًا واقتصاديًا وثقافيًا. توفر هذه الاستراتيجية «ضمانات حقيقية ومستدامة لتلبية احتياجات الأجيال القادمة، وتحقق الأهداف التنموية الوطنية التي تركز على الإنسان باعتباره أداة التنمية وغايتها في نفس الوقت، شريطة أن تكون استراتيجية واقعية وقابلة للتجسيم في برامج ومشروعات تطبيقية، وتقوم على رؤية علمية واضحة وأهداف دقيقة مبنية على تشخيص علمي لواقع الشباب القطري، وتستفيد من التجارب الدولية الرائدة والممارسات الجيدة في مجال العمل الشبابي ومؤسساته وتقنياته الحديثة والمتطورة، وتستجيب لتطلعات الشباب القطري واحتياجاته المتغيرة»[2].

---

(1) نفس المرجع، ص 7

(2) نفس المرجع، نفس الصفحة.

كل ذلك يجسم توجهات وثيقة رؤية قطر الوطنية 2030، ويحقق النتائج الرئيسية والوسيطة والأهداف المحددة لقطاع الشباب في استراتيجية التنمية القطرية 2018-2022؛ إضافة إلى التنسيق الفاعل مع قطاعات استراتيجية التنمية الوطنية، لبلوغ المستوى الدولي في مجال العمل مع الشباب باعتماد نظم الجودة وتقنيات التخطيط والبرمجة والمتابعة والتقييم، فضلًا عن الارتقاء إلى المراتب الأولى في التصنيفات الدولية في مجال الشباب. ولا بد من دعم المواكبة الإعلامية للخطوات التي تهيئ للسياسة الوطنية من أجل توسيع مجال التعبئة الشبابية لأن نجاح السياسات الشبابية رهين التكامل بين عدة قطاعات توظف الفاعلية الشبابية، ويجب أن تراه فاعلًا وشريكًا تنمويًا في الحاضر والمستقبل، وبأن الاستثمار فيه هو استثمار وطني ومتعدد المكاسب، ويتطلب ذلك:

- اعتماد رؤية إيجابية حول الشباب.
- أن تلقى السياسات الشبابية توافقًا وطنيًا من مختلف القوى الاجتماعية والسياسية والشركاء المعنيين بقضايا الشباب.
- تحقيق التنسيق والتكامل بين مختلف السياسات القطاعية من الوزارات والمؤسسات الحكومية والقطاع الخاص ومنظمات المجتمع المدني المعنية بالشباب على المستويين المركزي واللامركزي.
- اعتماد مشاركة الشباب في كل مراحلها على ضرورة الانطلاق من مقاربة حقوقهم، تحقيقًا للإنصاف والاستقرار الاجتماعي، واعتبار مشاركتهم عملية مستمرة ومطردة ومتعددة الجوانب والمجالات. إنها مقدمة ضرورية للإصلاح السياسي والاقتصادي والثقافي أخذًا بالاعتبار لدور الشباب في الحاضر والمستقبل، مع ضرورة متابعة تنفيذ السياسات الشبابية وتقويمها لضمان تحقيقها للأهداف في حدود الزمن التخطيطي والتنموي لها، وتوفير المعرفة والبيانات والمعلومات حول الواقع المتغير للشباب، ونتائج سياسات تمكينه والعوائق التي قد تحول دون تحقيق هذه الأهداف في المستقبل القريب، ما يحيلنا إلى دراسة الأبعاد المستقبلية للاستراتيجية الوطنية للشباب.

2.2. الأبعاد المستقبلية للاستراتيجية الوطنية للشباب بدولة قطر

تكمن أهمية الاستراتيجية الوطنية للشباب في أنها:

- تحدد توجه ورؤية مشتركة للشباب والعاملين معهم والمعنيين برعايتهم وتنميتهم من الشركاء الوطنيين، وتوجه قطاع الشباب نحو الأهداف المقصودة.
- تنطلق من منطلق حقوقي يقوم على أساس حقوق الإنسان، ويعني ذلك أن الشباب أصحاب حقوق، وأن الحكومة تمثل الجهة التي عليها واجبات ومسؤوليات تجاه الشباب.
- توفر إطارًا عامًا وتحدد أولويات عمل مؤسسات الدولة كافة مع الشباب.
- توصي بالبرامج والسياسات التي تترجم هذا الإطار إلى واقع ملموس.
- توفر قاعدة تشبيك بين الشباب وقاعدة لأهدافهم المشتركة.
- تبني التعاون والشراكة بين المؤسسات العاملة مع الشباب في الوطن.
- تسعى إلى «تمكين الشباب ليكونوا مشاركين فعليين في جميع المسارات السياسية والاقتصادية والاجتماعية والثقافية والوطنية»[1].

وتقوم الاستراتيجية الوطنية للشباب في دولة قطر على عدد من المبررات من أبرزها:

- **المبررات التكنولوجية**: تتمثل بثورة المعلومات والاتصالات التي أعادت صياغة العالم المعاصر بما يفترض عقلية جديدة للتعامل مع الواقع الجديد، خاصة ما يتعلق بثورة التواصل الاجتماعي وتأثيراته على العقلية والبنية التكوينية للفكر والثقافة لدى الشباب.
- **المبررات المؤسسية**: تتمثل بالبنية المؤسسية الرسمية وغير الرسمية المعنية بقضايا الشباب، وطبيعة العلاقة فيما بينها ومع قطاع الشباب. وكشفت الدراسات التحليلية لواقع الشباب في دولة قطر، جملة من التحديات تستدعي تدخلات المباشرة تستعجل وضع استراتيجية للشباب، ومن أهمها:

---

(1) ثامر محمد محارمة، سلوك المواطنة التنظيمية في الأجهزة الحكومية القطرية: دراسة ميدانية، مجلة الإدارة العامة، معهد الإدارة العامة، مجلد 48، عدد 2، الدوحة، 2008، ص 52.

1. ضعف الثقافة الاستراتيجية والتخطيط الاستراتيجي في مؤسسات الدولة وغياب السياسة الوطنية الشاملة الموجهة للقطاع الشبابي، مما يجعل الخدمات المقدمة للشباب محدودة تعمل وتتأثر بالأوضاع القائمة من دون أن تشكل فعلًا مؤثرًا.
2. التعدد وغياب التنسيق في المؤسسات التي تقدم خدماتها للشباب، ما أدى إلى غياب وبعثرة الجهود. وهذا يتطلب وجود إطار استراتيجي ومنظومة مترابطة ومتكاملة الأهداف والغايات تعني باهتمامات الشباب وتطلعاتهم.
3. صعوبة التعرف على مواقف وسلوك واتجاهات وممارسات الشباب، في ظل التغيرات الكبيرة في الواقع السياسي والاقتصادي والاجتماعي.
4. ضعف المشاركة المجتمعية عمومًا، وضعف مساهمة منظمات المجتمع المدني لا سيما الشبابية، في التأثير على السياسات العامة.

وتخضع الاستراتيجية الوطنية للشباب لجملة من المبادئ التأسيسية التي تمثل خلفية لها، ومن أبرزها:

المبدأ الإنساني: وفقًا للدستور القطري ستعزز الاستراتيجية كرامة الشباب، عبر توفير الحياة الكريمة والسلم والأمن والطمأنينة لهم، وستسعى لتوفير مستوى معيشي ملائم لنموهم البدني والعقلي والمعنوي والاجتماعي، وستبنى على احترام الدور الاجتماعي للشباب (ذكورًا وإناثًا) وعدم التمييز بينهم على أساس الجنس والفئة أو اللغة أو الأقلية أو الدين أو الطائفة.

المبدأ التربوي: تركز الاستراتيجية على «الرعاية التربوية والتعليمية للشباب، والتأكيد على التنشئة الصالحة (الأسرة، المدرسة، الجامعة، المجتمع) وعلى ربط الشباب بالقضايا الوطنية، وتمكينهم من لعب دور فعال وإيجابي في صيانة الوحدة الوطنية، وستساعدهم من أجل تنظيم أنفسهم في كيانات تسمح لهم بالتعبير عن ذواتهم، والمشاركة في صنع القرارات التي تخصهم»[1].

المبدأ التنموي: تؤكد الاستراتيجية على إلحاق الشباب بأهداف التنمية الشاملة، وتركز

---

(1) وضحة السويدي، مرجع سابق، ص 52.

على «تحقيق فرص عادلة ومتساوية لكلا الجنسين لتنمية قدرات الشباب وتمكينهم. وتسعى لحل مشاكلهم بناء على تنوعهم الديمغرافي، من فئات عمرية فتية وشباب، إناث وذكور»[1].

مبدأ التغير والتطوير: تهدف الاستراتيجية إلى إحداث تغيير في مواقف وسلوك وممارسات واتجاهات الشباب، بما يمكنهم من المساهمة في تطوير أنفسهم ومجتمعهم في جو من احترام الرأي والرأي الآخر مع الالتزام بالحقوق والواجبات.

هكذا تتبنى الاستراتيجية منظورًا شاملًا ينطلق من مبدأ حقوقي، وتضمن للشباب حقوقهم الإنسانية والاجتماعية والاقتصادية والسياسية، وتركز على تمكينهم في الأبعاد الثلاثة: البعد السياسي والبعد الاقتصادي والبعد الاجتماعي، ولتحقيق ذلك تم انتهاج الإطار المنطقي في بناء وإعداد الاستراتيجية. لقد اعتمد نهج الإطار المنطقي المستخدم في تطوير هذه الاستراتيجية مجموعة مفاهيم في التخطيط والتصميم والتقويم لبرامج تمكين الشباب وهي:

- **الغايات الاستراتيجية**: أهداف بعيدة، وتساهم المحصلات والمخرجات المحددة في الاستراتيجية في تحقيقها، مع مراعاة جملة من الافتراضات والمخاطر.
- **المحصلات**: مجموعة النتائج التي تطمح الاستراتيجية إلى تحقيقها، والتي تؤدي بمجموعها إلى المساهمة في تحقيق الغايات منها. وتكون كل نتيجة ذات طبيعة متعددة القطاعات ومتعلقة بأبعاد تمكين الشباب الثلاثة، ويتم تحقيقها عبر مجموعة مخرجات قطاعية، وفي ضوء افتراضات معينة.
- **المخرجات**: مجموعة النتائج قصيرة الأجل المطلوب تنفيذها لتحقيق المحصلات، ويقع كل مخرج ضمن محصلة معينة من محصلات الاستراتيجية.
- **الافتراضات والمخاطر**: تصف الظروف التي ينبغي تحقيقها على مستوى المخرجات، إذا ما أريد لكل ناتج أن يتحقق من خلال مجموعة المخرجات ذات الصلة، ويجب معرفة المخاطر التي قد تعترض تحقيق مخرجات الاستراتيجية التي يجب العمل على تقليصها أو تحييدها أو إلغائها.

---

(1) بتول شكوري، مرجع سابق، ص 132.

- **المؤشرات**: تقيس مدى تنفيذ المحصلات والمخرجات، وإلى أي مدى تحقق الأثر من أي منهما؛ وتتضمن الاستراتيجية مؤشرات إزاء كل محصلة ومخرج.

تستهدف الاستراتيجية الوطنية للشباب تحقيق مجموع توجهاتها، لعل أبرزها «تعزيز المساواة، إذ تعمل الدولة على مختلف مستوياتها وكافة شرائح المجتمع على تعزيز المساواة بين الشابات والشبان في التربية والتعليم والوصول إلى التكنولوجية، وفي العمل والتدريب، وفي المشاركة في القرارات التي تخصهم، وفي الاعلام، وفي الوصول إلى الخدمات الصحية، وفي حمايتهم من كل أشكال العنف والاستغلال وسوء المعاملة»[1]. ويضاف إلى ذلك تحقيق الأمن عبر تعزيز دور الدولة والشباب، إذ تسعى الاستراتيجية الوطنية للشباب إلى تعزيز دور الدولة على مختلف مستوياتها، ومشاركة كافة شرائح المجتمع خصوصًا الشباب في تحقيق الأمن الفردي والوطني، ما يتمثل في تحقيق العدالة عبر توفير الخدمات والفرص للجميع. لذا تعمل الدولة على مختلف مستوياتها، وفق ما ورد في خطط تحقيق التنمية الشاملة، على ضمان وتعزيز الوصول إلى الخدمات الاجتماعية والصحية والفرص الاقتصادية والتربوية في جميع المناطق، وخاصة في المناطق والمجتمعات الأكثر حرمانًا. هذا الأمر من شأنه أن يخلق بيئة مؤسساتية داعمة عمادها بناء الشراكات وتعزيز التعاون والتنسيق. لذا تسعى الاستراتيجية الوطنية للشباب في هذا المجال إلى تحقيق الشراكة الفاعلة والتعاون والتنسيق وتبادل المعلومات والتكامل بين المؤسسات الحاضنة للشباب، ومن أبرزها المراكز الشبابية التي تسعى إلى تحقيق الأهداف التالية:

- توفير الخدمات الشبابية والرياضية المناسبة في كل المناطق، والحرص على إشراك الشباب في عملية تحديد الأولويات والاحتياجات (وضع الخطط وتنفيذها والإشراف عليها ومراقبتها وتقييمها) على أن يتضمن ذلك «اختيار ما يتلاءم مع طبيعة المجتمع»[2]، وإيجاد المناخ الديمقراطي بما يعني الاشتراك وممارسة حق الاختيار والانتخاب والتغيير، من خلال كفالة الحق في المشاركة في إدارة الشأن العام .

(1) تقرير التنمية البشرية الثالث لدولة قطر، مرجع سابق، ص 44.
(2) الأمم المتحدة، الجمعية العامة الدورة الخمسون البند 105 قرار اتخذته الجمعية العامة، برنامج العمل العالمي للشباب حتى سنة 2000 وما بعدها، 1996.

- غرس قيم المواطنة والانتماء من خلال إعطاء نموذج القدوة عبر التعريف بالشخصيات والرموز التي لعبت أدوارًا مهمة في التاريخ القطري في مختلف المجالات، تأكيدًا للتواصل والتكامل بين الأجيال، وتشجيع السياحة الشبابية لتعريف الشباب بالمناطق التاريخية والأثرية التي تعمق الشعور بالانتماء الوطني.

- توسيع مشاركة الشباب في الحياة العامة، وذلك عبر تشجيع مساهمة الشباب في أنشطة الخدمة العامة والأنشطة التطوعية، وربطهم بأهداف التنمية الشاملة في إطار برامج مثل محو الأمية وحماية البيئة وتنظيم الأسرة والوعي الصحي والتبرع بالدم والدفع بعناصر شبابية إلى مواقع المسؤولية.

- رعاية الموهوبين والمبتكرين عبر التركيز على برامج التأهيل الثقافي والفكري المتميِّز، بهدف خلق قادة لشباب المستقبل، وذلك عبر رعاية الموهوبين والمبتكرين وتشجيع المبادرات الشبابية ونشر الثقافة العلمية وتشجيع النشء والشباب على الابتكار وتطوير تطبيقات جديدة في المجال التكنولوجي، وإتاحة الفرص لهم لممارسة الفنون والآداب المختلفة ورعاية المتميزين منهم؛ فضلًا عن تشجيع الشباب على القراءة وإيجاد فرص التنافس في المجالين الثقافي والفكري خصوصًا في الموضوعات التاريخية والوطنية والقضايا العامة. يضاف إلى ذلك تنظيم واستثمار وقت فراغ الشباب بالبرامج التي تنمي شخصيتهم وتستثمر طاقاتهم وتساعد على تنشئتهم تنشئة صالحة.

- تفعيل دور الفتاة ومشاركتها في الحياة العامة، من خلال «توفير الخطط اللازمة لزيادة دور الفتاة والمرأة في مجال صنع القرار في الهيئات الشبابية والرياضية، والتوسع في برامج الأنشطة الخاصة بالفتيات في مراكز الشباب والأندية»[1].

- تحديث وتطوير مراكز الشباب والأندية القائمة، وإقامة مراكز شباب وأندية رياضية جديدة بما يتناسب مع التطور السكاني والعمراني.

- الانفتاح على العالم الخارجي والتبادل الشبابي العربي والدولي.

- تحديث وتطوير شبكات الاتصال وقواعد المعلومات.

---

(1) انظر المقابلة مع السيدة ريسة الدوسري مديرة مركز الريادة للفتيات، (ملحق رقم 2)

- تشجيع الحوار الفكري والثقافي بين الشباب حول قضايا التنمية الشاملة والتحديات الداخلية والخارجية والسياسات العامة المتبعة، مع التأكيد على قيم التعددية وقبول الرأي الآخر.
- التوسع في برامج التنمية البشرية للعاملين بالوزارة والهيئات الشبابية، وتطوير نظم التخطيط والمتابعة والتقييم للأنشطة والبرامج.
- تدريب الشباب وتزويدهم بالمهارات المختلفة وتنمية قدراتهم القيادية.
- وضع وتنفيذ البرامج الخاصة بالمهرجانات والأعياد والمؤتمرات المحلية والمسابقات الرياضية والدينية.
- تنمية العمل التطوعي والمبادرة عند الشباب.
- تربية الشباب على مبادئ الديمقراطية وحقوق الإنسان وإعداد البرامج والأنشطة التي تؤدي إلى الإعداد البدني والروحي والقيمي والثقافي والاجتماعي للشباب إعدادًا متكاملًا، وتدريبهم على تحمل المسؤولية والتعاون والعمل الجماعي والروح الديمقراطية.

تعمل المراكز الشبابية على بث روح المواطنة والانتماء في الشريحة العمرية ما بين 18-30 عامًا، وذلك من خلال برامج وأنشطة لجميع الشباب من دون تمييز بسبب الجنس أو الأصل أو اللغة أو الدين أو العقيدة، والعمل على إحداث تنمية متوازنة وإعطاء أهمية خاصة للأهداف الوطنية من خلال استخدام المناسبات الوطنية والرياضية الكبرى كأداة لتجميع الشباب. وتحرص إدارة الشؤون الشبابية على الاحتفال بالمناسبات الوطنية الكبرى، وتهدف خطة العمل الشبابي إلى تفعيل مشاركة الشباب في الحياة العامة، بحيث يكون هؤلاء أداة دفع للتنمية الاقتصادية والاجتماعية وتطوير الأنشطة الثقافية في المراكز الشبابية من خلال تكثيف المحاضرات والندوات وورش العمل التي تتناول كافة القضايا الوطنية. وتتيح تلك المراكز الفرصة أمام الشباب للتعبير عن آرائهم بما يضمن مشاركتهم الفعالة في إدارة معسكراتهم وفي تنظيم البرامج والمؤتمرات والندوات التي تهدف لإعداد الكادر الشبابي، وإتاحة الفرصة له للقيام بدوره ومشاركته في صنع القرار وتوعية الشباب بالقضايا العامة التي تشغل المجتمع. وتحث الشباب على المشاركة بفعالية في أنشطة مؤسسات المجتمع المدني ولا سيما على المستوى المحلي، حيث توجد رابطة مباشرة بين مشاركة الشباب

وتحقيق الاستفادة، والتنسيق مع وزارة التعليم والتعليم العالي لتحديث البرامج التعليمية المقدمة للنشء في مرحلتي التعليم الإعدادي والثانوي لجعلها تتضمن مواد تعليمية تحث على المشاركة العامة، وتجعل منها ثقافة جامعة تتأصل في ما بعد من خلال الجهات المنوط بها القيام بهذا الدور، مع تنشيط تلك الأدوار داخل الجامعات من خلال التنسيق مع وزارة التعليم العالي والجامعات. وركزت معظم التوصيات والسياسات على الأولوية الثانية أي تفعيل مشاركة الشباب في المجتمع وفي صنع القرار. والملاحظ أن هنالك زخمًا متناميًا عالميًا في مشاركة الشباب وانخراطهم في التنمية، وقطر ليست استثناءً. لقد أطلقت قطر سلسلة مبادرات تشمل تأسيس إدارات حكومية وصوغ سياسات خاصة وتنفيذ برامج موجهة للشباب؛ والهدف هو «تمكين الشباب القطري لجعله قادرًا على التأثير في صميم صناعة القرار بشأن السياسات، في عملية مشاركة مستمرة ضمن إطار القيم الثقافية المحلية والممارسات التقليدية»[1]. ويعتبر تجسيد الاستراتيجية القائمة على تفعيل مشاركة الشباب في إدارة الشأن العام حجر الزاوية، بوصفها إحدى أهم دعامات المواطنة وديمقراطية المشاركة لدى المجتمعات المعاصرة، وذلك بالموازاة مع تزايد أهمية المجتمع المدني كفضاء لها. وقد ظهرت بوادر المطالبة بتوسيع مجالات هذه المشاركة وإقرارها بندًا أساسيًا في السياسات الدولية والوطنية في أثناء انعقاد منتدى الشباب على هامش المؤتمر الدولي للسياسات الثقافية لليونيسكو، الذي التأم في ستوكهولم، وخصص لموضوع التنمية الثقافية ولإصدار إعلان العقد العالمي للتنمية الثقافية، حيث أكد الشباب على دورهم كقوة دافعة كبرى وراء الإنتاج والابتكار الثقافي وليس فقط كجمهور مستهلك، كذلك أكدوا على حقهم في الاستماع إليهم وفي وضع أي سياسات بهذا الشأن وتنفيذها في المستقبل، ما يعكس مدى شعورهم بتعرضهم للاستبعاد والتجاهل والتهميش، واقتران هذا الشعور برغبتهم في المشاركة، بشرط أن تتاح لهم الفرص (التمكين من المشاركة). تبدو المشاركة إذن عملية إسهام حر وواع في صياغة نمط الحياة في جوانبه المختلفة الاقتصادية والاجتماعية والسياسية، ولهذا السبب تقتضي أولًا أن تملك الناشئة ثقافة المشاركة النقيضة للانعزال واللامبالاة والسلبية، إذ بالمشاركة فقط نتعلم معنى المشاركة. وهنا يبدو دور مؤسسات التنشئة الاجتماعية المختلفة مهمًا في ترسيخ هذه الثقافة.

---

(1) استراتيجية قطاع الإثراء الثقافي والتميز الرياضي، مرجع سابق، ص 46.

أبدت دولة قطر اهتمامًا خاصًا بالشباب، منذ أن تأسست إدارة رعاية الشباب عام 1971 التابعة لوزارة التربية والتعليم، والتي تحولت إلى المجلس الأعلى للشباب الذي أنشئ عام 1979. ولدعم اهتمام قطر بالشباب، صدر المرسوم الأميري رقم 90 بتأسيس «الهيئة العامة للشباب والرياضة» عام 1990، التي غيرت أسمها لاحقًا إلى «الهيئة العامة للشباب» عام 2000، ودمجت إدارة الشباب في اللجنة الأولمبية القطرية عام 2000 وانتقلت إلى الهيئة العامة للشباب عام 2004 والتي دمجت بوزارة الثقافة والفنون والتراث عام 2009، وأُسندت مسؤولية رعاية الشباب إلى إدارتين: «إدارة المراكز الشبابية» و«إدارة الأنشطة والفعاليات الشبابية». وانتقل قطاع الشباب من وزارة الثقافة إلى وزارة الشباب والرياضة عند إنشائها سنة 2013، وتم دمج الإدارتين في إدارة الشؤون الشبابية. وفي سنة 2016 تم دمج وزارة الثقافة والفنون والتراث بوزارة الشباب والرياضة تحت مسمى وزارة الثقافة والرياضة. وتلعب الوزارة دورًا مهمًا على المستويات الإقليمية والدولية وتمثل الدولة في الاجتماعات الوزارية السنوية لكل من مجلس التعاون الخليجي وجامعة الدول العربية، وكذلك في اللجان الفنية الخاصة بالشباب مثل «اجتماع مجموعة الخبراء التابع للجنة الاقتصادية والاجتماعية للأمم المتحدة» الخاص بدمج الشباب في عملية التنمية. هذه الإدارات مسؤولة عن سلسلة واسعة من الجمعيات والمنظمات الثقافية والعلمية، والأندية الاجتماعية، ومراكز التطوع، ومختلف الجمعيات الشبابية، العاملة على رعاية الشباب والارتقاء بقدراتهم ومواهبهم. وتنتدب الإدارات الشبان والشابات للمشاركة في المناسبات الشبابية في الخارج، وتوفر الدعم المادي والإداري اللازمين لمختلف المؤسسات التي تعنى بالشباب. وفي عام 2010، عقد ما يزيد عن 150 فعالية شملت فعاليات مركزية للشباب الموهوبين، وللشباب ذوي الاحتياجات الخاصة، وللشباب الجانحين، ثم للقادة الواعدين من الشباب. وقد تضاعف عدد تلك الفعاليات «ليبلغ عام 2018 ما يزيد عن 320 فعالية»[1].

هكذا تعمل الدولة على تطوير الحياة الشبابية وتحسينها من خلال تفعيل المشاركة الشبابية، والعمل على فهم احتياجات الشباب وتطلعاتهم لا سيما في ظل التغيرات التي تطرأ على المجتمع، وباعتبار قطاع الشباب قطاعًا حساسًا يحتاج إلى العناية والاهتمام. وقد شهدت الآونة الأخيرة تطورات ملحوظة على صعيد الحواضن المجتمعية لمشاركة الشباب،

(1) انظر ملحق رقم 5 حول الأنشطة والفعاليات الشبابية بدولة قطر سنة 2018.

فظهرت بوضوح أكبر مؤسسات مجتمع مدني تُعنى بالأساس بالشأن الشبابي، ويطلق عليها عادة «المؤسسات الشبابية» ويشارك فيها الشباب كمنفذين ومستفيدين من البرامج التي تقدمها. وتمثل هذه المؤسسات إضافة لنظيراتها الحكومية الحواضن الأبرز للعمل الشبابي وممارساته، نظرًا إلى أن الشباب هو «الركن الحيوي من أركان البناء الاجتماعي، ومن حقه أن يفسح له المجال لأداء دوره الاجتماعي في المجتمع، وأن يتمتع بالمكانة التي يستحق بين أعضاء المجتمع في مختلف شرائحهم وتنوع أدوارهم»[1]. ومن أبرز هذه المؤسسات والمبادرات نذكر:

مبادرة انطلاقة - قطر: تأسست سنة 2006 بالشراكة مع شركة شل- قطر، وكلية شمال الأطلنطي، وبنكHSBC) الشرق الأوسط)، ومايكروسوفت - قطر، وشركة السلام الدولية ،ودار الإنماء الاجتماعي. ويهدف البرنامج إلى «تشجيع مشاريع الشباب وتنمية مهارات ريادة الأعمال الخاصة لديهم انسجامًا مع رؤية قطر الوطنية 2030»[2].

مشروع الشباب والتدريب على الأعمال: تأسس مركز «دار الإنماء الاجتماعي» عام 1996 عضوًا أساسيًا في «مؤسسة قطر للتربية والعلوم وتنمية المجتمع». ويقدم المركز برامج لبناء قدرات الشباب، بما فيها «ابدأ مشروعك وحسِّنْهُ» الذي يستهدف الشبان والشابات، ويقدم ثلاث دورات رئيسة هي: «احصل على فكرة لمشروعك» التي تستهدف الشباب الراغبين في بدء مشاريعهم الخاصة وتساعدهم على الاستكشاف والتحليل والنظر في مختلف فرص الاستثمار؛ و«ابدأ مشروعك الخاص» الموجه إلى الشباب الذين حددوا المشاريع الخاصة التي يرغبون في تنفيذها، وتدريبهم على إجراء دراسة الجدوى الاقتصادية لتلك المشاريع؛ وبرنامج «حسِّن مشروعك الخاص» الذي يستهدف «الشباب الذين لديهم الآن مشاريع أعمال خاصة ويزودهم بالتدريب على أسلوب تحسين هذه المشاريع»[3] .

مبادرة الشباب والقيادة: تستثمر «أكاديمية قطر للقادة» في الشباب لتمكنهم من أن يُصبحوا قادة المستقبل. تأسست الأكاديمية عام 2005 بهدف إعداد الشباب من سن 11 عامًا ليصبحوا قادة المستقبل في مجال المشاريع التجارية الخاصة وفي مجال السياسة. تعمل هذه

(1) عمل جماعي، الشباب العربي ورؤى المستقبل، مرجع سابق، ص 18.

(2) تقرير التنمية البشرية الثالث لدولة قطر، مرجع سابق، ص 108.

(3) نفس المرجع، نفس الصفحة.

المبادرة على «دمج الشباب في بيئة تشجع الامتياز في التحصيل الأكاديمي وفي القيادة وفي ألعاب القوى وفي الشخصية عبر تعليم اللغات الإنجليزية والعربية والفرنسية والإنسانيات وتكنولوجيا المعلومات والعلوم والرياضيات بالإضافة إلى الدراسات الإسلامية والثقافية»[1].

مؤسسة أيادي الخير نحو آسيا، روتا: تأسست سنة 2005 كجمعية خيرية قطرية ذات برامج ممتدة إقليميًا ودوليًا. وتعمل «روتا» تحت إشراف «مؤسسة قطر» وتركز على التنمية في التعليم من خلال البحث وتوسيع رفاه المجتمع المحلي. حاليًا تعمل «روتا» مع الشباب في تسعة بلدان، وتوفر فرصًا متساوية للالتحاق بالتعليم الابتدائي والثانوي، وتصل المجتمعات المحلية بالتربويين، وتزيد الفرص الاجتماعية والاقتصادية، وتنادي بحق الجميع في التعليم، وتمد يد المساعدة لإعادة بناء المجتمعات المحلية بعد الكوارث الطبيعية وتلك التي يسببها الإنسان. عقدت «روتا» أول مؤتمر سنوي للشباب حول القيادة الشخصية، وتعلُّم الخدمة والمواطنة العالمية عام 2009. وكان هدف المؤتمر «إقامة منبر للشباب في قطر لتمكينهم وتجهيزهم للأدوار القيادية، وللتعبير عن صوتهم الموحَّد في مواجهة القضايا المحلية والعالمية ضمن سياق تعلُّمي تطبيقي»[2].

مبادرة مناظرات قطر: أنشأتها مؤسسة قطر عام 2007، لتطور وتدعم النقاش الرسمي العلني باللغتين العربية والإنجليزية بين الطلبة والشباب في قطر والمنطقة. وتهدف إلى تشجيع الحديث الحر والنقاش المفتوح. ونظرًا لأنها موجهة للمدارس الثانوية والجامعات فقد أشركت «مناظرات قطر» طلبة من العديد من المدارس في ورشات عمل، وشكلت مجموعات نقاش سنوية ومسابقات وطنية. كذلك تشجع شبكة الجزيرة الشباب بواسطة مركز الدراسات التابع لها، ومركز التدريب والتطوير الإعلامي وإدارة الإعلام الجديدة، على الانخراط في الحوار الاجتماعي والسياسي الإقليمي. وتستهدف «الشباب فوق سن الثامنة عشرة ليكون لهم حضور وليشاركوا في النقاش عبر منابر الإعلام الاجتماعي والمنتديات والمؤتمرات، حيث يساهم الشباب العربي من مختلف الانتماءات الفكرية والسياسية في بناء مستقبل أفضل»[3].

---

(1) نفس المرجع، نفس الصفحة.

(2) ROTA, Reach Out to Asia, 2007 www.reachouttoasia.org/output/.

(3) تقرير التنمية البشرية الثالث لدولة قطر، مرجع سابق، ص 100.

رغم أهمية هذه المبادرات فإن فرص المشاركة المدنية في قطر ظلت محدودة بعض الشيء، خاصة وأنه تتوافر للشباب القطري اليوم فرص أكبر للمشاركة في الاقتصاد وسوق العمل وإثبات قدراتهم القيادية في هذين المجالين، لا سيما ما يتعلق بتنفيذ استراتيجية التنمية الوطنية 2018 - 2022. وقد ابتدأت في قطر مشاركة الشباب في حياة البلد السياسية بسنِّ القانون رقم 12 لسنة 1998 الذي ينظِّم انتخابات المجلس البلدي المركزي. هذا القانون أعطى الشباب الحق في التصويت لممثل لهم في دائرتهم الانتخابية. والممثلون المنتخبون في الدوائر وعددهم 29 ممثلًا منتخبًا يشكلون لجنة تحمل القضايا إلى الهيئة البلدية المناسبة لتهتم بها، ومن ثم إلى الوزارة المسؤولة لتلبية احتياجات المجلس البلدي المركزي. وأطلقت جامعة قطر عبر برنامج «الدوحة للشباب والمشاورات»، مبادرات ودورات تدريب مُصممة لرفع مستوى الوعي بين الشبان والشابات بأهمية المشاركة في الحياة السياسية، وتعزيز قدراتهم ودعم جهود النساء للترشُح للانتخابات. كل ذلك بالإضافة إلى تفعيل مشاركة الشباب في النشاطات التطوعية، والهدف هو تحويل التطوع من كونه خبرة اجتماعية مهنية بسيطة ليصبح مبادرة مؤسسية ذات قيمة. وتوجد سلسلة واسعة من فرص التدريب والأنشطة الذاتية لتجهيز المتطوعين الشباب بالمعرفة الضرورية وبالمهارات وبالخِصال وبالثقافة لخدمة مجتمعاتهم المحلية بالكفاءة الممكنة. إذ تظهر الأرقام أن مشاركة الشباب ذكورًا وإناثًا في العمل التطوعي آخذة في التزايد؛ ففي عام 2010، ارتفعت نسبة القطريين الذين شاركوا في العمل التطوعي من بين مجمل الشباب القطري وفاقت 30٪.

يشكل الشباب مصدر قوة وثروة لمجتمعاتهم. وإذا توفرت لهم الفرص سيكونون مساهمين نشطين في تنمية مجتمعهم المحلي وعلى صعيد التنمية الوطنية أيضًا. إن تحقيق هذه الطاقة الكامنة يتطلب وضع آليات وتأمين مسارات ملائمة لتيسير مشاركتهم، ومن أبرزها الاستثمار في المواطنة الشبابية بشكل يؤثر في أنماط المشاركة، وفي أولويات التنمية، وبالتالي يؤثر في نتائج التنمية مع تقدم الشباب في السن. ولكن «أهمية الشباب ليست فقط لأنهم راشدو المستقبل، وإنما أيضًا لأنهم يستطيعون اليوم تحديد التغيير الإيجابي وتحقيقه. واختيارات الشباب السياسية والأخلاقية وحتى النمطية تساعد المجتمع على رؤية ما هو مهم ثقافيًا، وتحقيق ما هو ممكن سياسيًا»[1]. مع نمو قطر الاقتصادي السريع، ودورها المتزايد

(1) Circle All Together Now, Collaboration and Innovation for Youth Engagement, Center for Information and Research on Civic Learning and Engagement, 2013.

عالميًا، من الضروري تحفيز الشباب القطري ليُعِدوا أنفسهم لتولي أدوار رئيسة في جميع مجالات التنمية، وذلك عبر ارشادهم في تحديد أفضل الفرص، لينخرطوا في اقتصاد ناجح يزداد عولمة؛ فالشباب يحتاجون إلى فرص للمشاركة في عملية التحديث الجارية مُراعين قيمة القيم التقليدية والهوية القطرية. ويحتاج الشباب إلى بيئة مُمَكِّنة تشجعهم على المشاركة وعلى تنميتهم الشخصية وتنمية بلدهم. وإذا أعطوا الفرصة، يستطيع الشباب أن يكونوا مساهمين فاعلين في صنع القرارات للصالح العام. والشباب هم مصدر قوة لمجتمعاتهم، ومن الضروري «إنشاء مسارات لضمان شمولهم ومشاركتهم في جميع أوجه التنمية»[1].

تهدف الاستراتيجية الوطنية للشباب من خلال مختلف الأنشطة الشبابية إلى مواجهة التغيير الحاصل في منظومة القيم الشبابية في الفترة الأخيرة، وأهمها قيم العمل والإنجاز والجودة والانتماء والولاء، وذلك عبر تكثيف الندوات والحوارات الفكرية والثقافية في مراكز الشباب والهيئات الشبابية الأخرى. وتشهد بنية العمل الشبابي تغيرات متلاحقة في الفترة الأخيرة، وذلك بالنظر إلى ظهور أشكال ومنافذ جديدة للتواصل بين الشباب على شبكة الإنترنت لم تكن متاحة من قبل، ومنها المجموعات الحوارية والمدونات والشبكات الاجتماعية المختلفة. وتتيح هذه الأدوات تواصلًا أكبر بين الشباب وتفرض عدة تحديات على المهتمين بالعمل الشبابي، أهمها «تحدي انصراف الشباب عن الأشكال التقليدية للمشاركة العامة سواء بالنزوع إلى استخدام التواجد الافتراضي في حالة المجموعات الحوارية على شبكة الإنترنت أو الاكتفاء بما توفره المدونات والشبكات الاجتماعية من تواصل وتفاعل شبابي خارج الأطر النمطية المعروفة، مما يترتب على ذلك من احتمالية ظهور سلوكيات جديدة يصعب توجيهها من خلال القائمين على العمل الشبابي، وتحدي جاذبية المواقع الشبابية الإلكترونية الخاصة بالهيئات والأجهزة الحكومية للشباب، وتقديم خدمات جاذبة للشباب جنبًا إلى جنب مع الأفكار والقيم المنشود بثها في أوساط النشء والشباب»[2].

هكذا إذن تأتي الاستراتيجية الوطنية للشباب في سياق الاهتمام الكبير بالشباب، وانطلاقًا من التوجهات الاستراتيجية للدولة والأبعاد الدولية لقضية الشباب. شكلت هذه الاستراتيجية الوطنية المندمجة للشباب «مبادرة إيجابية تنبني على فتح الحوار والتشارك بين

---

(1) تقرير التنمية البشرية الثالث لدولة قطر، مرجع سابق، ص 21.

(2) عبد الودود مكروم، مرجع سابق، ص 276.

مختلف الفاعلين في قطاع الشباب، عبر تعبئة عدد كبير من الشركاء الحكوميين والمؤسسات العمومية وجمعيات ومنظمات المجتمع المدني بتعزيز تقني من منظمات دولية، بهدف خدمة الشباب القطري، انطلاقًا من رصد الحاضر والتخطيط للمستقبل، وذلك عبر العمل على توعيتهم بأهمية المشاركة في حياتهم ومستقبل أوطانهم»[1].

يقودنا هذا الطرح، إلى المقاربة الميدانية لدراستنا الحالية، والتي لم نفصل بينها وبين الأقسام النظرية سوى فصلًا منهجيًا، من خلال الاشتغال على اختبار فرضياتنا، والتوقف عند أدوار المراكز الشبابية في تنمية حس المواطنة والانتماء، بعد تحليل إجابات الرواد والمشرفين في مزاوجة وتقاطع وظيفي بين المقاربات الكمية والمقاربات الكيفية، استجابة لخصوصية المبحث، وخدمة للأهداف التي سبق أن طرحنا على أنفسنا تحقيقها.

---

(1) استراتيجية قطاع الإثراء الثقافي والتميز الرياضي، مرجع سابق، ص 47.

القسم الثالث

ترسيخ قيم الانتماء والمواطنة داخل المراكز الشبابية بدولة قطر: الواقع والرهانات

الفصل الأول
مجتمع الدراسة ووصف العينة

1. مجتمع الدراسة وعينة البحث

1.1. مجتمع الدراسة

مجتمع البحث في هذه الدراسة هو الشباب من رواد المراكز الشبابية، وهي من المؤسسات الاجتماعية والثقافية والتربوية التي تهتم بإعداد الشباب إعدادًا ثقافيًا وقيميًا واجتماعيًا وبدنيًا ونفسيًا، من خلال البرامج والأنشطة الدورية التي تقدمها، وذلك من خلال مشرفين ومتخصصين في كافة البرامج والأنشطة المتعددة المقدمة للشباب. إذ تُعد مراكز الشباب من المؤسسات التربوية الاختيارية اللانظامية التي تساعد الشباب على تكوين الشخصية المتزنة، من خلال ممارستهم للأنشطة الاجتماعية والرياضية والثقافية. فضلًا عن ذلك تعتبر من المؤسسات المهنية التي تمارس فيها الرعاية الاجتماعية، بهدف تنمية قدرات الشباب وطاقاتهم وإتاحة الفرصة لهم للمشاركة الفعالة والجادة في المشروعات البيئية والخدمات العامة التي تقدمها مراكز الشباب على المستوى المحلي، والتي يمكن استثمارها في إكساب الشباب سلوكيات وممارسات متصلة بالمواطنة والانتماء. وتعمل تلك المراكز أساسًا على «مواجهة مشكلات الشباب بهدف إحداث تغيير في اتجاهاتهم من خلال إكسابهم للعديد من المهارات وتنمية مواهبهم واستغلال كافة إمكانيات المجتمع المتاحة لمواجهة مشاكلهم»(1)، لإيجاد المواطن الصالح القوي القادر على مواجهة المشاكل والمشاركة الإيجابية في تنمية بلده. وتعتبر المراكز الشبابية مؤسسات عمومية تربوية ثقافية واجتماعية تحتضن النشاطات الثقافية والرياضية وتسعى بالخصوص إلى حث الشباب على استثمار الوقت الحرّ بما يعود عليهم بالنفع، ومساعدتهم على بلورة شخصيتهم وتمكينهم من الوسائل الكفيلة بتنمية مؤهلاتهم لمسايرة متطلبات روح العصر ومواكبة التطورات في

---

(1) للمزيد راجع: عزت حجازي، الشباب العربي ومشكلاته، مرجع سابق، ص 311.

هذا المجال، وتعويدهم على ممارسة مجموعة من الأنشطة العلمية وتنمية ملكات الابتكار لديهم، وإبراز طاقاتهم وتمكينهم من خوض تجارب العمل الجماعي. وتمنحهم تلك المراكز فرصًا للتعبير عن أفكارهم في كل المناسبات المنظمة في إطار الجماعة، وتشجعهم على المشاركة في الأعمال الاقتصادية والاجتماعية والثقافية لتنمية روح التضامن، وخلق جو ملائم لتبادل الخبرات والتجارب، وربط جسور التواصل واللقاء بينهم بغية تبادل الآراء والتجارب والاحتكاك بالآخرين، وحمايتهم من الآفات المؤدية إلى عالم الانحراف.

يبلغ العدد الإجمالي للمراكز الشبابية بدولة قطر 27 مركزًا شبابيًا[1] موزعين على كامل دولة قطر[2]، وقد شملت دراستنا الميدانية 6 مراكز شبابية كعينات مخصوصة بعضها مراكز عامة والصنف الآخر مراكز تخصصية[3]. لأنها تمثل مجالاً مناسبًا لاختبار الفرضيات البحثية التي تنطلق أساسًا من افتراض أن المراكز الشبابية تسهم في ترسيخ قيم المواطنة والانتماء لدى الشباب والاستجابة لتطلعاتهم وهي «مركز شباب الدوحة» و«النادي العلمي القطري» و«مركز أصدقاء البيئة» و«مركز الريادة للفتيات» و«مركز شباب العزيزية» و«مركز قطر للعمل التطوعي».

2.1. عينة الدراسة

تمثل العينة أحد أجزاء وحدات المجتمع الأصل المعني بالبحث، وتكون ممثلة له بحيث تحمل صفاته المشتركة «فهي جزء من المجتمع يتم اختيارها لإجراء الدراسة عليها عوضًا من إجرائها على المجتمع كله»[4]. وقد اعتمدت هذه الدراسة على المزاوجة بين المنهج الكمي باستعمال طريقة الاستبيان والمنهج الكيفي عن طريق المقابلة المقننة والملاحظة المباشرة، لذلك استوجب الأمر اختيار عينتين: الأولى للبحث عن طريق الاستبيان، والثانية لإجراء المقابلة الميدانية. وقد اخترنا كمجال لدراستنا الميدانية ستة مراكز شبابية بدولة قطر، يفترض أن تكون من أكثر المراكز الشبابية قدرة على تأصيل قيم الانتماء والمواطنة على مستوى البرامج والأنشطة، وهي:

(1) انظر ملحق رقم 4، إحصائيات المراكز الشبابية: الأنشطة والمشاركون سنة 2018.

(2) انظر ملحق رقم 5، التوزيع الجغرافي للمراكز الشبابية بدولة قطر.

(3) انظر ملحق رقم 6، حول توز اختصاصات إدارة الشؤون الشبابية بدولة قطر.

(4) عبد الجبار توفيق، التحليل الإحصائي في البحوث التربوية والنفسية والاجتماعية، مؤسسة الكويت للتقدم العلمي، الكويت، 1985، ص 22.

- مركز قطر للعمل التطوعي
- مركز أصدقاء البيئة
- مركز شباب العزيزية
- مركز شباب الدوحة
- مركز الريادة للفتيات
- النادي العلمي القطري

خلال دراستنا الميدانية أجرينا عددًا من المقابلات مع المشرفين على هذه المراكز، فضلًا عن استبيان مع روادها بهدف رصد مختلف تمظهرات المواطنة والانتماء في أنشطة وبرامج هذه المراكز الشبابية، وتمثُّلات الشباب للمراكز الشبابية وأدوارها في ترسيخ قيم الانتماء والمواطنة. ويتميز أفراد العينة بجملة من الخصائص، التي تم اكتشافها من المتغيرات التي اعتمدناها والمتمثلة في متغيِّرات الجنس والعمر والمستوى التعليمي، وهذا ما سنبينه من خلال توزيع العينة حسب هذه المتغيرات، لرصد الملامح الاجتماعية والثقافية لرواد المراكز الشبابية عينة الدراسة.

3.1. الخصائص العامة للعينة

الجدير بالذكر، أن عينة بحثنا هي شباب المراكز الشبابية، وليكون لها أهمية وتأثير على مصداقية النتائج التي سنتوصل إليها، حاولنا أن نجمع عنها جملة من المتغيرات تكون قادرة على دعم موضوعية البحث وشفافية نتائجه من خلال الاختلاف أو التطابق في الإجابات التي صرح بها أفراد العينة.

شملت العينة 181 شابًا وشابة من رواد المراكز الشبابية الستة المذكورة أعلاه، واعتبرنا أن هذه المجموعة كافية لتمثيل المجتمع الأصلي. وتتميز العينة بالعديد من الخصائص والمميزات التي تم تحديدها وفق متغيرات الجنس والسن والمستوى التعليمي، وذلك بالاعتماد على منهج قادر على تفسير المعطيات الخاصة بالمستجوب وفق قراءة علمية تستجيب لمتطلبات البحث الميداني وتتوافق مع الإشكاليات المطروحة والفرضيات التي اعتمدناها للحصول على نتائج نهائية تتميز بالدقة والموضوعية، لا سيما أن مجتمع البحث يتميز بالعديد من الخصائص والصفات عن باقي الشرائح الاجتماعية الأخرى سواء من الناحية العمرية أو التعليمية أو النفسية أو الاجتماعية.

وتتميز العينة بمواصفات تستجيب لمتطلبات البحث الميداني وتتوافق مع الإشكاليات المطروحة والفرضيات المعتمدة، للحصول على نتائج نهائية دقيقة وموضوعية. لذلك تتميز العينة بمتغيرات ثابتة وأخرى مستقلة، فالمتغير المستقل هو الذي يؤثر ولا يتأثر بالمتغير التابع (الثابت)، أما المتغير التابع هو الذي يتم التأثير عليه من قبل المتغيرات المستقلة.

- **توزيع العينة حسب متغيِّر الجنس**

حاول البحث من خلال هذه الدراسة الميدانية الاشتغال على متغير الجنس لرصد انتظارات وتمثلات العينة موضوع البحث للمقارنة بين الذكور والإناث داخل مجتمع الدراسة، مع ما يؤمنه التميز الجندري من إمكانات لقراءة التمثلات المتصلة بالممارسات الشبابية وبطبيعة الأنشطة والبرامج التي تقدمها المراكز الشبابية.

الجدول رقم 4: توزيع العينة حسب متغيِّر الجنس[1]

	العدد	النسبة٪
ذكر	103	٪56.90
أنثى	78	٪43.10
المجموع	181	٪100

الرسم البياني رقم 2: توزيع العينة حسب متغيِّر الجنس

يمكن التأكيد أن رواد المراكز الشبابية عينة الدراسة هم من الفئتين، لكن عينة الذكور

(1) المصدر: الدراسة الميدانية، الفترة من يناير 2017 إلى يناير 2018.

تفوق بقليل عينة الإناث. وبلغت نسبة الإناث 43.10٪ ونسبة الذكور 56.90٪، ويعود هذا التفاوت النسبي البسيط إلى أن المراكز الشبابية تستقطب بنسب تكاد تكون متساوية كلا الجنسين، ومرد ذلك أساسًا أنها تحتضن أقسامًا خاصة بالذكور وأقسامًا خاصة بالإناث. مع ملاحظة أن كل رواد أحد المراكز عينة الدراسة «مركز الريادة للفتيات» من الفتيات. وهو من المراكز «التي أنشئت حديثًا لدعم تمكين الفتاة من خلال مجموعة من الأنشطة والبرامج الهادفة إلى تكوين فتيات قادرات على المشاركة الفعالة في المجتمع بثقة وفكر متزن وواع، ليكنَّ فتيات قادرات على استثمار مواهبهن وطاقاتهن في خدمة المجتمع»[1].

- **توزيع العينة حسب متغيِّر السن**

الجدول رقم 5: توزيع العينة حسب متغيِّر السن[2]

	العدد	النسبة٪
من 15 إلى 18 سنة	88	٪48.62
من19إلى 25 سنة	56	٪30.94
من 26 إلى 30 سنة	37	٪20.44
المجموع	181	٪100,0

الرسم البياني رقم 3: توزيع العينة حسب متغيِّر السن

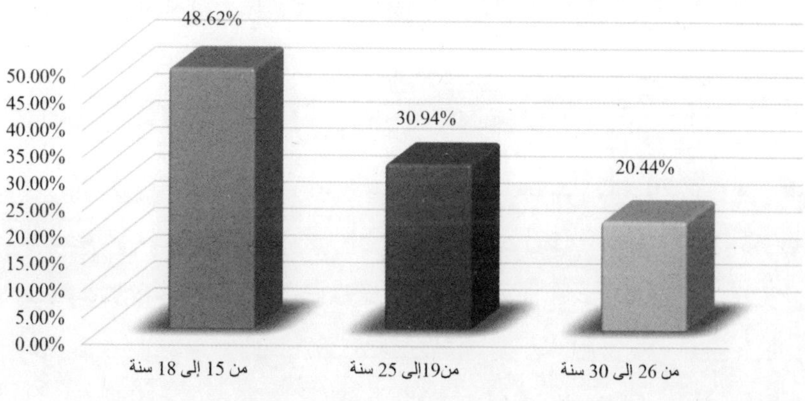

(1) انظر المقابلة مع السيدة ريسة الدوسري مديرة مركز الريادة للفتيات (ملحق رقم 2)

(2) المصدر: الدراسة الميدانية، الفترة من يناير 2017 إلى يناير 2018.

حاولنا عند اعتماد متغير السن أن نقسم المراحل العمرية بطريقة موضوعية وعلمية تساعد في عمليات التحليل والاستنتاج، ولم نعتمد فيها على التقسيمات الطبية أو النفسية، لكننا حاولنا أن نجمع بينهما وبين التقسيم الاجتماعي ومدة الفاعلية وعلاقة التواصل مع المجتمع لجهة الأخذ والعطاء ولا سيما المشاركة في الحياة العامة، ليكون التقسيم على النحو الموجود في الاستمارة كالتالي:

- من 15 إلى 19 سنة: تمثل أكبر شريحة من المستجوبين بنسبة 48.62٪من مجموع المستجوبين، وهي عادة مرحلة الدراسة الثانوية، ويكون الشاب خلالها متقبلًا ومتعلمًا ومقبلًا على أنشطة المراكز الشبابية. ويكون الشباب في هذه المرحلة مستعدون للتعلم ويجدون في المراكز وأنشطتها مادة تساهم في تكوينهم وبناء شخصيتهم الاجتماعية. ويكون الشاب في هذه المرحلة مسكونًا بهاجس إثبات ذاته وخوض تجربته الشخصية، حين يتصل بمؤسسات تنشئة اجتماعية مغايرة للأسرة أو المدرسة كمؤسسات أولية، لتتحدد حاجياته في هذه المرحلة الحساسة، وفق عوامل ومؤثرات مستحدثة وطارئة متصلة بما يعرفه الشاب من تغيرات فيزيولوجية ونفسية.
- من 20 إلى 25 سنة: ثاني شريحة في عدد المستجوبين ونسبتها 30.94٪، وهذه المرحلة العمرية تكون عادة فترة الدراسة الجامعية أو فترة البحث عن موقع داخل المجتمع، إذ لا يزال الشاب في هذه المرحلة يلعب دور المتقبِّل، وفي الآن نفسه يحاول إيجاد دور آخر داخل المجتمع، وهي فترة تتميز عادة بالتكوين والبحث إضافة إلى المشاركة. ولا تكون المشاركة تامة في هذه المرحلة، أي أن الشاب يصبح منتميًا ومشاركًا وربما فاعلًا داخل مجتمعه، وتتقاطع معه وتحركه عدة دوافع متصلة بإثبات الذات واحتلال موقع متقدم يفضي إلى التوازن الاجتماعي والمادي والنفسي.
- من 26 إلى 30 سنة: تمثل أقل نسبة من المستجوبين (20.44٪)، وهي عادة فترة النضج الاجتماعي وما يمكن أن نسميه الدخول في الحياة، حيث يكون الشاب فيها غالبًا داخل سياق مجتمعه من خلال العمل أو من خلال الاستقلال الذاتي عن طريق الزواج وتكوين أسرة مستقلة. ويصبح الشاب في هذه المرحلة أكثر انتماء ومشاركة، وتتاح له من خلال ذلك فرصًا أكبر للفاعلية والتأثير وربما التغيير، ويمسك أكثر بزمام واقعه وحاضره. ومن ثم تأتي المبادرة والمشاركة الفاعلة لا سيما مع تطور الوعي بقيم المسؤولية المجتمعية.

• **توزيع العينة حسب متغيِّر المستوى التعليمي**

الجدول رقم 6: توزيع العينة حسب متغيِّر المستوى التعليمي[1]

	العدد	النسبة٪
ثانوي	110	٪60.77
جامعي	71	٪39.23
المجموع	181	٪100

الرسم البياني رقم 4: توزيع العينة حسب متغيِّر المستوى التعليمي

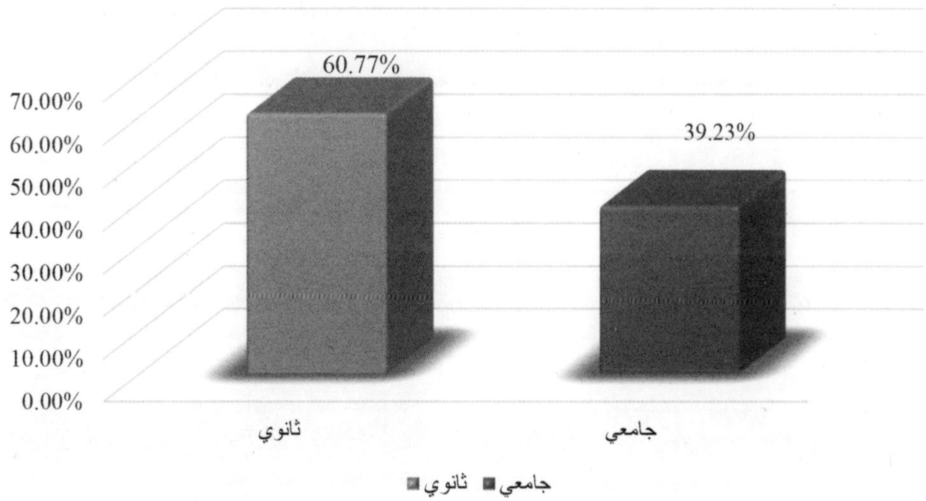

خضع توزيع متغير المستوى التعليمي في دراستنا في جزئه الكبير للتقسيم المعمول به في دولة قطر، فهناك ثلاث مستويات تعليمية واضحة هي الابتدائي والثانوي والجامعي، وقد اهتم البحث بسؤال أفراد العينة عن مستواهم التعليمي الذي توزع بين ثانوي وجامعي، على اعتبار أن رواد المراكز الشبابية يقعون في الفئة العمرية من 15 إلى 30 سنة، ليتوزع أفراد العينة كالآتي: 110 في الثانوي و71 في المرحلة الجامعية. مبرر استعمال هذا المتغير يعود إلى أن أنشطة وبرامج المراكز الشبابية عادة ما تكون في علاقة تتماشى مع طبيعة روادها، لتستطيع تغيير سلوكهم، خصوصًا أن المستوى التعليمي من أهم الخلفيات التي ينتج عنها

(1) المصدر: الدراسة الميدانية، الفترة من يناير 2017 إلى يناير 2018.

السلوك، إذ يعتبر من أهم المتغيرات المؤثرة في سلوك الشاب، بما هو «تفكير أو عمل يقوم به الفرد ويتجه وجهة معينة قد توصله إلى هدف أو قد تقربه منه، وقد يكون السلوك مستجدًا، وقد يكون السلوك مكروهًا وشاذًا أو مستحدثًا أو قديمًا، فإنه يستند إلى أولويات أو خلفيات يصدر عنها ويرجع إليها»(1). ومن منطلق أن أهداف المراكز الشبابية بوصفها مؤسسات تربوية ومجتمعية قائمة بالأساس على تعديل السلوك وبناء الشخصية الاجتماعية للشباب، من خلال اقتراح أنشطة وبرامج تتماشى مع حاجيات الرواد وطبيعتهم وفقًا لمختلف المراحل العمرية، ودرجة التقدم في التحصيل العلمي والمعرفي، فقد اشتغلت دراستنا الميدانية بعمق على هذه المتغيرات.

- **توزيع العينة حسب متغيِّر المراكز الشبابية**

الجدول رقم 7: توزيع العينة حسب متغيِّر المراكز الشبابية(2)

المتغيِّر	العدد	النسبة٪
مركز الريادة للفتيات	30	٪16.57
النادي العلمي القطري	30	٪16.57
مركز أصدقاء البيئة	30	٪16.57
مركز شباب العزيزية	30	٪16.57
مركز شباب الدوحة	30	٪16.57
مركز قطر للعمل التطوعي	31	٪17.15
المجموع	181	٪100

(1) فخري الدباغ، السلوك الإنساني في الحقيقة والخيال، كتاب العربي، الكتاب الثاني عشر، القاهرة، 1987، ص 31.

(2) المصدر: الدراسة الميدانية، الفترة من يناير 2017 إلى يناير 2018.

الرسم البياني رقم 5: توزيع العينة حسب متغيِّر المراكز الشبابية

اعتمدت الدراسة هنا قصديًا مبدأ التناصف، بحيث تقاسمت المراكز الشبابية العينة بنسب متطابقة، على اعتبار أنها من أكثر المراكز الشبابية التي يفترض أن تقدم أنشطة وفعاليات وبرامج تتصل بموضوع بحثنا حول تأصيل قيم المواطنة والانتماء لدى الشباب القطري.

2. خطوات الدراسة الميدانية

لكي تكون الدراسة الميدانية ذات جدوى وأهمية قمنا في البداية باختبار مدى صحة ونجاعة الأدوات التي سنستخدمها، بدءًا بالاستبيان الذي أعددناه لغرض الحصول على معطيات ومعلومات تفيد بحثنا، ثم أخضعناه للبحث التجريبي من خلال توزيع خمس نسخ من الاستمارة على عينة تجريبية، وذلك قصد اختبار مدى وضوح الأسئلة وسلامة طرحها، للتأكد من إمكانية اعتمادها. ثم أجرينا بعض التعديلات على نص الاستبيان من خلال إعادة ترتيب بعض الأسئلة، وتصويب بعض الأخطاء، وتوضيح غموض المصطلحات بناء على نتائج مرحلة الاختبار.

1.2 ديباجة الاستبيان

تعتبر ديباجة الاستبيان من أدق مراحل العمل الميداني، لأنها ستحدد عملية استقراء المعلومات وتحديد النتائج، وقد اتبعنا في ذلك المراحل التالية:

- **تأليف أولي للاستبيان:** بعد تحديد الإشكالية الأساسية والأسئلة الفرعية والفرضيات حددنا شبكة من الأسئلة، تحرينا فيها الدقة والوضوح حتى نتحصل على أكبر قدر ممكن من المصداقية، ومن ثم قمنا بترتيبها للحصول على ربط منطقي بين العوامل المتحكمة في الظاهرة واحترام التصاعد في طرح الإشكالية.

- **اختبار الاستبيان**: بما أن عينة بحثنا هي رواد المراكز الشبابية، قمنا بتوزيع خمس نسخ من استمارة الاستبيان في مرحلة أولى، لاختبارها وبيان نجاعتها في البحث التطبيقي.
- **هيكلة الاستبيان**: انطلاقًا من الفرضيات والمعطيات المشار إليها في القسم المنهجي، قمنا بتقسيم أسئلة استمارة الاستبيان إلى ثلاثة محاور أساسية:
  - محور أول يشتمل على البيانات العامة للمستجوبين.
  - محور ثاني يشتمل على عدد من الأسئلة لاختبار الفرضية الإجرائية الأولى.
  - محور ثالث يشتمل على عدد من الأسئلة لاختبار صحة الفرضية الإجرائية الثانية.
- **المعالجة**: بعد الحصول على مجموع الاستبيانات جرت معالجتها إحصائيًا حسب المراحل التالية:
  - الجمع والتصنيف.
  - التفريغ.
  - وضع الجداول والرسومات البيانية.
- **تحليل النتائج**: جرى تحليل نتائج الجداول التي تحصلنا عليها بعد عملية المعالجة الكمية وفق فرضيات البحث، ونظرنا في قيمة الأرقام المتحصل عليها ودلالة كل منها أخذًا بالاعتبار مستوى كل إجابة، مع تخصيص فقرة وصفية لكل جدول لتحليل النتائج واستقرائها.

بعد تنقيح استمارة الاستبيان قمنا بتوزيعها على عينة البحث، ثم قمنا بتفريغها في جداول بهدف معالجة هذه البيانات إحصائيًا، وأخيرًا تحليل النتائج واستخراج الاستنتاجات التي تفضي إلى ملامسة أهداف الدراسة، وذلك لتقديم نقد موضوعي لدور المراكز الشبابية في تنمية قيم المواطنة والانتماء لدى الشباب القطري، والخروج بمقترح عملي لتفعيل دور تلك المراكز بوصفها مؤسسات مجتمعية للتربية على قيم المواطنة. ثم توقفنا عند تمثُّلات الشباب لأدوار المؤسسات الشبابية في تدعيم قيم المشاركة والمبادرة والمسؤولية المجتمعية والحفاظ على البيئة وغيرها من قيم المواطنة والانتماء.

2.2. الأساليب الإحصائية

تمت عملية تحليل ومعالجة البيانات باستخدام برنامج الحزمة الإحصائية للعلوم الاجتماعية (SPSS)، في ضوء مشكلة الدراسة وأهدافها، واستخدمت الأساليب والمعالجات الإحصائية الوصفية المناسبة لتحقيق أهداف الدراسة، وذلك لعرض خصائص أفراد العينة، ووصف إجاباتهم.

الفصل الثاني

المراكز الشبابية فضاءات مجتمعية للتربية على قيم الانتماء والمواطنة

تشير استراتيجية العمل الشبابي بدولة قطر إلى أن المراكز الشبابية «فضاءات تربوية تعمل على تطوير القدرات المعرفية للشباب ومهاراتهم ومراعاة اتجاهاتهم النفسية واختياراته الثقافية»[1]. وفي هذا الإطار «عملت المراكز الشبابية بدولة قطر منذ تأسيس أول مركز شبابي عام 1983على احتضان الشباب وتأطيرهم»[2]. وحاول الفاعلون والمشرفون على الأنشطة والبرامج في هذه المؤسسات الاستجابة للاحتياجات المتزايدة، وإنتاج نموذج للمؤسسة الشبابية تؤثثه برامج مختلفة ومتنوعة، ضمن أنشطة علمية وتقنية وفنية وثقافية وفكرية. وأكد هذا النموذج جدارته طيلة عقود، فحافظ على كيانه وصار يشكل الركن الأكثر حضورًا في حركة المراكز الشبابية إلى حد الآن. فالمراكز الشبابية ومن خلال مجموعة البرامج والأنشطة الهادفة التي تقدمها تحاول تحقيق نتائج ملموسة، وذلك من خلال الدعوة إلى المشاركة الفعالة للشباب، وإثبات دورها بوصفها مؤسسات قادرة على ترسيخ جملة من القيم والمبادئ والسلوكيات المجتمعية الموجهة للشاب كي يفهم واقعه ومجتمعه. وتسعى المراكز الشبابية إلى استقطاب الشباب وتشريكهم في مشاريعها التي تشتغل على جوانب مختلفة ومتعددة من أهمها الجوانب الاجتماعية والثقافية والتربوية.

يهدف هذا الفصل إلى التعرف على أدوار هذه المؤسسات الشبابية في ترسيخ قيم الانتماء والمواطنة لدى الشباب القطري، من منظور رواد تلك المراكز الشبابية، انطلاقًا من

(1) استراتيجية قطاع الإثراء الثقافي والتميز الرياضي، مرجع سابق، ص 46.

(2) يعتبر مركز شباب الدوحة الذي تأسس سنة 1983 من أقدم المراكز الشبابية بدولة قطر.

افتراض أن المراكز الشبابية فضاءات مجتمعية للتربية على قيم الانتماء والمواطنة، لما تتيحه من فرص للحوار والتشارك والتبادل وإبداء الرأي، ومن ثم الإسهام في خدمة المجتمع وتنمية قيم الانتماء والولاء للوطن؛ ولاختبار صحة هذه الفرضية قمنا بتوجيه جملة من الأسئلة للرواد معتمدين على جملة من المتغيِّرات، وقمنا بدعم تحليل البيانات المتحصل عليها، بالاعتماد على المقابلة مع المشرفين على المراكز الشبابية عينة الدراسة.

تعمل المراكز الشبابية على تقديم جملة من الأنشطة لتحقيق أهدافها. ومن المفترض أن يتضمن الهدف تناول الأمور التالية: «ما الذي سينجز؟ من الذي سينجزه؟ متى سيتحقق الإنجاز؟ وكيف سيتحقّق؟»[1]. إذ أنه من خلال الأنشطة المبرمجة يحاول مسيرو المراكز الشبابية والفاعلون فيها الوصول إلى جملة من الأهداف والغايات أبرزها تلبية حاجيات الشباب المختلفة. وفي هذا الإطار تعمل خطط وبرامج المراكز الشبابية بوصفها مؤسسات مجتمعية على ترسيخ جملة من القيم منها قيم المواطنة والانتماء، وهذا ما حاولنا البحث فيه من خلال آراء الفاعلين وتمثُّلاتهم بشأن أهمية الأنشطة التي تقدمها المراكز الشبابية ومدى علاقتها بترسيخ قيم المواطنة، بالاعتماد على براديغم (نموذج فكري) التفاعلية الرمزية.

1. تمثُّلات الشباب القطري لواقع الأنشطة والبرامج بالمراكز الشبابية

1.1. في مفهوم التمثُّلات:

أصبحت التمثلات الاجتماعية نظرية قائمة بذاتها منذ عام 1962، وبحكم الإسهامات المتعددة لتطويرها تعدَّدت تعاريفها، إذ عرَّف قاموس علم النفس التمثلات الاجتماعية «بأنها معرفة تقيم علاقة بين مادة توجد بالمحيط الاجتماعي أو الفكر وبين الذات الجماعية أو الفردية التي هي في علاقة مع ذات أخرى بحكم انتمائها الاجتماعي أو مشاركتها أو اتصالاتها الاجتماعية»[2]. وعرفتها «دونيز جودليت» كالآتي: «التمثُّلات الاجتماعية هي طرق من التفكير العلمي الموجه للتوصل لفهم المحيط الاجتماعي المادي والفكري والتحكم فيه، إذ إن السمة الاجتماعية لمحتوى التمثلات ومسار تشكلها يتألف من الظروف والسياقات

(1) عبد اللطيف الفارابي وآخرون، معجم علوم التربية، الرباط، دار الخطابي للطباعة والنشر، 2001، ص 235.

(2) Grand Dictionnaire de la psychologie, Brousse, 1993, p 668- 669.

التي تنشأ فيها، والاتصالات التي تنتقل بواسطتها، والوظائف التي تؤديها، وفي التفاعل مع الآخرين ومع العالم»[1].

إن التمثلات الاجتماعية هي معرفة اجتماعية تتأثر في شكلها ومحتواها ومسار تحركها بشروط وسياقات اجتماعية، وبالاتصالات التي تنتقل بواسطتها بين الأفراد أو المجموعات. إلا أن الاستعمال الأول لمفهوم التمثلات يعود إلى «إميل دوركهايم» الذي أبرز الفرق بين الفكر الفردي والفكر الجماعي، واعتبر أن الوقائع الاجتماعية موضوع علم الاجتماع هي ذات طبيعة تمثُّلية، وهذه التمثلات الجماعية هي خارجية وتشارك في الوعي الجماعي فهي عامة ودائمة، وتمارس قدرة الضغط على العمل المعرفي للأفراد. ويعرِّف «غوستاف-نيكولاس فيشر» التمثُّلات الاجتماعية بقوله: «هي مسار للتدبير الذهني للواقع الذي يحول الأشياء الاجتماعية (الأشخاص، الأطر، الوضعيات) إلى مجموعات رمزية (قيم، معتقدات، إيديولوجيات...) ويعطيها موقعًا علميًا، وهي التي تسمح بضبط مظاهر الحياة العادية من خلال إعادة تأطيرها استنادًا إلى سلوكنا داخل التفاعلات الاجتماعية»[2]. إن التمثُّلات «عبارة عن مجموعة من الدلالات المتعلقة بموضوع ما مشترك بين أعضاء مجموعة متجانسة في علاقتها مع هذا الموضوع»[3]، ما ينطبق بوضوح على موضوعنا الذي سعينا من خلاله للوقوف على تمثلات الشباب للأنشطة والبرامج المقدمة بالمراكز الشبابية عينة الدراسة، ومدى توافق هذه التمثلات مع انتظاراتهم ، وتأثيرها في تحفيزهم على المشاركة والمبادرة، وتبنيهم لقيم المواطنة واستيعابهم لمبادئها وممارستها في سلوكياتهم.

1.2. تمثُّلات الشباب لماهية المراكز الشبابية

تؤدي المراكز الشبابية، كونها فضاءات مجتمعية، عدة وظائف اجتماعية داخل محيطها الجغرافي والاجتماعي والثقافي، من خلال تقديمها جملة من الأنشطة والعمل على خطط معينة طيلة فترة زمنية محددة. وتعمل على برمجة مشاريع وفعاليات، وتتدخل في جملة من

(1) D. Jodlet, Représentation sociale, phénomène, concept et théorie, Publier sous la direction de «Moscovici», Edition PUF, Paris, 1984, p 362.

(2) GN. Fisher, Les concepts fondamentaux de la psychologie social, Montréal, Presses de l'Université de Montréal, édition Dunod, 1987, p 18.

(3) C. Flament, JC., Abric, Pratiques sociales et représentations, Paris, Edition PUF, 1994, p 8.

المجالات والمحاور الكبرى التي حددتها الرؤى الاستراتيجية الشبابية الوطنية لدولة قطر؛ إذ تسعى الدولة إلى رفع مستوى الوعي لدى الشباب ومستوى إدراكهم لكياناتهم ضمن المنظومة الاجتماعية والثقافية، وتغذي معرفتهم للغاية من وجودهم كبشر وأفراد في أسرهم ومجتمعهم، وما هي رسالتهم في الحياة ضمن عناصر الهوية القطرية وثقافتها وممارساتها، فيتكوَّن لديهم ذلك الحس بالمسؤولية تجاه الذات وتجاه الآخر وتجاه المجتمع. إن العقول الواعية هي العقول المدركة لكيانها ووجودها لأنها عقول مفكرة ومتعلمة ومحبة للاطلاع المستمر، ما يعني أنها عقول مُشاركة ومُبادرة بإيجابية لتطوير الذات والمحيط، وأنها عقول مُتعاطفة وتشعر بالمسؤولية الذاتية والاجتماعية، فهي بلا شك عقول مُبدعة ومُنتجة للفكر والأدب والثقافة. لذلك جاز التساؤل عن مدى تحقق الأهداف المعلنة في خطط وبرامج المراكز الشبابية من منظور الشباب، وهو ما يقودنا إلى الاشتغال في البداية على ماهية هذه المراكز.

الجدول رقم 8: ماهية المراكز الشبابية من منظور روادها حسب متغيِّر الجنس[1]

	ذكر	النسبة٪	أنثى	النسبة٪	المجموع	النسبة٪
فضاءات للترفيه	42	40.78	38	48.72	80	44.20
فضاءات لمواكبة الأنشطة الثقافية	38	36.90	22	28.20	60	33.15
فضاءات لتمكين الشباب	10	9.70	08	10.26	18	9.94
فضاءات لتعزيز قيم المواطنة	13	12.62	10	12.82	23	12.71
المجموع	103	٪100	78	٪100	181	٪100

يبين هذا الجدول المتعلق بماهية المراكز الشبابية من منظور روادها، أن الشباب عينة البحث يعتبرون أن المراكز الشبابية بالأساس فضاءات للترفيه وذلك بنسبة 44.20٪، وفضاءات لمواكبة الأنشطة الثقافية بنسبة 33.15٪، في حين لم تتجاوز نسبة من اعتبروا أنها فضاءات لتعزيز قيم المواطنة 12.71٪، ومن اعتبرها فضاءات لتمكين الشباب لم تتجاوز نسبتهم

(1) المصدر: الدراسة الميدانية، الفترة من يناير 2017 إلى يناير 2018.

9.96٪. ويُظهر هذا التوزيع تفاوتًا ملحوظًا، إذ لم تتجاوز النسبة المخصصة لتمكين الشباب ربع تلك المخصصة للترفيه، وهو ما يبرز من خلال الرسم البياني التالي:

الرسم البياني رقم 6: ماهية المراكز الشبابية من منظور روادها حسب متغيِّر الجنس

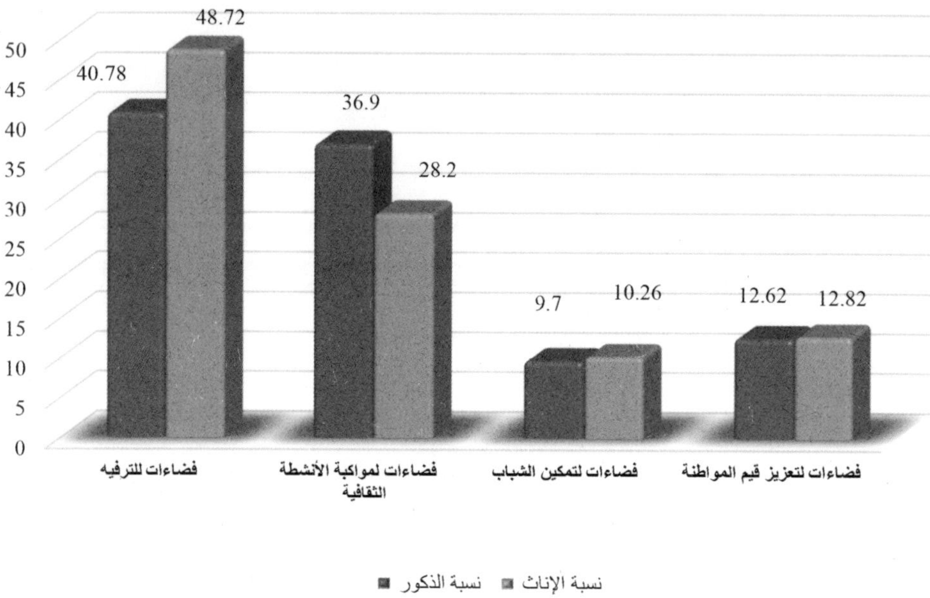

الملاحظ أن هذه النسب لا تختلف كثيرًا حسب متغيرات السن أو المستوى التعليمي. فقد اعتبرت الفئات العمرية الثلاث المعتمدة في متغيِّر السن أن المراكز الشبابية هي بالأساس فضاءات للترفيه بنسبة 60٪ وبنسبة 27٪ كفضاءات لمواكبة الأنشطة الثقافية، ما يحيلنا إلى الاستنتاج بأن تمثُّلات الشباب للمراكز الشبابية يطغى عليها البعدين الثقافي والترفيهي على حساب تعزيز قيم المواطنة التي لم تتجاوز 8٪ أو التمكين بنسبة 5.40٪. هذه النسب تجعلنا نقر وفق استنتاج مبدئي أن الأنشطة المخصصة لتعزيز قيم المواطنة غير واضحة في برامج وأنشطة المراكز الشبابية بشكل جلي للرواد، وخصوصًا لدى الفئات العمرية 15-18عامًا و19-25 عامًا. لكن الملاحظة الأبرز في هذا المتغيِّر أن النسب المخصصة للترفيه والأنشطة الثقافية تعرف تراجعًا لصالح التمكين وتعزيز قيم المواطنة لدى الفئة العمرية 26-30 عامًا، الأمر الذي يرتبط بطبيعة المرحلة العمرية لجهة التقدم في التحصيل المعرفي والعلمي، وهو ما يبرز في الجدول والرسم البياني التاليين:

الجدول رقم 9: ماهية المراكز الشبابية من منظور روادها حسب متغيِّر السن[1]

	15-18	النسبة٪	19-25	النسبة٪	26-30	النسبة٪
فضاءات للترفيه	38	43.18	20	35.71	22	59.46
فضاءات لمواكبة الأنشطة الثقافية	24	27.27	26	46.43	10	27.03
فضاءات لتمكين الشباب	12	13.64	04	07.14	02	05.40
فضاءات لتعزيز قيم المواطنة	14	15.91	06	10.72	03	08.11
المجموع	88	٪100	56	٪100	37	٪100

الرسم البياني رقم 7: ماهية المراكز الشبابية من منظور روادها حسب متغيِّر السن

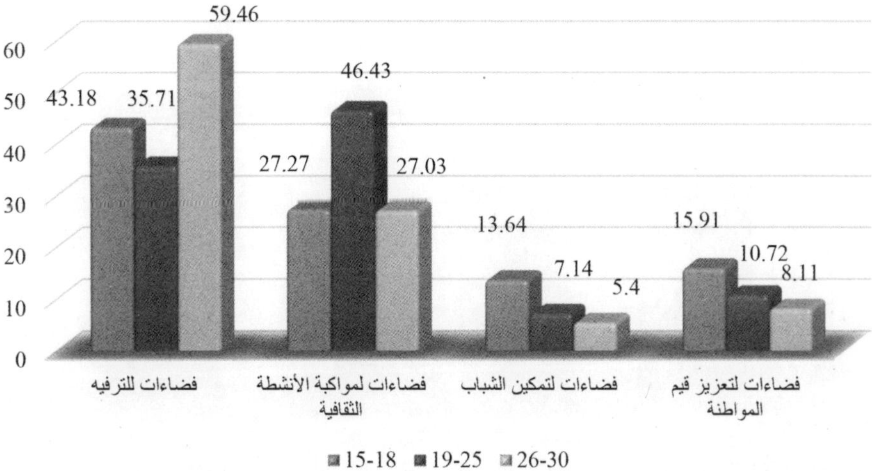

تظل الملاحظات ذاتها تقريبًا حاضرة في تمثُّلات الشباب، حين نعتمد متغيِّر المستوى التعليمي الذي يظهر فوارق إحصائية مهمة بين المجالات الأربع المفترضة لتحديد ماهية المراكز، وهو ما توضحه الأرقام الواردة في الجدول والرسم البياني المواليين:

(1) المصدر: الدراسة السيدانية، الفترة من يناير 2017 إلى يناير 2018.

الجدول رقم 10: ماهية المراكز الشبابية من منظور روادها حسب متغيِّر المستوى التعليمي[1]

	ثانوي	النسبة٪	جامعي	النسبة٪
فضاءات للترفيه	46	41.82	34	47.89
فضاءات لمواكبة الأنشطة الثقافية	37	33.64	23	32.39
فضاءات لتمكين الشباب	15	13.64	03	04.22
فضاءات لتعزيز قيم المواطنة	12	10.90	11	15.50
المجموع	110	٪100	71	٪100

الرسم البياني رقم 8: ماهية المراكز الشبابية من منظور روادها حسب متغيِّر المستوى التعليمي

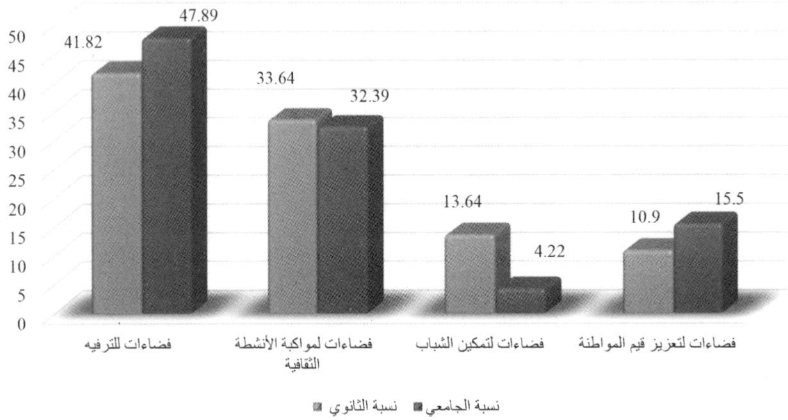

تُجمع مختلف هذه النسب على أن الترفيه ومواكبة الأنشطة الثقافية يهيمنان من منظور الشباب إلى تمثُّلاتهم لأدوار المراكز الشبابية ومجالات تدخلها، مقابل ضعف التمكين والاشتغال على تعزيز قيم المواطنة. مرد ذلك إلى عدم وضوح الأنشطة المتصلة بتعزيز قيم التمكين والمواطنة مقابل هيمنة الأنشطة الثقافية والترفيهية على تمثُّلات الشباب لأدوار تلك المراكز، ما يجعلنا نقر مبدئيًا بأن التمكين متصل بقيم المواطنة، وفي ظل ضعف الإقرار بأن هذه المراكز فضاءات للتمكين نميل مبدئيًا للإقرار بأن رواد هذه المراكز عينة الدراسة

(1) المصدر: الدراسة الميدانية، الفترة من يناير 2017 إلى يناير 2018.

يعتقدون أن تعزيز قيم المواطنة يظل محدودًا في برامج وأنشطة المراكز الشبابية، وذلك خلافًا لما ذهب إليه المشرفون على الأنشطة، الذين أقروا بأن «ترسيخ قيم المواطنة متصل بمجالات التمكين وهو ما يحضر في خطط وبرامج المراكز الشبابية»[1].

لتعميق البحث واختبار ما افترضناه مبدئيًا من استنتاجات حول تمثُّلات الشباب لماهية المراكز الشبابية وأدوارها، حاولنا دعم هذا السؤال بسؤال بآخر حول الهدف من ارتياد المراكز الشبابية؟ وتحصلنا على النتائج التالية:

الجدول رقم 11: الهدف من ارتياد المراكز الشبابية حسب متغيِّر الجنس[2]

	ذكر	النسبة٪	أنثى	النسبة٪	المجموع	النسبة٪
الإفادة والتثقيف	22	21.35	11	14.10	33	18.23
ممارسة الأنشطة الترفيهية	50	48.55	20	25.65	70	38.67
تنمية الهوايات والمواهب	31	30.10	47	60.25	78	43.10
المجموع	103	٪100	78	٪100	181	٪100

يبيِّن الجدول السابق أن أهداف الشباب عينة البحث من التردد على المراكز الشبابية بالأساس تتوزع على تنمية الهوايات والمواهب بنسبة 43.10٪، تليها ممارسة الأنشطة الترفيهية بنسبة 38.67٪، وأخيرًا الإفادة والتثقيف بنسبة لا تتجاوز 18.23٪. وإذا حاولنا النظر إلى هذه الأرقام من زاوية متغير الجنس سنجد أن الأنشطة الترفيهية هي العامل الأكثر تحفيزًا لارتياد المراكز الشبابية بالنسبة للذكور بنسبة 48.55٪، أي حوالي ضعف نسبة الإناث التي لم تتجاوز 25.65٪. ومرد ذلك أن هذه الأنشطة الترفيهية هي متنفس من ضغوط الدراسة والروتين اليومي، ويمكن أن نشير إلى أن مجموعة الرفاق تعتبر من أهم العوامل المحفزة للشباب من الذكور أيضًا في هذا المجال «فالفرد يظن أن انتماءه إلى مجموعة من الرفاق كفيل بتخليصه من حصار الأسرة وتحريره من قيودها، لذلك كانت جماعة الرفاق هي الهدف الذي يمكن أن يحقق له ذلك»[3].

---

(1) انظر المقابلة مع السيد خالد عبد الله، مدير مركز شباب العزيزية (ملحق رقم 2)

(2) المصدر: الدراسة الميدانية، الفترة من يناير 2017 إلى يناير 2018.

(3) ماهر محمود عمر، سيكولوجية العلاقات الاجتماعية، القاهرة، دار المعرفة الجامعية، 2000، ص 127.

أما بالنسبة للفتيات فيعتبرن أن هذه المراكز هي بالأساس مؤسسات لتنمية الهوايات والمواهب، ومرد ذلك طبيعة الفتاة القطرية وتطور تطلعاتها بحثًا عن تنمية ذاتها بالانخراط في النوادي والمراكز الشبابية المختلفة، وعلى رأسها «مركز الريادة للفتيات» الذي يعمل «في إطار خطة عملية على تخريج رائدات وقيادات من الشابات، وذلك برعاية مواهبهن وتحفيزهن على الابتكار والإبداع والريادة»[1]. إن التغيرات المجتمعية التي أشرنا إليها في القسم المخصص لواقع الشباب القطري ومشاغله، المتصلة بتطور نسب الخريجات الجامعيات، ودخولهن سوق العمل، وتطور نمط الحياة، والرغبة في إثبات الذات، كلها عوامل محفزة لاختيار متغيِّر تنمية المواهب والهوايات لدى الفتيات. هذا الجانب تؤكده مديرة المركز بقولها: «تقوم الرؤية الاستراتيجية للمركز على تخريج فتيات رائدات قادرات على المشاركة الفعالة في المجتمع بثقة وفكر متزن وواع؛ وذلك بتمكين الفتيات في مختلف المجالات الاجتماعية والثقافية والرياضية عبر خلق بيئة مناسبة للفتيات واستثمار الطاقات والمواهب وإكسابهن مهارات جديدة»[2]. ويظهر الرسم البياني التالي توزع الإجابات حول الهدف من التردد إلى المراكز الشبابية باعتماد متغيِّر الجنس.

الرسم البياني رقم 9: الهدف من ارتياد المراكز الشبابية حسب متغيِّر الجنس

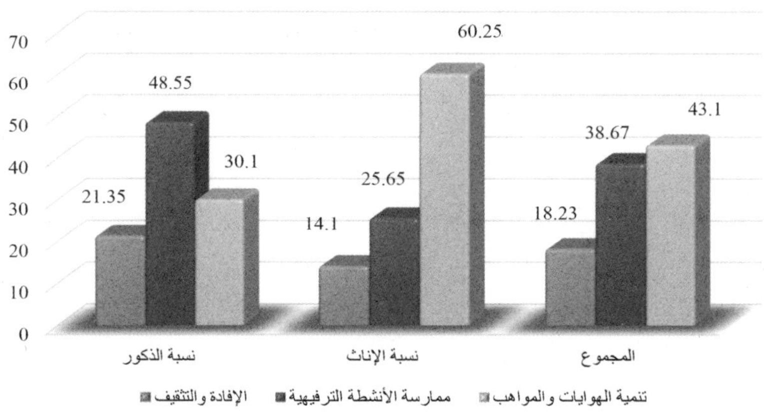

الملاحظ أن قراءة هذه الإحصائيات باعتماد متغيِّر المستوى التعليمي تؤمن مشهدًا مختلفًا، إذ أنه بقدر التقدم في الدراسة تميل الاهتمامات نحو الإفادة والتثقيف باعتبارهما

(1) انظر المقابلة مع السيدة ريسة الدوسري، مديرة مركز الريادة للفتيات، (ملحق رقم 2)

(2) نفس المرجع.

الهدف من التردد على المراكز الشبابية. وبلغت نسبة الشباب الجامعي ممن اختاروا الإفادة والتثقيف كهدف دافع للتردد على المراكز الشبابية 28.17٪، في حين لم تتجاوز النسبة 11.82٪ من الشباب في المرحلة الثانوية. وانعكس ذلك على النسب المخصصة لهدف ممارسة الأنشطة الترفيهية الذي تجاوز 60٪ بالنسبة لتلاميذ المرحلة الثانوية، في حين لم تتجاوز 4.22٪ بالنسبة لطلاب الجامعة، وهي أرقام إحصائية شديدة الدلالة على الفوارق الكبيرة بين الفئتين، وهو ما يبينه الرسم البياني الموالي:

الرسم البياني رقم 10: الهدف من ارتياد المراكز الشبابية حسب متغيِّر المستوى التعليمي

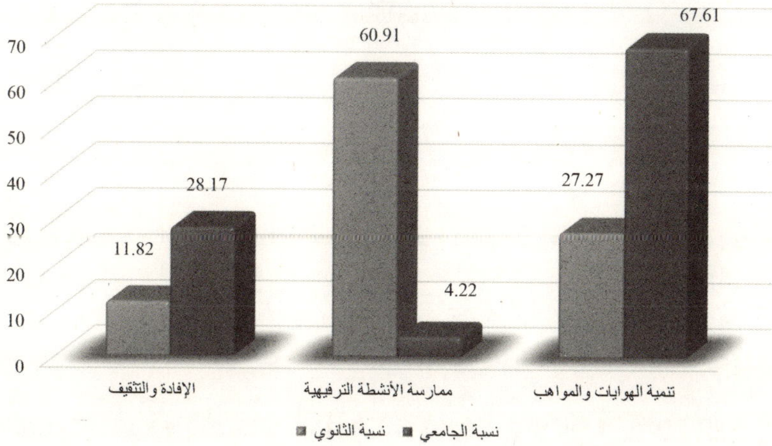

نستنتج من هذه الإحصائيات أن لمختلف هذه المتغيرات دلالات واضحة ومهمة في قراءة الهدف من التردد على المراكز الشبابية وأسبابه المتباينة، وذلك باعتماد متغير المستوى التعليمي على وجه الخصوص، والذي فرض اختيارات مختلفة عبرت عن ميول وانتظارات أصحابها من المراكز الشبابية. فبقدر التقدم في التحصيل العلمي والمعرفي تتجه الاختيارات نحو الإفادة والتثقيف بنسبة 28.17٪ لدى لشباب الجامعي، مقابل هيمنة الأنشطة الترفيهية بنسبة 60٪ لدى الشباب في المرحلة الثانوية، لأن طبيعة المرحلة العمرية تجعل الاهتمامات تميل إلى الترفيه للتخلص من ضغوط الحيز الزمني المخصص للتدريب والتعليم وأعبائه. في حين يميل الشباب الجامعي نحو التثقيف والإفادة لأنه يختبر مرحلة عمرية مختلفة تتميز بالاستقرار والنضج، وبداية السعي إلى احتلال موقع داخل المجتمع، وهو ما يظهره الرسم البياني التالي:

الرسم البياني رقم 11: الهدف من ارتياد المراكز الشبابية حسب متغيِّر السن

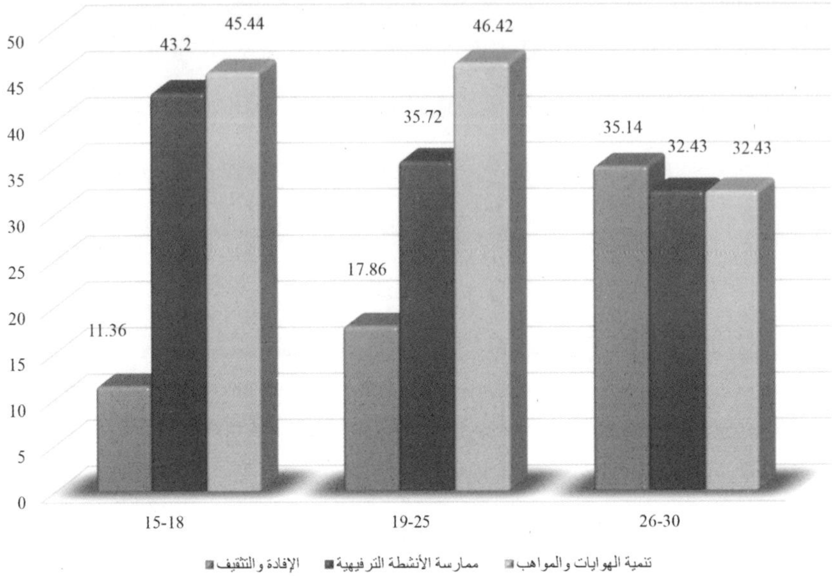

تعميقًا للبحث في الفرضية التي تعتبر أن المراكز الشبابية هي فضاءات مجتمعية للتربية على قيم الانتماء والمواطنة، حاولنا الاشتغال على نوعية الأنشطة والبرامج الأكثر جذبًا للشباب عينة البحث، وقد أظهرت النتائج الإحصائية الأرقام والبيانات التالية:

الجدول رقم 12: أنشطة وبرامج المراكز الشبابية الأكثر استقطابًا للشباب حسب متغيِّر الجنس(1)

	ذكر	النسبة٪	أنثى	النسبة٪	المجموع	النسبة٪
الممارسات الترفيهية	42	40.78	26	33.33	68	37.57
الممارسات الفنية	16	15.53	22	28.20	38	20.99
الممارسات العلمية	36	34.94	11	14.10	47	25.96
الممارسات الفكرية والأدبية	09	8.74	19	24.37	28	15.48
المجموع	103	٪100	78	٪100	181	٪100

(1) المصدر: الدراسة الميدانية، الفترة من يناير 2017 إلى يناير 2018.

الرسم البياني رقم 12: أنشطة وبرامج المراكز الشبابية الأكثر استقطابًا للشباب حسب متغيِّر الجنس

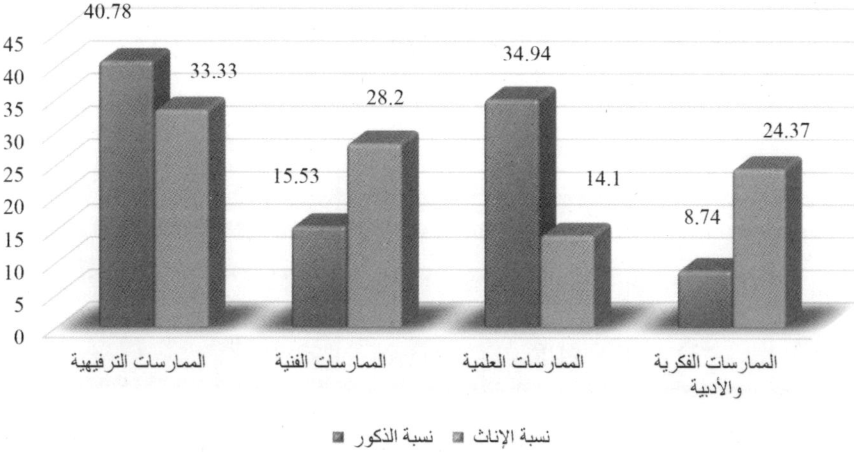

تظهر النتائج المتحصل عليها باعتماد متغيِّر الجنس أن الممارسات الترفيهية والعلمية تحتل الصدارة بالنسبة للجنسين، ولكن بتفاوت لصالح الذكور. إذ تجاوزت النسبة المخصصة للترفيه 40٪ لدى الذكور، ولم تتجاوز 33٪ للإناث؛ وبلغت النسب المخصصة للممارسات العلمية 35٪ للذكور، ولم تتجاوز 14٪ للإناث، ما انعكس على النسب المخصصة للممارسات الفكرية والأدبية والفنية الحاضرة في اختيارات الإناث أكثر من الشباب. مردُّ هذا التوزيع يكمن في الاختلافات الجندرية الناجمة عن طبيعة المجتمع القطري المحافظة، والتي تجعل الإناث أكثر ميلًا للممارسات الفنية والفكرية، خلافًا للذكور الذين نجدهم أكثر ميلًا للممارسات الترفيهية والعلمية لطابعها العملي والحركي، والذي يقتضي التنقل بحرية أكبر. وتنسحب الملاحظات ذاتها تقريبًا على اعتماد متغيِّر المستوى التعليمي.

الجدول رقم 13: أنشطة وبرامج المراكز الشبابية الأكثر استقطابًا للشباب حسب متغيِّر المستوى التعليمي[1]

	ثانوي	النسبة٪	جامعي	النسبة٪
الممارسات الترفيهية	40	36.36	28	39.44
الممارسات الفنية	25	22.73	13	18.31
الممارسات العلمية	27	24.54	20	28.17
الممارسات الفكرية والأدبية	18	16.37	10	14.08
المجموع	110	٪100	71	٪100

الرسم البياني رقم 13: أنشطة وبرامج المراكز الشبابية الأكثر استقطابًا للشباب حسب متغيِّر المستوى التعليمي

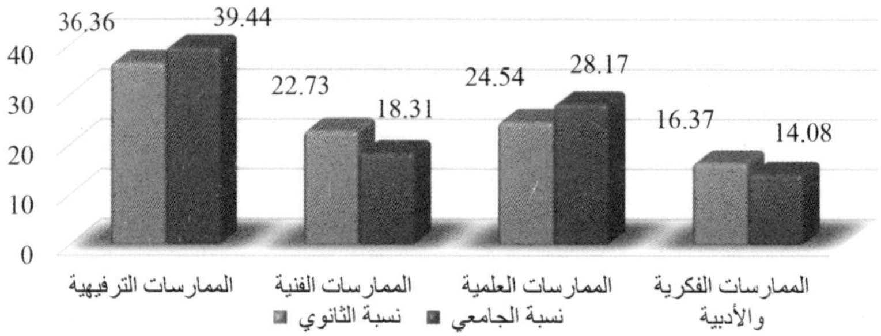

يلاحظ المتأمل في المعطيات الواردة بالجدول والرسم البياني أعلاه، التأثير الكبير للممارسات الترفيهية على اختيارات رواد المراكز الشبابية بنسبة 37.57٪، ويعود ذلك أساسًا إلى إقرار الشباب من الرواد أن المراكز الشبابية هي بالأساس فضاءات للترفيه ولشغل الوقت الحر بعيدًا عن ضغوطات المدارس والجامعات، نظرًا لما تطرحه من برامج ترفيهية مثل الرحلات والنوادي والأنشطة الرياضية. وأكد مدير «مركز قطر للعمل التطوعي» أن المراكز الشبابية «تؤمن هذه الأدوار لما تزخر به من إمكانيات لوجيستية ومقرات مهمة فيها كل المرافق التي يحتاجها الشباب لتلبية حاجياته وشغل وقت فراغه من مسابح ونواد»[2].

(1) المصدر: الدراسة الميدانية، الفترة من يناير 2017 إلى يناير 2018.

(2) انظر مقابلة مع السيد ناصر المالكي، أمين سر مركز قطر للعمل التطوعي (ملحق رقم 2).

أما في المرتبة الثانية فنجد الممارسات العلمية بنسبة 26٪، واحتلت الممارسات الفنية المرتبة الثالثة بنسبة 21٪، وتأتي في المرتبة الأخيرة الممارسات الفكرية والأدبية بنسبة 15.48٪. يعود ذلك إلى أن الشباب يبحثون عمومًا عن أنشطة تعبر عن حالتهم النفسية، ويعود اختيار هذه الممارسات إلى اعتبارها أسهل وأبسط بالنسبة للشباب من بقية الأنشطة، التي يعتبرونها تقليدية في مضمونها. لعل هذا ما يفسر تلك التراتبية في الأنشطة والبرامج التي يحبذها الشاب، وهنا تنطبق النظرية المفاهيمية أكثر، فكل سلوك إنساني هو ببساطة سلوك هادف، ويكون للإنسان الفاعل أهدافه المحددة، ويكون لسلوكه معنى يستنبطه الفاعل الاجتماعي، إنه معنى ذاتي ومتطابق مع المعنى السائد في عقل الآخرين/ المجتمع؛ إذ يعتبر «ماكس فيبر» أن الفعل الاجتماعي فعل عقلي لأن الفعل هو سلوك موجه نحو هدف محدد، أي أنه هادف وغير غامض، وبالتالي هو فعل عقلي لأنه يستند إلى مجموعة من القيم الموضوعية المتعارف عليها اجتماعيًا.

يعكس هذا التراتب الذي بينته الإحصائيات التراتبية في الاختيارات والتي جاءت متصلة بأهمية الترفيه والجانب الفني في حياة الشباب، باعتبارهم مبدعين لهذه الفنون، ما يفسر ميل الشباب إلى الأنشطة التي تتضمن ترسيخ النشاط الحركي، ويفسر أيضًا أن اختيارات الشباب الثقافية تتغير من جيل إلى آخر. يبرز ذلك من خلال الممارسات الأدبية والفكرية التي أحرزت نسبًا قليلة ضمن متطلبات الشباب، ما يؤكد نظرية «بيار بورديو» حول الممارسة الثقافية التي «تعتبر شكلًا من أشكال التعبير الثقافي داخل المنظومة الاجتماعية، وسلوك وممارسة تتفاعل من خلالهما العديد من التأثيرات النفسية والسوسيولوجية لتنشئ فعلًا ثقافيًا يتغير حسب الأفراد والمجموعات، وحسب التنشئة الاجتماعية أو الهابيتوس (العادات)»[(1)]. ويتضح أن وراء هذا الاختلاف في تقديم الأنشطة والبرامج عديد العوامل التي تتصل بالتنشئة الاجتماعية والحاجيات الشبابية إلى الترفيه، وكيف أسهم التطور التكنولوجي في فرض اختيارات جديدة على الشباب، ولا سيما الذكُور منهم، ودفعهم باتجاه البحث عن أنشطة مستحدثة داخل المراكز الشبابية.

---

(1) Pierre Bourdieu, La distinction, Paris, Les éditions minuit, 1979, p 112.

2. المؤسسة الشبابية وأدوارها في تفعيل قيم الانتماء والمواطنة

تعمل المراكز الشبابية على تحقيق عدد من الأهداف الواضحة والجلية تماشيًا مع الاستراتيجية الوطنية الشبابية بدولة قطر، لكن هناك أهداف مجرّدة يصعب تحديدها إجرائيًا ولا تعبِّر عن سلوك ملموس مثل تنمية القدرات الإبداعية أو ترسيخ قيم المواطنة. هذا ما يجعل الطرح إشكاليًا في أبعاده الإجرائية المتعلقة بالبحث في أدوار المؤسسات الشبابية في تنمية قيم الانتماء والمواطنة المفترضة. وقد اعتمدنا هنا على مجموعة من المقابلات المقننة مع مسيري المراكز الشبابية، فضلًا عن البحث عن تمثّلات الشباب للمؤسسات الشبابية وأدوارها المجتمعية من خلال استمارة الاستبيان.

إن التنشئة على قيم المواطنة عملية تهدف إلى تعزيز إدراك الشاب بولائه للمجتمع وقيمه ونظامه وبيئته وثقافته، بشكل يرقى إلى حد تمثُّل هذا الشعور في سلوكه وفي دفاعه عن قيم وطنه ومكتسباته، كونها تتعلق بذلك الجانب من التربية، الذي يشعر الفرد بموجبه بصفة المواطنة ويحققها فيه، ويملك من المعرفة القدر الذي يمكنه من تحمل مسؤولية خدمة وطنه ومجتمعه. إن الهدف من التربية على قيم المواطنة هو «تعزيز قيم الانتماء والوعي بجملة من الحقوق والواجبات ودعم المشاركة الاجتماعية للشاب. وحاجة الفرد للتربية على قيم المواطنة حاجة ملحَّة ليتمكن من القيام بالأدوار المتوقع أو المطلوب منه القيام بها»[1]. كل ذلك يقودنا مبدئيًا إلى البحث في تمثُّل الشباب لقيم المواطنة وهو ما يمثل جوهر وغاية المحور الأول من الاستبيان الموجه لرواد هذه المراكز الشبابية، بما يساعدنا فيما بعد على رصد الانتظارات، واقتراح تصور عملي لزيادة تفعيل هذه القيم إجرائيًا.

2.1. تمثُّلات الشباب القطري للمواطنة

يبدو أن مفهوم المواطنة مفهوم معقد ومتعدد الجوانب والأبعاد؛ من هذا المنطلق يعمل الفاعلون في المجال الشبابي على توضيح مفهوم المواطنة لدى الشباب وضبط الحقوق والواجبات، خاصة أن المواطنة تتصل بجملة من الحقوق والواجبات السياسة المدنية والاقتصادية والاجتماعية التي «تعبر عن مشاركة الفرد في الحياة العامة وتشمل الوظائف

---

(1) عبد العزيز البهواشي، التعليم وإشكالية الهوية الثقافية في ظل العولمة، القاهرة، دار الفكر العربي، 2000، ص 225.

والأعمال والمعاملات ومختلف العلاقات بين الأفراد»[1]. ولا يتم تمرير هذه المرجعيات بطريقة مباشرة، وإنما من خلال الأنشطة والبرامج والفعاليات المختلفة.

فما الذي تمثله المواطنة بالنسبة إلى الشباب عينة الدراسة؟ هل هي مجرد تعبير عن الانتماء الجغرافي؟ أو أنها تمتُّع بالحقوق والتزام بالواجبات؟ أم أنها صلة ورابط بين مختلف عناصر المجتمع الواحد يتيح لها أن تكون تعبيرًا إجرائيًا عن المشاركة في خدمة الوطن، والالتزام بالمسؤولية المجتمعية تجاه قضايا الوطن والمجتمع.

الجدول رقم 14: تمثُّلات الشباب القطري للمواطنة[2]

حسب متغيِّر الجنس

	ذكر	النسبة٪	أنثى	النسبة٪	المجموع	النسبة٪
الانتماء إلى دولة الولادة	29	28.15	22	28.20	51	28.17
التمتع بالحقوق والواجبات بالتساوي مع بقية المواطنين	11	10.68	11	14.10	22	12.15
الصلة بين الفرد وعناصر المجتمع	20	19.42	17	21.79	37	20.44
المشاركة في خدمة الوطن	43	41.75	28	35.90	71	39.24
المجموع	103	٪100	78	٪100	181	٪100

تبرز المعطيات الإحصائية الواردة بالجدول أعلاه توزيع إجابات أفراد العينة حسب متغير الجنس، بخصوص تصورهم لمفهوم المواطنة. تتصدر الإجابة الرابعة المتمثلة في أن المواطنة هي المشاركة في خدمة الوطن بنسبة 41.75٪ عند الذكور، و35.90٪ عند الإناث. أما المفهوم الثاني فقد تحصل على نسبة 28.17٪ من مجموع أفراد العينة الذين اعتبروا أن المواطنة هي انتماء الفرد للبلد الذي ولد فيه، ويخضع للقوانين الصادرة عنه، بالتساوي مع بقية المواطنين بجملة من الحقوق. هذه النسبة قريبة من النسبة التي نالها المفهوم الأول،

(1) سامح فوزي، المواطنة، القاهرة، مركز القاهرة لدراسات حقوق الإنسان، 2008، ص 10-12.

(2) المصدر: الدراسة الميدانية، الفترة من يناير 2017 إلى يناير 2018.

ما يؤكد أن المواطنة في تمثُّل الشباب، رواد المراكز الشبابية عينة الدراسة، هي بالأساس الانتماء والمشاركة والالتفاف حول المصالح والغايات المشتركة التي تخدم المجتمع. واعتبر حوالي خُمس المُستجوبين أن المواطنة هي الصلة التي تربط الفرد وعناصر مجتمعه وذلك بنسبة 19.42٪ للذكور و21.79٪ للإناث. وإذا ما نظرنا إلى توزع النسب حسب متغيِّر الجنس، نجد أن المشاركة في خدمة الوطن احتلت نسبة 41.75٪ للذكور و35.90٪ للإناث، ويعود هذا التفاوت البسيط إلى أن الشباب الذكور تتاح لهم فرص المشاركة أكثر من الفتيات لعدة اعتبارات مجتمعية، ولعل أهمها العادات والتقاليد التي لا تزال تحجِّم دور المرأة داخل المجتمع لأسباب معقدة وعديدة تختلط فيها الجوانب العقائدية بالالتزامات المجتمعية. وتُدعى الفتاة للمشاركة في أطر أضيق بكثير من الشاب الذي تترك له حرية الممارسة. ولكن هذه الأسباب المتصلة بالتمييز الجندري آخذة في التراجع في المجتمع القطري، وفقًا لأحدث التقارير الدولية.

الرسم البياني رقم 14: تمثُّلات الشباب للمواطنة
حسب متغيِّر الجنس

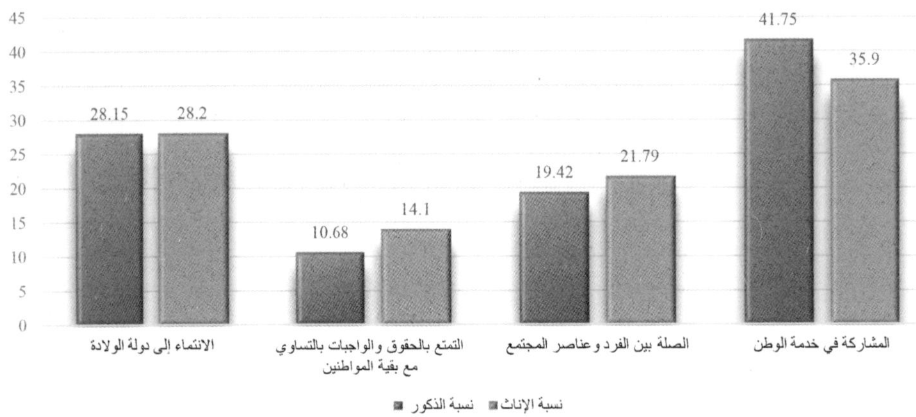

نستنتج من خلال هذه النسب أن هناك تصورات مختلفة للشباب بشأن مفهوم المواطنة، فكل شاب يختار المفهوم الأقرب له، أو المفهوم الذي يراه متحققًا من منظوره، والذي تراوح بالأساس بين الانتماء والمشاركة وتوثيق الصلة بالآخرين داخل المجتمع ذاته. لذلك من المفترض أن تعمل المراكز الشبابية على إتاحة الفرصة أمام الشباب لتحقيق قيم المواطنة عبر تدعيم فعل المشاركة بمختلف أبعادها داخل تلك المراكز، لأنها أحد أشكال التعبير

عن الانتماء واعتزاز بالولاء للوطن. ويصبح المسيِّرون داخل فضاءات المراكز الشبابية مطالبون بتخصيص جملة من الأنشطة التي تُعنى بتعزيز قيم المشاركة والانتماء، بوصفها آليات للتربية على المواطنة، وهو ما أكدت عليه جل المقابلات مع مسيري المراكز الشبابية عينة الدراسة، لا سيما المقابلة مع السيد خالد عبد الله مدير «مركز شباب العزيزية» الذي اعتبر أن «المواطنة إحدى مجالات التمكين في استراتيجيات الوزارة وخطط عمل المراكز، وهي حاضرة في البرامج والأنشطة بقوة»[1].

أما تمثُّلات الشباب للمواطنة باعتماد متغيِّر السن، فتُظهر نفس التراتب تقريبًا، مع ارتفاع النسب المخصصة للانتماء بالنسبة للشباب في الفئة العمرية 26-30 عامًا التي بلغت 37٪ مقابل 17٪ للفئة العمرية 19-25 عامًا فقط. في المقابل، ترتفع النسب المخصصة للمشاركة في خدمة الوطن لدى كل الفئات العمرية وخصوصًا بالنسبة للفئتين 19-25 عامًا بنسبة 51.8٪، والفئة العمرية 15-18عامًا بنسبة 45.46٪، ما يؤكد تطلع الشباب نحو المشاركة والاستعداد لخدمة المجتمع، ومرد ذلك أن هذه المراحل العمرية تتميّز أصلًا بالبحث عن إثبات الذات والتموقع داخل المجتمع.

الجدول رقم 15: تمثُّلات الشباب للمواطنة
حسب متغيِّر السن

	15-18	النسبة٪	19-25	النسبة٪	26-30	النسبة٪
الانتماء إلى دولة الولادة	27	30.68	10	17.85	14	37.83
التمتع بالحقوق والواجبات بالتساوي مع بقية المواطنين	10	11.36	07	12.50	05	13.51
الصلة بين الفرد وعناصر المجتمع	11	12.50	10	17.85	08	21.62
المشاركة في خدمة الوطن	40	45.46	29	51.80	10	27.04
المجموع	88	٪100	56	٪100	37	٪100

(1) انظر المقابلة مع السيد خالد عبد الله، مدير مركز شباب العزيزية (ملحق رقم 2)

الرسم البياني رقم 15: تمثُّلات الشباب للمواطنة حسب متغيِّر السن

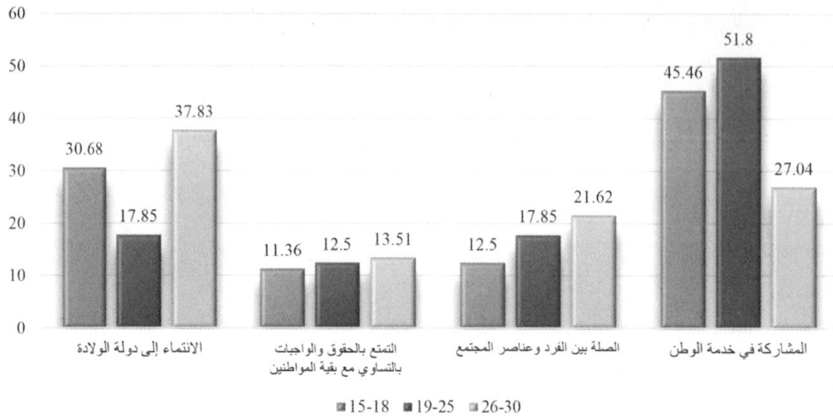

أما إذا قاربنا مفهوم الشاب القطري للمواطنة باعتماد متغيِّر المستوى التعليمي، تظهر نتائج تتصل مباشرة بمسألة الانتماء كقيمة معززة للمواطنة من منظور الشباب وخاصة الجامعي بنسبة 40٪، وهي كذلك تعبير عن المشاركة بخدمة المجتمع بنسبة 28.17٪، ما يؤكد أن الشباب الأكثر تعليمًا يميلون إلى الإقرار بأن جوهر المواطنة هو الانتماء ومن ثم المشاركة. مرد ذلك أن الشباب في هذه المرحلة العمرية المتقدمة نسبيًا، يتهيؤون للقيام بأدوارهم في إدارة الشأن العام، ما يستوجب على المشرفين على الأنشطة وبرامج العمل بتأمين مجالات وفرص تشريكهم وتمكينهم.

الجدول رقم 16: تمثُّلات الشباب للمواطنة حسب متغيِّر المستوى التعليمي[1]

	ثانوي	النسبة٪	جامعي	النسبة٪
الانتماء إلى دولة الولادة	23	20.90	28	39.43
التمتع بالحقوق والواجبات بالتساوي مع بقية المواطنين	15	13.63	07	9.86
الصلة بين الفرد وعناصر المجتمع	21	19.09	16	22.54
المشاركة في خدمة الوطن	51	46.36	20	28.17
المجموع	110	٪100	71	٪100

(1) المصدر: الدراسة الميدانية، الفترة من يناير 2017 إلى يناير 2018.

الرسم البياني رقم 16: تمثُّلات الشباب للمواطنة
حسب متغيِّر المستوى التعليمي

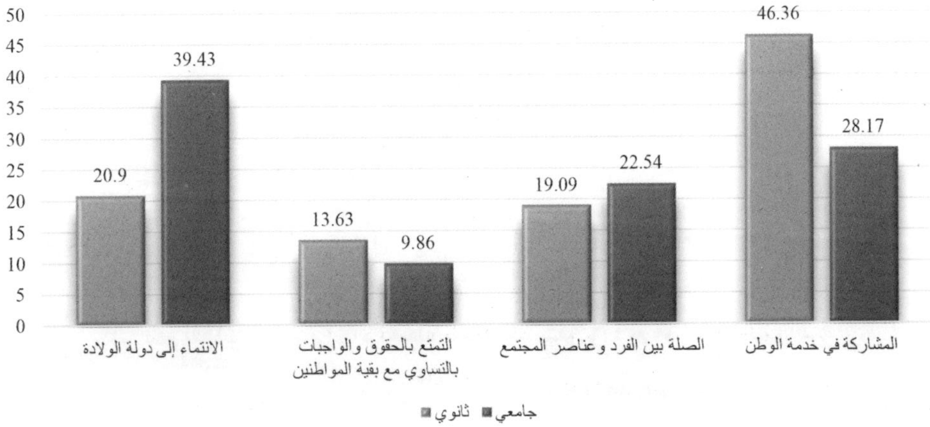

قادنا كل ذلك إلى البحث في مدى حضور الأنشطة المتعلقة بتعزيز قيم الانتماء والمواطنة في برامج وأنشطة المراكز الشبابية، من منظور الشباب رواد هذه المراكز، بهدف اختبار صحة الفرضية التي تعتبرها فضاءات ومحاضن مجتمعية للتربية على قيم الانتماء والمواطنة.

2.2. الأنشطة المتصلة بتعزيز قيم المواطنة في برامج المراكز الشبابية

اعتمدنا في هذا المحور السؤالين الخامس والسادس من الاستبيان[1]، المتعلقين بمهام أنشطة المراكز الشبابية المتصلة بتعزيز قيم المواطنة، باعتماد خطة واضحة لتنمية هذه القيم. إذ يرى رواد المراكز الشبابية أنه نظرًا لأهمية قيم الانتماء والمواطنة، من الضروري أن تخصص المراكز الشبابية برامج وأنشطة تعنى بهذه القيم وسبل تفعيلها، وذلك بنسبة 88.46٪ للذكور و87.38٪الإناث. في حين اعتبرت نسبة قليلة أنه ليس من مهام المراكز الشبابية تخصيص أنشطة تُعنى بتعزيز قيم المواطنة. وهو ما يظهره كل من الجدول والرسم البياني التاليين:

(1) راجع استمارة الاستبيان، (ملحق رقم 1).

جدول رقم 17: الأنشطة المتصلة بتعزيز قيم الانتماء والمواطنة في برامج المراكز الشبابية حسب متغيِّر الجنس[1]

	ذكر	النسبة٪	أنثى	النسبة٪
نعم	90	87.38	69	88.46
لا	13	12.62	09	11.54
المجموع	103	٪100	78	٪100

الرسم البياني رقم 17: الأنشطة المتصلة بتعزيز قيم الانتماء المواطنة في برامج المراكز الشبابية حسب متغيِّر الجنس

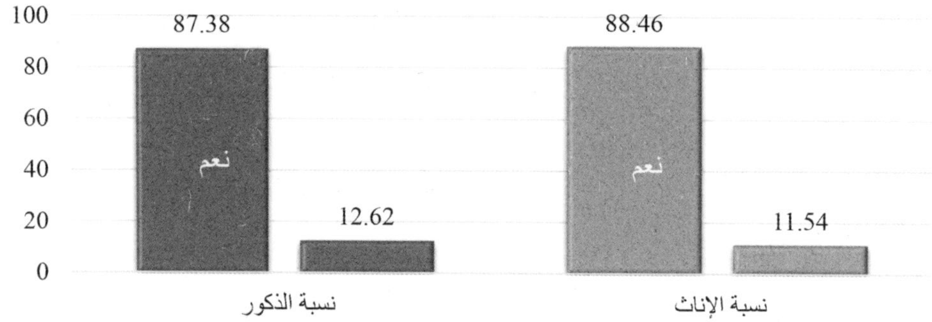

تنسحب الملاحظات ذاتها على متغيِّر السن، لتظل هذه النسب متقاربة. فقد أقر 86.49٪ من الفئة العمرية 25-30 عامًا، بحضور الأنشطة والبرامج المتصلة بترسيخ قيم المواطنة في برامج وأنشطة المراكز الشبابية، مقابل حوالي 90٪ بالنسبة للفئة العمرية 19-25 عامًا، و87.90٪ بالنسبة للفئة العمرية 19-25 عامًا، و87.15٪ من الفئة العمرية 15-18عامًا، وهو ما يوضحه كل من الجدول والرسم البياني المواليين:

(1) المصدر: الدراسة الميدانية، الفترة من يناير 2017 إلى يناير 2018.

الجدول رقم 18: الأنشطة المتصلة بتعزيز قيم الانتماء والمواطنة في برامج المراكز الشبابية حسب متغيِّر السن[1]

	18-15	النسبة٪	25-19	النسبة٪	30-25	النسبة٪
نعم	77	87.5	50	89.29	32	86.49
لا	11	12.5	06	10.71	05	13.51
المجموع	88	٪100	56	٪100	37	٪100

الرسم البياني رقم 18: الأنشطة المتصلة بتعزيز قيم الانتماء والمواطنة في برامج المراكز الشبابية حسب متغيِّر السن

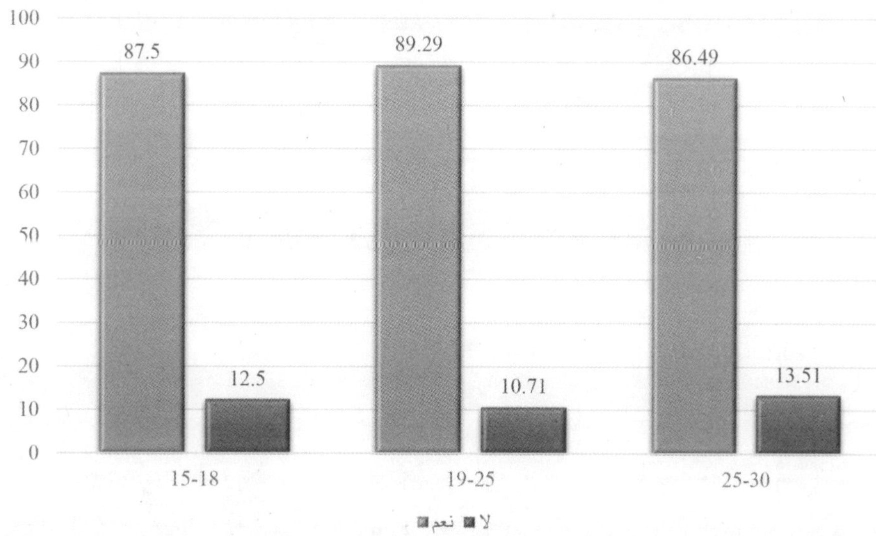

الملاحظ أن متغيِّر المستوى التعليمي يظل ذا دلالة كبيرة. وبقدر التقدم في المستوى التعليمي يزداد الوعي بأهمية تعزيز قيم الانتماء والمواطنة، وتبلغ هذه النسبة لدى الشباب الجامعي 93٪، ما يحيلنا إلى التركيز على أهمية هذا المتغيِّر في كل مرة يطرح فيها إشكال متصل باختبار الوعي وتنمية القدرات والتثقيف، والاهتمام بقضايا الشأن العام، والالتزام بالمسؤولية المجتمعية. ويتضح ذلك عبر الجدول والرسم البياني التاليين:

(1) المصدر: الدراسة الميدانية، الفترة من يناير 2017 إلى يناير 2018.

الجدول رقم 19: الأنشطة المتصلة بتعزيز قيم الانتماء والمواطنة في برامج المراكز الشبابية حسب متغيِّر المستوى التعليمي(1)

	ثانوي	النسبة٪	جامعي	النسبة٪
نعم	93	84.55	66	92.96
لا	17	15.45	05	07.04
المجموع	110	٪100	71	٪100

الرسم البياني رقم 19: الأنشطة المتصلة بتعزيز قيم الانتماء والمواطنة في برامج المراكز الشبابية حسب متغيِّر المستوى التعليمي

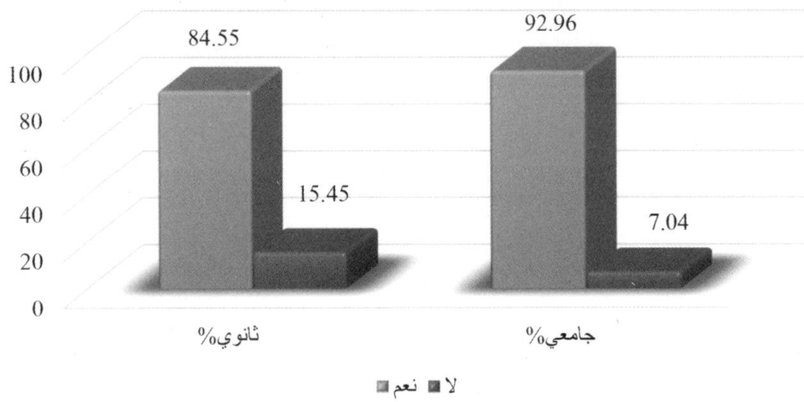

يتقاطع هذا السؤال مع سؤال آخر يبحث عن مدى حضور خطة العمل الهادفة لتحقيق هذه الأهداف، وهل سيقبل عليها الشاب بنسب كبيرة أم ضعيفة؟ وقد تحصلنا على الأرقام والنسب التالية حسب المتغيِّرات الثلاثة المعتمدة، والتي نورد منها الأكثر تمثيلًا وأهمية في مقاربتنا من ناحية وجود خطة العمل المطلوبة في البرامج والأنشطة التي تقدمها المراكز الشبابية عينة الدراسة.

---

(1) المصدر: الدراسة الميدانية، الفترة من يناير 2017 إلى يناير 2018.

الجدول رقم 20: حضور خطة عمل هادفة إلى تعزيز قيم الانتماء والمواطنة في برامج وأنشطة المراكز الشبابية حسب متغيِّر الجنس[1]

	ذكر	النسبة٪	أنثى	النسبة٪
نعم	73	70.87	60	72.92
لا	30	29.13	18	23.08
المجموع	103	٪100	78	٪100

الرسم البياني رقم 20: حضور خطة عمل هادفة إلى تعزيز قيم الانتماء والمواطنة في برامج وأنشطة المراكز الشبابية حسب متغيِّر الجنس

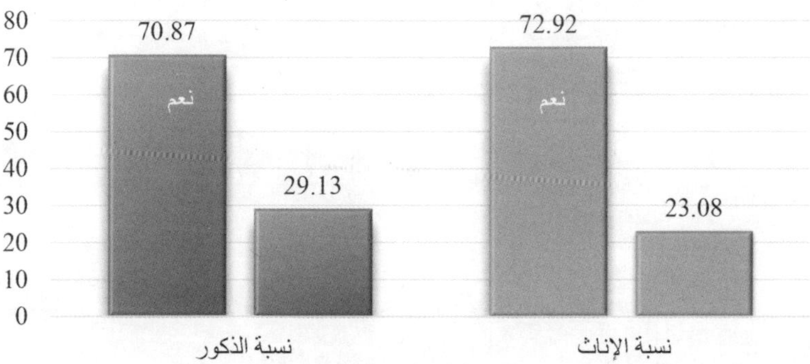

يعكس كل من الجدول والرسم البياني السابقين مجموعة من المعطيات الإحصائية تتعلق بتوزيع إجابات أفراد العينة على سؤال بخصوص اعتماد المراكز الشبابية لخطة عمل واضحة وهادفة لترسيخ قيم المواطنة. ويرى 73.48٪ من أفراد العينة أن هناك خطة عمل واضحة لترسيخ قيم المواطنة، في حين ترى نسبة 26.52٪ من الرواد أنه ليس هناك خطة عمل واضحة لتعزيز قيم المواطنة في أنشطة وبرامج هذه المراكز الشبابية التي ينتسبون إليها.

نستنتج من خلال المعطيات السابقة أن أفراد العينة يتفقون بنسبة عالية في اعتبار أن المراكز الشبابية تخصص أنشطة وبرامج تعنى بالمواطنة حسب متغيِّر الجنس، إذ اعتبر الذكور بنسبة 87.05٪ أن المؤسسات تخصص أنشطة متعلقة بالمواطنة، في حين أجاب 12.85٪ من أفراد العينة أن المراكز الشبابية لا تخصص أنشطة متعلقة بالمواطنة. ويبدو اعتماد متغيِّري

(1) المصدر: الدراسة الميدانية، الفترة من يناير 2017 إلى يناير 2018.

السن والمستوى التعليمي أكثر دلالة لأنه كلما تقدم الشباب في السن وفي التحصيل العلمي زادت مطالبهم وأصبحوا أقدر على النقد والمقارنة. وأقر 86.36٪ من الشريحة العمرية 15-18 عامًا بوجود خطة عمل هادفة لترسيخ قيم المواطنة في أنشطة وبرامج المراكز الشبابية، في المقابل لا تزيد نسبة الشباب من الشريحة العمرية 26-30 عامًا ممن يعتبرون أن لدى المراكز خطة واضحة لترسيخ هذه القيم عن 54٪. ويكتسب هذا المتغيِّر دلالات مركزية وإجرائية في تحليل البيانات وصياغة الاستنتاجات، وهو ما توضحه الإحصائيات الواردة في الجدول الموالي والرسم البياني التاليين:

الجدول رقم 21: حضور خطة عمل هادفة إلى تعزيز قيم الانتماء والمواطنة في برامج وأنشطة المراكز الشبابية حسب متغيِّر السن[1]

	15-18	النسبة٪	19-25	النسبة٪	26-30	النسبة٪
نعم	76	86.36	36	64.29	20	54.05
لا	12	13.64	20	35.71	17	45.95
المجموع	88	٪100	56	٪100	37	٪100

الرسم البياني رقم 21: حضور خطة عمل هادفة إلى تعزيز قيم الانتماء والمواطنة في برامج وأنشطة المراكز الشبابية حسب متغيِّر السن

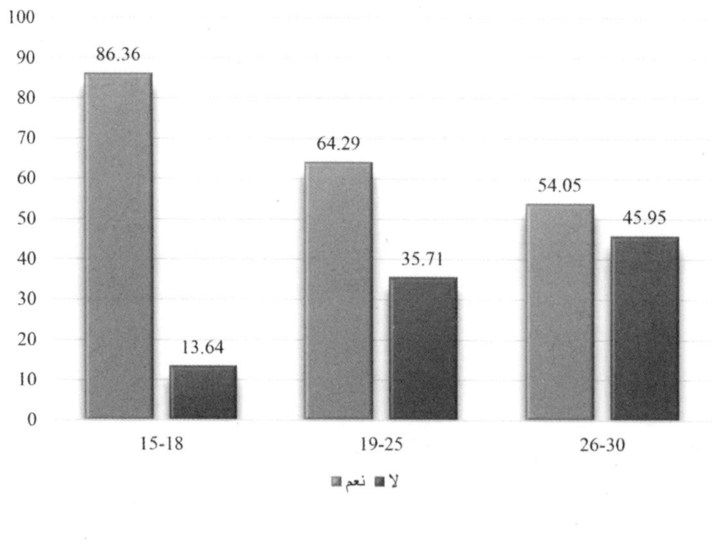

(1) المصدر: الدراسة الميدانية، الفترة من يناير 2017 إلى يناير 2018.

حاولنا من أجل تفصيل الإجابات وتعميق الاشتغال على علاقة الشباب بالأنشطة والبرامج داخل المراكز الشبابية، دعم التحليل بسؤال آخر، بهدف جمع بيانات وإحصائيات حول مدى إقبال الشباب على الأنشطة والبرامج المتصلة بقيم الانتماء والمواطنة في حال وجودها داخل هذه البرامج والأنشطة، فكانت النتائج كالتالي:

الجدول رقم 22: إقبال الشباب على الأنشطة والبرامج المتصلة بقيم الانتماء والمواطنة حسب متغيِّر الجنس[1]

	ذكر	النسبة٪	أنثى	النسبة٪
كبيرة	84	81.55	68	87.17
متوسطة	15	14.56	08	10.26
ضعيفة	04	3.89	02	02.57
المجموع	103	٪100	78	٪100

الرسم البياني رقم 22: إقبال الشباب على الأنشطة والبرامج المتصلة بقيم الانتماء والمواطنة حسب متغيِّر الجنس

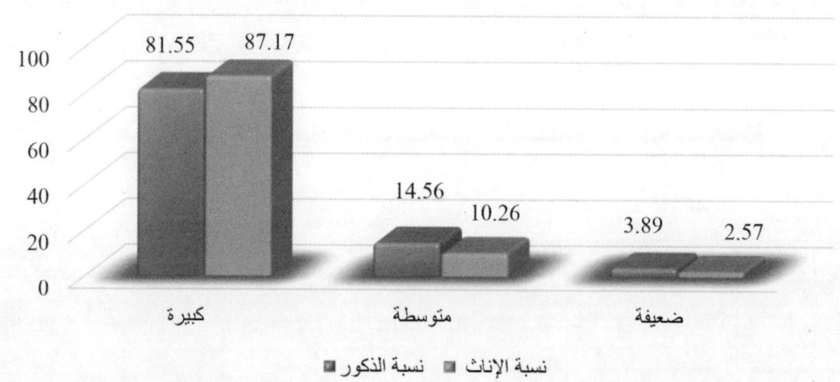

يفيد التحليل الإحصائي لهذه الأرقام بأن الشاب متعطش للأنشطة المتعلقة بترسيخ قيم المواطنة بنسب كبيرة تصل إلى 83.98٪، مقارنة بالإقبال الضعيف الذي لا تتجاوز نسبته 3.32٪. ويبدو هذا الإقبال متقاربًا باعتماد متغيِّر الجنس، إذ تقبل الفتيات بنسبة 87.17٪، في

(1) المصدر: الدراسة الميدانية، الفترة من يناير 2017 إلى يناير 2018.

حين يقبل الذكور على هذه الأنشطة بنسبة 81.55٪. أما بالنسبة لمتغيِّر السن فتبدو كل الفئات العمرية مهتمة بالإقبال على الأنشطة المتصلة بقيم المواطنة بنسب متقاربة تفوق 80٪، وهو ما يظهره الرسم البياني التالي:

الرسم البياني رقم 23: إقبال الشباب على الأنشطة والبرامج المتصلة بقيم الانتماء والمواطنة حسب متغيِّر السن

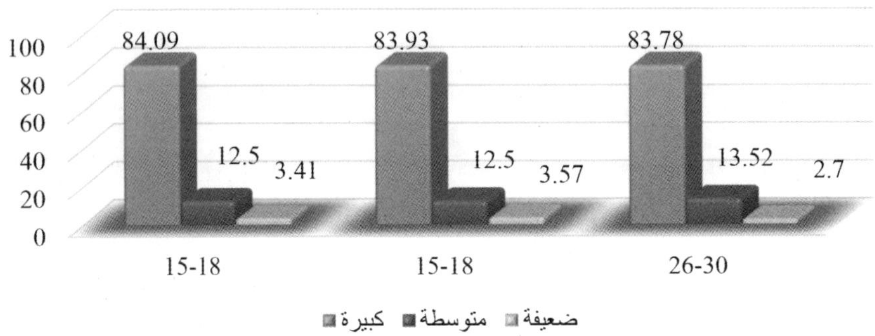

يظل متغيِّر المستوى التعليمي في غاية الأهمية عند تحليل التفاوت في إقبال الشباب على الأنشطة المخصصة لتعزيز قيم المواطنة، فقد أكد 88.34٪ من الشباب في المستوى التعليمي الثانوي اهتمامهم بهذه الأنشطة، في مقابل 1.95٪ وهي نسبة ضعيفة. أما بالنسبة للمستوى الجامعي فلم تتجاوز الإجابة الأولى 78.2٪، وفق الجدول والرسم البياني التاليين:

الجدول رقم 23: إقبال الشباب على الأنشطة والبرامج المتصلة بقيم الانتماء والمواطنة حسب متغيِّر المستوى التعليمي[1]

	ثانوي	النسبة٪	جامعي	النسبة٪
كبيرة	91	88.34	61	78.2
متوسطة	10	9.71	13	16.67
ضعيفة	02	01.95	04	5.12
المجموع	103	٪100	78	٪100

(1) المصدر: الدراسة الميدانية، الفترة من يناير 2017 إلى يناير 2018.

الرسم البياني رقم 24: إقبال الشباب على الأنشطة والبرامج المتصلة بقيم المواطنة حسب متغيِّر المستوى التعليمي

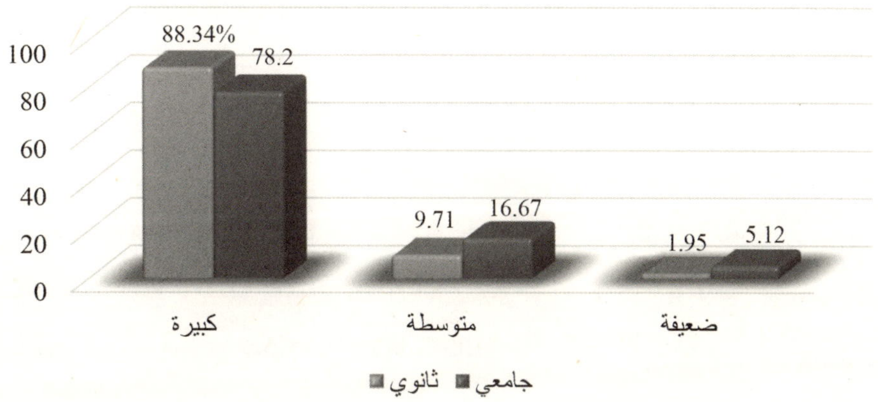

مردُّ هذا الاختلاف بين المستوى التعليمي الثانوي والجامعي أن الشباب في المرحلة الجامعية، وبحكم تنوع العلاقات واتساع الآفاق والاستعداد لاحتلال مواقع متقدمة في المجتمع، صار واعيًا لوجود آفاق أرحب لممارسة المواطنة والتشبع بقيمها في مؤسسات ومواضع أخرى مختلفة، وربما مكمِّلة لأدوار المراكز الشبابية في تفعيل قيم المواطنة.

توجه المراكز الشبابية أنشطتها وبرامجها لكافة الشرائح العمرية إجمالًا، ففي بعض الأحيان تعالج جل الظواهر المتفشية في المجتمع، وتعد بمثابة العنصر المكمل لبقية مؤسسات المجتمع. لا شك أن «التعليم يساهم بقسط وافر في عملية التربية، إلا أنه ثبت علميًا وإحصائيًا أن المؤسسات التربوية الرسمية لا تستطيع تلبية حاجيات كل أفراد المجتمع، لذا جاءت المؤسسات الموازية لسد الفراغ في هذا الباب»[1]. يحيلنا ذلك إلى تقاطع الأدوار بين مختلف مؤسسات التنشئة الاجتماعية ومحاضن تمكين الشباب من الأسرة إلى المدرسة إلى الجامعة وصولًا إلى المجتمع المدني، لذلك نحاول البحث في أبرز الأنشطة المعززة لقيم الانتماء والمواطنة داخل المراكز الشبابية من وجهة نظر الرواد.

(1) علي الشعباني، أعمال الندوة المتوسطية حول الشباب و الوقت الحر في القرن الحادي و العشرين، تونس، مركز الدراسات والبحوث والتوثيق للشباب و الطفولة و الرياضة، 1997، ص 35.

3.2. الأنشطة المعزِّزة لقيم الانتماء والمواطنة داخل المراكز الشبابية

تعمل أنشطة وبرامج المراكز الشبابية على ترسيخ قيم المواطنة والتأثير في حياة الشباب بطريقة إيجابية، من خلال تأطيرهم على مستويات متنوعة لا سيما المستويات التربوية والاجتماعية والثقافية، باعتبارها تسعى إلى تعليمه قيم المشاركة، لأنها إحدى أبرز مؤسسات التنشئة الاجتماعية التي يعرِّفها «آلان توران» بأنها «شكل من التدرُّب والتهذيب للشباب من خلال استبطان المقاييس والمعايير والمواقف والأدوار والمعرفة والدراية وكيفية التصرف التي تشكِّله في ما بعد»[1]. هذا الدور الذي تضطلع به المراكز الشبابية باعتبارها مؤسسات للتنشئة الاجتماعية، ونقصد بذلك المسار الذي يمر به الفرد حتى يستبطن مختلف عناصر الثقافة التي تحيط به، التي تتكوَّن من المعايير والقواعد والنظم الرمزية وقواعد السلوك التي تمكنه من الاندماج في الحياة الاجتماعية.

إن الهدف من التربية على قيم المواطنة هو تعزيز شعور الفرد بالانتماء إلى مجتمعه وقيمه ونظامه، وأن يتمثل ذلك في سلوكه وفي دفاعه عن قيم وطنه ومكتسباته، والإحساس بالواجب نحو المجتمع. ويصبح الشاب قادرًا على مواجهة المشاكل داخل المجتمع بفاعلية وإيجابية، وذلك من خلال الالتزام بالحقوق والواجبات والمشاركة الاجتماعية الفعالة بكافة فعاليات المجتمع. ويصبح للشباب مكانة وفاعلية داخل بيئته المصغرة ثم المجتمع على نطاق أوسع. فما هي الأنشطة المعزِّزة لقيم المواطنة من منظور رواد المراكز الشبابية؟

تبين الإحصائيات والرسوم البيانية المتحصل عليها أن الأنشطة والبرامج المعزِّزة للمواطنة تتوزع بين الأنشطة البيئية والورش الفنية والأنشطة التطوعية والمسابقات الرياضية والمحاضرات العامة والمشاركة. وتلخص الاحصائيات أيضًا أهم الأنشطة التي تقدمها المراكز الستة عينة البحث، وقد تفاوتت إجابات العينة حسب متغيرات الجنس والسن ولا سيما حسب متغير المستوى التعليمي.

الملاحظ أن النسب قد توزعت بصفة متفاوتة، ونلاحظ أن الأنشطة التطوعية قد تحصلت على نسبة 35٪ من مجموع أفراد العينة وهي نسبة مرتفعة، في حين تحصلت بقية الأنشطة على نسب متفاوتة تراوحت بين 22٪ للأنشطة البيئية، و15٪ للورش الفنية والمشاركة في

(1) B. Raymond et B. François, Dictionnaire critique de sociologie, Paris, P. U.F, 1982, pp 528-529.

الاحتفالات العامة، و10٪ للمسابقات الرياضية، و2.76٪ للمحاضرات العامة التي يبدو أن صبغتها النظرية مملة وغير محفزة للشباب، على عكس الأنشطة التطوعية التي حازت النسبة الأكبر خصوصًا لدى الذكور إذ بلغت حوالي 40٪ مقابل 30٪ لدى الإناث. لعل ذلك متصل بطبيعة التطوع الذي يفترض أن يكون في فضاء خارجي، والحال أن طبيعة المجتمع القطري المحافظ قد تحول دون الانخراط الفعلي للإناث في الأنشطة التطوعية، وهو ما تبرزه البيانات الواردة في الجدول والرسم البياني التاليين:

الجدول رقم 24: الأنشطة المعززة لقيم الانتماء والمواطنة داخل المراكز الشبابية حسب متغيِّر الجنس[1]

	ذكر	النسبة٪	أنثى	النسبة٪	المجموع	النسبة٪
الأنشطة البيئية	22	21.36	18	23.08	40	22.10
الورش الفنية	13	12.62	14	17.95	27	14.92
الأنشطة التطوعية	40	38.83	23	29.48	63	34.81
المسابقات الرياضية	10	09.71	09	11.54	19	10.50
المحاضرات العامة	02	01.94	03	03.85	05	02.76
المشاركة في الاحتفالات الوطنية	16	15.54	11	14.10	27	14.91
المجموع	103	٪100	78	٪100	181	٪100

يظهر الرسم البياني التالي أن الورش الفنية والأنشطة البيئية تستقطب الفتيات أكثر من الذكور ناهيك عن المحاضرات العامة، والتي رغم استقطابها المحدود إلا أن نسبة مشاركة الإناث فيها تساوي ضعف النسبة لدى الذكور. لعل مرد ذلك إلى طبيعة الاهتمامات الأدبية والفكرية للإناث، إذ تبين من خلال هذه الدراسة الميدانية أنها تفوق اهتمامات الذكور.

(1) المصدر: الدراسة الميدانية، الفترة من يناير 2017 إلى يناير 2018.

الرسم البياني رقم 25: الأنشطة المعزِّزة لقيم الانتماء والمواطنة داخل المراكز الشبابية حسب متغيِّر السن

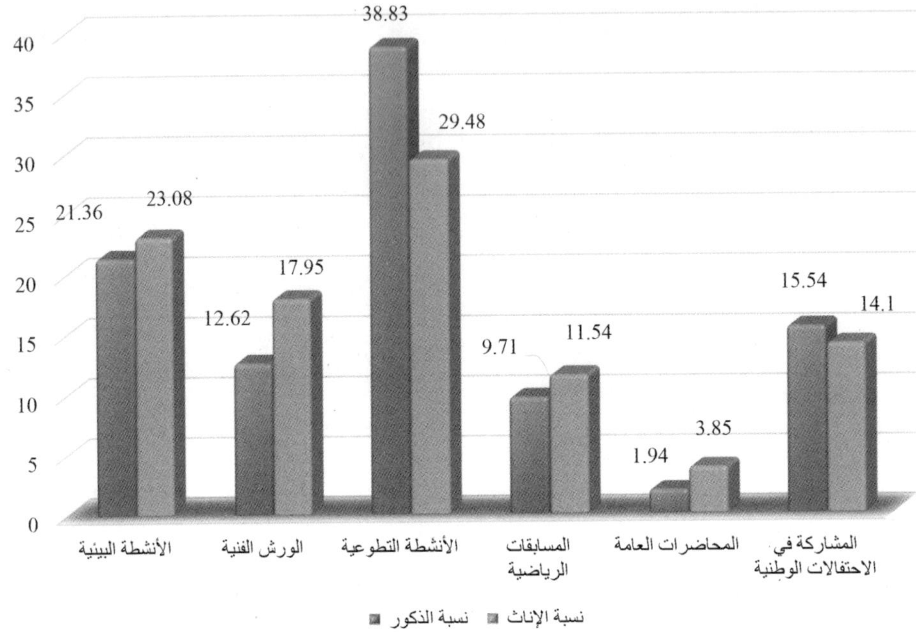

أما متغير السن فقد أظهر النسبة المخصصة للأنشطة التطوعية تحتل الصدارة لدى الفئة العمرية 19-25 عامًا بنسبة 53.57٪، في حين لم تتجاوز لدى الفئة العمرية 15-18عامًا ما نسبته 26.10٪، ولدى الفئة العمرية 26-30 عامًا سجلت النسبة 26.10٪. في المقابل، تحتل الأنشطة المتصلة بالمحاضرات العامة نسبة مضاعفة لدى الفئة العمرية 26-30 عامًا مقارنة بباقي الفئات العمرية. مرد ذلك إلى أن التقدم في التحصيل العلمي ضاعف لدى هؤلاء الشباب أهمية التثقيف والإفادة من تلك المحاضرات خصوصًا بالنسبة للشباب الجامعي. وتوزعت النسب المخصصة للأنشطة البيئية بصفة تكاد تكون متساوية بين مختلف الفئات العمرية، وهذا يبرز في الجدول والرسم البياني التاليين:

الجدول رقم 25: الأنشطة المعزِّزة لقيم الانتماء والمواطنة داخل المراكز الشبابية حسب متغيِّر السن[1]

	15-18	النسبة٪	19-25	النسبة٪	26-30	النسبة٪
الأنشطة البيئية	20	22.73	11	19.64	09	24.32
الورش الفنية	17	19.32	07	12.50	03	8.11
الأنشطة التطوعية	23	26.14	30	53.57	10	27.03
المسابقات الرياضية	11	12.50	05	8.93	03	8.10
المحاضرات العامة	01	01.13	01	1.79	03	8.10
المشاركة في الاحتفالات الوطنية	16	18.18	02	3.57	09	24.34
المجموع	88	٪100	56	٪100	37	٪100

الرسم البياني رقم 26: الأنشطة المعزِّزة لقيم الانتماء والمواطنة داخل المراكز الشبابية حسب متغيِّر السن

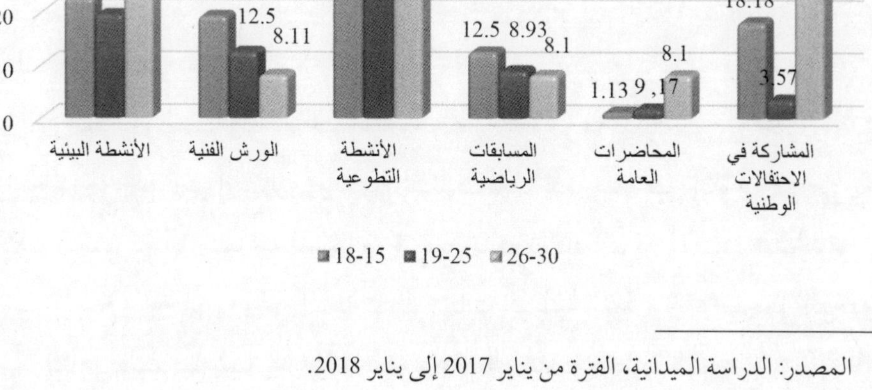

(1) المصدر: الدراسة الميدانية، الفترة من يناير 2017 إلى يناير 2018.

أما متغيِّر المستوى التعليمي فلم يقدم إضافة في هذا المستوى من التحليل، لتظل النسب جد متقاربة في توزيعها العام بين شباب المرحلتين الثانوية والجامعية، مع تفوق طفيف في مستوى الإقبال على المحاضرات العامة لطلاب الجامعة بنسبة 5.63٪ مقارنة بشباب المرحلة الثانوية إذ لم تتجاوز نسبتهم1٪. وهو ما يظهره الرسم البياني التالي:

الرسم البياني رقم 27: الأنشطة المعزِّزة لقيم الانتماء والمواطنة داخل المراكز الشبابية حسب متغيِّر المستوى التعليمي

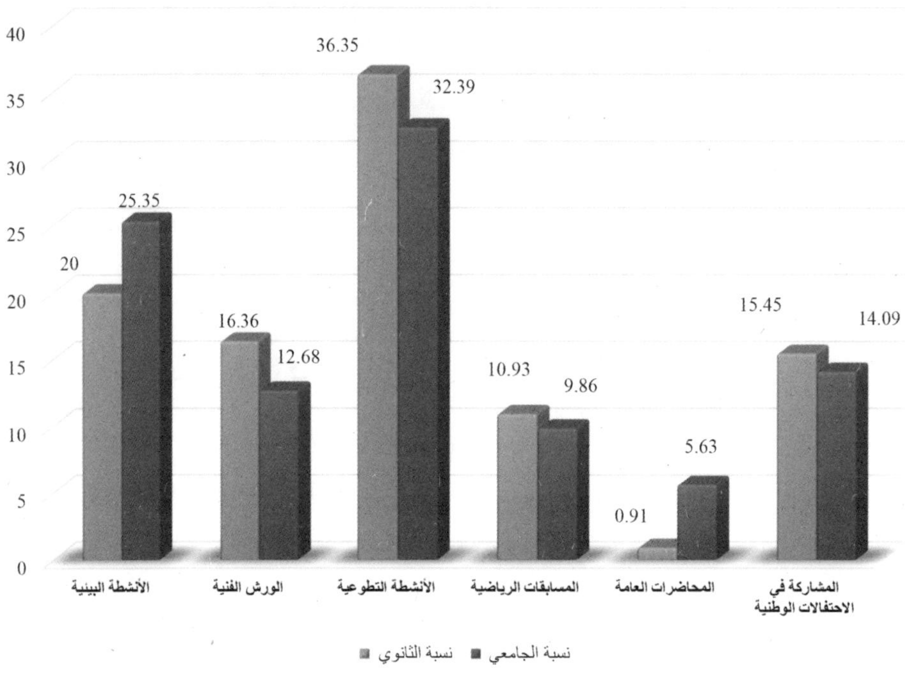

تكمن أهمية المؤسسات الشبابية في قدرتها على تعزيز قيم الانتماء والمواطنة كممارسة وسلوك، ما يستدعي مجموعة من المداخل الأساسية تضمن ترسيخ قيم المواطنة مثل المساواة والحرية والمسؤولية الاجتماعية والمشاركة، وهو ما قد يتحقق من خلال الأنشطة والبرامج داخل المراكز الشبابية. ويعتبر التنشيط فعلًا إدماجيًا، فهو أداة تمكِّن من تعزيز مجالات المشاركة الاجتماعية للشباب، في سياقات اتخاذ القرار والتنمية المحلية، وهي سياقات يترسَّخ من خلالها وعي الشباب بالرهانات الوطنية المطروحة وبمجمل التحديات الكونية، فتتأهل فيهم قيم إنسانية راقية تحفزهم على المشاركة وخدمة المجتمع. ومن وظائف

هذه المؤسسات أيضًا أنها فضاءات لتدريب الشباب على اتخاذ القرار والمشاركة في الشأن العام. إنها مجال للتفاعل الدائم والحوار المستمر مع المحيط والتحسس الدائم للحراك الاجتماعي. ويمكن الإقرار بأن المؤسسة الشبابية بمثابة المدارس لبناء المواطنة لأنها فضاء لإنتاج أرقى النماذج التي تسمح للشباب بالعبور إلى مواطنة، وتقوم على التضامن والغيرية والتكافؤ والمساواة، من خلال عقد معنوي جامع للاختلاف، ورابط للتعايش السلمي، وسياق متطور للانخراط في الحياة العامة. ويبدو أن الفعل التنشيطي مسلك عبور نحو ترسيخ قيم المواطنة لدى الشباب.

تقودنا النتائج المتحصل عليها من خلال تحليل البيانات إلى التحقق من صحة فرضيتنا، إذ تتجلى قيمة المؤسسة الشبابية فيما تقدمه من برامج وأنشطة تعنى بقيم المواطنة، نظرًا لدورها الفعال في خلق شباب متمكن وقادر على العطاء. إذ يكتسب الشباب منها قيم المساواة والمشاركة والتطوع والحوار وحب الوطن والعمل في إطار المجموعة والتعاون. وتولي المراكز الشبابية اهتمامًا كبيرًا بالقيم المجتمعية، بما يتماشى مع النسق الاجتماعي والثقافي للمجتمع، إذ تتركز فكرة المواطنة على حصيلة تراكمية من القيم والتي تشكل بمجملها سلوك الفرد، الأمر الذي يفرض على الشباب معرفة هذه القيم واكتسابها من أجل تحقيق المصلحة الشخصية من ناحية والمصلحة العامة من ناحية أخرى، بهدف تشكيل الحس المدني لديهم وتحديد مسؤولياتهم والتزاماتهم تجاه وطنهم وبيئتهم ومجتمعهم في إطار الرؤية الوطنية للدولة وللمجتمع. ويعتبر المشرفون على برامج وأنشطة المراكز الشبابية أن «التنشئة على قيم المواطنة مطلب مهم، كونها تسعى لإكساب الأفراد الوعي بأدوارهم الاجتماعية ودفعهم للمشاركة في الحياة العامة وفق ما يقتضيه النسق الاجتماعي العام»[1]. ولا يتم هذا إلا بفهم كامل لعلاقات الشباب بمحيطهم الاجتماعي، بالتالي تمثل بالنسبة لهم التزامًا اجتماعيًا قيميًا وأخلاقيًا. ويتعلق الفرد بمواقف الاحترام إزاء الآخرين، ويراعي المصلحة العامة، إضافة إلى وعيه بالواجبات والحقوق تجاه المجتمع. لذلك تهتم المراكز الشبابية من وجهة نظر المشرفين عليها بإعداد الشاب من جميع النواحي ليكون قادرًا على تحمل مسؤولياته، فالشاب يستفيد من الأنشطة والبرامج المتاحة له ويتفاعل مع أفراد المجموعات من خلالها، ويولد هذا التفاعل لديه شعورًا بالمسؤولية والاعتماد على ذاته. أما بالنسبة لقيام الشاب

(1) انظر المقابلة مع السيد حارب الجابري، مدير النادي العلمي القطري (ملحق رقم2)

بواجباته داخل المراكز الشبابية فإنه يأتي بالتوازي مع الحقوق الممنوحة له، وبالتالي يتولد لديه الشعور بالانتماء إلى هذه المؤسسة، وهنا تصبح ممارسة المواطنة إلى جانب أدوارها في التنشئة الاجتماعية نوعًا من الحماية من خلال توفيرها فرص الاستفادة من الوقت الحر في عمل اجتماعي مفيد يقيه آفات الفراغ. بالإضافة إلى ذلك، يساهم الانخراط في ممارسة المواطنة في غرس قيمة حضارية أخرى لا تقل أهمية وهي حسن تنظيم الوقت على اعتبار أن «الثقافة الاجتماعية التي سادت لفترة طويلة لم تكن تعترف بمفهوم ميزانية الوقت، ولا تعي جيدًا أهمية استثمار الوقت الحر»[1]، وهكذا لا قيمة للأنشطة المتاحة إذا لم يتم فهمها والاندماج فيها. ويجب أن تبنى هذه الأنشطة على التخطيط والعمل الهادف ليتعود الشاب على ممارسة واجب المواطنة، بما يساعده على اكتساب المهارات الضرورية للمشاركة، ويكسبه القدرة على التواصل مع الآخرين، والتمكن من أدبيات التحاور والعمل المشترك، والاستماع إلى الآخر واحترام آرائه.

أظهرت الدراسة أن المؤسسات الشبابية بوصفها فضاءات مجتمعية إجمالًا، تعمل على ترسيخ قيم المواطنة لدى الشباب من خلال العناصر التالية:

1. غرس قيم المواطنة والانتماء لدى الشباب عن طريق تشجيعهم على إيجاد فرص للتنافس في المجالين الثقافي والفكري، لا سيما في الموضوعات التاريخية والوطنية والقضايا العامة من خلال «إعطاء نموذج القدوة من خلال التعريف بالشخصيات والرموز التي لعبت أدورًا مهمة في التاريخ القطري في مختلف المجالات، تأكيدًا للتواصل والتكامل بين الأجيال»[2]؛ فضلاً عن تشجيع السياحة الشبابية لتعريف الشباب بالمناطق التاريخية والأثرية التي تعمق الشعور بالانتماء الوطني، وتشجيع الحوار الفكري والثقافي بين الشباب حول قضايا التنمية الشاملة والتحديات الداخلية والخارجية والسياسات العامة المتبعة، مع التأكيد على قيم التعددية وقبول الرأي الآخر، بالإضافة إلى الانفتاح على العالم الخارجي والتبادل الشبابي العربي والدولي.

---

(1) الحبيب الدرويش، أية علاقة للثقافة بمؤسسات الوقت الحر؟ تونس، منشورات المركز الوطني للاتصال الثقافي، 2005، ص 40 - 48.

(2) انظر المقابلة مع السيد صلاح السعدي، مدير مركز شباب الدوحة (ملحق رقم 2).

2. توسيع مشاركة الشباب في الحياة العامة من خلال تشجيع مساهمتهم في أنشطة الخدمة العامة والأنشطة التطوعية، وربطهم بأهداف التنمية الشاملة، والتركيز على برامج التأهيل الثقافي والفكري المتميز بهدف «إيجاد قادة للشباب، ومن أبرز الأمثلة العملية برنامج رواد العمل الشبابي»[1]. ونشر ثقافة العمل الحر بين الشباب وتشجيعهم على إقامة المشروعات الخاصة ودعم ثقافة المبادرة[2].

3. رعاية الموهوبين والمبتكرين عبر «نشر الثقافة العلمية وتشجيع النشء والشباب على الابتكار وتطوير تطبيقات جديدة في المجال التكنولوجي، وإشاعة مهارات استخدام التقنيات العلمية، وإتاحة الفرصة للنشء والشباب لممارسة الفنون والآداب المختلفة، ورعاية المتميزين منهم»[3].

4. تفعيل دور الفتاة في الحياة العامة، عبر توفير الخطط اللازمة لزيادة دور الفتاة والمرأة في مجال صنع القرار في الهيئات الشبابية. والتوسع في برامج الأنشطة الخاصة بالفتيات في مراكز الشباب، والتعاون مع الجمعيات الأهلية والمنظمات غير الحكومية من أجل تنفيذ برامج للنهوض بالمرأة في المجالات المختلفة، فضلًا عن زيادة تمثيل الفتيات في الأنشطة الشبابية خصوصًا المعسكرات القومية والرحلات.

5. رفع مستوى الأداء داخل المؤسسات الشبابية عبر «الدفع بعناصر شبابية إلى مواقع المسؤولية، وتحديث وتطوير شبكات الاتصال وقواعد المعلومات والتوسع في برامج التنمية البشرية في مجالات اللغات والحاسب الآلي، وتطوير نظم التخطيط والمتابعة والتقييم للأنشطة والبرامج»[4].

6. اشتراك الشباب في الأنشطة والبرامج داخل المؤسسات الشبابية وخارجها من خلال المساهمة في المعسكرات البيئة والاجتماعية والتي تعمل على غرس قيم

(1) نظمت إدارة الشؤون الشبابية بدولة قطر عدة دورات تدريبية لتكوين قيادات شبابية ضمن برنامج رواد العمل الشبابي.

(2) انظر المقابلة مع السيد ناصر المالكي، أمين سرّ مركز قطر للعمل التطوعي (ملحق رقم 2)

(3) انظر المقابلة مع السيد حارب الجابري، مدير النادي العلمي القطري (ملحق رقم 2).

(4) مقابلة مع السيد خالد عبد الله، مدير مركز شباب العزيزية (ملحق رقم 2).

المسؤولية والانتماء للمجتمع، واشتراك الشباب في جماعات الأنشطة والخدمة العامة داخل وخارج المؤسسات الشبابية، وتنظيم المحاضرات العامة والورشات التدريبية التي توضح الحقوق والواجبات للشباب تجاه المجتمع والآخرين وتجاه أنفسهم. يضاف إلى ذلك اشتراك الشباب في المسابقات الاجتماعية وغرس ثقافة الحوار والمناقشة بين الشباب على أسس سليمة وإعطاء الفرصة للشباب للمشاركة في البحوث والدراسات والمسابقات، التي تزودهم بمهارات في مختلف مناحي الحياة؛ وتكثيف وعي الشباب بالقراءة والاطلاع، وكذلك المشاركة في المسابقات الثقافية واكتشاف الموهوبين في كافة المجالات ورعايتهم، وتزويدهم بالخبرات والمهارات الفنية اليدوية المختلفة، وتوسيع قاعدة الممارسة الرياضية لكافة المراحل العمرية.

لكن الملاحظ أن جل الشباب عينة البحث قد أجمعوا على أن المراكز الشبابية تخصص أنشطة وبرامج تعمل على تعزيز قيم الانتماء والمواطنة، وأن لهذه المراكز خطة لتعميق الإحساس بهذه القيم، ولكنهم اختلفوا في تمثُّلهم لماهية هذه المراكز. وأظهرت الدراسة أهمية اعتماد متغيِّر المستوى التعليمي في كل مرة يطرح فيها إشكال أو سؤال متعلق باختبار الوعي وتنمية القدرات والاهتمام بقضايا الشأن العام والالتزام بالمسؤولية المجتمعية. وقد ركز الشباب على المشاركة كقيمة رئيسية من المفترض تحقيقها داخل المراكز الشبابية، وهي في الوقت ذاته بمثابة المحفز للإقبال على أنشطة هذه المراكز وبرامجها، نظرًا لأهمية التمكين من منظور الشاب.

الفصل الثالث

تعزيز قيم الانتماء والمواطنة داخل المراكز الشبابية: الانتظارات وعوائق التمكين

1. تفعيل قيم المواطنة داخل المراكز الشبابية: الواقع والانتظارات

تعتبر المراكز الشبابية من المؤسسات التي أنشئت بهدف إعداد الشباب، ليكونوا قادرين على تقلُّد مختلف الأدوار والوظائف الاجتماعية من جهة، وتكوينهم في مختلف النواحي العقلية والجسمية والروحية والرياضية والأخلاقية والعلمية، لذلك من المفترض أن تساعدهم برامج وأنشطة هذه المراكز على تنمية قيمهم بما يتناسب مع قيم المجتمع وصفات المواطنة الصالحة، لأن المؤسسة حسب تعريف «فرنسوا بتي» هي مجموعة «عناصر في حالة تفاعل ضروري، أي في حالة اعتماد متبادل من أجل تحقيق هدف رسمي مشترك: إنتاج منفعة أو مصلحة ... هذا الاعتماد المتبادل هو الذي يصنع وحدة المؤسسة، وينتج ذلك عن كل تحوير وفي كل عنصر تحوير في باقي العناصر»[1].

1.1. القيم المكتسبة داخل المؤسسات الشبابية

تولي المؤسسات الشبابية أهمية بالغة لترسيخ القيم على اختلافها، وذلك انطلاقًا من أن القيم هي مبادئ ذات قيمة وفائدة ومنفعة، تتجلى في العديد من الأشكال، ويلتزم بها الشباب وتظهر في سلوكهم وتفاعلاتهم اليومية مع مكونات مجتمعهم. فالمواطنة ليست صفة فطرية تولد مع الإنسان، وإنما خاصية يكتسبها الشباب بالتكوين المستمر في جل مراحل حياتهم. في هذا الإطار، يجب أن تراعي المراكز الشبابية عدة عوامل ومراحل حتى تصل إلى غاياتها، ويكتمل دورها في ترسيخ قيم المواطنة لدى الشباب، لذا لا بد من تركيزها على مرحلة التشبُّع بالقيم، والتأكد من ضرورة وجودها وإدراكها وتفسيرها لرواد المراكز

(1) François Petit, Introduction à la psychologie sociale des organisations, Paris, 1991, p 18.

الشبابية، وذلك عبر إكساب الشاب سلوكيات ومهارات اجتماعية تمكّنه من القيام بأدواره ومسؤولياته مثل: المبادرة والتطوع والمسؤولية المجتمعية والمشاركة في بناء المجتمع والقدرة على اتخاذ القرارات والأدوار، إلى جانب التفاعل مع مختلف التغيرات الاجتماعية والثقافية للأخذ بزمام المبادرة وتطوير قيم الالتزام بالمسؤولية المجتمعية، ومن ثم المشاركة في صنع القرار داخل المجتمع.

إن عملية ترسيخ قيم المواطنة داخل المراكز الشبابية تساعد روادها على اكتساب قيم التواصل والتفاعل مع عناصر المجتمع، لذلك يجب «أن يكون لدى الشاب سعة ثقافية، ويهتم بالتفاعل مع الخصوصيات الثقافية للمجتمع، وأن يكون لديه الوعي الكامل بالعوامل السياسية والثقافية والاجتماعية التي تؤثر على مجتمعه وتنميته»[1]. تترابط هذه الحاجات بعضها ببعض، ويتحقق للشاب من خلال مشاركته في أنشطة المراكز الشبابية جملة هذه الحاجات التي تساعده في حياته اليومية. لذلك تفترض ممارسة قيم المواطنة على الشاب امتلاك القدرة على تحمل المسؤولية والمشاركة في اتخاذ القرارات والتضامن والتآزر الاجتماعي مع بقية أفراد المجتمع، وبذلك يتعرف على المجتمع ومشاكله وحاجاته من خلال المشاركة في مختلف مؤسساته.

يبرز الجدول التالي أبرز القيم المكتسبة من خلال أنشطة وبرامج المراكز الشبابية، من وجهة نظر روادها، وهي المبادرة والتطوع والمسؤولية المجتمعية والمشاركة.

الجدول رقم 26: القيم المكتسبة من خلال أنشطة وبرامج المراكز الشبابية حسب متغيِّر الجنس[2]

	ذكر	النسبة٪	أنثى	النسبة٪	المجموع	النسبة٪
المبادرة	13	12.62	20	25.64	33	18.23
التطوع	44	42.72	22	28.20	66	36.47
المسؤولية المجتمعية	10	9.70	16	20.52	26	14.36
المشاركة	36	34.96	20	25.64	56	30.94
المجموع	103	٪100	78	100	181	٪100

(1) سعيد إسماعيل علي، أصول التربية والتعليم، الإسكندرية، مركز الدراسات والبحوث العربية، 1999، ص 157.

(2) المصدر: الدراسة الميدانية، الفترة من يناير 2017 إلى يناير 2018.

يبيِّن الجدول توزع إجابات العينة باعتماد متغيِّر الجنس، حسب أهم القيم المكتسبة، من خلال المشاركة في أنشطة وبرامج المراكز الشبابية؛ إذ تصدَّرت قيمة التطوع بنسبة 36٪ إجابات أفراد العينة، تلتها قيمة المشاركة بنسبة 30.94٪، أما قيمة المسؤولية الاجتماعية فتحصلت على نسبة 14.36٪ وحلَّت أخيرًا قيمة المبادرة بنسبة 18.23٪. ويُظهر متغيِّر الجنس أن قيمة التطوع تحتل الصدارة لدى عينة البحث مع نسب متفاوتة بين الذكور والإناث، إذ بلغت النسب 42.72٪ للذكور و28.20٪ للإناث. وتنسحب الملاحظة ذاتها على المشاركة، ما يجعلنا نقر بأهمية قيمتي التطوع والمشاركة في تمثُّلات الشباب من العينة، ثم الإقرار بقيمة المسؤولية المجتمعية التي تزداد أهميتها لدى الإناث لتبلغ 20٪، في حين لم تتجاوز 10٪ لدى لذكور، ما أثر على النسب المخصصة للمبادرة التي ظلت مرتفعة لدى الإناث 25٪ مقابل 12٪ لدى الذكور.

ظلت قيمتا التطوع والمشاركة في خدمة المجتمع في صدارة القيم المكتسبة من برامج وأنشطة المراكز الشبابية، وهو ما يظهره الرسم البياني التالي:

الرسم البياني رقم 28: القيم المكتسبة من خلال أنشطة المراكز الشبابية حسب متغيِّر الجنس

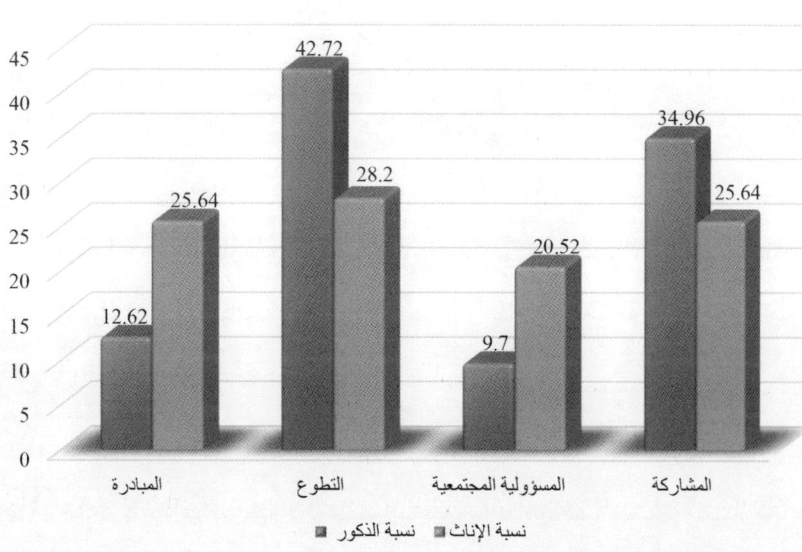

تنسحب الملاحظات ذاتها تقريبًا على متغيِّر السن، إذ استأثرت المشاركة بنسبة 54.05٪ بالنسبة للشباب من الفئة العمرية 26-30 عامًا، وكذلك جاءت النسبة لدى الفئة العمرية 19-

25 عامًا من مجموع القيم المكتسبة، من خلال أنشطة المراكز الشبابية، مقابل 45٪ للتطوع بالنسبة للفئة العمرية 15–18 عامًا، و35٪ بالنسبة للفئة 19–25 عامًا. ويؤكد ذلك على الأهمية التي توليها العينة على اختلافها الجندري بالقيم المتصلة بخدمة المجتمع، الأمر الذي تنبئنا به الإحصائيات المتحصل عليها من الدراسة، مثلما هو مبيَّن في الجدول التالي:

الجدول رقم 27: القيم المكتسبة من خلال أنشطة المراكز الشبابية حسب متغير السن(1)

	15–18	النسبة٪	19–25	النسبة٪	26–30	النسبة٪
المبادرة	22	25	08	14.29	03	8.11
التطوع	40	45.45	20	35.71	06	16.22
المسؤولية المجتمعية	06	11.36	08	21.62	08	21.62
المشاركة	16	18.19	20	54.05	20	54.05
المجموع	88	100	56	100	37	100

تفيد قراءة هذه الإحصائيات بأن الشباب في هذه المراحل العمرية يميلون إلى تطوير إحساسهم بالمسؤولية تجاه قضايا مجتمعهم، والانخراط في الأخذ بزمام المبادرة إثباتًا للذات، خصوصًا إذا ما توفرت لهم الفرص والإمكانيات للمشاركة والإبداع. أكد لنا متغيِّر السن بفئاته المتنوعة إلى جانب بروز قيمة المسؤولية المجتمعية بنسبة موازية للتطوع البالغة 22.54٪، أنه عامل أحدث فارقًا في مستوى الإجابة على هذا السؤال، فبقدر التقدم في السن يتعزز لدى الشباب الوعي بالمسؤولية المجتمعية والتأهب لخدمة المجتمع، نظرًا لارتقاء وعيه بقضايا ومشكلات المجتمع.

لقد أصبحت عملية المشاركة من أهم القضايا الشبابية المتصلة بالتربية على قيم الانتماء والمواطنة، خدمةً لأهداف التنمية لأن «الشباب المؤمن بأهداف التنمية والمشاركة، هو القادر على التفاعل مع قضايا مجتمعه ووضع الحلول لها، ومحاولة تطبيقها بأسلوب فعال يحقق

(1) المصدر: الدراسة الميدانية، الفترة من يناير 2017 إلى يناير 2018.

الوصول إلى الأهداف المنشودة في أسرع وقت»[1]. من هنا نستنتج مدى أهمية المشاركة في حياة الشاب، كونها تفتح له المجال للانخراط في الحياة العامة. كذلك تعتبر من أهم وظائف التنشيط الذي «يوفر فضاء يدرِّب الشباب على اتخاذ القرار والمشاركة في الشأن العام، بعيدًا عن التعصب والتشبث بالرأي الفردي والاستقالة واللامبالاة، فيسمح للشباب بمشاركة اجتماعية متسقة تدعم شخصيتهم وينشأ لديهم استقلالية ناضجة غير منحرفة إلى المزالق الفردانية»[2]. لذلك تعمل الأنشطة والبرامج داخل المراكز الشبابية على «ترسيخ قيمة المشاركة والتطوع لدى الشباب بهدف جعلهم أفرادًا صالحين داخل المجتمع، حيث أنه عندما يساعد الشاب في عمل خيري أو ينجز عملًا أو مهمة بشكل جيد وبإخلاص، يكون عندها من المواطنين الصالحين»[3]. وهو ما يبينه الرسم البياني التالي:

الرسم البياني رقم 29: القيم المكتسبة من خلال أنشطة المراكز الشبابية حسب متغيِّر السن

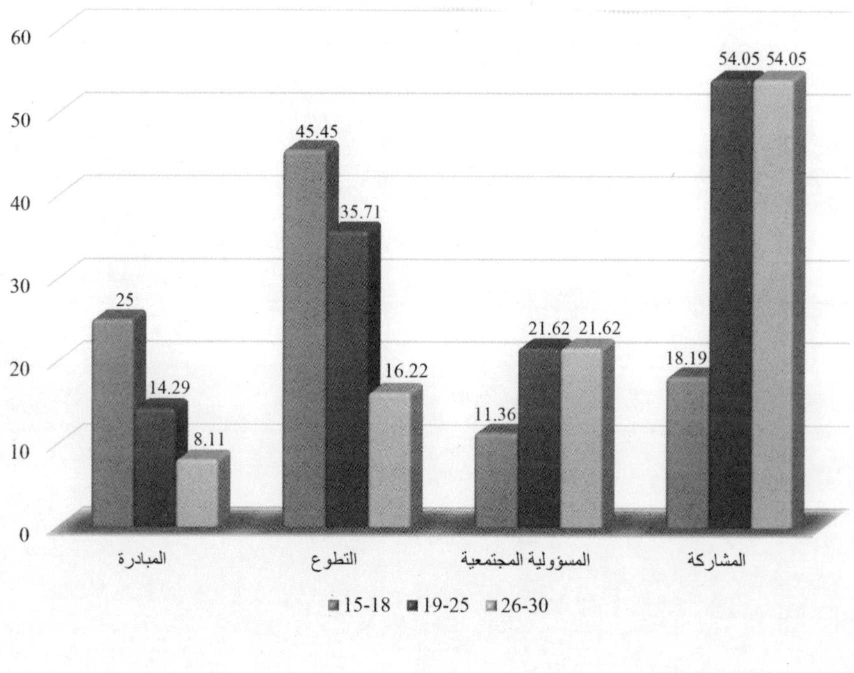

(1) جاد الله أبو المكارم، وسائط التربية ودورها في إعداد الشباب للتنمية، الإسكندرية، البيطاش للنشر والتوزيع، 2002، ص 57.

(2) عبد الخالق، الزاهي، التنشيط بمؤسسات الشباب ورهانات التخطيط والإبداع، مرجع سابق، ص 46.

(3) مقابلة مع السيد ناصر المالكي، مدير مركز قطر للعمل التطوعي (انظر الملحق رقم 2).

نستنتج تقارب النسب بين قيمتي التطوع والمشاركة، ومرد ذلك أن «رواد المراكز الشبابية يرون أن الأنشطة التي يمارسونها تمنحهم الفرصة للقيام بأعمال تطوعية تخدم المجتمع والمشاركة سواء داخل المؤسسة الشبابية أو خارجها، بالانفتاح على فضاءات مجتمعية أخرى من خلال العمل الاجتماعي، ضمن فعاليات المجتمع والمشاركة في الحياة العامة، وإبداء الرأي حول السياسات المتبعة»[1]. يبرز ذلك على وجه الخصوص من خلال متغيِّر المستوى التعليمي، إذ اعتبر الشباب الجامعي بنسبة 36.61٪ أن المشاركة هي من أهم القيم المكتسبة من أنشطة وبرامج المراكز الشبابية، يليها المسؤولية المجتمعية والتطوع، وهي في حقيقة الأمر قيم متقاطعة ومتصلة بعضها ببعض. مردُّ ذلك أن التنشئة على قيم المسؤولية المجتمعية والتطوع تقودنا حتمًا إلى رفع الوعي بالمشاركة في إدارة الشأن العام وخدمة المجتمع، ما يبدو جليًا من خلال متغيِّر المستوى التعليمي:

الجدول رقم 28: القيم المكتسبة من خلال أنشطة المراكز الشبابية حسب متغير المستوى التعليمي[2]

	ثانوي	النسبة٪	جامعي	النسبة٪
المبادرة	20	18.18	13	18.31
التطوع	50	45.45	16	22.54
المسؤولية المجتمعية	10	09.09	16	22.54
المشاركة	30	27.02	26	36.61
المجموع	110	100	71	100

(1) علي خليفة الكواري، المواطنة والديمقراطية في البلدان العربية، بيروت، مركز دراسات الوحدة العربية،2001، ص 93.

(2) المصدر: الدراسة الميدانية، الفترة من يناير 2017 إلى يناير 2018.

الرسم البياني رقم 30: القيم المكتسبة من خلال أنشطة المراكز الشبابية حسب متغيِّر المستوى التعليمي

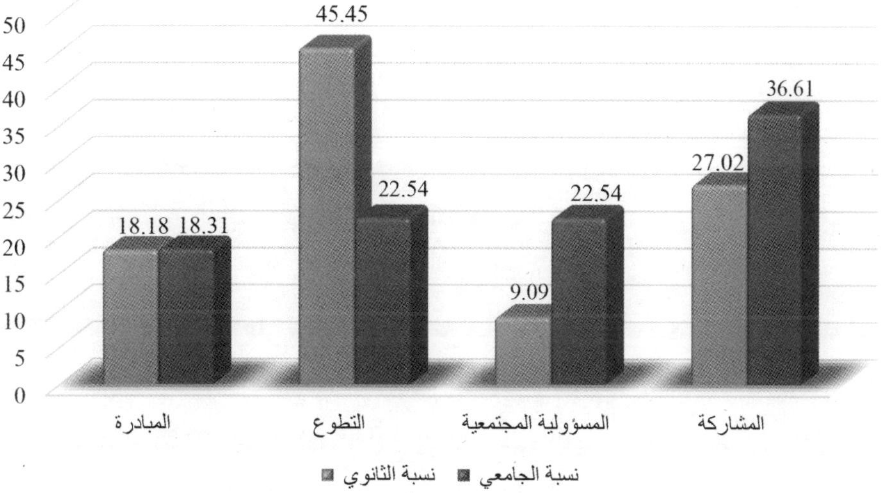

يؤكد الرسم البياني أن ترسيخ ثقافة المبادرة عبر مسارات التنشئة الاجتماعية على غاية من الأهمية، «إذ لا تكفي القرارات والتشريعات الميسرة كي تتحصل على شباب ينبذ التواكل، ويبادر من أجل نحت مستقبل بلاده بالعمل وابتكار المشاريع الخلاقة المتلائمة مع روح العصر ونسق التحولات»[1]. لذلك تعد التربية على قيم المواطنة من أكثر المواضيع إثارة للجدل، نظرًا لأهمية التنشئة على تلك القيم كونها تتضمن تنمية السلوك المدني لدى الشاب، وتحديد أدواره في النسيج الاجتماعي، وتكوين شخصيته القادرة على العمل والمشاركة والتفاعل مع الآخر، وتُكسِبه الوعي بمشاكل بيئته ومحيطه الاجتماعي. وبذلك يمتلك مهارات الحوار وإبداء الرأي بعقلانية، والتفاعل مع المواقف الاجتماعية والتعامل مع المؤسسات بوعي وفهم، بناءً على ما تعلمه داخل المراكز الشبابية، وأن يكون فردًا مسؤولًا في أي جماعة ينتسب إليها مستقبلًا. وهنا تبرز أهمية التنشئة «من أجل ترسيخ مبدأ المواطنة في الفضاء الاجتماعي والوطني، وتوسيع مساحة المشاركة في الشأن العام وتقوية الرباط الاجتماعي، هذه التنشئة تقتضي توفير عدة مداخل وآليات تصب جميعها في خانة تعمل

(1) الحبيب الدرويش، دراسات في قضايا التنشئة والتمكين والاندماج، تونس، كلية الآداب والعلوم بصفاقس، 2010، ص 23.

على نحت ملامح مجتمع حركي مبادر متضامن ومنسجم»[1]. لذلك أصبح من الضروري دراسة الموجهات القيمية لسلوك الشباب نحو الالتزام الاجتماعي، بما ينعكس بصورة ايجابية على حياة الشباب سواء داخل المراكز الشبابية أو خارجها.

يضاف إلى ذلك، أن التنشئة على قيم التطوع والمشاركة في فضاء مجتمعي مخصوص مثل المراكز الشبابية، عملية تهدف إلى تعزيز إدراك الشاب لولائه إلى المجتمع وقيمه وبيئته، بشكل يرقى إلى حدٍّ تمثُّل هذا الشعور في سلوكه وفي دفاعه عن قيم وطنه ومكتسباته؛ فالهدف الأسمى من التربية على قيم المواطنة هو تفعيل المسؤولية الاجتماعية لدى رواد المراكز الشبابية والهادفة، ولا سيما تعزيز شعور الشاب بالانتماء إلى بيئته ومجتمعه على نطاق واسع، وهو ما يظهر على وجه الخصوص من خلال اعتماد متغيِّر السن بالنسبة للسؤال المتصل بالقيم المكتسبة من أنشطة وبرامج المراكز الشبابية. فقد اعتبر 54٪ من الشباب من الفئة العمرية 26–30 عامًا، أن التطوع يتصدر هذه القيم بالإضافة إلى قيمة المسؤولية المجتمعية التي احتلت المرتبة الثانية من إجابات هذه الفئة العمرية، ما يؤكد تنامي الوعي بأهمية التطوع والالتزام بالمسؤولية تجاه المجتمع كلما تقدم الشباب في السن. وكذلك الأمر بالنسبة لمتغيِّر المستوى التعليمي، إذ أقرَّ 36.61٪ من الشباب الجامعي بأهمية قيمة المشاركة كقيمة مكتسبة من أنشطة وبرامج المراكز الشبابية، ما يعكس توق هذه الفئة من الجامعيين إلى احتلال مراكز متقدمة في خدمة المجتمع، وذلك من خلال المشاركة في إدارة الشأن العام، بما ينسجم مع توجه إدارة الشؤون الشبابية نحو تشبيب الكادر المشرف على المراكز الشبابية وتشريك الشباب في إدارة الشأن العام ودعم المبادرات الشبابية. كل ذلك يحيلنا إلى الاشتغال على دور البرامج والأنشطة المقدمة داخل المراكز الشبابية في بناء الشخصية الاجتماعية للشاب.

إن المراكز الشبابية بوصفها فضاءات تُعاضد دور مؤسسات التنشئة الاجتماعية يُلقى على عاتقها مسؤولية مجتمعية مشتركة، تقوم بها كامل المؤسسات مجتمعة سعيًا لتحقيق قيم المواطنة وبناء شباب واع، من خلال أنشطة المراكز الشبابية التي تجذب الرواد للمشاركة في المصالح العامة والأعمال التطوعية وخدمة المجتمع، إذ تقدم للشباب دروسًا عملية في المشاركة والعمل التطوعي. فالشاب حين يشارك في برامج وأنشطة «مركز أصدقاء البيئة»

(1) نفس المرجع، ص 23.

مثلًا، يكتسب سلوكيات متحضرة ومسؤولة تجاه البيئة، أي أنها تتوجه إلى حواسه لتمده بالمهارات الكافية في كل المجالات. إن من أهم أهداف المراكز الشبابية إدراج مجموعة من القيم الاجتماعية، لا سيما ثقافة المواطنة، في المنظومة المجتمعية، فلا تتحقق المواطنة إلا من خلال ترجمتها إلى إجراءات عملية وسلوكية في الحياة العامة للشباب. وهو ما أشار إليه مدير «مركز أصدقاء البيئة» بالقول: «إن الأنشطة التي تتم برمجتها لها غايات وهي تحسين علاقة الشاب بمحيطه الخارجي، كذلك تنظم المراكز الشبابية رحلات ترفيهية وتثقيفية في نفس الوقت من شأنها استكشاف آثار البلاد، وبالتالي نحن نزرع لديه حب الوطن عبر الدعوة إلى اكتشاف معالمه»[1] .

2.1. دور البرامج والأنشطة الشبابية في بناء الشخصية الاجتماعية للشباب

إن المراكز الشبابية من وجهة نظر المشرفين عليها بمثابة مؤسسات تربوية يفترض أن تستجيب لتطلعات الشباب وحاجياتهم، في ظل التغيرات الاجتماعية والثقافية، بما يمكن الشاب من تحقيق التوازن النفسي والاجتماعي في عيشه اليومي داخل فضاءاتها، وذلك من خلال التواصل والتفاعل والحوار مع مجموعات النشاط في أثناء القيام بالأنشطة الداخلية والخارجية؛ تلك الأنشطة تهدف إلى تشريك الشباب وغرس مجموعة من القيم التي ستساعدهم في حياتهم اليومية، لأن ما يكتسبه الشاب من مشاركته في الأنشطة المختلفة للمراكز الشبابية ستفتح أمامه آفاق مستقبلية جديدة، عبر تدعيم قدرته على الاندماج والتكيف مع التغيرات الاجتماعية؛ وبالتالي يشعر الشباب بأهمية مكانتهم الاجتماعية وتنمية وعيهم تجاه الرهانات الوطنية واستراتيجيات التنمية. وتلعب المؤسسات الشبابية دور الوسيط بين الشباب ومحيطهم من خلال ربطهم بصورة مباشرة بالمجتمع وعملها على تحقيق حالة من التوافق بين الشباب ومحيطهم. فكيف ينظر الشباب/ الرواد إلى هذه البرامج والأنشطة؟ وكيف يقيمون أدوارها في بناء شخصيتهم الاجتماعية وتحفيزهم على التشبُّع بقيم المواطنة والانتماء؟

---

(1) انظر مقابلة مع السيد فرهود الهاجري، مدير مركز أصدقاء البيئة، (ملحق رقم 2)

الجدول رقم 29: دور برامج وأنشطة المراكز الشبابية في بناء الشخصية الاجتماعية للشباب حسب متغيِّر الجنس[1]

	ذكر	النسبة٪	أنثى	النسبة٪
نعم	99	96.12	75	96.15
لا	04	03.88	03	3.85
المجموع	103	٪100	78	٪100

الرسم البياني رقم 31: دور برامج وأنشطة المراكز الشبابية في بناء الشخصية الاجتماعية للشباب حسب متغيِّر الجنس

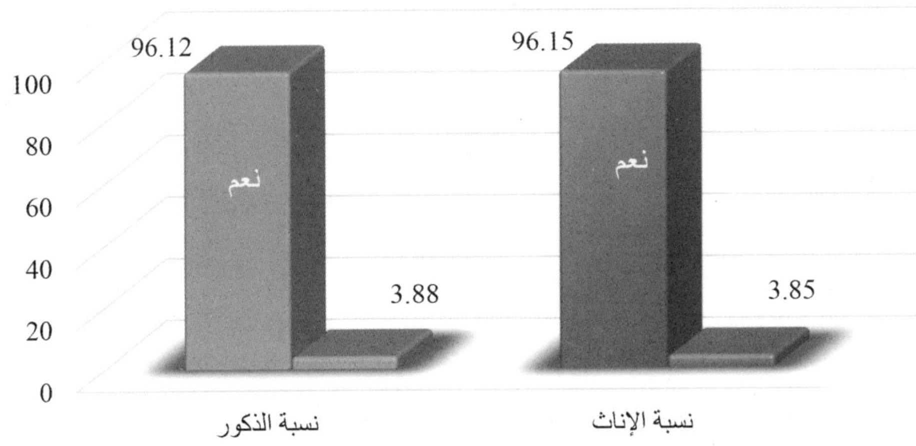

يقدم لنا الجدول 29 والرسم البياني 31 بعض البيانات الإحصائية حول دور برامج وأنشطة المراكز الشبابية في بناء الشخصية الاجتماعية للشباب، باعتماد متغيِّري الجنس والسن. إذ أقر المستجوبون بنسبة 96٪ من أفراد العينة أن للبرامج وأنشطة المراكز الشبابية دور فعال في بناء شخصيتهم الاجتماعية، وتأثير على حياتهم واختياراتهم المستقبلية؛ وهي نسبة عالية مقارنة بالنسبة التي قللت إلى حد كبير من أهمية ودور هذه الأنشطة. يبدو من خلال الأرقام مدى وعي رواد المراكز الشبابية بأهمية دور الأنشطة والبرامج في إعداد الفرد ليصبح فعالًا وإيجابيًا، وفي جعله مدركًا لمسؤوليته الاجتماعية والاقتصادية في مجتمعه،

(1) المصدر: الدراسة الميدانية، الفترة من يناير 2017 إلى يناير 2018.

ما يعزز لديه الشعور بالانتماء للوطن والالتزام بقضاياه والاستعداد للانخراط في مبادرات ومشاريع تطوعية تخدم المجتمع، وهو ما يتفق عليه الإناث والذكور بنسب جد متقاربة.

إن التربية على قيم المواطنة هي جزء من التنشئة على القيم الاجتماعية، التي تستهدف إكساب الفرد سلوكيات ومهارات اجتماعية تمكنه من القيام بأدواره ومسؤولياته ذات الأبعاد الأكثر عمومية مثل: الاهتمام بالآخرين، والمشاركة في بناء المجتمع، لأن الهدف الأسمى من التربية على قيم المواطنة هو تفعيل المسؤولية الاجتماعية لدى أفراد المجتمع، بهدف تعزيز شعور الفرد بالانتماء إلى مجتمعه وقيمه ونظامه وبيئته وثقافته، وأن يتمثل ذلك في سلوكه وفي دفاعه عن قيم وطنه ومكتسباته، والإحساس بالواجب نحو المجتمع العام؛ إذ إن التربية على قيم المواطنة هي في جوهرها تربية على المسؤولية، لأنها «تجعل الشاب مسؤولًا ومشاركًا بشكل فعال في مجتمعه. ويقصد بمشروع التربية على المواطنة إعداد الشباب لتمثل القيم المدنية الجديدة وهي قيم المواطنة الديمقراطية التي تقوم على مبدأ التمرس بالمبادرة والمشاركة بالرأي والفعل، في أثناء مواجهة الشؤون العامة والخاصة»[1]. ويتمظهر ذلك لدى الشباب الجامعي خصوصًا، إذ اعتبر ما نسبته 92٪ من العينة أن لأنشطة المراكز الشبابية دورًا رئيسيًا في بناء الشخصية الاجتماعية للشاب، ما ينعكس على تربيته على المواطنة واكتسابه ثقافة المواطنة وقيمة الانتماء والتواصل مع المجتمع ونبذ الفردانية. هكذا إذن تبدو المراكز الشبابية فضاءات حاضنة لتدريب الشاب وإعداده، ما أجاز التساؤل عن مجالات هذه الأنشطة والبرامج وطبيعة تأثيرها في تكوين الشاب، وهو ما يظهره الجدول التالي باعتماد متغيِّر الجنس:

(1) راجع: ثناء محمد فؤاد عبد الله، في آليات التعبير الديمقراطي في الوطن العربي، بيروت، مركز دراسات الوحدة العربية، 1997.

الجدول رقم 30: مجالات تأثير الأنشطة والبرامج في تكوين الشباب حسب متغيِّر الجنس[1]

المتغيِّر	ذكر	النسبة	انثى	النسبة
خوض تجربة شخصية	15	15.15	07	9.33
المشاركة في الحياة العامة	28	28.28	25	33.33
دعم الإحساس بالانتماء والمواطنة	16	16.16	14	18.66
رفع مستوى تقدير الذات	14	14.14	07	9.33
التواصل واكتساب ثقافة المبادرة	19	19.19	16	21.35
حسن استثمار الوقت الحر	07	7.08	06	08
المجموع	99	100	75	100

الرسم البياني رقم 32: مجالات تأثير الأنشطة والبرامج في تكوين الشباب حسب متغيِّر الجنس

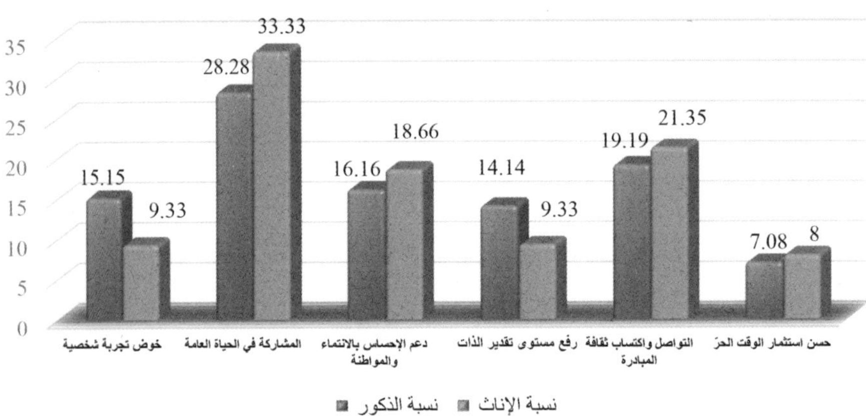

يبرز الرسم البياني الذي يختزل المعطيات الإحصائية الواردة بالجدول السابق حسب متغيِّر الجنس، توزيع إجابات العينة بين مختلف مجالات تأثير الأنشطة والبرامج في تكوين الشباب، فقد احتلت المشاركة في الحياة العامة الترتيب الأول بنسبة 28.28٪ بالنسبة للذكور

(1) المصدر: الدراسة الميدانية، الفترة من يناير 2017 إلى يناير 2018.

و33.33٪ بالنسبة للإناث، يليها متغيِّر التواصل والتفاعل مع عناصر المجتمع واكتساب ثقافة المبادرة بنسبة 21.35٪ للإناث و19.19٪ للذكور، وفي المرتبة الثالثة جاء دعم قيم الإحساس بالانتماء والمواطنة بنسبة 18.66٪ للإناث و16.16٪ للذكور، في حين اقتسم كل من خوض تجربة شخصية ورفع مستوى تقدير الذات وحسن استثمار الوقت الحر النسب المتبقية بصفة متوازية تقريبًا.

تتضمن هذه البيانات الإحصائية مجموعة من المؤشرات الدالة، والتي تعكس مجالات تأثير الأنشطة والبرامج في تكوين الشباب وتلبيتها لمجموعة من الحاجات. وقد تحصلنا على الترتيب التفاضلي لمدى الاستجابة لهذه الحاجات، وفق ما صرح به أفراد العينة، لتحتل المشاركة في الحياة العامة صدارة الإجابات، الأمر الذي يدفع للاستنتاج بأن تمثل الفرد لقيم المواطنة يجعله قادرًا ومستعدًا سلوكيًا للتعايش والتكيف والتعاون والتضامن، وهي قيم محفزة للسلوك الاجتماعي الإيجابي والإحساس بالواجب الأخلاقي والاجتماعي تجاه الآخرين، وتقديم خدمات في سبيل تنمية وتحقيق الصالح العام. ويمكن القول أن المواطنة صارت مجالًا يعبر الفرد من خلاله عن مشاركته في قضايا المجتمع، إذ إن «المشاركة ترجمة حقيقية لممارسة الديمقراطية في المجتمع، خاصة المشاركة في اتخاذ القرارات، في نفس الوقت تعتبر وسيلة تربوية تكتسب من خلالها القيادات المجتمعية العديد من المهارات والخبرات، وتعمق لديهم الشعور بالانتماء، وتحدد نمط الضبط الاجتماعي في المجتمع؛ فالمشاركة تعتبر من المبادئ الأساسية في الخدمة الاجتماعية عامة»[1]. تصبح المشاركة أيضًا مدخلًا رئيسيًا للانخراط في مؤسسات المجتمع المدني والوعي بقضايا المجتمع، ما يتمظهر باعتماد متغيِّري السن والمستوى التعليمي على وجه الخصوص.

(1) أحمد خاطر وسميرة كامل محمد علي، التنمية الاجتماعية الأطر النظرية ونموذج المشاركة، المكتب الجامعي الحديث، الإسكندرية، 1993، ص 145.

الجدول رقم 31: مجالات تأثير الأنشطة والبرامج في تكوين الشباب حسب متغيِّر السن[1]

المتغيِّر	15-18	النسبة٪	19-25	النسبة٪	26-30	النسبة٪
خوض تجربة شخصية	14	16.28	06	11.11	02	5.88
المشاركة في الحياة العامة	32	37.21	13	24.07	08	23.53
دعم الإحساس بالانتماء والمواطنة	12	13.95	10	18.52	08	23.53
رفع مستوى تقدير الذات	04	4.65	11	20.37	06	17.65
التواصل واكتساب ثقافة المبادرة	17	19.77	10	18.52	08	23.53
حسن استثمار الوقت الحر	07	8.14	04	7.41	02	5.88
المجموع	86	100	54	100	34	100

أظهرت البيانات المتحصل عليها باعتماد متغيِّر السن أن المشاركة في الحياة العامة تحتل الصدارة لا سيما بالنسبة للفئة العمرية 15-18 عامًا بنسبة 37.21٪، تليها قيمة التواصل واكتساب ثقافة المبادرة لذات الفئة العمرية وبالنسبة ذاتها البالغة 23.53٪. أما الفئة العمرية 26-30 عامًا فقد عرفت توزيعًا بنسب تكاد تكون متوازية بين التواصل واكتساب ثقافة المبادرة بنسبة 23.53٪، وقيمة دعم الإحساس بالانتماء والمواطنة بنسبة 23.53٪، وأيضًا ذات النسبة لقيمة المشاركة في الحياة العامة، ومرد ذلك إلى وعي هذه الفئة العمرية بأن هذه القيم والمحاور متقاطعة، إذ لا يمكن الفصل بين المبادرة والمشاركة في الحياة العامة، لأن في ذلك دعم للإحساس بالانتماء وتجسيد فعلي لقيم المواطنة، وهو ما يبيِّنه الرسم البياني التالي:

(1) المصدر: الدراسة الميدانية، الفترة من يناير 2017 إلى يناير 2018.

الرسم البياني رقم 33: مجالات تأثير الأنشطة والبرامج في تكوين الشباب حسب متغيِّر السن

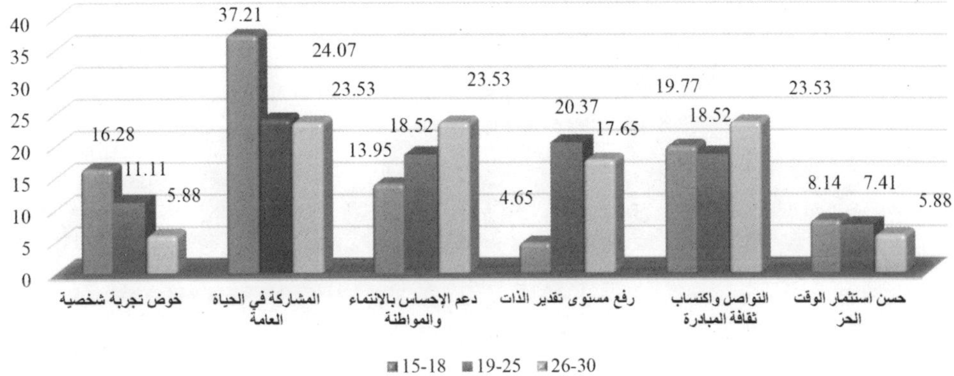

نستنتج من خلال الرسم البياني أن الشباب حين يمتلك القدرة على تحمل المسؤولية يكون عاملًا من عوامل التغيير وتنمية المجتمع، ويمكن أن نعتبر تمكين الفرد من المشاركة الفاعلة في المجتمع عامل من عوامل التغيير والتنمية أيضًا. ويمثل العمل الاجتماعي فضاء رحبًا ليمارس الشاب ولاءه وانتماءه لمجتمعه ووطنه، ويمثل مجالًا لصقل المهارات وبناء القدرات وتطويرها. هذا ما تأكد من خلال اعتماد متغيِّر المستوى التعليمي، فقد أقر نحو 30٪ من المستجوبين بخصوص دور المراكز في تنمية قيم المشاركة في الحياة العامة، وذلك دعمًا للإحساس بالانتماء والمواطنة بنسبة 23.88٪ لأن من شأن ذلك أن يكسب الشباب قيم التواصل وثقافة المبادرة وهي قيم تتقاطع عند تنمية الوعي بأهمية التنشئة على قيم ترسخ المواطنة وتحفز الشعور بالانتماء، وهو ما يتضح من خلال الرسم البياني التالي:

الرسم البياني رقم 34: مجالات تأثير الأنشطة والبرامج في تكوين الشاب حسب متغيِّر المستوى التعليمي[1]

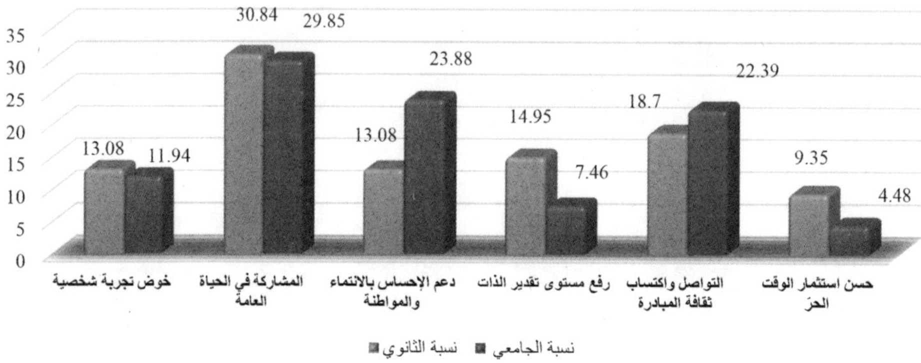

بالتوازي مع هذه البيانات الإحصائية المتحصل عليها من خلال استمارة الاستبيان، أقر المشرفون على الأنشطة والبرامج أن الشاب يكتسب من خلال ارتياده للمراكز الشبابية جملة من القيم تتمثل في أنماط سلوكية إيجابية، ما يجعله مواطنًا متمكنًا وواعيًا ومشاركًا في الحياة العامة، من خلال المشاركة في الالتزامات الرسمية وتحمل المسؤولية سواء تجاه الآخرين أو تجاه الدولة، ومن خلال المشاركة التطوعية والمساهمة في جمعيات العمل الخيري والتنظيم الاجتماعي وحملات التوعية أيضًا، إذ إن العمل التطوعي «قد يساعد على منع الجنوح بين صغار الشباب، وإن احتمال مشاركة الطلبة اللذين تطوعوا في سلوكيات خطيرة مثل التسرب الدراسي أو الإدمان قد قلَّت، وبالتالي يمكن أن نعتبره أسلوبًا من أساليب الوقاية من الوقوع في المشاكل الاجتماعية والنفسية ودرءًا لكل عوامل ومسببات التخلف مقابل ترسيخ مبادئ التقدم»[2]. تهدف هذه الأعمال إذن إلى تعزيز انتماء ومشاركة الشباب في مجتمعهم وتنمية قدراتهم العلمية والعملية، وإعطائهم الفرصة للتعبير عن آرائهم وأفكارهم في القضايا العامة التي تهم المجتمع بأسره. تقودنا هذه الاعتبارات إلى طرح الأسئلة المتعلقة بمعوقات ممارسة قيم المواطنة داخل المراكز الشبابية.

---

(1) المصدر: الدراسة الميدانية، الفترة من يناير 2017 إلى يناير 2018.

(2) هناء حسني النابلسي، دور الشباب الجامعي في العمل التطوعي والمشاركة السياسية، دار مجدلاوي للنشر والتوزيع، المنهل، 2010، ص 94.

2. ممارسة المواطنة داخل المراكز الشبابية: المعوقات وأفق التمكين

1.2. معوقات ممارسة المواطنة

للوقوف على معوقات ممارسة المواطنة داخل المراكز الشبابية والإجابة على أسئلة الدراسة المتصلة بهذا المحور، قمنا بتحليل الإحصائيات الناتجة عن الدراسة الميدانية، إذ توضح المعطيات الموالية ما يقف عائقًا أمام ممارسة المواطنة والتشبُّع بقيمها داخل المراكز الشبابية، ومن ثم ممارستها على أرض الواقع. وانطلقنا في ذلك بسؤال عن العوامل المتحكمة بنجاح الأنشطة والبرامج المتصلة بتعزيز قيم الانتماء والمواطنة داخل المراكز الشبابية. وبيَّنت الإحصائيات الإجمالية المتعلقة بهذا السؤال العوامل المتحكمة بنجاح الأنشطة والبرامج المعنية بتعزيز قيم الانتماء والمواطنة داخل المراكز الشبابية من وجهة نظر الرواد. وتوزعت الإجابات بين المتغيِّرات الثلاثة لتحوز نوعية الأنشطة على 27.62٪ من الإجابات، وأسلوب المشرفين على نسبة 23.20٪، في حين احتل تشريك الشباب الصدارة بنسبة 48٪. إذا حللنا هذه المعطيات حسب متغيِّر الجنس، سنجد أن الذكور والإناث يتفقون بشأن ترتيب هذه العوامل المتحكمة في نجاح الأنشطة والبرامج ذات الصلة بتعزيز قيم الانتماء والمواطنة، الأمر الذي يظهره الجدولين 36 و32 والرسم البياني 35.

الجدول رقم 32: العوامل المتحكمة بنجاح الأنشطة والبرامج المتصلة بتعزيز قيم الانتماء والمواطنة داخل المراكز الشبابية حسب متغيِّر الجنس[1]

	ذكر	النسبة٪	أنثى	النسبة٪	المجموع	النسبة٪
نوعية النشاط	27	26.21	23	29.49	50	27.62
أسلوب المشرفين على الأنشطة	25	24.27	17	21.79	42	23.20
تشريك وتمكين الشاب	51	49.52	38	48.72	89	49.18
المجموع	103	٪100	78	٪100	181	٪100

(1) المصدر: الدراسة الميدانية، الفترة من يناير 2017 إلى يناير 2018.

الرسم البياني رقم 35: العوامل المتحكمة بنجاح الأنشطة والبرامج المتصلة بتعزيز قيم الانتماء والمواطنة داخل المراكز الشبابية حسب متغيِّر السن حسب متغير السن

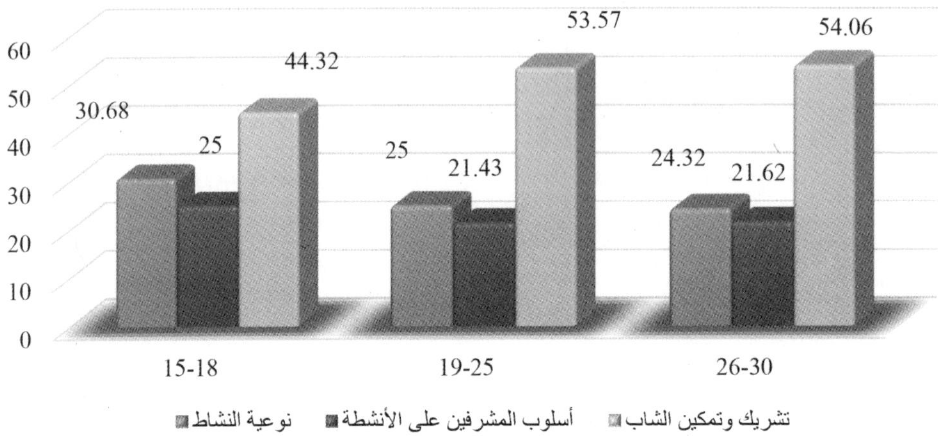

الجدول رقم 33: العوامل المتحكمة بنجاح الأنشطة والبرامج المتصلة بتعزيز قيم الانتماء والمواطنة داخل المراكز الشبابية حسب متغيِّر المستوى التعليمي[1]

	ثانوي	النسبة٪	جامعي	النسبة٪
نوعية النشاط	34	30.91	16	22.54
أسلوب المشرفين على الأنشطة	28	25.45	14	19.72
تشريك وتمكين الشاب	48	43.64	41	57.74
المجموع	110	٪100	71	٪100

تنسحب نفس الملاحظة على كل المتغيِّرات، مما يؤكد أن هذه الاختلافات غير ذات دلالة، وإن العوامل المحفزة على ارتياد المراكز الشبابية أو النفور منها متعددة، من تلك العوامل ما له علاقة مباشرة بالمؤسسة أي سياسات المراكز وأداء المشرفين، ومنها ما هو مرتبط بحاجات ورغبات الشباب واهتماماتهم، وهو ما يظهره الرسم البياني الموالي:

(1) المصدر: الدراسة الميدانية، الفترة من يناير 2017 إلى يناير 2018.

الرسم البياني رقم 36: العوامل المتحكمة بنجاح الأنشطة والبرامج المتصلة بتعزيز قيم الانتماء والمواطنة داخل المراكز الشبابية حسب متغيِّر المستوى التعليمي

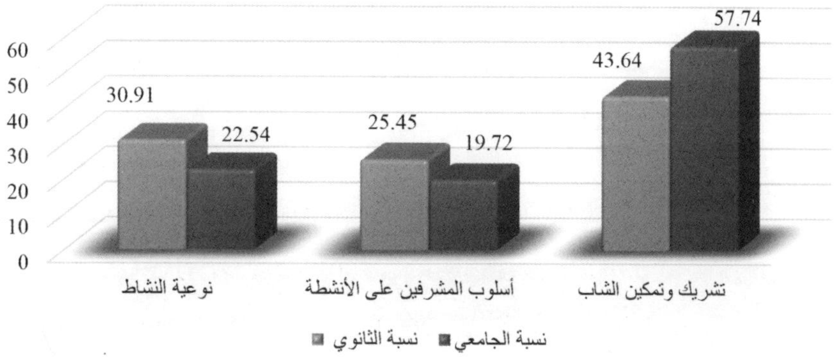

نستنتج من خلال الرسم البياني أن نسبة الشباب التي تجاوزت 50٪، ممثلة لمن يعتبرون أن تشريك الشباب وتمكينهم يظل من أبرز العوامل المتحكمة بنجاح الأنشطة والبرامج المتصلة بتعزيز قيم المواطنة والانتماء داخل المراكز، ما يؤشر من جديد على أهمية تمكين الشباب والإنصات إلى اختياراتهم على مستوى التخطيط والبرمجة.

2.2. أفق التمكين داخل المراكز الشبابية

يحيلنا تحليل هذه البيانات حول أفق التمكين داخل المؤسسات الشبابية إلى الاقرار بأن «الشباب المؤمن بأهداف التنمية في وطنه يمثِّل قاعدة أساسية في تحقيق التنمية الشاملة، فهم قوة مبدعة خلاقة ومورد إنتاجي فعال، إذا تم الاعتناء بهم واستثمارهم وتوجيههم على نحو صحيح. وفي المقابل قد يتحولون إلى طاقة تدميرية لنفسها ومجتمعها ووطنها في آن واحد، إذا لم يحسن توظيف هذه الطاقة من خلال التعامل مع أصحابها على أساس أنهم شركاء في تحقيق التنمية في جميع المجالات، وليس مجرد أدوات تنفيذ»[1]. مردُّ ذلك أن الشباب «يتميز بخصائص منها الفاعلية والديناميكية والرؤية للمستقبل بما تحمله من تفاؤل ونقد وتقييم للواقع والمستقبل، وإدراك المتغيِّرات المحيطة به على مختلف تياراتها ونظمها السياسية والاقتصادية والاجتماعية وهو ما يقود إلى فهم مقومات السلم والوفاق الاجتماعي»[2].

---

(1) ناهد عز الدين، الشباب العربي ورؤى المستقبل، في عزة شرارة بيضون وآخرون، الشباب العربي ورؤى المستقبل، لبنان، مركز دراسات الوحدة العربية، 2006، ص 73.

(2) عبد الودود مكروم، مرجع سابق، ص 80.

إن تحمل القيام بالمسؤولية تجاه الوطن وإن كانت تقع على عاتق الجميع، سواء على مستوى الفرد أو الأسرة والمجتمع والدولة، إلا أنها تكون أعظم على فئة الشباب الذين يمثلون النسبة العظمى على مستوى العالم لا سيما في دول العالم النامي ومنها دولة قطر، لذلك كثيرًا ما اقترنت مشاركة الشباب في إدارة الشأن العام بمفهوم التمكين.

2.3. التمكين: المفهوم والمقومات

استخدم مصطلح التمكين مقترنًا بقضايا المرأة منذ ثلاثة عقود تقريبًا، إلا أنه لم يظهر مقترنًا بقضايا الشباب إلا بداية عام 2001 من خلال تقرير الأمين العام للأمم المتحدة بشأن تنفيذ برنامج العمل الدولي للشباب لسنة 2000 وما بعدها. وفي هذا التقرير أضحى المفهوم محوريًا وتوالت بعد ذلك تحليلاته وشروحاته وبلورته حتى أضحى يعني بعدين أساسيين هما: بُعد مجتمعي موضوعي يُعنى بإعداد الشباب وتكوينهم ليكونوا مواطنين متعلمين وعارفين ويحوزون مهارات العمل والتواصل بهدف توسيع فرصهم وخياراتهم. وبُعد ذاتي يقصد منه أن يواجه سلبية الشباب ليستبدلها بضرورة سعيهم لاغتنام الفرص المتاحة وتطويرها، تحقيقًا لاقتدارهم وجدارتهم بالتمكين.

يشتمل مفهوم التمكين على معاني المشاركة والمسؤوليات وبناء القدرات والتكامل الاجتماعي. ويعني تمكين الشباب منحهم الصلاحية كأشخاص أو كأعضاء في منظمات الشباب أو في المجتمعات المحلية أو الهيئات الوطنية والدولية، حتى يتولوا مسؤولية اتخاذ القرارات التي تؤثر على حياتهم ورفاههم بدلًا من اتخاذ القرارات نيابة عنهم، وقد لا تتوافق مع رغباتهم أو مصالحهم الفعلية. فمن المهم تعزيز قدرة الشباب وإزالة العقبات التي تحول دون ممارستهم للاستقلال وتقوية قدراتهم باعتبارها مكونًا مهمًا في تحصيل النتائج الإيجابية في مسار التنمية، وفي مواجهة التحديات والإشكالات المطروحة، وتأهيل قادة شباب يملكون الإمكانات والقدرات على صناعة السياسات العامة والتأثير فيها في سن مبكرة، ويملكون القدرة على صناعة المستقبل إلى جانب القادة السياسيين والاقتصاديين والاجتماعيين وسائر الفاعلين في السياسات العامة. وترتبط المواطنة بالتمكين ارتباطًا وثيقًا فهما في علاقة تلازمية، إذ إن التمكين لا يتم من دون فهم الشاب لقيم المواطنة التي تمنحه مجالًا للمشاركة في الحياة العامة وتحمل المسؤولية الاجتماعية، وتؤهله ليكون مواطنًا مسؤولًا يسلك سلوكًا مدنيًا وحضاريًا راقيًا، وذلك من خلال الانخراط في الحياة العامة

بفاعلية ونشاط. هذا المنحى يتطلب منا التوقف لتبيين مجموعة من العناصر التي قد تكون لها علاقة بالتمكين وعلى رأسها مقومات التمكين.

تجدر الإشارة إلى أنه في ضوء متابعة أهم الأدبيات ذات الصلة بالتمكين، أمكن استخلاص أربعة مقومات أساسية لتحقيق التمكين، بوصفها الشروط الحاكمة لجعله عملية مجتمعية قابلة للاستدامة والتجدد[1]:

المرتكز الأول: يتعلق بالممارسة الديمقراطية وتوزيع السلطة وتداولها، ودعم المواطنة وحقوق الإنسان.

المرتكز الثاني: ذو طابع اقتصادي ويركز على ضرورة توفير حد مقبول من الرفاه المادي العمل والدخل.

المرتكز الثالث: ذو طابع اجتماعي وجوهره تكافؤ الفرص والإنصاف لمعالجة جذرية وشاملة للفجوات، خصوصًا بين الشبان والشابات والفقراء والأغنياء وأبناء البوادي والأرياف والحواضر. ويقتضي هذا دعم حقوق الشباب في التعليم والعمل والعلاج وغيرها.

المرتكز الرابع: «ذو طابع ثقافي شامل، معرفي وعلمي وقيمي يُعنى ببلورة الهوية وقضاء الوقت الحر وممارسة النشاطات المعبرة عن القدرات والإبداعات الفنية والأدبية والرياضية»[2].

وإذا كانت هذه العناصر أو المقومات تمثل محددات بيئة متكاملة للتمكين، لتحقيق اقتدار الشباب وجدارتهم بالمشاركة الفاعلة، فهي عناصر تتوجه إلى بنية المجتمع على مختلف الأصعدة، لتطويرها وجعلها روافع متكاملة للتنمية الشاملة بمكوناتها المتعددة؛ فمقاربة تمكين الشباب هي مقاربة لتمكين كل فئات المجتمع في الوقت نفسه باعتبار التمكين الصورة المرغوبة لمستقبل المجتمع. وبذلك نجد الشباب هم أكثر الفئات المهيأة

---

(1) للمزيد راجع: اللجنة الاقتصادية والاجتماعية لغربي آسيا(الإسكوا)، تقرير السكان والتنمية العدد الرابع الشباب في منطقة الإسكوا: دراسة للواقع والآثار المترتبة على سياسات التنمية الأمم المتحدة، نيويورك 2009، ص 32.

(2) عبد الباسط عبد المعطي، الشباب العربي: الأوضاع الحالية والتبعات الاجتماعية، اجتماع الخبراء حول تعزيز الإنصاف الاجتماعي: إدماج قضايا الشباب في عملية التخطيط للتنمية 31 مارس2009، أبو ظبي، ص 29.

للتمكين النوعي المجتمعي بحكم المرحلة العمرية والخصائص والطموحات والتطلعات والتمرد والقدرة على التجدد، لأن جل أهدافهم لم تتحقق بعد، ولهذا هم الأكثر حرصًا على تحقيقها. يتمظهر ذلك من خلال متغيِّر الجنس ولا سيما لدى الشباب الجامعي الذي يعتبر وبنسبة 57.74٪ أن نجاح الأنشطة والبرامج المتصلة بتعزيز قيم الانتماء والمواطنة داخل المراكز الشبابية مرتبط بتشريك وتمكين الشاب، في حين بلغت النسبة 43.64٪ لدى الشباب بالمرحلة الثانوية، وتوزعت بقية النسب بصفة متقاربة بين أسلوب المشرفين على الأنشطة والبرامج ونوعية الأنشطة المقدمة. لذلك لا بد للمراكز الشبابية أن تخصص جملة من الأنشطة تُعنى بتعزيز قيم المواطنة لتكون بمثابة الفضاءات المجتمعية للتدريب على قيم المواطنة وممارستها. ويسهم المشرفون على الأنشطة داخل المراكز الشبابية إشرافًا غير مباشر في ترسيخ قيم المواطنة «يفسح المجال للتواصل واندماج الشباب في الأعمال التطوعية، بغية تنمية وتعزيز السلوك المدني والعلاقات الاجتماعية واستقرارها»[1].

ويتضح لنا من خلال هذه النتائج أن المراكز الشبابية تهدف إلى توجيه الشباب نحو الالتزام بمجتمعهم وقيمه ونظامه وبيئته وثقافته، ليكتسبوا بذلك وعيًا بمبادئ الحق والواجب، ويتمثَّل ذلك في سلوكهم العام. ويجب على المراكز الشبابية أن تعمل كفضاءات مجتمعية على تحفيز المبادرة والانخراط في تقديم خدمات اجتماعية متعددة المجالات والمستويات، وأن تفتح أنشطتها المجال لتعليم الشاب أخلاقيات المواطنة واحترام الذات واحترام الغير، فضلًا عن «تنمية منظومة اقتران الحقوق بالواجبات والمسؤوليات وآداب الاستماع وآداب الحوار، والتي من شأنها أن تضمن التربة الملائمة لتنمية ممارسة المواطنة»[2].

كل ذلك يعكس تطلعات وانتظارات الشباب وحجم الرغبة الكبيرة في التغيير والتجديد والمطالبة بالحقوق، من خلال التفاعل مع المتغيرات داخل المجتمعات التي تعمل وتزدهر أو تجمد وتتخلف ارتباطًا بمجالات الاستثمار والمشاركة والتمكين المتاح لشبابها. وتنطلق هذه الممارسة من مؤسسات التنشئة الاجتماعية ولا سيما المؤسسات الشبابية التي تطرح بوصفها فضاءات لتمكين الشباب. حاولنا الوقوف على مقومات التمكين بالمراكز الشبابية من خلال البحث في تخطيط وهندسة البرامج داخل تلك المؤسسات الشبابية.

---

(1) انظر المقابلة مع السيد صلاح السعدي، مدير مركز شباب الدوحة (ملحق رقم 2)

(2) عبد الغني عارف، تنمية السلوك المدني داخل المؤسسة التعليمية، http://sihanafi.com/index.php، 21/08/2018.

4.2. تخطيط وهندسة البرامج داخل المراكز الشبابية: نحو تمكين الشباب

يبدو من خلال التحليل الإحصائي لنتائج هذا السؤال أن الشباب عينة الدراسة يرون أن التخطيط الفعلي للبرامج والأنشطة المقدمة بالمراكز الشبابية تتوزع بين رغباتهم بنسبة 21.55٪، وسياسات المراكز الشبابية بنسبة 45.30٪، والاثنين معًا بنسبة 33.15٪، وهو ما تظهره الجداول والرسوم البيانية التالية:

الجدول رقم 34: تخطيط وهندسة البرامج والأنشطة داخل المراكز الشبابية حسب متغيِّر الجنس[1]

	ذكر	النسبة٪	أنثى	النسبة٪	المجموع	النسبة٪
رغبات الشباب وانتظاراتهم	20	19.42	19	24.36	39	21.55
سياسات المراكز الشبابية	60	58.26	22	28.20	82	45.30
الاثنين معًا	23	22.32	37	47.44	60	33.15
المجموع	103	٪100	78	٪100	181	٪100

الرسم البياني رقم 37: تخطيط وهندسة البرامج والأنشطة داخل المراكز الشبابية حسب متغيِّر الجنس

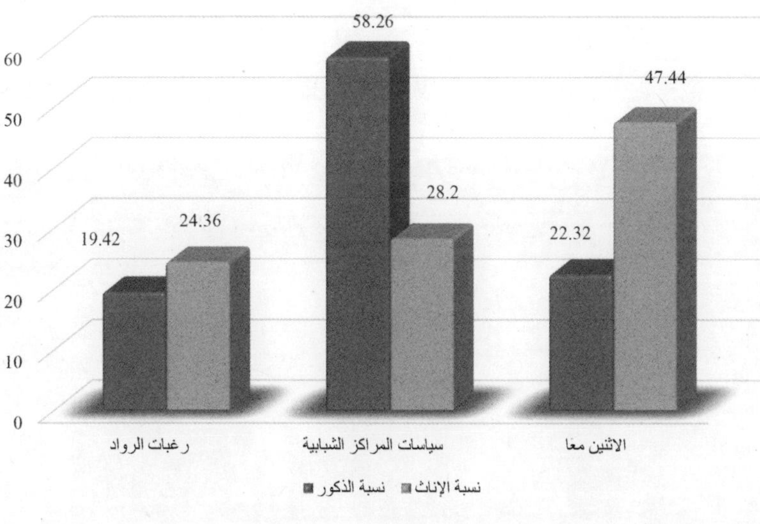

(1) المصدر: الدراسة الميدانية، الفترة من يناير 2017 إلى يناير 2018.

إذا قاربنا هذه الإحصائيات، حسب متغيِّر الجنس، نجد أن الذكور يعتبرون أن سياسات المراكز الشبابية غالبة على تخطيط وهندسة البرامج، مما لا يترك مجالًا للتعبير أو المشاركة داخل فضاء المؤسسة الشبابية؛ في حين ترى الفتيات بأن تخطيط البرامج والأنشطة تقاطعها سياسات المركز ورغبات الرواد في علاقة تكاملية بينهما. يعود هذا أساسًا إلى نوعية الأنشطة التي تمارسها الفتاة، لا سيما في المراكز المخصصة لهن بصفة خاصة. ناهيك عن أن عينة الدراسة تضم مركزًا كل رواده من الفتيات وهو «مركز الريادة للفتيات» الذي يعمل على تدعيم هذه القيمة أساسًا، لذلك تقبل الفتيات على أنشطته إقبالًا مكثفًا، الأمر الذي تظهره الإحصائيات والبيانات في الجدول 33 والرسم البياني 36.

أما إذا اعتمدنا متغيِّر السن فإن التحليل يصبح ذو دلالة رمزية متصلة بجملة من العوامل، منها أن الفئة العمرية 19-25 عامًا تقر بأن حوالي 55٪ من البرامج والأنشطة يخطِّط لها المشرفون من دون الرجوع إلى الشباب، وفي ذلك إقصاء لهم عن المشاركة، ما سيؤدي حتمًا إلى نفورهم من المراكز الشبابية. تعكس هذه النسبة الرغبة الملحة في تغير الأوضاع نحو المزيد من تمكين الشباب داخل هذه المراكز، لأن في ذلك تحفيز لهم على اكتساب قيم المبادرة والالتزام بالمسؤولية المجتمعية وتنمية الإحساس بالانتماء والممارسة المواطنية. ذات النتائج تقريبًا يقرها الشباب من الفئة العمرية 26-30 عامًا، إذ اعتبر 48.65٪ منهم أن المشرفين على المراكز هم من يقومون بتخطيط الأنشطة وبرمجتها مقابل 21.65٪ من الحالات فقط، التي يصار فيها إلى تشريك الشباب في التخطيط والهندسة، ما يحال إلى ضعف التمكين. وهو ما يبينه كل من الجدول والرسم البياني الموالِيين:

الرسم البياني رقم 38: تخطيط وهندسة البرامج والأنشطة داخل المراكز الشبابية حسب متغيِّر السن.

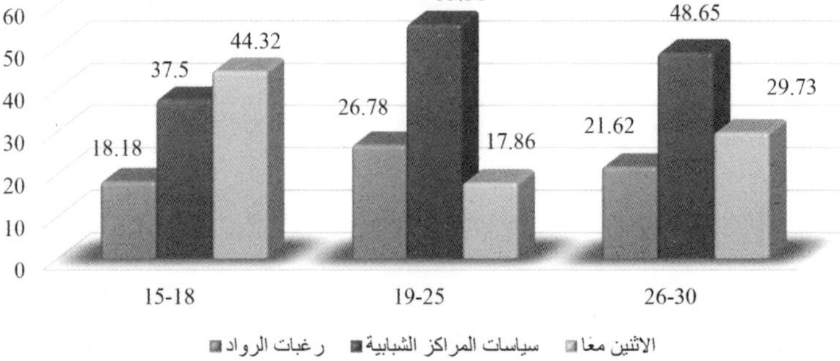

الجدول رقم 35: تخطيط وهندسة البرامج والأنشطة داخل المراكز الشبابية حسب متغيِّر السن(1)

	15-18	النسبة٪	19-25	النسبة٪	26-30	النسبة٪
رغبات الشباب وانتظاراتهم	16	18.18	15	26.78	08	21.62
سياسات المراكز الشبابية	33	37.5	31	55.36	18	48.65
الاثنين معًا	39	44.32	10	17.86	11	29.73
المجموع	88	٪100	56	٪100	37	٪100

لا تختلف هذه النسب كثيرًا، ويؤكد اعتماد متغيِّر المستوى التعليمي على ضعف مشاركة الشباب في الفضاءات الشبابية، من خلال عدم استشارته أو تشريكه في اختيار وبرمجة الأنشطة والفعاليات، وهو ما يبينه الرسم البياني التالي:

الرسم البياني رقم 39: تخطيط وهندسة البرامج والأنشطة داخل المراكز الشبابية حسب متغيِّر المستوى التعليمي(2)

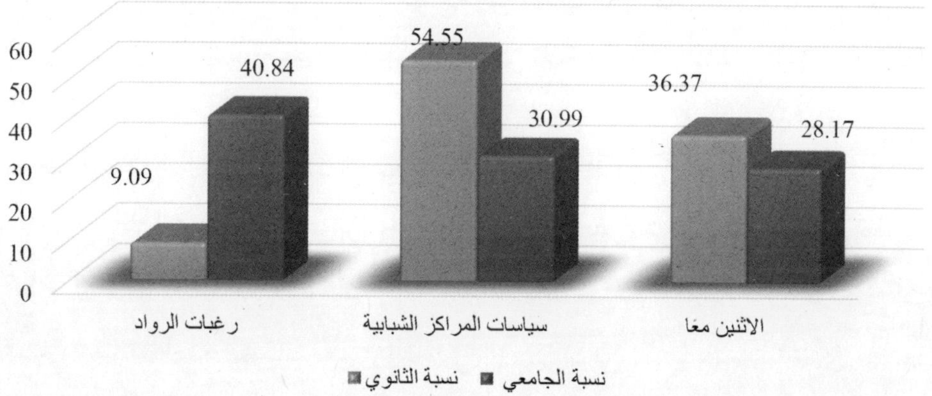

هكذا إذن يُجمع الشباب على أن المراكز الشبابية ما زالت تفتقد القدرة على منح الشاب حرية التعبير عن أفكاره وميوله واختياراته خلال التخطيط للبرامج والأنشطة. وتبرز الدعوة إلى ضرورة مراجعة الأنشطة والبرامج والتوقيت وتعديلها حسب رغبة الشباب، لتجنب

(1) المصدر: الدراسة الميدانية، الفترة من يناير 2017 إلى يناير 2018.

(2) المصدر: الدراسة الميدانية، الفترة من يناير 2017 إلى يناير 2018.

مقاطعته للمؤسسات الشبابية في ظل التغيرات التي تحيط به، وذلك بهدف مواكبة تطلعاته وحاجياته التي تزداد يومًا بعد يوم.

إجمالًا تأتي الأنشطة المقدمة في المراكز الشبابية استجابة لرغبات الرواد من جهة، وسياسات المراكز الشبابية من جهة أخرى. إلا أن المراوحة بين سياسات المراكز واختياراتها لمستوى البرمجة والتخطيط وحاجيات الرواد الثقافية تطرح إشكالية أخرى، وهي مدى توافق سياسات المراكز مع حاجات الرواد؛ ولعل هذه النقطة تطرح تساؤلًا حول تفعيل المراكز لهذه الحاجيات ضمن برمجتها الثقافية، الأمر الذي سنأتي على معالجته في خطوات بحثنا القادمة. إذ تنعكس هذه النتائج على ممارسة الأنشطة داخل المؤسسات الشبابية وعلى مدى استجابة المراكز الشبابية واستراتيجيات عملها لتلبية الاحتياجات الشبابية المختلفة، ولا سيما المستحدث منها.

لقد أدى التغير الاجتماعي والثقافي الذي طرأ على المجتمع القطري في السنوات الأخيرة إلى ازدياد حاجة الشباب للإحاطة بهذه التغيير. في المقابل، يُلاحظ عدم وجود تغيُّر جذري في الاعتناء بالشباب أو بقيمهم في المنظومة التنشيطية عمومًا، لذلك تعيش أغلب المراكز الشبابية موضوع الدراسة، حالة بحث عن دورها الحقيقي ومكانها في المجتمع، ويمكن الإقرار بأن المراكز الشبابية ما زالت غير قادرة على تلبية حاجيات الشباب المتطورة. لذلك نراها في سعي متواصل ودائم لمواكبة التغيرات وتلبية حاجيات الشاب بهدف ترسيخ قيم المواطنة لديه، والتي يجب أن تنسجم مع جملة التغيرات الثقافية والاجتماعية والسياسية. لهذا نجد أن المراكز الشبابية «تغير من برامجها وأنشطتها في بعض الأحيان لتتماشى مع تطلعات الشباب وغرس جملة من القيم التي تساعدهم على فرض موقعهم في الحياة العامة»[1].

في تحليلنا لهذه المسألة نعتمد التحليل الاستراتيجي الذي يفسر لنا مدى استجابة المراكز الشبابية لحاجيات الشباب الثقافية. لأن هذه المراكز فضاءات تتفاعل دائمًا مع المحيط «فكل تنظيم خاضع لقيود البيئة وتقلباتها ،فالمؤسسة تخضع لإكراهات المحيط الاقتصادية والاجتماعية والسياسية»[2]. وهذا يطرح تساؤلاً حول مدى تفاعل المراكز الشبابية

(1) انظر المقابلة مع السيد ناصر المالكي، أمين سر مركز قطر للعمل التطوعي (ملحق رقم 2)

(2) عبد القادر خريبش، التحليل الاستراتيجي عند ميشال كروزيه، دمشق، مجلة جامعة دمشق، المجلد 27، العددان الأول والثاني ،2011، ص 576 .

مع التحولات الاجتماعية والثقافية التي عرفها المجتمع القطري، وكان الشباب الأكثر تأثرًا بنتائجها.

يبدو أن فئة الشباب كغيرها من فئات المجتمع الأخرى تواجه تحديات في عمليات التمكين الاجتماعي ومقوماته الصحيحة، ويتمثل ذلك في القدرة على اتخاذ القرار في مواجهة الوصاية الأبوية التي تمارس على الشاب في مرحلة عبوره نحو النضج والاستقلالية. ويواجه الشباب كذلك صعوبة في الحصول على الموارد المادية والمعرفية على الرغم من تعدد مصادرها، والصعوبة هنا تكمن في النوع وليس الكم؛ أما التعامل مع التغيير كفكرة وكآلية فهو تحد قائم بذاته سواء كان التغيير على المستوى الشخصي أو المستوى الاجتماعي، لأن المجتمعات التي تتمتع بالنزعة المحافظة عادة ما تعيد إنتاج الجمود والصلابة في التعامل مع تغيير أبسط الأشياء والممارسات التي ألفتها من قبل، وهو ما تبرزه الإحصائيات والبيانات الواردة في الرسم البياني 40.

الرسم البياني رقم 40: مواكبة برامج المراكز الشبابية لمتطلبات العصر ولحاجيات الشباب المستحدثة حسب متغيِّر الجنس

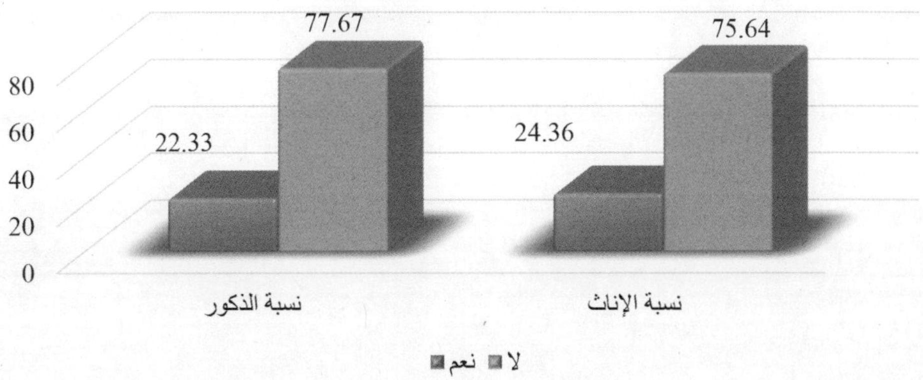

من خلال هذا الرسم البياني نلاحظ ضعف علاقة الشباب بالمراكز الشبابية، وضعف رضاهم عن البرامج والأنشطة؛ إذ أشارت الأرقام إلى أن 77.67٪ من الذكور و75.64٪ من الإناث يرون أن المراكز الشبابية لا تواكب حاجاتهم المستحدثة.

يمكن تفسير ذلك بالعديد من الأسباب المتمثلة في أن المراكز الشبابية لم تستطع مواكبة ممارسات الشباب المستحدثة من وجهة نظر روادها، لأن الشباب فئة عمرية منفتحة

على محيطها الخارجي، وفئة مواكبة للتطورات التكنولوجية الحاصلة على مستوى العالم، مما يجعلها منفتحة على كل جديد ورافضة للأنشطة التي تقدم في قوالب تقليدية دون استشارتهم وتشريكهم في التخطيط لها. ويضاف إلى ما سبق أن التحولات الاجتماعية الجديدة أنتجت تفاعلًا بين الفرد وكافة عناصر المجتمع و«تساعدنا التفاعلية الرمزية على رسم صورة رمزية لهذه الأجسام (أجسام الفاعلين) داخل الفضاء الاجتماعي، هذا الركح الذي تتجسد فيه تحركات الفاعلين وسلوكياتهم للتفاعل فيما بينهم وتبني شبكة متكاملة ومعقدة من التفاعلات، المحمَّلة بعديد المعاني الرمزية التي ينتجها الأفراد تجاه ما يواجههم في معيشهم اليومي، وتختلف هذه المعاني باختلاف المكانة والحالة التي عليها»[1].

الملاحظ أن هذه النسبة ترتفع مع تقدم الشباب في العمر، ومع ارتفاع مستواهم التعليمي وانفتاحهم على فضاءات تنشيطية موازية ومغايرة قد تؤمن لهم احتياجاتهم الثقافية المتزايدة والمتطورة، وهو ما أظهره متغيِّر المستوى التعليمي، إذ اعتبر 83٪ من الشباب الجامعي أن أنشطة وبرامج المراكز الشبابية لا تستجيب لتطلعات الشباب.

الجدول رقم 37: مواكبة برامج المراكز الشبابية لمتطلبات العصر ولحاجيات الشباب المستحدثة حسب متغيِّر المستوى التعليمي[2]

	ثانوي	النسبة٪	جامعي	النسبة٪
نعم	30	27.27	12	16.90
لا	80	72.73	59	83.10
المجموع	110	٪100	71	٪100

(1) H. Blumer, La société étant qu’interaction symbolique ,in Sociétés, N 66 ,Bruxelles Publisher ,1999 ,p 45.

(2) المصدر: الدراسة الميدانية، الفترة من يناير 2017 إلى يناير 2018.

الرسم البياني رقم 41: مواكبة برامج المراكز الشبابية لمتطلبات العصر ولحاجيات الشباب المستحدثة حسب متغيِّر المستوى التعليمي

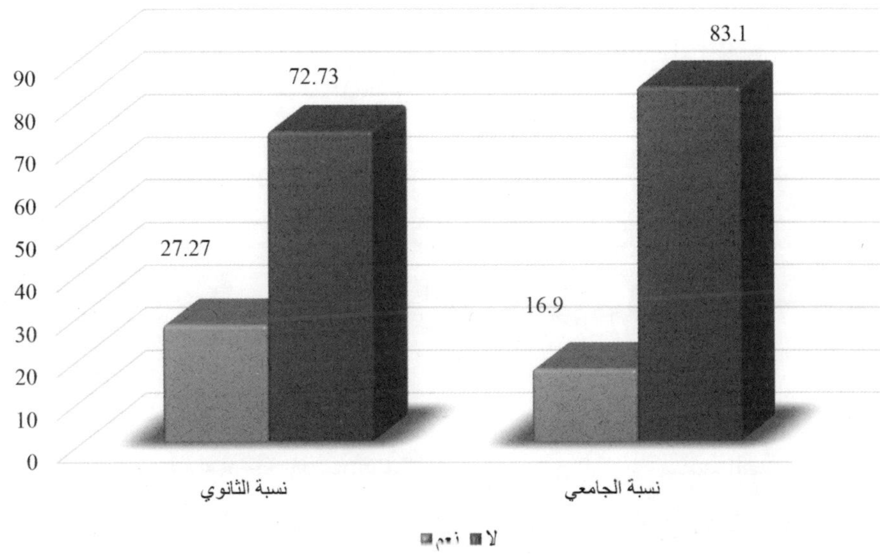

لقد دفع غياب البرامج المواكبة للتطورات التي صار الشباب على معرفة بها، والتي من المفترض أن تطور حاجياتهم ومتطلباتهم إلى النفور من المراكز، لأنها لا تستجيب لمتطلباتهم الثقافية؛ فالمراكز أبقت على نفس البرمجة الثقافية ما جعلها غير مواكبة للتطورات التي يطمح إليها الشباب .لا يمكن أن نغفل أن المؤسسة كتنظيم تتكون من فاعل وقضايا وتمثل مفهومًا أساسيًا، إذ تمثل تلك الأهداف أو القضايا التي من أجلها يقوم الفاعل ببناء استراتيجيته تجاه الآخرين»[1]. وتتميز تلك المؤسسات بالتغير والتحول، لأن الفاعل يكون دومًا إما في حالة ربح أو في حالة خسارة، وهنا تتدخل عدة عوامل مثل مدى نجاح العقلانية في اختيار الوقت والهدف والاستراتيجية المناسبة، فالفاعل داخل هذه المراكز يقوم ببناء استراتيجياته انطلاقًا من الأهداف التي يرسمها ويختارها للممارسة الثقافية، فتحديد الأهداف يساعده على بناء استراتيجيته لتلك المراكز الشبابية.

بالتوازي مع ذلك، اعتبر المشرفون على هذه المؤسسات الشبابية أنه رغم الصعوبات التي تعاني منها المراكز الشبابية، إلا أنها تحاول أن تكون مواكبة للتغيرات، حتى تؤثر في الشباب وتصحح مسار العديد من السلوكيات، باعتبارها مؤسسات اجتماعية «لا تعيش بمعزل

(1) http://sociop.blogspot.com/2009/05/blog-post_22.html consultée le 10/6/2017 a 10:30.

عن بيئتها الداخلية والخارجية. لذلك إن الحديث عن المؤسسة باعتبارها نسقًا اجتماعيًا مفتوحًا يؤكد أن هذه المؤسسة تؤثر وتتأثر بالبيئة المحيطة بها سواء كانت داخلية أو خارجية، فالبيئة الداخلية يقصد بها كل ما يتعلق بداخل المؤسسة من تشريعات وأنظمة، بينما يقصد بالبيئة الخارجية جميع العوامل التي تقع خارج المؤسسة مثل النظام الاقتصادي والسياسي والاجتماعي والثقافي»[1]. بمعنى أن مثل هذه المؤسسات خاضعة للعوامل المحيطة بها، أي أنها تؤثر وتتأثر في نفس الوقت.

اعتبر الشباب، رواد المراكز الشبابية عينة الدراسة، أن ضعف علاقتهم عمومًا بالمراكز الشبابية مرتبط بنوعية البرامج والأنشطة، التي لا تعمل على إرساء عادات ثقافية جديدة، مما يجعلها تواجه نفورًا من قبل الشباب. بالتالي يمكن الإقرار بأن المعطيات المتحصل عليها من إجابات المشرفين على المراكز الشبابية عينة الدراسة وإجابات الرواد، بالرغم من الأنشطة المبرمجة داخل هذه المراكز، فإن إغفالها للممارسات الثقافية المستحدثة أدى إلى إضعاف علاقة الشباب بها ولجوئهم إلى فضاءات ثقافية بديلة قادرة على تلبية حاجاته المتزايدة في الفترة الأخيرة. هذا يؤكد أن هذه المؤسسات أبقت على نفس منوالها التقليدي، مما أدى إلى ممارسة الشباب للأنشطة الثقافية خارج إطار المؤسسة، وأعطي للفرضية جانبًا من الصحة. لذلك لا بد من إدراك أهمية الأنشطة التي تقدمها، خاصة أن الممارسات الثقافية تساعد على الوعي والانفتاح وإقامة علاقات التواصل. ولذلك يجب على هذه المؤسسات أن ترتقي بأدائها لتلبي حاجات الشباب المستحدثة على المستوى الثقافي واحتوائه، وألا ننسى أن شباب اليوم صار محكومًا بالعديد من الظواهر المحفوفة بالمخاطر.

تضطلع المراكز الشبابية إجمالًا، بوظائف متعددة ومتنوعة قد تختلف باختلاف أهداف المراكز ورؤيتها ورسالتها وأهدافها الاستراتيجية، ويظل تحقيق الوظائف المختلفة للمؤسسات الشبابية ونجاح العملية التنشيطية رهين مجموعة من المتغيرات، منها ما يتعلق بنوعية الأنشطة ومحتواها، ومنها يتعلق بمتغيرات أخرى، نذكر من بينها طرق وأساليب تمرير النشاط والاستجابة لتطلعات وحاجات الشباب وانتظاراتهم. هذه المتغيرات كلها

(1) محمود كفاوين، إدارة المؤسسات الاجتماعية، القاهرة، الشركة العربية المتحدة للتسويق والتوريدات، 2010، ص 22.

على علاقة وثيقة بخصوصيات المؤسسات ونوعية الرواد وملامح قطاع الشباب بدولة قطر بصورة عامة، والفاعلين في المجال الشبابي بصورة خاصة.

***

أجمع أفراد العينة وفق المنهجية الكمية أو الكيفية على أن الأنشطة والبرامج المقدمة داخل المؤسسات الشبابية تؤثر في بناء الشخصية الاجتماعية للشاب وتؤهله للاندماج في الحياة الاجتماعية، من خلال إكسابه قيم المساواة والحرية واحترام الآخرين والحوار. يضاف إلى ذلك تمكينه من القيام بالأعمال التطوعية والخيرية والبيئية التي تزرع فيه حب الوطن والإحساس بالمسؤولية، وكذلك تمكينه من التواصل والتفاعل مع عناصر المجتمع، فضلًا عن حسن استثمار وقته الحر، ما يعني إبعاده عن السلوكيات المحفوفة بالمخاطر وتلبية حاجياته في نفس الوقت. لكن الملاحظ أنه رغم كل ما بذل من جهود نظرية للتخطيط بهدف تمكين الشباب وفقًا لاستراتيجيات الوزارة والخطط التي وضعتها إدارة الشؤون الشبابية، إلا أن النتائج لم تكن على النحو المرغوب فيه من منظور منسبي المراكز الشبابية عينة الدراسة؛ ويرجع هذا الإخفاق إلى غياب الوعي بأن عملية تمكين الشباب عملية تنموية مجتمعية شاملة متداخلة الأبعاد والمقومات الاجتماعية والاقتصادية والسياسية والثقافية، وإن إغفال أي منها يؤثر في تحقيق أهداف التمكين أو يعطل بعضها. هذا الواقع يدفع إلى ضرورة انطلاق عملية التمكين من مقاربة حقوق الشباب الاجتماعية والاقتصادية والثقافية والمدنية، لا سيما الحق في التنمية والمواطنة والمشاركة. وتعني هذه المقاربة «عدم التمييز بين الشباب لأي سبب أو محدِّد من المحددات، مع التركيز بوجه خاص على مشاركة الشباب في التفكير والتخطيط للمشروعات والبرامج التي تستهدف تمكينهم، وذلك برفع وصاية الكبار عن الشباب ومحاصرة تفويضهم لأنفسهم للتفكير بدلًا من الشباب، لأنه تفويض يعوق تحقيق أهداف الكثير من المشروعات والبرامج المعنية بالشباب»[1].

إن مشاركة الشباب عملية مهمة لإعدادهم للمستقبل، سواء مستقبلهم كأفراد أو مستقبل مجتمعاتهم، فهي تثرى وعيهم بطموحاتهمومتطلبات تحقيقها، وتسهم في تغيير الصورة

---

(1) للمزيد راجع: عبد العزيز لبيب، الشباب العربي والمشاركة: التحديات وآفاق التطوير، تمكين الشباب في الأبعاد النظرية والمفاهيمية، سلسلة إصدارات قضايا الشباب العربي، الإصدار الثالث، إدارة السياسات السكانية والهجرة، القاهرة، الأمانة العامة لجامعة الدول العربية، 2007.

السلبية النمطية التي سادت عقودًا من الزمن حيال الشباب، فالمشاركة تدعم ثقة الشباب بأنفسهم، وتسهم في إبراز قدراتهم على تحمل المسؤولية والالتزام المجتمعي. ويعتبر استثمار أوقات الترفيه عند الشباب مدخلًا لممارسة حاجياتهم وممارسة حقهم في الوجود الفاعل داخل المؤسسات الشبابية. في هذا الإطار يمكن الأخذ بالاعتبار التغيرات الاجتماعية والثقافية التي تطرأ على المجتمع، ويحاول الشباب مواكبة تطوراتها، وذلك من خلال المشاركة في أنشطة المراكز الشبابية ومواكبة برامجها، إذ إن التنشيط نتاج للتغير الاجتماعي والثقافي.

أثبتت الدراسة الميدانية أن المراكز الشبابية تعمل على القيام بأدوارها بصفتها مؤسسات اجتماعية من خلال التدخل التنشيطي، وتولي الاهتمام بالشباب لتعديل سلوكياتهم وتعويدهم على تحمل المسؤولية وتشجيعهم على المشاركة في الحياة العامة بصفة إيجابية. ومن ثم يمكن الإقرار بوجود ارتباط بين التغير الاجتماعي والتنشيط السوسيوثقافي كحاجة من الحاجات الضرورية للفرد عمومًا والشباب خصوصًا في المجتمعات المعاصرة. ويمكن ضبط مدى تفاعل الفرد مع التغير الاجتماعي والثقافي من خلال إعادة النظر في نوعية حاجاته. وقد ازدادت حاجة الشباب لممارسة أنشطة مخصوصة، لذلك يجب على المراكز الشبابية باعتبارها ذلك الفضاء القادر على استيعاب ميول الشباب، أن تعمل على تغيير أدوارها وتطويعها بحسب التغيرات التي تطرأ على المجتمع، وبحسب التغير في حاجيات الشاب. فالتغيير بحد ذاته ظاهرة طبيعية تخضع لها جميع مظاهر الكون وشؤون الحياة المختلفة، وظاهرة التغيير أوضح ما تكون في مناحي الحياة الاجتماعية كافة، والذي يطاول النظم والأنساق والأجهزة الاجتماعية. ويتطلب التغيير في الحياة الاجتماعية «ضرورة تكيف الأفراد لمقتضياته وفقًا لما يتطلبه من مستحدثات، بمعنى أن الأفراد يجب أن يكونوا أدوات حية في المرونة لدواعي التغيير، حتى يمكنهم من مسايرة ركب الحضارة وعجلة التقدم»[1].

ويقودنا التغير الاجتماعي إلى الانتقال من نظام اجتماعي إلى نظام اجتماعي آخر، وبالتالي يشمل هذا التغير التبدُّل في وظائف المؤسسات وفق الحاجات الجديدة للفرد. ولا يمكن أن نفصل بين التغير الاجتماعي والتغير الثقافي، إذ إن التغير الاجتماعي لا يؤثر فقط بما هو اجتماعي، وإنما يؤثر كذلك على الجانب الثقافي للمجتمعات. في هذا الإطار تخضع المراكز الشبابية لهذه التغيرات، باعتبارها من بين المؤسسات الاجتماعية، ولا بد

---

(1) دلال ملحس استيتية، مرجع سابق، ص 19 - 20.

أن تعمل حسب حاجات الشباب ونوعية الأنشطة والبرامج التي يتطلعون إليها استجابة لحاجياتهم المتزايدة والمستحدثة.

لذلك يجب على المراكز الشبابية أن تعمل على تحديد رغبات روادها وطلباتهم في إطار ما يتماشى مع إمكانياتها ومع التغيرات الاجتماعية، بما يمكنها من الاضطلاع بدورها من خلال أنشطتها وبرامجها المختلفة، التي تركز على الشاب كعنصر جوهري في ظل التغيرات الاجتماعية والثقافية. ويميل شباب اليوم إلى التغيير والتجديد وتجاوز المعهود والرتابة اليومية نحو فضاءات التمكين ومدارات التجديد.

نتائج الدراسة الميدانية

بعد اختبار فرضيات البحث من خلال إجابات أفراد العينة على أسئلة الاستبيان وإجراء المقابلات والتحليل الإحصائي للبيانات، توصلنا إلى النتائج التالية:

1. يعتبر الشباب أن المراكز الشبابية مراكز للتربية على ممارسة مجموعة من القيم المجتمعية من خلال جملة من الأنشطة والبرامج، التي تعنى بترسيخ قيم المواطنة، وقيم الالتزام بالمسؤولية المجتمعية والمبادرة والمشاركة في مختلف الأنشطة الفاعلة في بناء المجتمع. لذلك لا بد أن تحرص المراكز الشبابية على تعزيز روح المواطنة والانتماء لدى الشباب من خلال جملة من البرامج والأنشطة، بالإضافة إلى تفعيل مشاركة الشباب في الحياة العامة بوصفهم أداة دفع للتنمية الاقتصادية والاجتماعية وتطوير الأنشطة الثقافية في المراكز الشبابية. لذلك لا بد من إتاحة المزيد من الفرص أمام الشباب للتعبير عن آرائهم ومشاركتهم الفعالة في إدارة البرامج والأنشطة. ويتوجب على تلك المراكز إعداد الكادر الشبابي وإتاحة المجال أمامه للقيام بدوره ومشاركته في صنع القرار، وتوعية الشباب بالقضايا العامة التي تشغل المجتمع، وحثهم على المشاركة بفعالية في أنشطة مؤسسات المجتمع المدني، والعمل على جعل المشاركة العامة ثقافة جامعة تتأصل داخل المراكز الشبابية.

2. بينت الدراسة الميدانية أن لأنشطة وبرامج المراكز الشبابية دور كبير في إعداد الشباب ثقافيًا، غير أن تكرار نفس الأنشطة والبرامج لا يحفز الشباب كثيرًا، إذ أقر بعض المستجوبون بأن الرتابة تطغى على جزء من الأنشطة والبرامج، ولا تحمل في أغلبها أي تجديد أو ابتكار، فيُحجم الشباب عن الإقبال عليها. أما عدم إشراك الشباب في التسيير والتخطيط، فيزيد من عزوفهم عن المشاركة في الأنشطة والبرامج، ويؤدي إلى محدودية نجاح المراكز الشبابية التي تتحول إلى فضاءات

للترفيه فحسب وتمضية الوقت الحر، بدلًا من أن تكون فضاءات تسهم في بناء الشخصية الاجتماعية للشباب وتحفزهم على قيم المشاركة والمبادرة. لذلك لا بد من التجديد والتطوير المستمرين لمحتوى الأنشطة والبرامج وفق التوجهات العالمية في إعداد الشباب عمومًا وفي التربية على المواطنة خصوصًا، لمواجهة المتغيرات المعاصرة وما ينجم عنها من تحديات تتفق والخصوصية الثقافية للمجتمع. يضاف إلى ذلك تضمين البرامج موضوعات تنمي قيم المواطنة لدى الشباب مثل مبادئ الحوار وآدابه، والمبادئ المرتبطة بالتنشئة والوعي السياسي والواجبات والحقوق السياسية، ومنظمات المجتمع المدني ودورها في المشاركة الوطنية، والحرية الشخصية واستقلال الذات، والرموز الوطنية ودورها في استقرار المجتمع، إلى جانب مبادئ ومفاهيم البيئة والحقوق والواجبات نحو البيئة والقضايا والمشكلات البيئية المعاصرة، والتسامح وقبول الآخر، والمشاركة والتعاون والعمل التطوعي وغيرها من المفاهيم والقيم المرتبطة بالمواطنة، وذلك عبر التركيز على المستويات التالية:

- تضمين البرامج مهارات وأنشطة تطبيقية ترسخ قيم المواطنة لتحقيق الربط بين الموضوعات النظرية وتطبيقاتها العملية، فالمواطنة تتحقق وترسخ قيمها من خلال الممارسة، لذلك من الضروري تحويل المعارف النظرية التي يشملها محتوى الأنشطة إلى ممارسات وسلوكيات تربوية تدعم المواطنة، مثل أنشطة وتطبيقات تنمي الحوار مع الآخر والتعبير عن الرأي، والقدرة على النقد وإصدار الأحكام، ومهارات التحليل النقدي للسياسات العامة، وتطبيقات وممارسات عملية لتنمية الوعي السياسي، ومهارات حياتية تسهم في الحفاظ على البيئة، وتطبيقات عملية على مواجهة مشكلات البيئة.
- التنسيق مع الوزارات المعنية بهدف تضمين موضوعات المواطنة والمهارات المتصلة بها في مقرر دراسي مستقل يُعنى بالمواطنة تحت مسمى المواطنة وقضايا معاصرة.
- تنظيم دورات تدريبية بهدف إكساب المشرفين على الأنشطة والبرامج والمهارات والكفايات المتصلة بتنمية قيم الولاء والانتماء لدى الشاب، ما من شأنه أن يساهم

في تطوير أدائهم المهني ويزيد من كفاءتهم، ويجعلهم أكثر قدرة ونجاعة داخل المؤسسة.

- العناية بإعداد المشرفين وتدريبهم ليكونوا مؤهلين تأهيلًا مناسبًا في مجال التربية على المواطنة، ويصبحوا على مستوى الكفاءة المطلوبة في إعداد الشاب القادر على المساهمة مستقبلًا في مجال غرس وتنمية قيم المواطنة.
- تفعيل دور الأنشطة الشبابية لربط الشباب ببيئتهم من خلال إكسابهم المبادئ والمفاهيم والمهارات والاتجاهات المرتبطة بالحفاظ على البيئة وتبصيرهم بقضايا البيئة المحلية، وتشجيعهم على المشاركة في المناشط البيئية المختلفة، وأن تتضمن الأنشطة الشبابية مسابقات في مجال حماية البيئة.

يمكن تفسير النتائج التي توصلت إليها الدراسة الحالية بأن الهوية والانتماء للوطن والوحدة الوطنية من أهم السمات المميزة للمجتمع، فهي التي تجسد الطموحات المستقبلية في المجتمع، وتبرز معالم التطور في سلوك الأفراد لا سيما الشباب منهم، وتعزز إنجازاتهم في المجالات المختلفة، نظرًا لما تنطوي عليه من مبادئ وقيم تدفع الشباب إلى تحقيق غايات معينة. وعلى ضوء ذلك لا بد لهوية المجتمع الثقافية التي تنمى بواسطة المؤسسات التربوية والاجتماعية في الدولة، أن تستند إلى أصول تستمد منها قوتها وإلى معايير قيمية ومبادئ أخلاقية وضوابط اجتماعية وغايات سامية تجعلها مركزًا لاستقطاب الشباب. والحقائق المؤكدة اليوم أن مختلف هذه المؤسسات لا تستطيع تحقيق أهدافها دون وجود تعاون وتنسيق بين جميع المؤسسات والتنظيمات، التي تُسْهم في تعزيز الولاء والانتماء للوطن لتحقيق الوحدة الوطنية لدى الشباب.

ختامًا بينت الدراسة الميدانية أن بيئة الشباب عينة الدراسة بيئة ملائمة وحاضنة ونشطة لتنمية قيم الانتماء والمواطنة، إذا توفر لها من يقدم الثقافة الواعية بشأن مفاهيم الديمقراطية والعدالة والمساواة والحرية، وعرض محاسن التجارب الناجحة لدى الأمم التي قطعت شوطًا في التقدم الاجتماعي والاقتصادي وممارسة قيم المواطنة كسلوك على أرض الواقع، لما لها من أثر إيجابي في تحفيز قيم المشاركة والمبادرة والشعور بالانتماء. لذلك لا بد من إشراك الشباب في عملية تحديد الأولويات والاحتياجات)وضع الخطط والتنفيذ والإشراف والرقابة والتقييم(على أن يتضمن ذلك اختيار ما يتلاءم مع طبيعة المجتمع

وإيجاد المناخ الديمقراطي الذي يعني الاشتراك وممارسة حق الاختيار والانتخاب والتغيير، ويكفل الحق في المشاركة في إدارة الشأن العام .إن إنجاح هذه الآليات باعتبارها دعامة مهمة في إدماج الشباب في قضايا الشأن العام والمحلي، وتكريس الديمقراطية التشاركية والمواطنة، يظل رهين العمل على رفع معوقات المشاركة في أبعادها السياسية والاجتماعية والثقافية والاقتصادية والإدارية، لذا من الضروري تجاوزها باعتبارها عقبات حقيقية ليس أمام المشاركة فقط، بل أمام عمليات التنمية المستدامة الشاملة.

الملاحق

الملحق رقم (1)

استمارة الاستبيان

يندرج هذا الاستبيان في إطار بحث أكاديمي يهتم بدراسة «دور المراكز الشبابية في تنمية قيم المواطنة والانتماء لدى الشباب القطري». لذلك الرجاء الإجابة على الأسئلة والبيانات بكل دقة، مع العلم أن جميع المعطيات الواردة بالاستبيان ستوظف لغايات علمية بحتة.

مع الشكر سلفًا على تعاونكم

المعطيات العامة:

1	الجنس	• ذكر	☐	• أنثى	☐		
2	السن	• 15-18	☐	• 19-25	☐	• 26-30	☐
3	المستوى التعليمي	• ثانوي	☐	• جامعي	☐		

1. ماذا تمثِّل المراكز الشبابية بالنسبة إليك؟ (رتِّب حسب الأولوية)

• فضاءات للترفيه ☐ • فضاءات لتمكين الشباب ☐

• فضاءات لمواكبة الأنشطة الثقافية ☐ • فضاءات لتعزيز قيم المواطنة ☐

2. ما هدفك من التردُّد على المراكز الشبابية؟ (رتِّب حسب الأولوية)

• الإفادة والتثقيف ☐ • ممارسة الأنشطة الترفيهية ☐

• تنمية الهوايات والمواهب ☐

3. رتِّب حسب الأولوية الممارسات الثقافية المفضلة لديك في أنشطة وبرامج المراكز الشبابية؟

- الممارسات الترفيهية ☐
- الممارسات الفنية ☐
- الممارسات العلمية ☐
- الممارسات الفكرية والأدبية ☐

4. ماذا تمثل المواطنة بالنسبة إليك؟ (رتِّب حسب الأولوية)

- انتماء الإنسان إلى الدولة التي ولد فيها ☐
- التمتع بجملة من الحقوق والواجبات بالتساوي مع بقية المواطنين ☐
- الصلة التي تربط بين الفرد وعناصر مجتمعه ☐
- مشاركة الفرد في خدمة وطنه ☐

5. هل تعتقد أنَّ من مهام المراكز الشبابية تخصيص برامج وأنشطة تُعنى بتعزيز قيم المواطنة؟

- نعم ☐
- لا ☐

6. هل ترى أن المراكز الشبابية لها خطة عمل واضحة تهدف إلى ترسيخ قيم المواطنة؟

- نعم ☐
- لا ☐

إذا كانت الإجابة «نعم»، فهل تعتقد أن الشباب سيقبل على هذه الأنشطة؟ بنسبة:

- كبيرة ☐
- متوسطة ☐
- ضعيفة ☐

7. حدِّد الأنشطة التي تعتقد أنَّها تعزز قيم المواطنة داخل المراكز الشبابية مما يلي: (رتِّب حسب الأولوية)

- الأنشطة البيئية ☐
- الأنشطة التطوعية ☐
- الورش الفنية ☐
- المسابقات الرياضية ☐
- المحاضرات العامة ☐
- المشاركة في الاحتفالات الوطنية ☐

8. برأيك ما القيم التي تتحقق من خلال الانتماء للمراكز الشبابية؟ (رتِّب حسب الأولوية)

- المبادرة ☐
- المسؤولية المجتمعية ☐
- التطوع ☐
- المشاركة ☐

9. هل ترى أنَّ اكتساب هذه القيم له تأثير على بناء شخصيتك الاجتماعية؟

- نعم ☐
- لا ☐

10. إذا كانت إجابتك «نعم»، كيف ذلك؟ (رتِّب حسب الأولوية)

- خوض تجربة شخصية ☐
- المشاركة في الحياة العامة ☐
- دعم الإحساس بالانتماء والمواطنة ☐
- الرفع من تقدير الذات ☐
- التواصل واكتساب ثقافة المبادرة ☐
- حسن استثمار الوقت الحرّ ☐

11. هل تخضع الأنشطة المقدمة بالمراكز الشبابية لـ؟

- رغبات الشباب وانتظاراته ☐
- سياسات المراكز الشبابية ☐
- الاثنين معًا ☐

12. هل تعتبر أنَّ برامج المراكز الشبابية مواكبة لمتطلبات العصر ولحاجيات الشباب المستحدثة؟

- نعم ☐
- لا ☐

13. ما النقائص التي تعيق نجاح هذه المراكز الشبابية في ترسيخ قيم الانتماء والمواطنة؟

....

....

....

الملحق رقم (2)

فهرس المقابلات

العدد	المستجوب	نوع المقابلة	التاريخ
1	السيد / صلاح السعدي مدير مركز شباب الدوحة	مقابلة مقننة	2018-10-15
2	السيد / خالد عبد الله مدير مركز شباب العزيزية	مقابلة مقننة	2018-10-15
3	السيد/ حارب الجابري مدير النادي العلمي القطري	مقابلة مقننة	2018-10-15
4	السيد/ فرهود الهاجري مدير مركز أصدقاء البيئة	مقابلة مقننة	2018-10-17
5	السيد/ ناصر المالكي أمين سر مركز قطر للعمل التطوعي	مقابلة مقننة	2018-10-17
6	السيدة/ ريسة الدوسري مديرة مركز الريادة للفتيات	مقابلة مقننة	2018-10-17

الملحق رقم (3)

أنشطة ومشاركات محلية ودولية

اسم المركز	نوع المركز أو المؤسسة	عدد الأنشطة والفعاليات 2018	عدد المستفيدين القطريين - الذكور	عدد المستفيدين القطريين - إناث	عدد المستفيدين من المقيمين - ذكور	عدد المستفيدين من المقيمين - إناث	عدد الأنشطة الداخلية	عدد الأنشطة الخارجية	عدد الأنشطة العلمية	عدد الأنشطة البيئية	عدد الأنشطة الإجتماعية	عدد الأنشطة الفنية	عدد الأنشطة الثقافية	عدد الأنشطة التدريبية	أنشطة أو مشاركات محلية	أنشطة أو مشاركات دولية	أنشطة أخرى
مركز قطر للدراجات الهوائية	تخصصي	12	1000	2400	2500	500	11	1	0	1	11	0	0	192	11	2	تحدي العديد الصحروي الدولي اليوم الرياضي للنساء اليوم اriاضي للرجال بمؤسسة قطر جولة الأبطال سباق 24 ساعة بالبر نشاط صمله الجي بي أي الدولية نشاط الحلبة للنساء نشاط الحلبة للعام الكورسات الدورية بمؤسسة قطر للنساء المسابقة الرمضانية أحول مسافة اليوم العالمي لسمنة دورات تحضيرية للجي بي أي دورات في الصيانة والامن والسلامة رايد من اجل التعليم بحديثة الشيراتون
النادي العلمي القطري	تخصصي	1577	696	372	397	92	1546	31	1573	1	3	0	1	1	6	4	0

اسم المركز	نوع المركز أو المؤسسة	عدد الأنشطة والفعاليات 2018	عدد المستفيدين القطريين - الذكور	عدد المستفيدين القطريين - إناث	عدد المستفيدين من المقيمين - ذكور	عدد المستفيدين من المقيمين - إناث	عدد الأنشطة الداخلية	عدد الأنشطة الخارجية	عدد الأنشطة العلمية	عدد الأنشطة البيئية	عدد الأنشطة الإجتماعية	عدد الأنشطة الفنية	عدد الأنشطة الثقافية	عدد الأنشطة التدريبية	أنشطة أو مشاركات محلية	أنشطة أو مشاركات دولية	أنشطة أخرى
النادي العلمي القطري (نسخة معدلة ومعتمدة)	تخصصي	695	696	372	397	92	664	31	691	1	1	0	1	1	6	5	0
مركز قطر الاجتماعي والثقافي للمكفوفين	تخصصي	163	74	63	81	43	162	1	16	8	48	16	50	24	162	1	0
المركز الشبابي للهوايات	تخصصي	255	18550	5254	11300	13330	185	55	0	0	0	14	46	82	4	9	0
جمعية القناص القطرية	تخصصي	10	2000	20	200	0	10	4	10	10	0	0	10	5	مشاركة اليوم الوطني في كتارا ودرب الساعي	4	فعاليات المؤسسة العامة للحي الثقافي - كتارا
مركز قطر للرياضات اللاسلكية	تخصصي	32	4269	825	2780	418	22	10	0	0	0	0	0	22	10	0	لا ينطبق
المركز القطري الثقافي الاجتماعي للصم	عـــام	12	25	20	20	10	5	5	0	1	1	4	4	2	4	3	0
نادي قطر الرياضي	عـــام	24	414	33	123	19	22	2	1	2	7	3	7	4	معسكر البيئة في الخور- روضة الهشم	البطولة العربية السادسة للناشئين للجودو في لبنان	مهرجان الألوان لذوي الإعاقة

اسم المركز	نوع المركز أو المؤسسة	عدد الأنشطة والفعاليات 2018	عدد المستفيدين القطريين - الذكور	عدد المستفيدين القطريين - إناث	عدد المستفيدين من المقيمين - ذكور	عدد المستفيدين من المقيمين - إناث	عدد الأنشطة الداخلية	عدد الأنشطة الخارجية	عدد الأنشطة العلمية	عدد الأنشطة البيئية	عدد الأنشطة الإجتماعية	عدد الأنشطة الفنية	عدد الأنشطة الثقافية	عدد الأنشطة التدريبية	أنشطة أو مشاركات محلية	أنشطة أو مشاركات دولية	أنشطة أخرى
مركز شباب الظعاين	عـــام	185	40	35	50	40	185	0	5	2	40	25	3	5	1	0	أنشط رياضية (60 نشاطً)
النادي العربي الرياضي	عـــام	14	340	20	290	50	11	4	3	2	1	1	4	3	1	لا يوجد	صحية - دينية
نادي الريان الرياضي (اللجنة الشبابية والمجتمعية)	عـــام	43	1754	674	860	472	31	12	3	2	5	3	15	15	19	8	عدة مشاركات دوليه وعالمية مع مركز الفيصل - المشاركة في فعالية تيدكس بالتعاون مع جامعة قطر- المشاركة في الأسبوع المروري
نادي الخور الرياضي - اللجنة الثقافية الاجتماعية	عـــام	49	661	82	774	46	22	47	6	3	19	0	7	9	اليوم الرياضي للدولة - اليوم الدولي للشباب - الاحتفال باليوم العالمي للصحة النفسية- الاحتفال بيوم اليتيم	0	توقع اتفاقية شراكة مع الهلال الاحمر القطري - ومركز نوماس
مركز شباب الدوحة	عـــام	71	490	0	524	0	35	39	8	3	26	8	11	3	35	0	1
مركز شباب الخيرة	عـــام	67	70	0	75	0	49	18	4	6	5	2	6	3	3	0	انشطة و فعاليات د خلية يومية
نادي الشمال الرياضي	عـــام	43	120	40	80	30	30	13	12	5	15	4	6	14	5	0	هناك العديد من الفعاليات السابقة تستهدف أكثر من نشاط في وقت واحد

اسم المركز	نوع المركز أو المؤسسة	عدد الأنشطة والفعاليات 2018	عدد المستفيدين القطريين - الذكور	عدد المستفيدين القطريين - إناث	عدد المستفيدين من المقيمين - ذكور	عدد المستفيدين من المقيمين - إناث	عدد الأنشطة الداخلية	عدد الأنشطة الخارجية	عدد الأنشطة العلمية	عدد الأنشطة البيئية	عدد الأنشطة الإجتماعية	عدد الأنشطة الفنية	عدد الأنشطة الثقافية	عدد الأنشطة التدريبية	أنشطة أو مشاركات محلية	أنشطة أو مشاركات دولية	أنشطة أخرى
مركز شباب العزيزية (بنين / بنات)	عـــام	94	286	445	930	374	58	36	8	14	20	3	20	18	15	0	5
مركز شباب سميسمه	عـــام	69	225	00	340	00	60	9	8	4	16	8	12	20	2	0	20
مركز شباب الوكرة	عـــام	30	495	157	704	192	3	27	1	3	10	1	13	8	6	0	0
مركز شباب برزان	عـــام	78	220	0	557	0	56	22	4	3	22	4	18	14	2	0	11
مركز شباب الكعبان	عـــام	101	155	652	327	402	68	34	7	1	14	6	8	24	5	لايوجد	0
مركز شباب برزان	عـــام	78	220	0	557	0	56	22	4	3	22	4	18	14	2	0	11
مركز شباب الجميلية	عـــام	143	169	125	93	41	143	0	16	19	39	9	28	13	19	0	أنشطة وبرامج وفعاليات مركز شباب الجميلية للعام 2018 (143 نشاطاً) تشمل ملتقى فتيات الجميلية
نادي الوكرة الرياضي (اللجنة الشبابية والمجتمعية)	عـــام	40	759	0	1050	459	34	6	2	3	12	0	12	5	2	0	رياضية عدد 6
النادي الأهلي الرياضي	عـــام	14	80	0	220	0	10	4	1	3	10	0	5	4	2	0	2

اسم المركز	نوع المركز أو المؤسسة	عدد الأنشطة والفعاليات 2018	عدد المستفيدين القطريين - الذكور	عدد المستفيدين القطريين - إناث	عدد المستفيدين من المقيمين - ذكور	عدد المستفيدين من المقيمين - إناث	عدد الأنشطة الداخلية	عدد الأنشطة الخارجية	عدد الأنشطة العلمية	عدد الأنشطة البيئية	عدد الأنشطة الإجتماعية	عدد الأنشطة الفنية	عدد الأنشطة الثقافية	عدد الأنشطة التدريبية	أنشطة أو مشاركات محلية	أنشطة أو مشاركات دولية	أنشطة أخرى
مركز الدانه للفتيات	فتيات	120	0	211	0	416	120	0	1	4	15	14	21	65	اليوم الرياضي واليوم الوطني	لا ينطبق	لا ينطبق
مركز إبداع الفتاة	فتيات	136	0	687	0	567	90	48	0	2	9	78	10	5	32	0	90 مدا_س
مركز فتيات الخور	فتيات	123	0	299	0	135	17	16	10	12	14	15	9	12	14	0	4
مركز فتيات الدوحة	فتيات	61	0	1274	0	400	27	26	0	0	22	14	31	6	2	0	0
مركز الريادة للفتيات	فتيات	74	0	1030	0	262	60	14	19	4	18	16	20	14	2	0	أنشطة حرفيه (10 أنشطة
مركز فتيات الوكرة	فتيات	87	0	958	0	583	49	31	10	4	19	15	33	40	4	0	)

الملحق رقم (4)

إحصائيات المراكز الشبابية:

عدد الأنشطة والمشاركون سنة 2018

م	اسم المركز	المجموع 2018	عدد المشاركين 2018
1	المركز الشبابي للهوايات	199	4433
2	النادي العلمي القطري	221	2432
3	بيوت الشباب القطرية	125	2501
4	جمعية القناص القطرية	37	1870
5	مركز قطر التطوعي	247	278
6	مركز إبداع الفتاة	184	2646
7	مركز أصدقاء البيئة	50	5119
8	المركز الثقافي الاجتماعي للصم	43	290
9	المركز الثقافي الاجتماعي للمكفوفين	139	516
10	مركز بطابط	76	774
11	مركز شباب الجميلية	100	316
12	مركز شباب الدوحة	57	436

13	مركز شباب الذخيرة	57	315
14	مركز شباب الكعبان	49	220
15	مركز شباب الوكرة	40	467
16	مركز شباب أم قرن	130	230
17	مركز شباب سميسمة	89	542
18	مركز فتيات الخور	79	557
19	مركز فتيات الدوحة	61	575
20	مركز قطر للرياضات اللاسلكية	49	147
21	مركز مواتر	56	1634
22	مركز نوماس	84	912
23	مركز شباب برزان	67	359
24	مركز شباب العزيزية	109	848
25	مركز فتيات أم قرن	91	182
26	مركز فتيات الذخيرة	90	275
27	مركز فتيات الكعبان	56	640
	المجموع	**2583**	**29514**

الملحق رقم (5)

التوزُّع الجغرافي للمراكز الشبابية

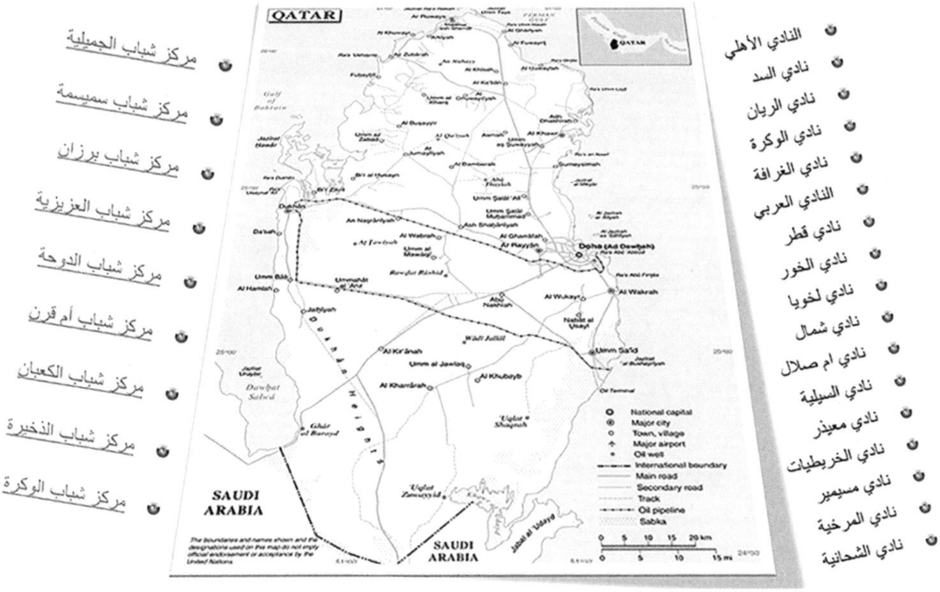

الملحق رقم (6)

اختصاصات إدارة الشؤون الشبابية

1. تنفيذ التشريعات واللوائح المنظمة للمراكز الشبابية.
2. اقتراح شروط ومعايير إنشاء المراكز واللجان والجمعيات الشبابية.
3. اقتراح السياسات وإعداد الدراسات والخطط التطويرية المتعلقة بالأنشطة الشبابية.
4. تلقي طلبات التراخيص بإنشاء المراكز واللجان والجمعيات الشبابية، ودراستها ورفع التوصيات بشأنها.
5. دعم ورعاية المراكز واللجان والجمعيات الشبابية، بالتنسيق مع الجهات المختصة.
6. متابعة أعمال المراكز واللجان والجمعيات الشبابية، وإعداد التقارير الدورية عن إنجازاتها.
7. اقتراح حل أو دمج المراكز واللجان والجمعيات الشبابية التي يثبت عدم قدرتها على تحقيق أهدافها.
8. المساهمة في تنفيذ الفعاليات والمناسبات الوطنية بالتنسيق مع الجهات المختصة.
9. اكتشاف وصقل المواهب الشبابية ثقافيًا وعلميًا ودينيًا، بالتنسيق مع الجهات المختصة.
10. رعاية ودعم الموهوبين والمتفوقين الشباب، والعمل على تطوير مهاراتهم ثقافيًا وعلميًا ودينيًا.
11. دراسة وإعداد البرامج الشبابية المقترحة من قبل المراكز واللجان والجمعيات الشبابية، وإبداء الرأي بشأنها.
12. الإشراف على الأنشطة المختلفة في المراكز واللجان والجمعيات الشبابية، وتقييمها، ومتابعة تنفيذها.
13. اقتراح وإعداد محتوى الندوات والمسابقات الثقافية والعلمية والدينية التي تنظمها الوزارة، بالتنسيق مع الجهات المختصة.

14. تنظيم المشاركة الشبابية في المهرجانات المحلية والخارجية، والأنشطة والبرامج ومعسكرات العمل والخدمة العامة.
15. تلقي ودراسة طلبات إصدار التراخيص لممارسة الأنشطة الشبابية.
16. اقتراح التشريعات والقرارات واللوائح الخاصة بالأنشطة الشبابية، ومتابعة تنفيذها بعد إصدارها.
17. العمل على توسيع قاعدة المشاركة الشبابية من خلال الفعاليات التي تنظمها الوزارة، بالتنسيق مع الجهات المختصة.
18. مراجعة خطط عمل المراكز الشبابية، واعتماد الموازنة السنوية لها بالتنسيق مع الوحدات الإدارية المعنية.

الخاتمة

يعود تزايد الاهتمام بقضايا الشباب في المجتمعات المعاصرة، لما انطوى عليه عالم اليوم من تغيرات واسعة النطاق شملت كل مظاهر الحياة؛ وصار الانشغال بقضايا الشباب يعبِّر عن الاهتمام بمستقبل المجتمع الإنساني ككل، بهدف تعزيز الانتماء وتحقيق الوحدة الوطنية وآفاق التنمية في كافة مجالات وقطاعات المجتمع. وترجع أهمية الشباب واهتمام المجتمع بتعزيز انتمائهم الوطني وتحفيزهم لتحقيق الوحدة الوطنية، إلى كونهم أكثر الفئات رغبة في التجديد، وأكثرها تطلعًا إلى تقبل الحديث من الأفكار والتجارب. لذلك يمثلون «مصدرًا أساسيًا من مصادر التغيير في المجتمع، فالشباب يحاولون جاهدين لإيجاد الصيغة التي تمكنه من إثبات وجودهم في المجتمع؛ وهنا يأتي تأثير المجتمع والدور الرئيسي لمؤسسات التنشئة الاجتماعية في إيجاد إطار من الأفكار والمبادئ، التي تشكِّل صيغة ملائمة يعتمد عليها الشباب لتحقيق مكانتهم، وتساعدهم على اكتشاف أدوارهم في البيئة المحيطة بهم وتأدية تلك الأدوار على أعلى مستوى من الكفاءة والفعالية، وتقديم الأسس المدروسة التي تمكنهم من اتخاذ ما هو ملائم ومناسب من القرارات خلال حياتهم اليومية»[1]. ولا بد من أن ينمو الشباب «في بيئة آمنة ومستقرة وهم مزوَّدون بالعلم والمعرفة وبوعي اجتماعي، وانتماء وطني، وتفتح عالمي على عصر لم يعد يعترف بالكيانات الضعيفة علميًا أو تكنولوجيًا أو اقتصاديًا أو اجتماعيًا»[2]. ومن ثم فإن الشباب في الوقت الحاضر صاروا بحاجة ماسة إلى الاهتمام والرعاية والشعور بعزة النفس واحترام وتقدير الذات، لأن الدولة التي تجعل من ضمن أولوياتها صياغة استراتيجية تعزز قيم الانتماء والمواطنة وتحقيق الوحدة الوطنية

---

(1) عثمان بن صالح العامر، أثر الانفتاح الثقافي على مفهوم المواطنة لدى الشباب السعودي، دراسة مقدمة للقاء السنوي الثالث عشر لقادة العمل التربوي بالباحة، 1426.

(2) أماني صالح أحمد زرزورة، برنامج مقترح في خدمة الجماعة لتنمية خصائص المواطنة الصالحة لدى الطلاب المشاركين في النادي الصيفي، رسالة ماجستير، كلية الخدمة الاجتماعية، جامعة حلوان، 2008، ص 53-55.

للشباب، مطالبة بوضع إطار عام لتنمية الشباب من خلال مؤسسات التنشئة الاجتماعية، وذلك «بتحديد الأهداف والمصالح الوطنية وأولويات العمل الوطني من برامج وسياسات تؤسس لنظرة شمولية تعكس احتياجات الشباب وتطلعاتهم»[1]. لذلك هناك حاجة ملحة لتصميم السياسات والبرامج المتعلقة بالشباب وتنفيذها على جميع المستويات، وتؤثر الطرق التي ستعالج بها هذه السياسات الخاصة بالشباب على الظروف الاجتماعية والاقتصادية الحالية.

تعتبر الفئة الشبابية الأكثر حساسية على المستوى الاجتماعي، بالنظر إلى ما يميز وضعها، فهي الأكثر تطلعًا نحو المستقبل، إلا أنها في الوقت ذاته الأكثر تعرضًا للأزمات والتحديات، إذ تبقى في حلقة محصورة بالمشاكل والإكراهات والصعوبات؛ وتشكل عبئًا ثقيلًا في السياسات العامة من وجهة نظر صانعي القرار، عبء يشمل مجالات متعددة يتقاطع فيها السياسي مع الاقتصادي والاجتماعي والتعليمي والثقافي وغيرها. لذلك يعتبر الشباب العنصر الأساسي في التحديات التي تواجه المجتمعات اليوم والأجيال المقبلة على السواء، وتعدُّ هذه الفئة قوة أساسية في التغيير وفعالة في تحقيق التنمية المستدامة. فإذا كان تاريخ المجتمعات النامية قد شهد على المشاركة الفاعلة للشباب في التنمية في مستوياتها المتعددة، فإن الحاضر يشهد على ما يحمله هؤلاء من طاقات، وقدرات إبداعية في مجالات العلوم والمعارف؛ فهم الجيل الأكثر تطلعًا لإثبات الذات والمغامرة، والتجديد في مختلف مجالات التنمية، وهم أيضًا الأكثر تعاملًا مع تكنولوجيا المعلومات والاتصالات، والأكثر انفتاحًا على ثقافات العالم، والأكثر رغبة في إقامة مجتمعات العدالة والديمقراطية وحوار الثقافات وتحقيق السلام العالمي العادل. يضاف إلى ذلك أن مقاربة التنمية التي تستهدف فئة الشباب، وتتوخى إحداث التوازن الاجتماعي، تطرح باستعجال ضرورة إعادة النظر والتفكير من جديد في منظومة لإعداد الشباب تكون مبنية على الحق في المشاركة والمساهمة في التصدي للتحديات العالمية الكبرى والتطورات الاقتصادية الهائلة، المتمثِّلة في سيادة اقتصاد السوق وقيام التكتلات الاقتصادية العملاقة في ظل تحرير التجارة العالمية وانتشار العولمة، التي أخذت تهدِّد ثقافة الشعوب وحضاراتها وهوياتها، مع التوسع الهائل في تكنولوجيا المعلومات والدور الكبير لأجهزة الإعلام والاتصال الحديثة.

---

(1) سامية فرج بارح، التدخل المهني لطريقة تنظيم المجتمع لتنمية قيم المواطنة عند الشباب، قدمت نتائج هذه الدراسة ضمن أعمال المؤتمر العلمي التاسع عشر، كلية الخدمة الاجتماعية، جامعة حلوان، 2006، ص 11.

إن الشباب هم «الثروة الأهم لأي دولة أو شعب، وهم قوة العمل وطاقة الإنتاج الخلاقة المنوطة بها إعالة الشرائح الأخرى، وهم أيضًا الوسيلة والغاية المستهدفة في المقام الأول من أي برنامج تنموي أو خطة مستقبلية، وهم المحك الرئيس الذي به تقاس درجة النجاح والإنجاز أو التعثُّر والإخفاق»[1]. شكل الشباب على مر التاريخ حجر الأساس والقاعدة الحقيقية لأي مشروع تغيير أو إصلاح، ففي الثورة الفرنسية عام 1789، كانت نسبة 95٪ من المشتركين فيها من الشباب تقريبًا، وهذا يؤكد أن هذه الفئة من أكثر فئات المجتمعات اهتمامًا بالقضايا الوطنية وتأثرًا بها، فتصبح «مصدرًا للقوة التي تقاوم الاستعمار وتحرر الأوطان وتحفظ الكرامة والاستقلال»[2]. وطالما كان للشباب دور عظيم ومحوري في صناعة الحضارات ورقي الأمم على مر العصور والأزمان؛ ولذلك كان الاعتناء بفئة الشباب والاهتمام بشؤونها ولا يزال من الأسباب الجوهرية التي أدت إلى النهضة والتقدم الذي تعيشه الدول المتقدمة راهنًا. ورغم الاختلاف الواضح بين هذه الدول في نظمها السياسية والاجتماعية والاقتصادية، إلا أنها تتشارك «إيمانها بأهمية الاستثمار في أهم ثروة لديها وهي الثروة البشرية، التي بها تتم التنمية، وإليها تعود نتائجها»[3]. ويمكن استثمار قطاع الشباب لدفع عجلة التنمية والمشاركة بفاعلية في عملياتها، عبر بذل الجهود داخل كل المؤسسات الاجتماعية والتربوية، لتوعيتهم بدورهم في التنمية، وسبل العمل على مواجهة مشكلاتهم وإشباع حاجاتهم وتبني قضاياهم والدفاع عنهم من خلال تقديم كافة أوجه الرعاية والخدمات لهم، باعتبار أن شباب الحاضر والمستقبل هم أمل التنمية ووسيلتها وهدفها. لذلك اكتسب الاهتمام بالشباب ورعايتهم وتنميتهم الأهمية الكبرى، وصار من الموضوعات المطروحة على الساحة بقوة في الوقت الحاضر، التي تحظى باهتمام العديد من المراكز البحثية.

تظل مسألة إعداد الشباب رهينة بسياسات حقيقية تعتمد على إشراكهم الفعلي، بروح تستحضر أنبل وأجود الأفكار والقيم والرؤى، كسياسة تأخذ مكانتها في صلب خطط التنمية الوطنية الشاملة، مع تأهيل الشباب والرفع من كفاءتهم وتزويدهم بالمعارف والتقنيات

(1) ناهد عز الدين، «الشباب العربي ورؤى المستقبل»، في عزة شرارة بيضون وآخرون، الشباب العربي ورؤى المستقبل، بيروت، مركز دراسات الوحدة العربية، 2006، ص 38.

(2) علي ليلة، مرجع سابق، ص 47.

(3) نورهان حسن فهمي، مرجع سابق، ص 241.

العصرية الضرورية، ودفعهم إلى الانخراط في عملية التنمية، للمساهمة في حل مشكلات الدولة الاقتصادية والاجتماعية والثقافية.

وانطلاقًا من كون الشباب هم مصدر التنمية وقوتها الإيجابية، وفي ظل المتغيرات الإقليمية التي يعيشها الوطن العربي والمفتوحة على كافة الاحتمالات، يصبح من المفروض أن تنصب الأولويات أكثر على الشباب، من خلال سياسات عمومية قوية تنبني على مقومات صلبة ذات رؤية استراتيجية تحمل في عمقها كافة ركائز النجاح، لأنه لم يعد هناك مجال للارتجال أو تكريس برامج بنكهة أصحاب القرار في غياب إشراك فعلي للشباب. من هنا لا يمكن أن تتحقق المشاركة «من دون إرادة حقيقية لتمكين الشباب، إلا عبر آليات لتحقيق المشاركة الفاعلة على الصعيد المجتمعي»[1]. لذلك تعدُّ عملية ترسيخ قيم المواطنة والتربية وتعزيز قيمها من أكثر المواضيع أهمية كونها تعمل على تكوين شخصية الشاب وتحديد أدواره ومكانته في النسيج الاجتماعي، عبر ما توفره المراكز الشبابية من أنشطة يستند إليها الشاب في تكوين شخصيته ووعيه بمشاكل بيئته المحلية خصوصًا، في ظل التغيرات الاجتماعية والثقافية التي يشهدها المجتمع. لذلك لا بد من إعادة النظر في علاقة المراكز الشبابية بروادها واعتماد مناهج وآليات ومرجعيات تتماشى مع جل التغيُّرات والتحولات التي تشهدها المجتمعات المعاصرة. وإذا توفرت هذه الشروط سنضمن تحقيق جملة من الأهداف التي من شأنها إبراز دور الشباب وفسح المجال أمامهم لإبراز ذواتهم ومكانتهم داخل المجتمع، وذلك من خلال إكسابهم جملة من القيم الأساسية لتحسين دورهم في علاقتهم بمختلف مكونات المجتمع. فضلًا عن ذلك يتحدد دور المراكز الشبابية أيضًا في تنمية قيم الانتماء والمواطنة وتحقيق الوحدة الوطنية، من خلال وجود إدارة تربوية تعي مفهوم التربية الحديثة، وتمارس أسلوبًا ديمقراطيًا في قيادة المؤسسات الشبابية، وتعمل على خلق بيئة فاعلة من خلال نسج علاقات تواصل إنسانية وتربوية بين القائمين عليها والمتعاملين معها على حد سواء، و«تقوم بتهيئة الشباب لمواجهة المستقبل في عصر المعرفة، والمحافظة على القيم والمبادئ الأساسية للمجتمع، والتجاوب مع طموحات وتطلعات الوطن لأن المواطن هو رأس المال الحقيقي في العملية التنموية بكل أبعادها»[2].

---

(1) عمر رحال، قراءات شبابية: التنمية المجتمعية والحكم الصالح، عمان، مركز إعلام حقوق الإنسان والديمقراطية، شركة الحسن للطباعة الطبعة الأولى، 2010.

(2) صالح النصار، التربية الوطنية في مدارس المملكة العربية السعودية (دراسة تحليلية مقارنة في ضوء التوجهات التربوية الحديثة) ، مجلة القراءة والمعرفة، العدد 99، المملكة العربية السعودية، 2010، ص 88.

البيبليوغرافيا

أولًا: المعاجم

1. ابن منظور، أبو الفضل جمال الدين، لسان العرب، بيروت، دار صادر، 1989.
2. أحمد، لطفي بركات، المعجم التربوي في الأصول الفكرية والثقافية، الرياض، دار للنشر والطباعة والإعلام، 1984.
3. البعلبكي، رمزي منير، المورد الأكبر، قاموس انكليزي/ عربي، بيروت، دار العلم للملايين، 2005.
4. الرشيدي، بشير صلاح وآخرون، الموسوعة العلمية للتربية، سلسلة الموسوعات العلمية، مؤسسة الكويت للتقدم العلمي، الكويت، 2004.
5. الشويخان، أحمد مهدي، الموسوعة العربية العالمية، مجلد 24، الرياض، مؤسسة أعمال الموسوعة للنشر والتوزيع، 1996.
6. الفارابي، عبد اللطيف وآخرون، معجم علوم التربية، الرباط، دار الخطابي للطباعة والنشر، 2001.
7. الكافي، إسماعيل عبد الفتاح، موسوعة القيم والأخلاق الإسلامية، الإسكندرية، مركز الإسكندرية للكتاب، 2005.
8. أندريه لالاند، موسوعة لالاند الفلسفية، تعريب خليل أحمد خليل، بيروت، منشورات عويدات، المجلد الأول، 1996.
9. بدوي، أحمد زكي، معجم مصطلحات العلوم الاجتماعية، بيروت، مكتبة لبنان، 1982.
10. بودون، ريمون، المعجم النقدي لعلم الاجتماع، ترجمة سليم حداد، المؤسسة الجامعية للدراسات والنشر والتوزيع، بيروت، الطبعة الأولى، 1986.

11. دورتيه، ج.ف، معجم العلوم الإنسانية، ترجمة جورج كتورة، أبو ظبي، الإمارات العربية المتحدة، بيروت، المؤسسة الجامعية للدراسات والنشر والتوزيع، 2011.

12. ذبيان، سامي وآخرون، قاموس المصطلحات السياسية والاقتصادية والاجتماعية، لندن، رياض الريس للكتب والنشر، 1990.

13. صليب، جميل، المعجم الفلسفي، بيروت، دار الكتاب للنشر، 1982.

14. غيث، محمد عاطف، قاموس علم الاجتماع، القاهرة، دار المعرفة الجامعية، 1990.

15. فيلة، فاروق عبده، الزكي، أحمد عبد الفتاح، معجم مصطلحات التربية، لفظًا واصطلاحًا، الإسكندرية، دار الوفاء لدنيا الطباعة والنشر، 2004.

16. مجمع اللغة العربية، المعجم الوسيط، القاهرة، مكتبة الشروق الدولية، الطبعة الرابعة، 2004.

17. مدكور، إبراهيم، معجم العلوم الاجتماعية، القاهرة، الهيئة المصرية العامة للكتاب، 1975.

18. معلوف، لويس، المنجد في اللغة، بيروت، المطبعة الكاثوليكية، 1960.

19. وين رالف ن، قاموس جون ديوى للتربية مختارات من مؤلفاته، ترجمة محمد على العريان، القاهرة: مكتبة الأنجلو المصرية، د.ت.

ثانيًا: الكتب

أ. الكتب العربية

1. الرشدان، عبد الله، علم اجتماع التربية، الأردن، دار الشروق للنشر والتوزيع، 2008.

2. الزيود، ماجد، الشباب والقيم في عالم متغير، الأردن، دار الشروق للنشر والتوزيع، 2006.

3. غريب، عبد الكريم، سوسيولوجيا التربية، الرباط، منشورات عالم التربية، 2000.

4. فرغلي، زينب عبد الحفيظ، الاتجاهات الملبسية للشباب، القاهرة، دار الفكر العربي، 2002.

5. فريحة، نمر، فعالية المدرسة في التربية على المواطنة، بيروت، شركة المطبوعات للنشر والتوزيع، 2002.

6. أبو المكارم، جاد الله، وسائط التربية ودورها في إعداد الشباب للتنمية، الإسكندرية، البيطاش للنشر والتوزيع، 2002.

7. استيتية، دلال، التغير الاجتماعي والثقافي، عمان، دار وائل للنشر، الطبعة الأولى، 2004.
8. أسعد، يوسف ميخائيل، الشباب والتوتر النفسي، القاهرة، دار غريب، 2001.
9. إسماعيل، داليا بهاء، الشباب والجمعيات الشبابية: المشاركة والدور والتوجهات، القاهرة، مركز المحروسة للنشر والخدمات الصحفية والمعلومات، 2011.
10. آل مبارك، عبد الله بن ناجي، قراءة في مفهوم الانتماء الوطني، الرياض، مؤسسة اليمامة الصحفية، 2012.
11. الباز، راشد بن سعد، أزمة الشباب الخليجي واستراتيجية المواجهة، الرياض، 2004.
12. البستاني، باسل، جدلية نهج التنمية البشرية المستدامة، منابع التكوين وموانع التمكين، بيروت، مركز دراسات الوحدة العربية، 2009.
13. البهواشي، عبد العزيز، التعليم وإشكالية الهوية الثقافية في ظل العولمة، القاهرة، دار الفكر العربي، 2000.
14. التابعي، كمال، تغريب العالم الثالث، القاهرة، دار المعارف، 1993.
15. الجوهري، عبد الهادي وآخرون، دراسات في التنمية الاجتماعية مدخل إسلامي، القاهرة، مكتبة نهضة الشرق، 1996.
16. الجوهري، محمد، الشباب والحق في الاختلاف، القاهرة، المكتب الجامعي الحديث، د.ت.
17. الحديدي، منى صبحي، والخطيب، جمال محمد، التربية الوجدانية والاجتماعية لطلبة التعليم العام، دليل المعلم، الرياض، مكتب التربية العربي لدول الخليج، 2007.
18. الحسن، محمد الحسن، تأثير الغزو الثقافي على الشباب العربي، الرياض، أكاديمية نايف للعلوم الأمنية، 1998.
19. الحقيل، سليمان عبد الرحمن، الوطنية ومتطلباتها في ضوء تعاليم الإسلام، الرياض، مطابع التقنية للأوفست، 1996.
20. الحوراني، محمد عبد الكريم، النظرية المعاصرة في علم الاجتماع، الأردن، دار مجدلاوي للنشر والتوزيع، 2008.
21. الخزرجي، تامر كامل محمد، النظم السياسية الحديثة والسياسات العامة، الأردن، دار مجدلاوي للنشر، 2004.

22. الدباغ، فخري، السلوك الإنساني في الحقيقة والخيال، كتاب العربي، الكتاب الثاني عشر، القاهرة، 1987.

23. الدرويش، الحبيب، أية علاقة للثقافة بمؤسسات الوقت الحرّ؟، تونس، منشورات المركز الوطني للاتصال الثقافي، 2005.

24. الدرويش، الحبيب، دراسات في قضايا التنشئة والتمكين والاندماج، تونس، كلية الآداب والعلوم بصفاقس، 2010.

25. الدسوقي، كمال، الاجتماع ودراسة المجتمع، القاهرة، مكتبة الأنجلو المصرية ،2000.

26. الدويش، محمد بن عبد الله، تربية الشباب، الأهداف والوسائل، الرياض، دار الوطن للنشر، 2002.

27. الديك، أحمد، سوسيولوجيا الانتفاضة، الإعلام الموحد، غزة، منظمة التحرير الفلسطينية، الطبعة الأولى، 1990.

28. الزغبي، محمد أمين، التغير الاجتماعي، بيروت، دار الطليعة للطباعة والنشر، 1982.

29. الزيدي، منجي، ثقافة الشارع: دراسة سوسيوثقافية في مضامين ثقافة الشباب، مركز النشر الجامعي، تونس، 2007.

30. السويدي، واضحة، تنمية القيم الخاصة بمادة التربية القومية لدى تلميذات المرحلة الإعدادية بدولة قطر، الدوحة، دار الثقافة والنشر، 1983.

31. السيد عبد العاطي وآخرون، نظرية علم الاجتماع، الاتجاهات الحديثة والمعاصرة، دار المعرفة الجامعية، 2004.

32. الشاماني، سند لافي، وسعد، أحمد يوسف، شباب الجامعات وقضايا الانتماء: الفرص والتحديات، طلاب جامعة طيبة نموذجًا، مجلد 20، عدد 1، السعودية، 2012.

33. الشيباني، عمر محمد التومي، الأسس النفسية والتربوية لرعاية الشباب، بيروت، دار الثقافة، 1973.

34. الطفيلي، حمد، علم الاجتماع ودور الشباب في الريادة المجتمعية، لبنان، دار المنهل اللبناني، 2007.

35. العلواني، طه جابر فياض، أدب الاختلاف في الإسلام، كتاب الأمة، سلسلة

فصلية، تصدر عن رئاسة المحاكم الشرعية والشؤون الدينية في دولة قطر، جمادى الأولى، 1405.

36. العمر، مضر خليل، التركيب الاجتماعي للمدنية والجريمة، الأردن، دار الكندي، 2000.

37. العيسوي، عبد الرحمن، سيكولوجية الإدمان وعلاجه، الإسكندرية، دار المعرفة الجامعية، 1994.

38. العيسوي، عبد الرحمن، جنوح الشباب المعاصر ومشكلاته، بيروت، منشورات الحلبي الحقوقية، 1994.

39. الغامدي، ماجد بن جعفر، الإعلام والقيم، الرياض، مؤسسة خلوق للنشر، 2009.

40. الفاعوري، خليل، الشباب قضية ورعاية ودور، عمان، مديرية الوثائق والمكتبات الوطنية، 1985.

41. القربوتي، محمد قاسم، رسم وتقييم وتحليل السياسة العامة، الكويت، 2006.

42. الكبيسي، عامر، صنع السياسات العامة، عمان، دار المسيرة، 1999.

43. الكواري، علي خليفة، المواطنة والديمقراطية في البلدان العربية، بيروت، مركز دراسات الوحدة العربية،2001.

44. اللقاني، أحمد حسين، فارعة حسن محمد، التربية البيئية واجب ومسؤولية، القاهرة، عالم الكتب، 1999.

45. المداح، محمود، في الانتماء لمصر، القاهرة، دار أماكو للنشر، 2000.

46. المسارب، أحمد وآخرون، جيل الشباب في الوطن العربي ووسائل المشاركة غير التقليدية من المجال الافتراضي إلى الثورة، بيروت، مركز دراسات الوحدة العربية، 2013.

47. المعمري، سيف، تربية المواطنة: توجهات وتجارب عالمية في إعداد المواطن الصالح، عمان، مكتبة الجيل الواعد، 2006.

48. المغامسي، خالد محمد، الحوار، آدابه وتطبيقاته في التربية الإسلامية، الرياض، مركز الملك عبد العزيز للحوار الوطني، 1425.

49. النابلسي، هناء حسني، دور الشباب الجامعي في العمل التطوعي والمشاركة السياسية، الأردن، دار مجدلاوي للنشر والتوزيع، 2010.

50. الناشف، عبد الملك، القيم وطرائق تعليمها وتعلمها، عمان، دائرة التربية والتعليم بالوكالة،1991.
51. الهداوي، فهمي خليفة، السياسة العامة: منظور كلي في البنية والتحليل، عمان، دار المسيرة،2001.
52. الهرماسي، عبد اللطيف، استراتيجيات المواجهة الرمزية للحداثة الاستعمارية، مثال تونس والجزائر، من الثقافة والآخر، تونس، الدار العربية للكتاب، 2006.
53. الوحيشي، أحمد بيري، الأسرة والزواج، منشورات الجامعة المفتوحة، طرابلس، 1997.
54. أمين، شريف فرج، المواطنة ودورها في تكامل المجتمعات التعددية، القاهرة، دار الكتب التعددية، 2012.
55. بركات، حليم، الاغتراب في الثقافة العربية، متاهات الإنسان بين الحلم والواقع، بيروت، مركز دراسات الوحدة العربية، 2006.
56. توفيق، عبد الجبار، التحليل الإحصائي في البحوث التربوية والنفسية والاجتماعية، الكويت، مؤسسة الكويت للتقدم العلمي، 1985.
57. توفيق، عصام وآخرون، مدخل إلى دراسة المجتمع العربي، عمان، دار الفكر، الطبعة الأولى، 2008.
58. جرار، أماني غازي، المواطنة العالمية، عمان، دار وائل للنشر والتوزيع، 2011.
59. حامد خالد، مدخل إلى علم الاجتماع، الجزائر، جسور للنشر والتوزيع، 2012.
60. حجازي، عزت، الشباب العربي ومشكلاته، سلسلة علم المعرفة، المجلس الوطني للثقافة ولفنون والآداب، الكويت، 1985.
61. حجازي، مصطفى، الإنسان المهدور: دراسة تحليلية نفسية اجتماعية، المركز الثقافي المغربي، الدار البيضاء، الطبعة الثانية، 2006.
62. حسن، تهاني، الثقافة والثقافات الفرعية، دار المعرفة الجامعية، الإسكندرية،1997.
63. حفيظ، عبد الوهاب، الجزيري، مشيرة، التربية والمواطنة في العالم العربي، تونس، مركز الدراسات والبحوث الاقتصادية والاجتماعية، 2005.
64. حمدان، سعيد بن سعيد ناصر، دور الأسرة في تنمية قيمة المواطنة لدى الشباب في

ظل تحديات العولمة، جامعة الإمام محمد بن سعود الإسلامية، المملكة العربية السعودية، 2008.

65. خاطر، أحمد ومحمد علي، سميرة كامل، التنمية الاجتماعية: الأطر النظرية ونموذج المشاركة، المكتب الجامعي الحديث، الإسكندرية، 1993.

66. خضر، لطيفة إبراهيم، دور التعليم في تعزيز الانتماء، القاهرة، مكتبة عالم الكتب، 2000.

67. خليفة، عبد اللطيف محمد، ارتقاء القيم (دراسة نفسية)، سلسلة عالم المعرفة، العدد 160، الكويت، المجلس الوطني للثقافة والفنون والآداب، 1992.

68. خليل، محمد بيومي، انحرافات الشباب في عصر العولمة، القاهرة، دار قباء للنشر والتوزيع، 2003.

69. خواجة، محمد، الشباب العربي، دراسات في المجتمع العربي المعاصر، القاهرة، الأهالي للطباعة والنشر، د.ت.

70. درويش، محمد أحمد، العولمة والمواطنة والانتماء الوطني، القاهرة، مكتبة عالم الكتب، 2009.

71. راتب، نجلاء عبد الحميد، الانتماء الاجتماعي للشباب المصري: دراسة سوسيولوجية في حقبة الانفتاح، القاهرة، مركز المحروسة للنشر، 1999.

72. زاهر ضياء، القيم في العملية التربوية، سلسلة معالم تربوية، القاهرة، مؤسسة الخليج العربي، 1984.

73. زايد أحمد، علم الاجتماع بين الاتجاهات الكلاسيكية والنقدية، الإسكندرية، دار المعارف الجامعية، 1984.

74. زيان، عمر محمد، البحث العلمي: مناهجه وتقنياته، بيروت، 1989.

75. سرحان، منير المرسي، في اجتماعات التربية، القاهرة، مكتبة الأنجلو المصرية، 2002.

76. شحاتة، صيام، النظرية الاجتماعية من المرحلة الكلاسيكية إلى ما بعد الحداثة، القاهرة، دار مصر العربية للنشر والتوزيع، 2009.

77. شرابي، هشام، مقدمات لدراسة المجتمع العربي، بيروت، دار الطليعة، 1991.

78. شلبي، محمد، المنهجية في التحليل السياسي: المفاهيم، المناهج والأدوات، الجزائر، دار الهومة، 2007.

79. شوقي، محمد رضا، الشباب وأزمة الهوية، بيروت، دار الهاوي، 2003.

80. صبحي، سيد، الشباب وأزمة التعبير، القاهرة، الدار المصرية اللبنانية، 2002.

81. عامر، طارق عبد الرؤوف، المواطنة والتربية الوطنية: اتجاهات عالمية وعربية، القاهرة، مؤسسة طيبة للنشر والتوزيع، 2011.

82. عبد الباسط، محمد حسن، أصول البحث الاجتماعي، القاهرة، مكتبة وهبة، 1977.

83. عبد الجواد، أحمد عبد، التربية البيئية، سلسلة دائرة المعارف البيئية، القاهرة، الدار العربية للنشر والتوزيع.

84. عبد السلام، فاروق سيد، سيكولوجية الإدمان، القاهرة، دار الفكر العربي، 1997.

85. عبد العزيز أحمد الحمادي، التباين القيمي بين الآباء والبناء، الرياض، جامعة الملك سعود، 1999.

86. عبد الفتاح، الزين، الصحة والممارسات السوسيو ثقافية: الوضعية والإشكاليات، الرباط، المعهد الجامعي للبحث العلمي، جامعة محمد الخامس، 2012.

87. عبد الله، مجدي أحمد محمد، أزمة الشباب بين الواقع والطموح: رؤية سيكولوجية معاصرة، الإسكندرية، دار المعرفة الجامعية، 2013.

88. عبد الله، ثناء محمد فؤاد، في آليات التعبير الديمقراطي في الوطن العربي، بيروت، مركز دراسات الوحدة العربية،1997.

89. عبد المجيد، حنان محمد، التغيير الاجتماعي في الفكر الإسلامي الحديث، فرجينيا الأمريكية، المعهد العالي للفكر الإسلامي،2011.

90. عبد المقصود، زين، قضايا بيئية معاصرة، الإسكندرية، منشأة المعارف، 2000.

91. عبد الموجود، أبو الحسن، التنمية وحقوق الإنسان، نظرة اجتماعية، القاهرة، المكتب الجامعي الحديث، 2006.

92. عبيد، منى مكرم، المواطنة، مفاهيم الأسس العلمية للمعرفة، القاهرة، المركز الدولي للدراسات المستقبلية والاستراتيجية، عدد2006 ،15.

93. عثمان، إبراهيم عيسى، النظرية المعاصرة في علم الاجتماع، عمان، دار الشروق للنشر والتوزيع، 2008.

94. عثمان، إبراهيم عيسى، مقدمة في علم الاجتماع، القاهرة، دار الشروق للنشر والتوزيع، 1999.
95. عرابي، عبد القادر، المناهج الكيفية في العلوم الاجتماعية، دمشق، دار الفكر،2007.
96. روب، هند، ثقافة المواطنة في بلاد الرعية، بيروت، مركز دراسات الوحدة العربية، 2006.
97. عفيفي، محمد الهادي، التربية والتغير الاجتماعي، القاهرة، مكتبة الأنجلو المصرية، 1975.
98. عقل، محمد طه، القيم السلوكية لدى طلبة المرحلتين المتوسطة والثانوية في الدول الأعضاء بمكتب التربية العربي لدول الخليج، دراسة نظرية وميدانية، مكتب التربية العربي لدول الخليج، الرياض، 2006.
99. علام، عبد الخالق وآخرون، رعاية الشباب: مهنة وفن، القاهرة، مكتبة القاهرة الحديثة، 1992.
100. علي، سعيد إسماعيل، أصول التربية والتعليم، الإسكندرية، مركز الدراسات والبحوث العربية، 1999.
101. علي، ماهر أبو المعاطي، الخدمة الاجتماعية في مجال رعاية الشباب، القاهرة، مكتبة زهراء الشرق، 2003.
102. عمر، ماهر محمود، سيكولوجية العلاقات الاجتماعية، دار المعرفة الجامعية، القاهرة، 2000.
103. غباري، أمل سلامة محمد، الشباب وتنمية المجتمع من منظور الخدمة الاجتماعية، الإسكندرية، دار الوفاء للطباعة والنشر، 2010.
104. غيث، محمد عاطف، مجالات علم الاجتماع المعاصر أسس نظرية ودراسات واقعية، الإسكندرية، دار المعرفة الجامعية، 1985.
105. فرج، إلهام عبد الحميد، المناهج الدراسية والوعي الاجتماعي والسياسي للمرأة في مصر، الإسكندرية، مركز الجزويت الثقافي،2001.
106. فهمي، نورهان حسن، القيم الدينية للشباب من منظور الخدمة الاجتماعية، القاهرة، المكتب الجامعي الحديث، 1999.

107. فوزي، سامح، المواطنة، القاهرة، مركز القاهرة لدراسات حقوق الإنسان، 2008.

108. كفاوين، محمود، إدارة المؤسسات الاجتماعية، الشركة العربية المتحدة للتسويق والتوريدات، القاهرة، 2010.

109. لبيب، عبد العزيز، الشباب العربي والمشاركة: التحديات وآفاق التطوير، تمكين الشباب في الأبعاد النظرية والمفاهيمية، سلسلة إصدارات قضايا الشباب العربي، الإصدار الثالث، إدارة السياسات السكانية والهجرة، الأمانة العامة لجامعة الدول العربية، القاهرة،2007.

110. لطفي، طلعت إبراهيم، عبد الحميد، كمال، النظريات المعاصرة في علم الاجتماع، القاهرة، دار غريب للطباعة والنشر والتوزيع، د.ت.

111. ليلة، علي، الشباب في مجتمع متغير، تأملات في ظواهر الإحياء والعنف، بيروت، مكتبة الحرية الحديثة، 1990.

112. ليلة، علي، المجتمع المدني: قضايا المواطنة وحقوق الإنسان، القاهرة، مكتبة الأنجلو المصرية،2007.

113. محفوظ، محمد وآخرون، المواطنة والوحدة الوطنية في المملكة العربية السعودية، بيروت، مؤسسة الانتشار العربي، 2008.

114. محمد، أحمد بيومي، القيم وموجهات السلوك الاجتماعي، الإسكندرية، دار المعرفة الجامعية، 2006.

115. محمد، عبد الرحمن شرف، الولاء الوطني والمؤسسي، الإمارات العربية المتحدة، أكاديمية شرطة دبي، معهد التدريب، 2008.

116. محمد، عبد الله مجدي أحمد، أزمة الشباب ومشاكله بين الواقع والطموح، رؤية سيكولوجية معاصرة، الإسكندرية، دار المعرفة الجامعية، 2013.

117. محمد، كمال أحمد، الخدمة الاجتماعية والمجتمع، القاهرة، مكتبة القاهرة الحديثة، 1963.

118. مدبولي، عبد الخالق، الشرعية والعقلانية في التربية، دراسات نقدية في الفكر والممارسة، القاهرة، الدار المصرية اللبنانية، الطبعة الأولى، أكتوبر، 1999.

119. مسدالي، فاطمة، المجتمع القروي والتغير المرتبط بتدخل الدولة الزمامرة نموذجا، الرباط، دار السلام للطباعة والنشر والتوزيع، 2005.

120. موسى، أحمد، الشباب بين التهميش والتشخيص، رؤية إنسانية، القاهرة، المكتبة العصرية المنصورة، 2009.

121. موسى، أحمد محمد، الشباب بين التهميش والتشخيص، رؤية إنسانية، القاهرة، المكتبة العصرية المنصورة، 2009.

122. ناصر، إبراهيم، المواطنة، الأردن، دار مكتبة الرائد العلمية، 1993.

123. نشواتي، عبد الحميد، علم النفس التربوي، عمان، دار الفرقان للنشر، الطبعة الرابعة، 2003.

124. نصار، سامي محمد، قضايا تربوية في عصر العولمة وما بعد الحداثة، الدار المصرية اللبنانية، القاهرة، الطبعة الأولى، 2005.

125. ياسين، السيد، العولمة فرص ومخاطر، القاهرة، ميريت للنشر والمعلومات، 2000.

126. ياسين، السيد، الكونية والأصولية وما بعد الحداثة، القاهرة، وكالة الأهرام، 1998.

127. يوسف، سناء، تربية المواطنة، في ضوء التحديات المعاصرة، دمشق، دار العلم والإيمان للنشر والتوزيع، 2011.

ب. الكتب المترجمة

1. بارسونز تالكوت، النظريات الوظيفية للتغير، ضمن التغير الاجتماعي، مصادره ونماذجه ونتائجه، إعداد أميتاي أتزيوني، ترجمة: محمد أحمد حنونة، دمشق، منشورات وزارة الثقافة السورية، 1984.

2. روبنسن، ولند، ثقافة العولمة القومية والعولمة والحداثة، القاهرة، المجلس الأعلى للثقافة، المشروع القومي للترجمة، العدد 13، 2000.

3. أنصار، بيار، العلوم الاجتماعية المعاصرة، ترجمة نخلة فريفر، بيروت، المركز الثقافي العربي، 1994.

4. بوتمور، توم، تمهيد في علم الاجتماع، ترجمة محمد الجوهري، القاهرة، دار المعارف، 1980.

5. بياجيه، جان، وضع علوم الإنسان في منظومة العلوم، ترجمة أسعد عربي برقاوي في الاتجاهات الرئيسية للبحث في العلوم الاجتماعية والإنسانية، المجلد الأوّل، دمشق، مطبعة جامعة دمشق، 1986.
6. جونز، فيليب، النظريات الاجتماعية والممارسات البحثية، ترجمة محمد ياسر الخواجة، القاهرة، مصر العربية للنشر والتوزيع، 2010.
7. يدنز، أنتوني، علم الاجتماع مع مدخلات عربية، ترجمة: فايز الصياغ، بيروت، مؤسسة ترجمان، مركز دراسات الوحدة العربية، الطبعة الرابعة، 2005.
8. ديلور، جاك، التعلم ذلك الكنز الكامن، تقرير اللجنة الدولية للتربية للقرن الحادي والعشرين، ترجمة جابر عبد الحميد جابر، القاهرة، دار النهضة العربية، 1998.
9. فوكوياما، فرانسيس، نهاية التاريخ وخاتمة البشر، ترجمة حسن أحمد أمين، القاهرة، مركز الأهرام للترجمة والنشر، 1993.
10. مارك، جوان وميد مارغريت، سن الرشد في أمريكا، ترجمة سعيد محمد الأسعد، سلسلة علماء عباقرة، الرياض، مكتبة العبيكات، 2004.
11. مونتسكيو، شارل، روح الشرائع، ترجمة: عادل زعيتر، القاهرة، كلمات عربية للترجمة والنشر، الجزء الأول، 2012.
12. ميلسون، فرد، الشباب في مجتمع متغيِّر، ترجمة يحي مرسي، دار الوفاء للنشر، الإسكندرية، 2007.

ثالثًا: المقالات والدوريات

1. الأغبري، بدر، العولمة والتحديات التربوية في العالم العربي، مجلة التربية، وزارة التربية والتعليم، البحرين، العدد الأول، السنة الأولى، أكتوبر، 2000.
2. عبد التواب، عبد الله، دور كليات التربية في تأصيل الولاء الوطني، مجلة دراسات تربوية، المركز القومي للمناهج والبحث التربوي، القاهرة، مجلد 8، الجزء 56، 1993.
3. إبراهيم، سعد الدين، التأمل في الآفاق المستقبلية في الوطن العربي: من إثبات الوجود إلى تحقيق الوعود نحو علم اجتماع عربي، بيروت، مركز دراسات الوحدة العربية، 1986.

4. أبو حشيش، بسام، دور كليات التربية في تنمية قيم المواطنة لدى الطلبة المعلمين بمحافظة غزة، مجلة الأقصى، العدد 14، فلسطين، 2010.

5. أحمد، عزت السيد، القيم بين التغير والتغيير: المفاهيم والخصائص والآليات، مجلة جامعة دمشق، المجلد 27، العدد 1 و2، 2011.

6. الأنصاري، عيسى محمد، القيم الأخلاقية في مجلات الأطفال، المجلة التربوية، مجلد 20، العدد 79، جامعة الكويت، الكويت، مجلس النشر العلمي، 2006.

7. الباز، راشد بن سعد، الشباب والعمل التطوعي، دراسة ميدانية على طلاب المرحلة الجامعية في مدينة الرياض، مجلة البحوث الأمنية، كلية الملك فهد الأمنية، عدد 20، 1422.

8. الحمر، أحمد سالم، وضعية العلوم الاجتماعية في الوطن العربي بين أزمتي الواقع والفكر، مجلة الوحدة، العدد 5، بيروت، 1988.

9. الرفاعي، عبد الملك طه، التربية العلمية وتحقيق المواطنة البيئية، ضمن أعمال المؤتمر العلمي الحادي عشر التربية وحقوق الإنسان، مصر، طنطا، كلية التربية جامعة طنطا، مايو، المجلد الأول، 2007.

10. الزيدي، منجي، مقدمات لسوسيولوجيا الشباب، مجلة عالم الفكر، الكويت، يناير، 2002.

11. السويدي، جمال سند، نحو استراتيجية وطنية لتنمية قيم المواطنة والانتماء، دراسة مقدمة خلال ندوة التربية وبناء المواطنة، البحرين، كلية التربية، جامعة البحرين، 29-30 سبتمبر 2001.

12. الشرقاوي، موسى، وعي طلاب الجامعة ببعض قيم المواطنة، دراسة ميدانية، مجلة دراسات في التعليم الجامعي، العدد 9، القاهرة، 2005.

13. الشريدة، خالد عبد العزيز، صناعة المواطنة في عالم متغير رؤية اجتماعية، ورقة بحث مقدمة للقاء قادة العمل التربوي في وزارة التربية والتعليم: الباحة، 2005.

14. الشعباني، علي، أعمال الندوة المتوسطية حول الشباب والوقت الحر في القرن الحادي والعشرين، تونس، مركز الدراسات والبحوث والتوثيق للشباب والطفولة والرياضة، 1997.

15. الشيدي، محمد بن خلفان، «التربية الوطنية في المناهج الدراسية بسلطنة عمان»، ورقة عمل مقدمة إلى ورشة عمل المواطنة في المنهج المدرسي، مسقط، وزارة التربية والتعليم، 2004.

16. العاجز، فؤاد، العمري، عطية، القيم والتربية في عالم متغير، مؤتمر كلية التربية والفنون، الأردن، جامعة اليرموك، 1999.

17. العامر، عثمان بن صالح، أثر الانفتاح الثقافي على مفهوم المواطنة لدى الشباب السعودي دراسة استكشافية، دراسة مقدمة إلى اللقاء الثالث عشر لقادة العمل التربوي في المملكة بعنوان: التربية للمواطنة، الباحة، 1426.

18. العطري، عبد الرحيم العطري، سوسيولوجيا الحركات الاجتماعية، مجلة إضافات، العدد 13، بيروت، مركز دراسات الوحدة العربية،2011.

19. الكراوي، إدريس، الشباب، الهوية، والقيم في العالم العربي، لقاء علمي نظمته كلية دبي للإدارة الحكومية، والجامعة الأمريكية في بيروت، ومعهد عصام فارس للسياسة العمومية والعلاقات الدولية، ومنظمة الأمم المتحدة للطفولة، يوم 8 فبراير 2010.

20. المعمري، سيف، المواطنة في دول الخليج وإشكالية العلاقة بين الحقوق والواجبات، مجلة آراء حول الخليج، العدد 67، الإمارات، مركز الخليج للأبحاث، 2006.

21. جلال، معوض، «أزمة المشاركة السياسية في الوطن العربي»، مجلة المستقبل الغربي، السنة السادسة، العدد 55، سبتمبر 1983.

22. جمعة، حسين، ثقافة الحوار مع الآخر، مجلة جامعة دمشق، المجلد 24، العددان الثالث والرابع، دمشق، 2008.

23. حمادة، عبد العظيم، الاتجاهات المضادة للعولمة نحن والعولمة من يربي الآخر، مجلة المعرفة، العدد 46، الرياض، وزارة التربية والتعليم، مطابع العبيكان، 1999.

24. حمادة، نجلاء، المواطنة والنوع الاجتماعي، دراسة منشورة، الأمم المتحدة، نيويورك، اللجنة الاقتصادية والاجتماعية لغربي أسيا، 2001.

25. خربيش، عبد القادر، التحليل الاستراتيجي عند ميشال كروزيه، مجلة جامعة دمشق، المجلد 27، العدد الأول والثاني، 2011.

26. داوود، عماد حمدي، مناهج تعليم الخدمة الاجتماعية وتنمية ثقافة المواطنة لدى الطلاب، قدمت نتائج هذه الدراسة ضمن أعمال المؤتمر العلمي الدولي العشرين، كلية الخدمة الاجتماعية، جامعة حلوان، 2007.

27. زكي، خنوش، أزمة الشباب العربي بين التغيير والإرهاب وصراع القيم، مجلة الاتحاد العربي للعلوم الإنسانية، عدد 80، بيروت، 1982.

28. سعد، أحمد يوسف، مفهوم وقضايا المواطنة في النصوص التعليمية بين منهجيات التمكين ومحتويات التعبئة، مجلة عالم التربية، عدد 8، القاهرة، 2002.

29. عبد الكافي، إسماعيل عبد الفتاح، التعليم والهوية في العالم المعاصر مع التطبيق على مصر، دراسات استراتيجية، مركز الإمارات للدراسات والبحوث الاستراتيجية، أبو ظبي، العدد 66، 2001.

30. عروب، هند، ثقافة المواطنة في بلاد الرعية: المجتمع المغربي نموذجًا، ضمن: السيادة والسلطة الآفاق الوطنية والحدود العالمية، مركز دراسات الوحدة العربية، بيروت، الطبعة الأولى، نوفمبر 2006.

31. عز الدين، ناهد، الشباب العربي ورؤى المستقبل، في عزة شرارة بيضون وآخرون، الشباب العربي ورؤى المستقبل، لبنان، مركز دراسات الوحدة العربية، 2006.

32. غريب، عبد الكريم، التربية على القيم: المراجعات والمقاربات، مجلة عالم التربية، منشورات عالم التربية، الدار البيضاء، المغرب، 2007.

33. فرج، سامية بارح، التدخل المهني لطريقة تنظيم المجتمع لتنمية قيم المواطنة عند الشباب، قدمت نتائج هذه الدراسة ضمن أعمال المؤتمر العلمي التاسع عشر، كلية الخدمة الاجتماعية، جامعة حلوان، 2006.

34. محارمة، ثامر محمد، سلوك المواطنة التنظيمية في الأجهزة الحكومية القطرية: دراسة ميدانية، مجلة الإدارة العامة، معهد الإدارة العامة، مجلد 48، عدد 2، الدوحة، 2008، ص 159-195.

35. مكروم، عبد الودود، الإسهامات المتوقعة للتعليم الجامعي في تنمية قيم المواطنة، مجلة مستقبل التربية العربية، المركز العربي للتعليم والتنمية، القاهرة، جامعة المنصورة، مجلد 10، عدد 33، 2004.

36. ناجي، أحمد عبد الفتاح، تصورات شباب الجامعة حول حقوق وواجبات المواطنة، المؤتمر العلمي الخامس عشر، كلية الخدمة الاجتماعية، جامعة الفيوم، 2004.

37. نجيب، كمال، المواطنة وثقافة المدرسة في المجتمع المصري، كراسات مركز الأبحاث الاقتصادية والاجتماعية، تونس، مركز الأبحاث الاقتصادية والاجتماعية، 2005.

رابعًا: الوثائق والتقارير الرسمية

1. الأمم المتحدة، اللجنة الاقتصادية والاجتماعية آسيا، الإسكوا، الشباب في منطقة الإسكوا، دراسة للواقع والآثار المترتبة على سياسة التنمية، تقرير السكان والتنمية، العدد الرابع، 2009.

2. اللجنة الاقتصادية والاجتماعية لغربي آسيا، المشاركة في السياسات العامة، مشروع القانون الدولي للشباب بالدول العربية والتشريعات المتعلقة بحقوق الشباب وواجباتهم، 2005.

3. تقرير حول تقييم السياسات العمومية ذات الصلة بالشباب، الوسيط من أجل الديمقراطية وحقوق الإنسان، الرباط، 4 مايو 2010.

4. منظمة، بتول، الاستجابة لبرنامج العمل العالمي للشباب وصياغة السياسات الوطنية للشباب، ورشة عمل تعزيز القدرات الوطنية ومنهجية توثيق الإنجازات، الإسكوا، بيروت، 2008.

5. مركز الأبحاث الإحصائية والاقتصادية والاجتماعية للدول الإسلامية، إسطنبول، 2017.

6. منظمة العمل الدولية، قاعدة بيانات المؤشرات الرئيسية للعمل، 2010.

7. استراتيجية التنمية الوطنية، تقرير التنمية البشرية الثالث لدولة قطر، منشورات الأمانة العامة للتخطيط التنموي، الدوحة، يناير، 2012.

8. استراتيجية برنامج الأمم المتحدة الإنمائي للمساواة بين الجنسين 2014-2017، «شباب مُمَكن، مستقبل مُستدام»، برنامج الأمم المتحدة الإنمائي، نيويورك 2014. http://www.undp.org

9. الأمم المتحدة، تقرير السكان والتنمية، العدد الرابع، الشباب في منطقة الإسكوا، دراسة

للواقع والآثار المترتبة على سياسات التنمية اللجنة الاقتصادية والاجتماعية لغربي آسيا الإسكوا، 29 نوفمبر 2009.

10. الأمم المتحدة، قرار الجمعية العامة 81/ 50/ A /RES، برنامج العمل العالمي للشباب حتى سنة 2000 وما بعدها.

11. الأمم المتحدة، قضايا السياسة العامة في منطقة الإسكوا، السياسات الوطنية للشباب في إطار برنامج العمل العالمي للشباب، المجلس الاقتصادي والاجتماعي اللجنة الاقتصادية والاجتماعية لغربي آسيا الإسكوا، الدورة السادسة والعشرين، مايو 2010.

12. خلف، رنا مارسيل، السياسة الوطنية للشباب: أمثلة عن الخيارات السياسية في إطار برنامج العمل العالمي للشباب، ترجمة عبد الله الفاضل، نيويورك، منشورات الأمم المتحدة، 2013.

13. زهري، أيمن، ديموغرافية الشباب العربي، الأوضاع الحالية والاتجاهات المستقبلية، ورقة مقدمة لاجتماع الخبراء حول تعزيز الإنصاف الاجتماعي، إدماج قضايا الشباب في عملية التخطيط للتنمية، اللجنة الاقتصادية والاجتماعية لغرب أسيا، الإسكوا، أبو ظبي، 2009.

14. عبد المعطي، عبد الباسط، الشباب العربي: الأوضاع الحالية والتبعات الاجتماعية، اجتماع الخبراء حول تعزيز الإنصاف الاجتماعي: إدماج قضايا الشباب في عملية التخطيط للتنمية، أبو ظبي، 31 مارس 2009.

15. مشروع القانون الدولي للشباب، الدراسة المسحية للتشريعات الدولية في مجال الشباب، الاتحاد الكشفي للبرلمانيين العرب بالتعاون مع البرنامج البرلماني بجامعة القاهرة، وبدعم من برنامج الأمم المتحدة الإنمائي، 2012.

16. نوكس، سونيا، تقرير تقني حول القضايا والأولويات والسياسات المتعلقة بالشباب في بعض الدول العربية، منشورات الإسكوا، اللجنة الاقتصادية والاجتماعية لغربي آسيا، 2015.

17. الاستراتيجية الوطنية للسلامة المرورية، الدوحة، منشورات وزارة الداخلية، 2018.

18. الأمم المتحدة، التقرير الدولي عن الشباب في العالم، نيويورك، 2003.

19. تقرير حول وضع الشباب في الدول الأعضاء في منظمة التعاون الإسلامي، تقرير 2017، الصادر بتكليف من الدورة الثالثة للمؤتمر الإسلامي لوزراء الشباب والرياضة، مركز الأبحاث الإحصائية والاقتصادية والاجتماعية والتدريب للدول الإسلامية، أنقرة، 2018.

20. جامعة الدول العربية، قضايا الشباب العربي (الحالة المعرفية للمنتج البحثي حول الشباب العربي)، التقرير السنوي لسنة 2005، حول قضايا الشباب، العدد الأول، 2005.

خامسًا: الرسائل الجامعية

1. أبو فودة، محمد عطية، دور الإعلام التربوي في تدعيم قيم الانتماء الوطني لدى الطلبة الجامعيين في محافظات غزة، رسالة ماجستير، كلية التربية الإسلامية، غزة، 2007.

2. الخميسي، السيد سلامة، الجامعة والسياسة في مصر، دراسة نظرية وميدانية عن التربية السياسية لشباب الجامعات، رسالة دكتوراه منشورة، الإسكندرية، دار الوفاء لدنيا الطباعة والنشر، 2000.

3. الزيدي، منجي، الشباب والثقافة في المجتمع التونسي، دراسة ميدانية في الممارسات الثقافية للشباب في الوسط الغربي، أطروحة دكتوراه، كلية العلوم الإنسانية والاجتماعية، تونس، 1999.

4. السحيمي، نايف مثيب، العوامل المؤدية إلى التغرير بالشباب للوقوع في الجرائم الإرهابية، رسالة ماجستير غير منشورة، الرياض، جامعة نايف العربية للعلوم الأمنية، 2008.

5. العبيد، إبراهيم عبد الله، تعزيز ثقافة الحوار ومهاراته لدى طلاب المرحلة الثانوية الدواعي والمبررات والأسباب، رسالة دكتوراه منشورة، كلية التربية جامعة الملك سعود، الناشر مركز الملك عبد العزيز للحوار الوطني، الرياض، 2009.

6. بابطين، هدى، مستوى الوعي ببعض المخاطر البيئية لدى طالبات كلية التربية للأقسام العلمية بمدينتي مكة المكرمة وجدة، رسالة ماجستير غير منشورة، مكة المكرمة، كلية التربية بمكة المكرمة، 2002.

7. بوعناقة، علي، الشباب ومشكلاته الاجتماعية في المدن الحضرية، سلسلة أطروحات الدكتوراه، بيروت، مركز دراسات الوحدة العربية،2007.

سادسًا: الويبوغرافيا

1. عارف، عبد الغني، تنمية السلوك المدني داخل المؤسسة التعليمية، 21/ 08/ 2018
http://sihanafi.com/index.php
http://sociop.blogspot.com/2009/05/blog-post

2. قرارات الدورة الخمسين للجمعية العامة للأمم المتحدة /http://www.un.org
3. منظمة الأمم المتحدة للتربية والعلوم والثقافة www.unesco.org

سابعًا: المراجع الأجنبية

أ. الكتب

1. Circle All Together Now, Collaboration and Innovation for Youth Engagement, Center for Information and Research on Civic Learning and Engagement, 2013.
2. Al Matawis S., Key Issues, challenges and opportunities Confronting Qatari Youth Today, Background paper for Qatar Human Development Report, Expanding Capacities of Qatari Youth Doha, Qatar General Secretariat for Development Planning and United Nations Development Program, 2011.
3. Blanchet, A., J. Massonnet., R. Grigioni., Les techniques en sciences sociales, Paris, Edition Dunod, 1995.
4. Bourdieu, Pierre, Chamboredon Jean-Claude, Passeron, Jean-Claude, Le métier de sociologue, Mouton, Paris, 1973.
    - La distinction, Paris, éditions Minuit, 1979.
    - Le sens pratique, Paris, éditions Minuit, 1980.
    - Question de la sociologie, Paris, éditions Minuit,1984.
5. Caullier, Xavier, Ages mobiles et générations incertains, Paris, Esprit, 1998.
6. Congrès Mondial sur la jeunesse, Rapport final, Paris, UNESCO, 1986.

7. Denstad, F.Y.(Ed.)., Youth policy manual: how to develop a national youth strategy,Council of Europe.
8. Dolto, Françoise, La cause des adolescents, Paris,1988.
9. Dubar, Claude, La crise des identités ; l'interprétation d'une mutation, Paris, PUF, 2000.
10. Fisher, GN., Les concepts fondamentaux de la psychologie social, Presses de l'Université de Montréal, édition Dunod,1987.
11. Flament C., Abric JC., Pratiques sociales et représentations, Edition PUF, Paris,1994.
12. Galland Oliver, Sociologie de la jeunesse l'entrée dans la vie, A. Colin,1991.
    - Qu'est-ce que la jeunesse, Paris, INSEE, 2000.
    - Les jeunes français ont- ils raison d'avoir peur ? Paris, Armand Colin, 2009.
13. Goffman, E., La mise en scène de la vie quotidienne, Tome1, La représentation de soi, Paris, Editions de Minuit, 1973.
    - Les cadres de l'expérience, Paris, Editions Minuit, 1991.
14. Jodlet D., Représentation sociale, phénomène, concept et théorie, Publier sous la direction de «Moscovici», Edition PUF, Paris, 1984.
15. Karsten, Mandel, Examining the impact of university international programs on active citizenship, the case of student's praxical participation in the Mexico Canada Rural development Exchange, University of Toronto Canada, 2003.
16. Krebs, Gilbert, La jeunesse et le sport : réalités et discours, in Histoire du sport et de la jeunesse, Etudes réunies par Jean François TOURNADE, publication et l'institut d'Allemand d'Ansières, 2000.
17. Le Breton, David, L'interactionnisme symbolique, Paris, Presses Universitaires de la France, 2004.

18. Mondras, H, Oberty, M., Le sociologue et son terrain, Edition Armand Colin, Paris, 2000.

19. Petit François, Introduction à la psychologie sociale des organisations, Paris, 1991.

20. Quivy, R., Compenhoud, L.V., Manuel de recherche en sciences sociales, Edition Dunod, Paris, 1988.

21. Raymond, B., François, B., Dictionnaire critique de sociologie, Paris, P.U.F, 1982.

22. Raymond, Boudon, La place du désordre: critique des théories du changement social, Paris, PUF, 1984.

23. Robert, Paul, Dictionnaire de la langue française, Paris, éd Société du nouveau Littré, Le Robert, 1967.

24. Rocher, Guy, Introduction à la sociologie générale, Tome 3, Le changement social, Paris,1986.

25. Simmel, G., La tragédie de la culture, Paris, Rivage,1988.

26. Stellinger, A., Wintrebert, A., Singly, F. De, Etude-jeunesse face à leur avenir, Une Enquête Internationale, Paris, Fondation pour L'innovation politique, 2008.

27. Velde, C. Van de, Devenir adulte, Sociologie comparée à la jeunesse en Europe, Paris, éd PUF, 2008.

28. Watier, P., Une introduction à la sociologie compréhensive, Belfort, Circé, 2002.

29. Hassan, Al Ibrahim, Qatari Strategies and Policies towards Youth Employment. Background, paper for Qatar Human Development Report: Expanding Capacities of Qatari Youth, Doha: Qatar General Secretariat for Development Planning and United Nations Development Programme, 2011.

30. Yerkes R., Yerkes, & Haras K., Outdoor Education and Environmental Responsibility, ERIC, ED414112, 2002.

ب. المقالات والدوريات

1. Blumer, H., La société étant qu'interaction symbolique, in Sociétés, n° 66, Bruxelles Publisher,1999.
2. Dias, J., and Mc Dermott J., Institutions, Education, and Development: The Role of Entrepreneurs, Journal of Development Economics, n° 80, 2006.
3. Eid F., Entrepreneurial finance for job creation in the Arab world: strategy élements urgent as ever, Strategic Change, n° 20, 2011.
4. Kawar P., Hossain B., and Nahas ME., obesity and Diabetes in the Developing World, A Growing Challenge. New England, Journal of Medicine, n° 356, 2007.
5. Musette, Mohamed Saib, Regards, critiques sur les jeunes, in revue Cread, n° spécial sur la santé en Algérie, 2004.
6. Al Ansari, E, Key Issues and challenges Related to Qatari Youth Employment in the Labour Market , Background paper for Qatar Human Development Report: Expanding Capacities of Qatar Youth Doha: Qatar General Secretariat for Development Planning and United Nations Development Program, 2011.
7. United Nations Development Program (UNDP) and National Secretariat for Development Planning «Qatar's Third National Human Development Report: Expanding the Capacities of Qatari Youth» January 2012.

فهرس الجداول

الجدول رقم 19	الأنشطة المتصلة بترسيخ قيم المواطنة في برامج المراكز الشبابية حسب متغيِّر المستوى التعليمي.
الجدول رقم 20	خطة عمل هادفة إلى ترسيخ قيم المواطنة في برامج وأنشطة المراكز الشبابية حسب متغيِّر الجنس
الجدول رقم 21	خطة عمل هادفة إلى ترسيخ قيم المواطنة في برامج وأنشطة المراكز الشبابية حسب متغيِّر السن
الجدول رقم 22	إقبال الشباب على البرامج والأنشطة المتصلة بقيم المواطنة حسب متغيِّر الجنس
الجدول رقم 23	إقبال الشباب على البرامج والأنشطة المتصلة بقيم المواطنة حسب متغيِّر المستوى التعليمي
الجدول رقم 24	الأنشطة المعززة لقيم المواطنة داخل المراكز الشبابية حسب متغيِّر الجنس
الجدول رقم 25	الأنشطة المعززة لقيم المواطنة داخل المراكز الشبابية حسب متغيِّر السن
الجدول رقم 26	القيم المكتسبة من خلال أنشطة وبرامج المراكز الشبابية حسب متغيِّر الجنس
الجدول رقم 27	القيم المكتسبة من خلال أنشطة وبرامج المراكز الشبابية حسب متغيِّر السن
الجدول رقم 28	القيم المكتسبة من خلال أنشطة وبرامج المراكز الشبابية حسب متغيِّر المستوى التعليمي
الجدول رقم 29	دور برامج وأنشطة المراكز الشبابية في بناء الشخصية الاجتماعية للشباب حسب متغيِّر الجنس
الجدول رقم 30	مجالات تأثير الأنشطة والبرامج في تكوين الشباب حسب متغيِّر الجنس
الجدول رقم 31	مجالات تأثير الأنشطة والبرامج في تكوين الشباب حسب متغيِّر السن
الجدول رقم 32	العوامل المتحكمة بنجاح الأنشطة والبرامج المتصلة بتعزيز قيم الانتماء والمواطنة داخل المراكز الشبابية حسب متغيِّر الجنس
الجدول رقم 33	العوامل المتحكمة بنجاح الأنشطة والبرامج المتصلة بتعزيز قيم الانتماء والمواطنة داخل المراكز الشبابية حسب متغيِّر المستوى التعليمي.
الجدول رقم 34	تخطيط وهندسة البرامج والأنشطة داخل المراكز الشبابية حسب متغيِّر الجنس

فهرس الرسوم البيانية

الرسم البياني رقم 16	تمثلات الشباب القطري للمواطنة حسب متغيِّر المستوى التعليمي.
الرسم البياني رقم 17	الأنشطة المتصلة بترسيخ قيم المواطنة في برامج وأنشطة المراكز الشبابية حسب متغيِّر الجنس.
الرسم البياني رقم 18	الأنشطة المتصلة بترسيخ قيم المواطنة في برامج وأنشطة المراكز الشبابية حسب متغيِّر السن.
الرسم البياني رقم 19	الأنشطة المتصلة بترسيخ قيم المواطنة في برامج وأنشطة المراكز الشبابية حسب متغيِّر المستوى التعليمي.
الرسم البياني رقم 20	خطة عمل هادفة إلى ترسيخ قيم الانتماء والمواطنة حسب متغيِّر الجنس.
الرسم البياني رقم 21	خطة عمل هادفة إلى ترسيخ قيم الانتماء والمواطنة حسب متغيِّر السن.
الرسم البياني رقم 22	إقبال الشباب على البرامج والأنشطة المتصلة بقيم الانتماء والمواطنة حسب متغيِّر الجنس.
الرسم البياني رقم 23	إقبال الشباب على البرامج والأنشطة المتصلة بقيم الانتماء والمواطنة حسب متغيِّر السن.
الرسم البياني رقم 24	إقبال الشباب على البرامج والأنشطة المتصلة بقيم الانتماء والمواطنة حسب متغيِّر المستوى التعليمي.
الرسم البياني رقم 25	الأنشطة المعزِّزة لقيم الانتماء والمواطنة داخل المراكز الشبابية حسب متغيِّر الجنس.
الرسم البياني رقم 26	الأنشطة المعزِّزة لقيم الانتماء والمواطنة داخل المراكز الشبابية حسب متغيِّر السن.
الرسم البياني رقم 27	الأنشطة المعزِّزة لقيم الانتماء والمواطنة داخل المراكز الشبابية حسب متغيِّر المستوى التعليمي.
الرسم البياني رقم 28	القيم المكتسبة من خلال أنشطة وبرامج المراكز الشبابية حسب متغيِّر الجنس.
الرسم البياني رقم 29	القيم المكتسبة من خلال أنشطة وبرامج المراكز الشبابية حسب متغيِّر السن.
الرسم البياني رقم 30	القيم المكتسبة من خلال أنشطة وبرامج المراكز الشبابية حسب متغيِّر المستوى التعليمي.

الرسم البياني رقم 31	دور برامج وأنشطة المراكز الشبابية في بناء الشخصية الاجتماعية للشباب حسب متغيِّر الجنس.
الرسم البياني رقم 32	مجالات تأثير الأنشطة والبرامج في تكوين الشباب حسب متغيِّر الجنس.
الرسم البياني رقم 33	مجالات تأثير الأنشطة والبرامج في تكوين الشباب حسب متغيِّر السن.
الرسم البياني رقم 34	مجالات تأثير الأنشطة والبرامج في تكوين الشباب حسب متغيِّر المستوى التعليمي.
الرسم البياني رقم 35	العوامل المتحكمة بنجاح الأنشطة والبرامج المتصلة بتعزيز قيم الانتماء والمواطنة داخل المراكز الشبابية حسب متغيِّر السن.
الرسم البياني رقم 36	العوامل المتحكمة بنجاح الأنشطة والبرامج المتصلة بتعزيز قيم الانتماء والمواطنة داخل المراكز الشبابية حسب متغيِّر المستوى التعليمي.
الرسم البياني رقم 37	تخطيط وهندسة البرامج والأنشطة داخل المراكز الشبابية حسب متغيِّر الجنس.
الرسم البياني رقم 38	تخطيط وهندسة البرامج والأنشطة داخل المراكز الشبابية حسب متغيِّر السن.
الرسم البياني رقم 39	تخطيط وهندسة البرامج والأنشطة داخل المراكز الشبابية حسب متغيِّر المستوى التعليمي.
الرسم البياني رقم 40	مواكبة برامج المراكز الشبابية لمتطلبات العصر ولحاجيات الشباب المستحدثة حسب متغيِّر الجنس.
الرسم البياني رقم 41	مواكبة برامج المراكز الشبابية لمتطلبات العصر ولحاجيات الشباب المستحدثة حسب متغيِّر المستوى التعليمي.

فهرس الملاحق